JN433642

한국 우량기업의
노사관계 DNA

김동원 외 11인

博 英 社

머 리 말

20세기 말부터 시작된 정보화·세계화의 물결은 지구촌의 거의 모든 시장에서 모든 국가와 기업이 함께 경쟁하는 극한 경쟁의 상황으로 치닫게 하고 있다. 이처럼 국가간·기업간의 치열한 경쟁상황은 노사간의 참여와 협력의 중요성을 더욱 부각시키는 한편, 새로운 형태의 노사갈등을 촉발하는 진원이 되기도 한다.

우선, 국제화·개방화·세계화의 급속한 진전과 함께 기업은 무한경쟁에 내몰리고 있으며 근로자와 노동조합 역시 고용안정이라는 측면에서 기업과 똑같은 무한경쟁의 도전에 직면해 있다. 무한경쟁에서 생존하기 위해서는 대립으로 인한 자원의 낭비보다는 참여와 협력을 통하여 노사간의 시너지를 극대화하는 것이 무엇보다도 중요하다. 즉, 정보화와 세계화는 극한경쟁의 시대를 열었으며, 생산적·협조적 고용관계의 정립 여부가 국가의 경쟁력을 좌우하는 시대가 시작된 것이다.

정보화와 세계화의 시대에도 전통적인 갈등관리의 중요성은 여전히 간과할 수 없으며, 오히려 새로운 형태의 노사갈등이 생겨나고 있다. 즉, 대부분의 국가에서 인적자원의 유연한 활용을 위한 기업의 움직임은 대량의 실직자와 비정규직을 양산하였고, 기업들의 상시적인 구조조정의 여파로 거의 모든 근로자들이 고용불안의 두려움을 안고 있다. 특히, 실직자와 비정규직들은 실업자단체나 비정규직 노동조합 등을 통하여 새로운 노사갈등의 진원이 되고 있으며, 과거에는 안정된 직장으로 여겨져서 노동운동에 적극적이지 않던 중간관리자나 전문직종사자도 고용불안을 극복하려 노동조합을 결성하여 새로운 형태의 노사갈등을 불러일으키고 있다. 즉, 정보화와 세계화 시대의 노사정은 ① 경쟁격화와 함께 대두된 협력적·생산적 노사관계의 정립, ② 비정규직 등으로 촉발된 새로운 형태의 노사간 갈등관리의 두 가지 과제를 동시에 안고 있다.

무한경쟁의 시대에 참여와 협력의 과실은 더욱 달콤하고 노사갈등의 대가는 더욱 쓴 법이다. 무한경쟁과 세계적 경제위기 상황을 함께 맞고 있는 지금은 노사협력이 어느 때보다도 더 중요하게 부각되는 시점이다. 본서는 노사협력을 실현하기 위하여 노력하는 우리나라 노사정관계자들에게 실무적인 참고자료를 제공하기 위하여 기획되었다. 본서는 다음과 같은 특징을 지닌다.

첫째, 그동안 노사협력에 대한 여러 서적들이 출판되었으나 대부분 외국의 사례를 소개한 것으로서 법률, 문화와 기업환경이 다른 국내의 노사정실무자들에게는 직접적인 도움이 되기 어려운 점이 많았다. 본서에서는 이웃에 있는 국내 기업의 생생한 사례를 실명으로 언급함으로써 실무자들에게 직접적인 참고자료가 되고 쉽게 벤치마킹을 할 수 있는 기초자료를 제공하고자 하였다. 해외의 널리 알려진 노사협력사례에 못지않은 우수한 사례들이 우리나라에도 존재한다는 점을 발견한 것이 이번 연구의 큰 소득이었다. 앞으로 한국의 우수 노사협력 사례들이 널리 국내외에 전파되어 투쟁과 갈등으로 대표되는 한국노사관계의 이미지가 개선되기 바란다.

둘째, 노사가 함께 기업의 성과와 구성원의 복리를 증진하기 위하여는 정서적·이성적 양 측면에서 혁신이 필요하다. 노사협력은 정서적인 측면일 뿐으로서 성과를 내기 위하여는 협력의 정신을 구체적으로 실현할 수 있는 이성적인 도구가 필요하다. 본서에서는 노사협력의 정신을 현실에 접목할 수 있는 도구로서 최근의 노사관계이론인 고성과 작업조직을 상세하게 설명하여 실무적으로 적용할 수 있도록 노력하였다.

셋째, 대부분의 노사협력에 대한 서적에서는 유노조 기업의 사례만을 다루고 있다. 그러나, 현실적으로 90%의 근로자가 무노조 기업에 근무하는 상황에서 무노조 기업의 노사관계를 도외시하는 것은 실용적인 접근이 아니다. 본서에서는 노조유무에 관계없이 적용 가능한 노사협력과 고성과 작업조직의 이론틀을 구성하였고 이러한 이론 틀이 유노조, 소수노조, 무노조 기업에게 어떻게 적용되는지를 보여 준 후, 실무적인 시사점을 제시하였다.

본서의 자료수집과 집필과정에서 많은 분들의 헌신적인 노력과 도움이 있었다. 직접 집필을 담당한 12명의 공동저자 이외에도 많은 수고를 해 준 고려대학교 경영대학의 최용철, 전동우, 곽용선 조교에게 감사한다. 무엇보다도 이번 연구를 위하여 바쁜 가운데도 자료제공과 인터뷰에 응해 준 도레이새한, 삼성중공업, 유한킴벌리, 포스코, 한국인포데이터, 한솔, 현대중공업, CJ제일제당, LG전자(가나다 순) 관계자분들의 협조에 사의를 표하며, 여러 번의 연구세미나에 참석하여 본서의 원고에 대하여 유익한 평을 해 주신 전인 교수, 정성기 교수, 김양수 국장, 장상수 박사, 이정일 박사께도 깊은 감사를 드린다. 모쪼록 본서가 한국 기업의 노사협력과 고성과 작업조직의 정착을 위하여 조그만 참고자료가 되기를 희망한다.

2008. 12

김동원 외 저자일동

차 례

제1장 서 론

1. 연구의 배경 …… 3
2. 연구의 목적과 내용 …… 5

제2장 우량기업 노사관계에 대한 이론적 틀

1. 세계 노사관계의 변화와 고성과 작업조직의 등장 …… 9
2. 고성과 작업조직 개념의 발전 …… 16
3. 고성과 작업조직의 통합모형 …… 44
4. 고성과 작업조직의 성과 …… 67

제3장 한국의 우량기업 사례분석

제1절 LG전자: 가치창조적 노경관계를 통한 우량 글로벌기업의 추구 …… 77
1. 사례의 배경 …… 77
2. 상생과 협력의 노경관계 …… 82
3. 열린 경영 …… 91
4. 동기유발 …… 97
5. 지식축적 …… 100
6. 성 과 …… 103
7. 시 사 점 …… 105

제 2 절 CJ제일제당: 섬세유연한 조직문화를 토대로 한 지속가능 성장기업 …… 108
1. 사례의 배경 …… 108
2. 노사관계 …… 115
3. 열린 경영 …… 121
4. 동기유발 …… 126
5. 지식축적 …… 131
6. 성　　과 …… 133
7. 시 사 점 …… 135

제 3 절 포스코: 혁신과 신뢰에 기반을 둔 노경관계 …… 137
1. 사례의 배경 …… 137
2. 노사관계 …… 143
3. 열린 경영 …… 153
4. 동기유발 …… 157
5. 지식축적 …… 163
6. 성　　과 …… 166
7. 시 사 점 …… 170

제 4 절 한국인포데이터: 세심한 배려의 여성친화 기업 …… 174
1. 사례의 배경 …… 174
2. 노사관계 …… 178
3. 열린 경영 …… 183
4. 동기유발 …… 185
5. 지식축적 …… 191
6. 성　　과 …… 195
7. 시 사 점 …… 198

제 5 절 도레이새한: 신뢰와 和의 노사관계 …… 201
1. 사례의 배경 …… 201
2. 노사관계 …… 209
3. 열린 경영 …… 216
4. 동기유발 …… 223
5. 지식축적 …… 229
6. 성　　과 …… 233

7. 시 사 점 ………… 238

제 6 절 현대중공업: 원칙과 실리의 조화—갈등의 대명사에서 협력의 모범으로 ………… 240

1. 사례의 배경 ………… 240
2. 노사관계 ………… 246
3. 열린 경영 ………… 255
4. 동기부여 ………… 261
5. 지식축적 ………… 265
6. 성과 및 시사점 ………… 268

제 7 절 삼성중공업: 강력한 노사협의를 통한 초일류기업으로의 도약 ………… 272

1. 사례의 배경 ………… 272
2. 노사관계 ………… 280
3. 열린 경영 ………… 290
4. 동기유발 ………… 293
5. 지식근로자 육성 ………… 301
6. 성과와 시사점 ………… 308

제 8 절 유한킴벌리: 학습과 혁신의 강소 조직 ………… 314

1. 사례의 배경 ………… 314
2. 노사관계 ………… 319
3. 열린 경영 ………… 327
4. 동기유발 ………… 338
5. 지식축적 ………… 342
6. 경영성과 ………… 345
7. 시 사 점 ………… 349

제 4 장 결론: 한국 우량기업의 노사관계 사례의 종합과 정책적 시사점

1. 고성과 작업조직의 과정적 접근 ………… 357
2. 고성과 작업조직의 요소적 접근 ………… 365
3. 경영자와 노사관계자를 위한 7가지 정책적 제언 ………… 383

참고문헌 ········ 387
찾아보기 ········ 399

제 1 장

서 론

제 1 장

서 론

1. 연구의 배경

21세기 들어 세계 국가들은 서로 상이한 문화와 정치제도와 노조양태에도 불구하고 노동운동의 침체라는 공통된 추세가 나타나고 있다. 노동조합조직률의 하락현상은 1980년대부터 본격화되었는데 그 주된 이유로는 전통적으로 노동조합조직률이 높던 부문과 인력(제조업, 남성, 생산직)의 비중이 줄어들고 노동조합조직률이 낮던 부문과 인력(서비스업, IT산업, 비정규직, 여성, 외국인, 사무관리직)의 비중이 증가하는 현상이 거의 모든 국가에서 지난 수십 년간 지속된 점과, 노동조합의 조직과 유지가 어려운 비정규인력의 확대현상, 그리고 사용자의 적극적인 반노조운동이 최근 격화된 점 등을 들 수 있다. 즉, 한국의 경우 노조조직률은 1989년의 19.8%에서 2007년에는 9.9%로 하락하였고, 미국은 1950년대 35%에서 2007년에는 12.5%로 추락하였다. 이러한 추세는 영국, 일본, 호주, 독일, 프랑스, 스웨덴 등 대부분의 선진국에서 관찰되고 있다.

일각에서는 세계적인 노동조합운동의 침체로 기업경영에 있어서 노사관계의 중요성이 약화되는 것으로 생각하는 견해가 있으나 이는 다음의 세 가지 이유에서 보듯이 잘못된 생각이다. 첫째, 노동조합운동의 침체와 더불어 기업간 국가간의 경쟁이 치열해짐에 따라 기업의 경쟁력은 노사관계에 더욱 취약해지는 경향을 보인다. 경쟁기업 숫자의 증가로 소비자의 선호와 취향은 갈수록 까다로워지고 노사대립과 갈등으로 인한 생산과 서비스 품질의 악화나 중단을 용인하지 못하게 되었다. 즉, 어느 기업이 노사갈등으로 상품과 용역의 품질이 저하되거나 조업중단이 발생할 경우 소비자들은 언제라도 경쟁기업으로 거래선을 바꿀 수 있는 환경이 조성된 것이다.

둘째, 끊임없는 개선을 목표로 한 경영혁신이 광범위하게 도입되면서 기업의 효율성은 증가하였으나 노사갈등에 더욱 취약해지는 구조가 되었다. 즉, 재고비용을 획기적으로 줄이는 저스트 인 타임(just in time, 적시생산시스템)의 도입으로 조립공장에는 창고를 없애버리고 거의 재고를 보관하지 않는 것이 일반화되었는 데, 그 결과 자동차산업에서 보듯이 조그마한 부품공장의 파업은 수십 개의 조립공장의 조업을 올스탑시키게 되었다. 경쟁에서 살아남기 위한 경영혁신의 물결은 기업으로 하여금 중요성이 낮은 작업과정과 여유 재고, 그리고 낭비적인 요소를 극소화하는 효율경영을 일상화시켰으나, 만약의 경우에 대비한 조업의 안전망(buffer)을 대부분 제거하는 결과가 됨으로써 경영구조는 노사갈등과 같은 외부 충격에 극히 취약해지는 결과가 된 것이다.

셋째, 무노조 기업과 비정규직의 증가는 새로운 갈등의 양상을 표출하고 있으나 갈등해소의 창구가 부재하여 전례없는 노사관계의 문제점들을 잉태하고 있다. 증가하는 무노조기업에서는 노사간의 갈등을 제도적으로 해결할 수 있는 수단이 없어서 근로자들의 집단적인 불만이나 고충이 있을 경우 파업 대신 결근, 이직, 태업 등의 침묵파업(silent strike)이 증가하는 경우가 빈발하며, 차별이나 성희롱이 발생하여도 이를 호소할 노동조합 등의 창구가 없음으로 인해서 개별노사갈등을 해결하기 위한 노동관련 재판사건이 지속적으로 증가하고 있다. 또한, 비정규직의 경우 고용관계를 규율할 법령이 미비하고 제도권 내에서 이들의 불만과 고충을 다룰 방법이나 창구가 확립되지 않은 탓에 노사갈등이 발생하면 정규직의 노사갈등보다 더욱 장기화, 극단화하는 현상을 보이고 있다. 비정규직으로 인한 노사갈등은 법적으로 사용자관계에 있지 않은 기업들에게도 피해를 가져오지만 적절한 해결책이 없다는 점에서 새로운 노사관계의 치명적 맹점으로 대두되고 있다. 이러한 현상들은 노동조합운동의 침체에도 불구하고 21세기의 경영환경은 기업경영에 있어서 노사관계의 중요성을 더욱 부각시키고 있다는 점을 보여준다.

2. 연구의 목적과 내용

세계적으로 장수하는 초일류기업은 노조의 유무와 관계없이 오랜 기간 노사간의 강한 신뢰를 바탕으로 안정적인 노사관계를 유지하고, 경영방식의 여러 측면에 있어서 유사한 특징을 나타내고 있다. 즉, 노조의 유무를 막론하고 우량기업들은 협력적 노사관계 분위기와 탁월한 인적자원관리체계로 기업특유의 협력적 노사관계를 형성해 왔고 노사분쟁을 예방하기 위해 일관된 노력을 기울여 왔다. 그러나, 협력적인 노사관계에 대한 사례연구는 대체로 단편적인 사례보고에 의존할 뿐, 체계적인 비교적 분석(comparative analysis)에 기초한 연구가 이루어지지 못하였다. 특히, 유노조 우량기업과 무노조 우량기업간의 노사관계를 비교분석한 연구는 극히 드물다.

이러한 의미에서 우량기업들의 인적자원관리와 노사관계측면에서의 경영방식에 대한 비교연구는 노조의 유무를 뛰어넘어 우량기업의 노사관계적 특성인자(DNA)를 파악할 수 있는 계기가 될 것이다. 특히, 본 연구는 한국의 우량기업을 대상으로 함으로써 한국 특유의 기업문화를 서구의 이론에 적용시켜서 한국의 토착기업들이 손쉽게 적용할 수있는 경영전략적인 시사점을 제공할 수 있을 것으로 기대된다.

본 연구의 목적은 한국에서 오랜 기간 노사관계 안정을 구가하며 우수한 기업성과를 내고 있는 기업들에 대한 사례 연구를 통해 노사안정 우량기업의 공통된 특징을 정리하여, 정책입안자와 경영자, 근로자들에게 실무적인 시사점을 제공하고, 추후의 연구를 위한 이론적인 시사점을 이끌어 내는 것이다. 구체적으로 본 연구에서는 첫째, 외국의 기존문헌 연구를 통하여 노사관계가 안정된 우량기업의 특징을 도출하고 이론적 토대를 제공하며, 둘째, 한국의 우량기업의 노사관계실태를 살펴보고 이들 기업의 공통점과 차이점을 비교분석하여 공통인자를 밝혀 내고, 향후 전망과 과제 등을 논하고자 한다.

본 연구에서는 먼저 연구의 배경 및 목적을 서술하고, 노사관계 우량기업에 대한 해외와 국내의 문헌을 개괄하였다. 이어서 모두 8개의 한국기업을 사례연구의 대상으로 분석하였는데, 이들은 제조업과 서비스업, 전통산업과 첨단산업을 모두 포괄하고 있으며, 4개의 유노조 기업(LG전자, 현대중공업, 도레이새한(주), 유한킴벌리), 2개의 노사협의회 중심기업(삼성중공업, 포스코), 그리고 2개의 무노조 기업(CJ제일제당, 한국인포데이터(주))을 포함하고 있다. 유노조 기업은 노조가 근로자들을 실질적으로 대표하는 기업이고, 노사협의회 중심기업은 무노조이거나 소수노조기업이지만 근로자들을 대변하는 강력한 노사협의회가 노동조합과 유사한 역할을 담당하는 기업이며, 무노조 기업은 노조가 존재하지 않는 기업을 의미한다. 본 연구의 목적은 노조의 유무에 따른 차이점을 규명하는 것이 아니라 노조의 유무를 떠나서 우량기업들이 공통적으로 협력적 노사관계를 유지, 강화하고 탁월한 기업성과를 창출하는 핵심 요인을 발견하는 것이다. 마지막으로 본 연구에서는 결론 및 정책적 시사점을 언급하였다.

제 2 장

우량기업 노사관계에 대한 이론적 틀

제 2 장

우량기업 노사관계에 대한 이론적 틀

1. 세계 노사관계의 변화와 고성과 작업조직의 등장

1980년대 이후 가속화되어 온 세계화와 정보화의 진전은 개별국가 차원을 넘어서서 세계시장에서의 경쟁 격화를 수반하는 기업환경의 급변을 대변해 왔다. 이른바 시장원리와 자유무역의 극대화를 지향하는 '신자유주의(neo-liberalism)'의 급팽창은, 국가간의 상이한 제도와 문화, 전통 등에도 불구하고, 범지구적 차원에서 노사관계의 일정한 변화 경향을 추동해 왔다. 예컨대, 노조의 위축과 대표성의 위기 그리고 이에 대한 대응으로써 노조의 집중화 움직임, 노동운동의 주축으로써 공공부문의 등장 등이 그것이다(김동원, 2003).

노동조합운동의 위축 경향은 지난 수십 년간의 노조조직률 하락 현상으로 나타나고 있으며 이러한 추세는 특정한 개별국가를 뛰어넘어 거의 모든 국가로 확장되고 있다. [그림 2-1]은 주요국의 연도별 노조조직률 추세를 보여준다. 미국의 경우 1980년에 22.7%였던 노조조직률이 1990년에는 16.1%, 2005년에는 12.5%로 지속적으로 감소하고 있다. 일본의 경우에도 1980년 30.8%에서 1990년 25.2%, 2005년 18.7%로 감소하였다. 우리나라의 경우에도 1980년 14.7%의 노조조직률이 2005년에는 10% 이하로 감소하였다. 영국이나 호주의

[그림 2-1] 노동조합 조직률의 세계적인 추세(%)

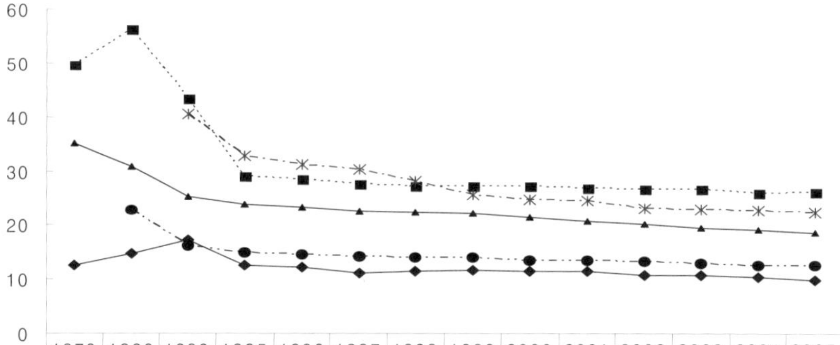

	1970	1980	1990	1995	1996	1997	1998	1999	2000	2001	2002	2003	2004	2005
한국	12.6	14.7	17.2	12.5	12.1	11.1	11.4	11.7	11.4	11.5	10.8	10.8	10.3	9.9
미국		22.7	16.1	14.9	14.5	14.1	13.9	13.9	13.5	13.4	13.3	12.9	12.5	12.5
일본	35.1	30.8	25.2	23.8	23.2	22.6	22.4	22.2	21.5	20.7	20.2	19.6	19.2	18.7
영국	49.7	56.3	43.4	29	28.4	27.5	27.2	27.2	27.2	26.8	26.6	26.6	26	26.2
호주			40.4	32.7	31.1	30.3	28.1	25.7	24.7	24.5	23.1	23	22.7	22.4

경우에도 2000년대 들어 하락세가 다소 둔화된 경향을 보이고는 있으나 마찬가지로 1980년대에 비해 노조조직률이 확연히 감소하였다.

각국의 민간부문 노조조직률의 하락 경향과는 대조적으로 공무원이나 공공부문의 노조조직률은 매우 높은 수준을 유지하고 있다. 〈표 2-1〉은 각국의 공공부문 노조조직률을 보여주고 있다. 이것은 세계적 경향으로써 민간부문에서의 전통적인 노동조합운동이 약화되고 공공부문이 각국의 노사관계의 주요한 지대로 부상했음을 의미한다. 이에 민간부문에서의 노동운동을 '구노조주의(old unionism)', 공공부문의 노동운동을 '신노조주의(new unionism)'라고 불리우기도 한다(Troy, 2001).

노조조직률의 감소는 결과적으로 노조교섭력 또는 노조기능의 쇠퇴를 반증해 주는 것으로 파악된다. 물론 각국의 조합주의적(corporatism) 특성이나 문화적 전통 등에 따라 산별 또는 지역별로 노조집중화(centralization) 경향을 보이는가 하면 그와 반대로 교섭구조의 분권화(decentralization) 경향으로 나타나기도 한다(Katz, 2000). [그림 2-2]에서 알 수 있듯이, 각국의 노동쟁의 발생건수가 노조조직률의 감소 추세와 동일한 경향을 보여주고 있다. 이것은 대부분의 국가에서 경험해 오고 있는 구조조정 등 기업의 대응전략에 견주어 대비되는 모습이다. 따라서 쟁의건수의 감소가 노조교섭력이나 기능의 쇠퇴를 전적으로 설명하는 것은 아닐지라도 상당한 관련성을 예측해 볼 수 있다.

이와 같은 노조조직률의 전세계적인 하락 추세의 원인으로 보통 다음의 네 가지 요인이 지적되고 있다(김동원, 2003). 첫째, 남성 중심의 생산직으로 구성된 전통적인 제조업 분야가 서비스업이나 IT산업 등 노조조직률이 낮은 분야로

〈표 2-1〉 각국의 공공부문 노조조직률

국 가	미 국	일 본	독 일	영 국	한 국
공공부문 노조조직율	35.9%('07)	62%('07)	75%('07)	59%('05)	70%('07)
전체 노조조직율	12.5%('05)	18.7%('05)	22.3%('02)	26.2%('05)	10.0%('06)

주: 일본과 독일은 공무원 노조조직률임.
자료: 노동부, "전국노동조합조직현황" 각 년도, KLI노동통계 각 년도 등.

[그림 2-2] 노동쟁의 발생건수의 세계적인 추세(건수)

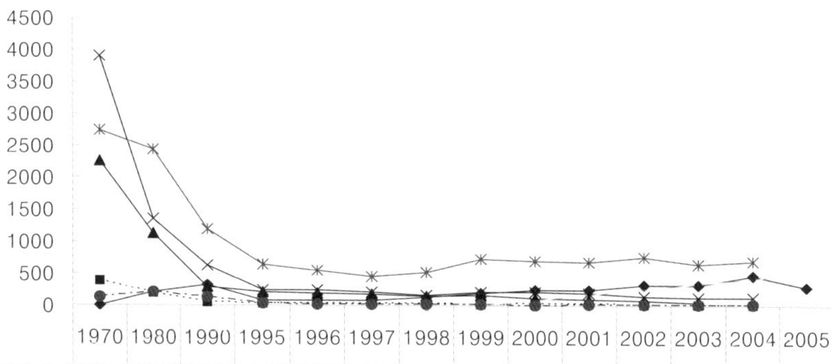

	1970	1980	1990	1995	1996	1997	1998	1999	2000	2001	2002	2003	2004	2005
한국	4	206	322	88	85	78	129	198	250	235	322	320	462	287
미국	381	187	44	31	37	29	34	17	39	29	19	14	17	
일본	2260	1128	283	209	193	178	145	154	118	90	74	47		
영국	3906	1348	630	235	244	216	166	205	212	194	146	133	130	
호주	2738	2429	1193	643	543	447	519	731	698	675	766	643	691	
스웨덴	128	208	126	36	9	14	13	10	2	20	10	11	9	

주: 각국별로 집계의 기준이 상이하므로 국가간 비교는 의미가 없음.
자료: KLI(2006), 해외노동통계(한국노동연구원, 각년도).

산업구조가 이동해 왔다는 점을 들 수 있다. 서비스산업과 화이트칼라직종의 빠른 확대로 인해 전통적인 제조업 고용비중이 하락 경향과는 달리 서비스업으로의 고용비중이 대부분 국가에서 증대하는 경제의 구조적 변화가 진행되어 왔다. 더불어 여성이나 고령인력, 비정규직과 외국인 인력의 증대 등도 노조조직률을 저하시키는 요인이기도 하다.

둘째, 노조가입이나 활동참여 등의 동인으로써 노조수단성(union instrumentality), 즉 노조가 제공하는 서비스에의 매력 감소와 노동조합의 효능에 대한 의문이 증대해 왔다는 점이다. 예컨대 양보교섭(concession bargaining)의 증대경향과 고용조정의 빈도 증가에도 불구하고 대부분의 국가에서 노동쟁의가 감소하고 있다는 측면에서 젊은 층의 낮은 노조가입률이 노조의 필요성이나 효과에 대한 회의를 증대시키는 요인이기도 하다.

셋째, 사용자의 적극적인 반노조운동이나 노조회피적 정책이 강화되어 왔다는 점을 들 수 있다(Kaufman & Taras, 2001). 노동조합이 조직되어 있는 공장규모를 축소하고 조직성향이 낮은 부문으로의 사업이동이 발생하기도 하였다. 또한 개별적인 인적자원관리 제도를 보다 활성화하고 합리적인 고충처리절차를 제공하며, 노동자의 경영참여를 확대하는 등 노동조합에의 유인력을 축소하기 위한 다양한 정책이 강화되어 왔다. 더욱이 1980년대 이후 영국이나 미국을 위시한 주요선진 각국의 노동정책이 신자유주의적 성향을 강화함으로써 노조에 적대적이거나 비우호적인 정책과 법안이 통과되거나 집행되는 현상이 지속됨으로써 노조조직률의 저하에 영향을 미쳤다. 예컨대, 노사자율주의(voluntarism)에 기반해 왔던 영국은 노사관계에 적극 개입하여 노조활동을 제약하는 각종 법률을 제정하기도 하였으며(오건호, 1996), 미국은 사용자 주도의 노사관계 틀 속에서 양보교섭의 증대와 함께 '고성과작업시스템'과 같은 혁신적인 노사관계와 조직관리전략을 도입하였다(Appelbaum & Batt, 1994).

넷째, 집단보다는 개별노동관계의 입법에 대한 각국 정부의 정책강화 경향이 지속되어 왔다는 점을 들 수 있다. 개별노동기본권에 대한 각국 정부의 법적 보호 추세가 강화되면서 집단노사관계에 대한 필요성이 그 만큼 감소하는 효과로 나타났다. 예컨대, 고용평등법, 차별금지법, 모성보호법, 장애인고용촉진법, 성희롱금지법 등이 해당될 수 있다. 이러한 법안들은 노동조합을 통한 해결과정을 개별적 차원에서 법적 절차와 처리로 전환을 유도하였다.

세계적인 노사관계 분권화와 노조조직률의 이와 같은 하락 추세는 노동조합 집중화(centralization)를 유인하는 계기를 제공하여 왔다. 노동조합 입장에서 분권화에 대한 대응으로써 한국과 같이 기업별 노조를 산업별로 재편하고자 하는 노력이 강화되고 있으며, 산별노조가 이미 정착되어 있는 외국의 경우에는 산별노조간 통합으로 대형화가 진행되고 있으며 최근에는 국가간의 경계를 넘어 슈퍼노조의 등장도 주목되고 있다. 영국의 경우 1990년대 중반 최대규모의 공공노조(UNISON)이 결성되었고, 독일의 경우 2000년 공공과 민간 서비스 부문이 통합하여 단일서비스노조가 결성된 바 있다. 2007년 5월에는 영국의 운송 및 일반 노동조합인 TGWU(Transport and General Union; T&G)와 영국 최대 민간노조인 Amicus가 통합하여 영국 전체 조합원의 3분의 1에 해당하는 약 200만명의 조합원을 가진 초대형 노동조합으로 유나이티드(UNITE)를 출범시켰다.[1] 영국 최대 노조가 된 유나이티드는 이후 2008년 5월 미국과 캐나다, 카리브 해역에서 85만 명의 조합원을 가진 북미철강노조(USW)와의 합병에 합의함으로써 미국과 영국의 대형 노조가 통합하는 첫 국제노조의 탄생을 기록하였다.[2] 스웨덴의 경우에는, 민간산업 부문 화이트칼라 노동조합인 SIF와 유통업 부문의 화이트칼라 노동조합인 HTF가 2008년 1월1일부로 통합함으로써 화이트칼라 노동자만을 대상으로 하는 새로운 노동조합연맹 UNIONEN을 출범시키기도 하였다. 이처럼 노조조직률의 세계적인 하락 경향은 노동조합으로 하여금 노동조합간 통합이라는 방식의 대응을 유도하는 것으로 파악해 볼 수 있다.

전세계적인 추세의 노조조직률 하락을 추동하여 요인들은 상호 독립적이기보다는 상호 연계되어 있다. 1920~30년대 대공황 이후 국가간 보호무역주의를 완화하기 위해 출범한 GATT체제를 기점으로 최근의 신자유주의적 이데올로기의 범지구적 확산은 노조쇠퇴와 관련된 모든 요인들의 주요한 바탕이 되고 있다. 세계화와 신자유주의의 팽창이 노동조합운동과 생산방식에 미치는 영향은

---

1) Contract Journal(2007. 5. 1), "TGWU and Amicus form Britains biggest trade union", T&G (2007. 5. 1), "Workers urged to Unite as UKs biggest union is launched"(www. contract joural.com, http://www.tgwu.org.uk/Templates/News.asp NodeID=93324&; int1st Parent NodeID=42438&int2ndParentNodeID=42438&Action=Display

2) 민중의 소리(2008. 5. 27)(http://www.vop.co.kr/A00000207926.html).

개별국가 중앙차원에서 형성되어 왔던 교섭구조나 사회적 합의의 영향력이 감소되어왔다는 점과 그와 같은 탈중심화 경향이 심화되면서 미시적 조합주의(micro-corporatism)가 강화되어 왔다는 점을 들 수 있다(Lee, 1998). 세계화에 따른 시장압력은 개별국가의 자율적인 정책결정능력을 점차 약화시키는 방향으로 작동한다. 따라서 국가를 단위로 발전한 신조합주의적(neo-corporatism) 노사관계모델은 개별국가의 사적부문이 세계시장의 치열한 경쟁에 노출되고, 기업활동의 다국적화가 심화됨에 따라 점차 그 적합성을 잃어가고 있다(Lee, 1998). 또한 제품수명주기의 단축과 수요자 욕구의 다양화는 과거의 테일러주의적 대량생산방식의 한계를 드러내면서 유연한 생산방식의 필요를 증대시켜 왔다. 결과적으로 유연생산방식이 요구하는 기업수준에서의 노사관계 형성과 숙련 및 고기술 노동력의 필요가 노동조합운동의 전반적인 쇠락과 맞물려 있다고 평가해 볼 수 있다.

한편, 노동조합운동의 전반적인 쇠퇴는 무노조기업의 확산과 더불어 고용관계의 인적자원관리(HRM)모델의 등장과 확산을 강화시켜 왔다. 무노조기업에 대한 관심이나 평가는 각국의 법·제도적 특성에 따라 차이가 있다. 예컨대, 서유럽의 경우 무노조기업에도 산별교섭이 확장·적용될 뿐아니라 직장평의회(work councils) 제도를 통해 노동자 이익대표제의 틀이 일정하게 유지된다(배규식·노용진·심상완, 2007). 따라서 무노조기업의 고용관계에 대한 별다른 문제의식이 발생하지 않을 수 있다. 그러나 한국이나 일본 등과 같이 기업별 교섭구조를 가지고 있거나 유럽과 달리 미국이나 영국처럼 자율주의에 기반한 앵글로색슨 국가들의 경우에는 1980년대 이후 양보교섭 양상과 노조의 쇠퇴, 그리고 경쟁력 제고를 위한 다양한 인적자원관리전략의 확산과 맞물려 무노조기업에 대한 관심이 증대되어 왔다. 이러한 경향은 전술한 바와 같이, 노동조합에 대한 구성원들의 유인력을 감소시키기 위한 사용자의 다양한 인적자원관리 제도의 활성화와도 맞닿아 있다(신수식 외, 2008).

신자유주의 이데올로기의 전세계적인 확산은 전통적인 노동조합운동의 쇠퇴와 함께 국경 없는 시장경쟁을 매개로 다양한 작업장 혁신을 요구하여 왔다. 이것은 비단 노동조합이 조직되어 있는 사업장뿐만 아니라 무노조사업장에서도 유연한 생산조직과 숙련노동 그리고 기술의 결합력을 높여야만 하는 환경변화에의 노출을 의미하였다. 이러한 맥락에서 고성과 작업조직(High Performance Work Organization)[3]으로의 전환은 조직생존과 성장을 위한 중요한 과제로 부상하였다.

이처럼 노동운동의 지속적 쇠퇴는 사용자 권한의 증대로 이어졌으며 고성과 작업조직의 등장과 발전을 추동하는 계기가 되었다(Wheeler & McClendon, 1998). 예컨대, 변화하는 세계 환경은 고품질이나 저가의 치열한 경쟁과 생산비용 절감 정책을 강화하는 방향으로 기능하였으며 이는 노동조합의 교섭력 약화를 가속화시키면서 노사관계의 주도권을 사용자에게 넘겨 주는 계기로 작동하였다고 볼 수 있다. 초기 고성과 작업조직의 등장과 확산은 주로 노동조합이 없는 '그린필드(greenfield)' 공장을 중심으로 이루어졌다. 이는 사용자 주도의 작업장 혁신이 보다 용이했기 때문이다. 점차 무노조 기업이 확산됨과 동시에 노동조합이 있는 작업장의 경우에도 양보교섭(concession bargaining) 등이 일반화되었다. 이처럼 노동조합운동의 쇠퇴는 치열한 세계경쟁과 맞물려 작업장 혁신을 위한 변화의 필요성에 직면하여 고성과 작업조직의 확산을 가속화시켰다. 일부 노동조합의 경우에는 조합원들의 노동조건의 개선을 위한 수단으로써 능동적으로 고성과 작업조직을 지지하기도 하였다. 국제기계항공노동자협회(IAMAW)가 고성과 작업조직을 도입함에 있어서 미국과 캐나다의 진보적 기업들과 제휴를 형성한 것이 그 사례이다(Cummings, 2003). 이처럼 전세계적인 노동조합운동의 쇠퇴라는 노사관계 지형의 변화는 고성과 작업조직의 확산과 맞닿아 있다고 볼 수 있다(Godard, 2001). 이하에서는 고성과 작업조직의 개념과 발전에 대해 살펴보고자 한다.

3) 고성과 작업조직(High Performance Work Organization)은 '우량작업조직', '작업장혁신', '고몰입·고관여작업체계', '유연작업시스템', '리스트럭처링', '참여적 작업조직' 등 연구자에 따라 다양하게 불리워져 왔다. 이글에서는 전통적 작업조직과 대비되는 대안적 작업조직의 유형을 포괄하여 '고성과 작업조직'으로 사용하고자 한다.

2. 고성과 작업조직 개념의 발전

(1) 고성과 작업조직의 개념과 등장배경

고성과 작업조직의 개념은 연구자마다 조금씩 다른 방식으로 정의되어 왔다. 미국훈련개발협회(American Society for Training and Development)의 경우, '핵심적인 비즈니스프로세스를 중심으로 작업흐름이 이루어지도록 조직하고 그 과정을 수행하기 위해 종종 팀을 만드는 조직'(Gephart and Van Buren, 1998)이라고 규정하여 작업흐름의 혁신에 중점을 두기도 하였으며, '근로자의 지식·기술·전념(commitment) 및 유연성을 극대화하는 인적자원관리 관행·작업구조 및 프로세스의 특정한 결합'(Bohlander, Snell & Sherman, 2001) 또는 '고객의 요구와 환경의 수요·기회에 효과적으로 반응하여 고성과를 이루기 위하여 사람(people)·작업(work)·정보(information)·기술(technology)이라는 구성들간의 적합성(fit)을 최대화하는 조직구조'(Nadler & Gerstein, 1992)로 정의되기도 하였다. 이런 경우는 주로 '인적자원, 노동자단체, 작업장혁신, 과학기술 등 노사관계의 다양한 요소들을 결집하여 최고의 성과를 위한 조합을 형성하는 것'(김동원·김현기·조남훈, 2000a)에 중점을 둠으로써 내부관행들간의 최적결합을 중시하였다.

전통적 작업조직과 대비적 차원에서 규정해 볼 수 있는 고성과 작업조직은, 테일러리즘에 기반한 전통적 생산방식이 구성원들의 적극적인 '참여'와 '주도적 역할'을 수단으로 전환된 조직이나 생산형태(Wood, 1999)로써, 작업장의 생산활동을 자율통제하며 의사결정과 문제해결에 노동자 참여를 보다 강화하는 작업구조와 정책(Pil & MacDuffie, 1996)을 의미한다. 이는 비용절감을 원칙으로 하는 통제중심적인 구조에서 공식적인 노동자의 참여프로그램과 문제해결 훈련 등 구성원의 조직헌신을 극대화하는 구조(Arthur, 1994)로의 이동을 의미하기도 한다.

고성과 작업조직에 대한 서로 다른 규정과 용어의 활용에도 불구하고 '대안적 작업조직'으로서의 특성을 고려할 경우 공통점을 파악해 볼 수 있다. 〈표 2-2〉은 전통적 작업조직과 고성과 작업조직을 요소별로 비교하여 제시한 것이다. 고성과 작업조직은 노동자나 노동조합을 기업의 의사결정과정에 참여시킴

〈표 2-2〉 전통적 작업조직과 고성과 작업조직의 비교

구성 요소	구 분	전통적 작업조직	고성과 작업조직
조직 측면	조직설계	내부적 관점에 제한 권위적·수직적 조직	고객요구과 환경에 초점을 둔 참여적·수평적 조직
	작업단위	고도의 통제적·파편적 단위	권한위양적·자율적 단위
	조직목표	모호한 요구	명백한 방향과 목표
	기술·사회시스템	기술적 시스템의 지배	기술·사회시스템 통합
	정보의 흐름	제한적인 정보의 흐름	정보의 공유를 통한 접근용이성
	직무의 특성	세분화, 파편적, 협소한 직무	통합화, 직무의 충실성, 공유된 직무
	조직변화	정적·위로부터의 변화	재구성의 필요시 동적·아래로부터의 변화
인적 자원 관리 측면	통제의 정도	통제적·억압적	임파워먼트·자율적
	노동력 특성	반숙련	지식기반의 고숙련
	인적자원개발	근로자를 비용으로 인식, 미미한 투자, 언제든지 해고 가능(buy)	근로자를 자산으로 인식, 많은 투자 체계적인 개발(make)
	임금체계	단위·개별성과급	성과연계·기술급
노사 관계 측면	기본철학	경쟁, 배제	상호이익
	특징	대립적, 비참여	협조적, 참여
	주안점	공평한 분배	효율적 생산

으로써 상의하달식(Top-down)의 전통적 조직에서 간과해 왔던 이들의 창의성과 잠재력을 활용하고 의사결정에의 참여기회를 제공함으로써 동기를 유발하는 것을 주요 목표로 하고 있다(김동원 외, 2000).

이와 같은 고성과 작업조직이 등장하게 된 배경은 급변하는 환경과 경쟁격화에 직면한 기업들이 전통적 작업조직의 한계점을 인식하기 시작하면서 비롯되었다고 볼 수 있다. 그리고 그 기저에는 신자유주의적 이데올로기의 전세계적 확산과 그에 따른 노사관계 지형의 변화가 자리하고 있었다. 노사관계의 전통적인 전형은 경영권을 가진 사용자와 노동조합이 단체교섭을 통해 갈등을 해소해 나가는 과정으로써 노사가 힘의 균형을 갖도록 하는 데 중점을 두어 왔다. 2차 세계대전 이후 수십 년 동안 계급간의 갈등을 제도권 내에서 파국 없

이 해소하는 '갈등관리'를 주된 기능으로 하여 왔다(김동원 외, 2000). 이와 같은 전통적인 노사관계 모형은 기업환경이 상대적으로 안정적이고 예측가능성이 상당부분 존재하는 가운데 그 효력을 발휘할 수 있었다.

노사간의 갈등과 대립을 타협적 기제를 통해 해소해 나가는 전통적 노사관계는 일반적으로 테일러주의적 작업조직에 기반하여 왔다. 테일러주의적 작업조직은 위계적 구조를 근간으로 작업의 세분화와 통제중심의 인적자원관리를 구현해 왔다. 따라서 구성원들의 자발적 참여와 임파워먼트 등 동기유발적 요소의 확장을 통해 환경변화에 유연하고 효율적으로 대응하는 데는 한계를 가질 수밖에 없었다. 또한 노동자에 대한 교육훈련을 비용개념으로 인식하므로 숙련축적(skill building)을 기대하기도 어려웠다. 따라서 반숙련·미숙련 노동을 주로 활용함으로써 고용상의 유연성 극대화를 추구해 왔다. 수직적 작업조직의 통제적 관리운용과 저비용전략 중심의 인적자원관리(control HRM)는 협력적 생산보다는 분배중심의 노사관계(distributive industrial relations)를 형성하는 바탕이 되어 왔던 것이다. 이와 같은 전통적 작업조직이 20세기를 풍미할 수 있었던 배경에는 수요가 공급을 초과하는 초과수요의 상품시장 환경이 자리하고 있었다. 이런 환경에서 기업들은 소비시장보다는 생산시장, 즉 어떻게 싼 제품을 대량으로 신속하게 만들어 낼 수 있는가 하는 데 관심이 집중되어 있었고 그러한 전략이 환경적 조건과 부합되었다는 점에 있다.

그러나 이제 세계화와 정보화, 기술혁신 등으로 인한 세계시장의 경쟁심화와 조직 환경의 급변은 전통적 노사관계의 지속가능성을 담보할 수 없게 만드는 요인이 되었다. 기업생존의 지속가능성(going concern) 측면뿐만 아니라 시장에서의 경쟁우위를 갖기 위해서는 통제와 분권화 중심의 테일러주의적 생산방식을 유연하고 참여중심의 대안적 작업조직으로의 변화를 요구받았고, 전통적 노사관계에서 강조되어 왔던 타협을 통한 안정적 노사관계는 참여와 협력을 통한 생산적 노사관계로 바뀌지 않으면 안 되는 상황에 직면하였다. 이를 위해서는 자율과 권한을 대폭적으로 부여하고 수직·수평적으로 작업단위를 통합(broad banding)하는 등 동기유발과 조직헌신을 높일 수 있는 관리방식(commitment HRM)으로 작업조직이 개편되어야만 했다. 나아가 노동자에 대한 교육훈련 투자를 통해 고숙련 또는 다기능화를 추구하는 숙련형성 노력의 수반이 요구되었다.

[그림 2-3]은 고성과 작업조직을 지향하는 생산적 노사관계와 전통적 노사관계의 차이점을 도식화한 것이다. 대량생산 작업조직의 전통적 노사관계에서 목표는 적대적 노사관계의 부정적 측면을 최소화하는, 즉 갈등에 수반되는 비용을 최소화하는 데 주력한다. 분배중심의 전략 일변도로써 노사 당사자들은 통제와 분권화 그리고 투쟁이라는 방식을 동원하여 자신들의 입지를 유지하고자 노력한다. 작업조직은 직무를 세분화함으로써 정신과 신체노동을 분리시키는 노동배제적 방식이 일반적이다. 따라서 전통적 노사관계는 갈등을 효과적으로 통제하는데 주력함으로써 생산적 노사관계 영역(+)으로의 진입에는 미치지 못한다. 반면, 고성과 작업조직을 지향하는 생산적 노사관계는 갈등비용의 최소화라는 수동적 관점에서 벗어나 노사파트너십의 긍정적 측면을 극대화하는, 즉 파트너십의 영역(+)에서 총효용을 증대시키는 보다 능동적이고 생산적인 변화를 추구한다. 노사관계는 통합적 교섭 또는 승-승(win-win) 게임으로써 효율적 생산을 모색하는 역동적 파트너십에 기반하고 있다. 작업조직은 직무통합과 임파워먼트 그리고 다기능화 등 동기유발을 매개로 노사 모두의 고능률을 지향한다.

[그림 2-3] 전통적 노사관계와 생산적 노사관계

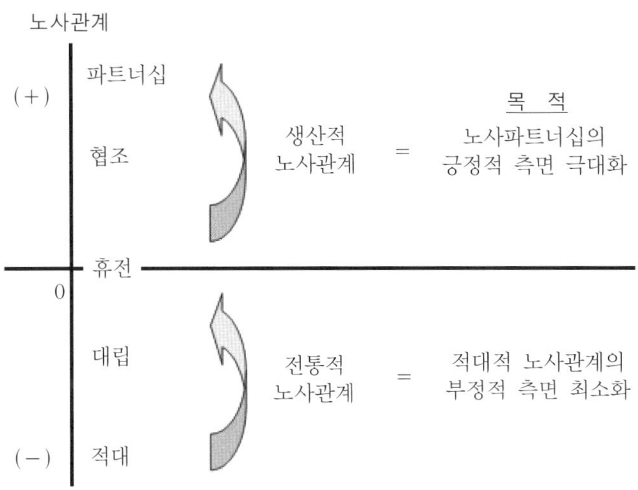

고성과 작업조직은 이처럼 노사관계 측면에서 노사 모두가 승-승(win-win)할 수 있다는 신념을 전제로 하고 있다. 예컨대, 노동자 참여를 통해 자율성과 창의성을 개발하고 그 과정에서 노동소외의 감소와 직무만족도 향상, 조직에 대한 헌신을 높이고, 결과적으로 조직성과를 향상시킬 수 있다는 기대가 존재한다. 이하에서는 생산적 노사관계에 기반하는 고성과 작업조직 이론을 살펴보고자 한다.

(2) 고성과 작업조직의 이론과 발전

테일러리즘이나 포디즘과는 단절된, 보다 유연한 대안적 조직형태로써의 고성과 작업조직에 관한 논의와 패러다임의 확산은, 1990년대 후반부터 보다 본격화되었다(Appelbaum and Batt, 1994; Gittleman et al., 1998). 국가별로는 노사관계를 규정하는 법·제도와 전통, 노동시장 환경의 차이 등에 따라 전통적 작업조직의 한계를 극복하기 위한 다양한 시도들이 일찍부터 전개되어 왔으며 그에 따라 다양한 생산조직이 실험되거나 등장해 왔다(Katz et al., 2000; Appelbaum and Batt, 1994; Mathews, 1994; Dankbaar, 1997; Kuhlman & Schumann, 1997). 그러나 이와 같은 다양한 형태의 대안적 작업조직이 구조화된 틀이나 이론적 전제를 공유한 것은 아니었다. 다만 작업에 참여하는 노동자의 의사결정 참여와 팀 작업에 대한 새로운 인식, 그리고 성과와 연계되는 보상을 매개로 조직헌신을 향상시키기 위한 작업조직의 설계 등이 강조되었다는 점은 공통된 경향 중의 하나이다.

테일러리즘과 포디즘은 그 자체가 안고 있는 노동의 비인간화라는 비판과 함께 인간관계론이나 관리론 등이 등장하면서 노동생활의 질(Quality of working life) 운동으로 이어지게 되었다. 그러나 이러한 초기 대응은 체계적인 작업조직과 시스템의 변화를 고려한 것은 아니었으며 조직행동이나 심리학적인 측면에서의 문제해결 대안으로 제시된 것이었다. 이후 1980년대 들어 기술의 발전과 세계화라고 환경 변화에 힘있어 작업조직 전반의 구조적 변화가 태동되기 시작하였다.

고성과 작업조직의 이론적 토대와 발전은 인적자원시스템에 대한 연구들과 함께 병행되었다. 이론적 틀의 두 가지 주류는 제도화이론(institutionalization theory)과 자원준거관점(resource-based view)으로 볼 수 있다. 먼저, 제도화이론은 조직과 환경의 관계에서 환경의 역할을 강조하는 환경결정론적 접근방식으로써 동형화(isomorphism)이론이나 수렴(convergence)이론과 동일한 맥락에 있다(Meyer & Rowan, 1977; Kerr et al., 1973). 즉, 조직을 둘러싼 여러 환경들 예컨대, 기술의 발전이나 경쟁시장의 노출 등이 모든 작업조직에 영향을 미쳐 작업조직이나 인적자원관리 관행이 유사한 패턴을 갖도록 한다는 것이다. 일반론적 관점(universal view)에서 조직의 성과를 높일 수 있는 가장 유력한 시스템이나 방식(one best way)이 존재할 것이라고 가정한다(Delery & Doty, 1996). 따라서 최선의 대안(best practice)을 찾는 것이 최대의 관심사가 된다. 이런 맥락에서 통제적 인적자원시스템(control human resource system)과 몰입적 인적자원시스템(commitment human resource system)을 분류하고 조직성과에 각각 어떤 영향을 미치는지 등의 연구가 진행되었다(Arthur, 1994). 이것은 전통적 작업조직에 지배적이었던 통제중심의 관리 패턴이 고성과 작업조직에서 중시되는 참여와 몰입 중심의 관리 패턴을 비교함으로써 고성과 작업조직의 일반론적 고효율을 증명하는 과정의 일환인 셈이다.

고성과 작업조직의 또 다른 이론적 전제로써 자원준거관점(resource-based view)이 있다. 이것은 조직특성이나 조직이 처한 상황이 서로 다르므로 개별조직의 상황에 적합한 작업조직이나 인적자원관리가 설계되고 실천되어야 한다고 전제한다. 즉, 고성과 작업조직은 환경에 의해 결정되는 것이 아니라 조직내부의 자원과 그러한 자원간의 적합성(internal fit)에 의해 효율성이 결정된다고 본다(Wernerfelt, 1984; Prahalad and Hamel, 1990; Barney, 1991). 여기서 경쟁력있는 내부자원이란 조직문화, 관리방식, 학습조직 등 주로 무형적 자산에 기인하며 그 속성상 희소성이 있고 가치가 있으며 경쟁조직이 모방하기 어렵고 대체하기 어려운 자산들이다. 따라서 자원준거관점은 환경결정론적 관점과 달리 보편적으로 적용될 수 있는 최선의 인적자원관리 관행이나 작업조직 형태는 없으며 조직이 처한 상황에 따라 경쟁력 있는 내부자원의 축적방식이 달라진다고 본다. 고성과 작업조직 관행들과 조직성과간의 관계에서 관행들 간의 내적일관성 또는 적합성이 중요하다는 연구들이 이와 관련하여 보고되어 왔다(Huselid, 1995; Schuler & Jackson, 1987; Becker & Gerhart, 1996; Pfeffer, 1994). 이런 맥락에서 자원준거관점은 상황론적 관점(contingency approach)에서 고성과 작업조직을 바라보고 있다. 따라서 국가들마다는 서로 다른 특성의 고성과 작업조직 형태가 존재할 수 있고, 기업특성에 따라서도 서로 다른 고성과 작업조직이 형성될 수 있다. 고성과 작업조직 모델을 국가별로 분류하여 제시한 Appelbaum & Batt(1994)의 연구는 상황론적 관점에서 출발된 것으로 파악할 수 있다.

이후 고성과 작업조직은 외부적합성(external fit)을 중시하는 환경결정론적인 제도론적 관점과 내부적합성(internal fit)을 중시하는 자원준거관점 또는 핵심역량 이론을 통합하는 방식도 등장하였다. 예컨대, 내부의 핵심역량뿐만 아니라 외부환경에의 적응력을 높일 수 있는 유연성(flexibility)의 중요성이 부각되었다. 즉, 일반론적 관점(universal view)과 상황론적 관점(contingency view)을 아우르는 방식으로서 형태적 관점(configurational view)이 제시되었다(Delery & Doty, 1996). 고성과 작업조직은 외부의 환경변화에 대처할 수 있는 유연성을 확보해야 하고, 그러한 유연성은 내부자원에 기인하므로 결과적으로 독자적인 유연성을 가진 조직이 강조된다(Wright & Snell, 1998). 나아가 고성과 작업조직을 구성하는 각각의 요소들이 독립적으로 기능하지 않고 상호보완적으로 서로 묶여서 실행될 때 더 큰 조직성과를 낸다는 주장도 제기되어 왔다(bundle approach). 즉, 고성과 작업조직의 인적자원관리는 고용보장, 선별적 채용, 참여적 직무설계, 성과와 연계한 보상, 폭넓은 훈련, 정보공유 등이 상호결합되어 시스템화될 때 더 큰 효과를 나타낸다는 의미이다(배종석·사정혜, 2003).

한편, 고성과 작업조직내 노동조합의 역할에 대한 관점도 크게 3가지로 나눠진다(김동원, 1996). 먼저 조직내 참여적 활동의 성과에 대해 노동조합이 부정적 영향을 미친다는 입장이다(Addison and Hirsch, 1989; Hammer, 1986; Allen, 1986; Faith and Reid, 1987). 신고전경제학적 관점(neo-classical economics)에 기반하는 이런 주장은 노동조합의 독점적 기능(monopoly function), 즉 임금인상이나 작업규칙의 개입 등으로 조직성과에 부정적 역할을 미치는 것으로 본다(Freeman & Medoff, 1984). 또한 고성과 작업조직내 다양한 참여프로그램에 대해 노동조합은 자신들의 이익에 부합되는지의 여부에 따라 참여 또는 퇴각전략을 선택한다고 보는 요요모델(yo-yo model)도 주장된다(Hammer, 1986).

두 번째, 노동조합의 역할을 긍정적으로 보는 관점이 있다(Freeman and

Medoff, 1984; Brown and Medoff, 1978). 이것은 노동조합이 집단의사를 대변하는 언로기능(collective voice function)의 긍정적 측면이 더 크기 때문으로 본다. 즉, 고성과 작업조직내 노동조합은 경영진과의 더 나은 의사소통 채널을 형성하고 노동자들의 선호에 대한 정보를 획득하여 인사정책이나 보상간 보다 효과적 결합을 지원할 수 있다고 본다.

세 번째, 노동조합이 협조적인 경우 조직성과가 더욱 향상된다는 주장이다(Kim and Voos, 1997; Cooke, 1992; Verma, 1989; Verma and McKersie, 1987; Eaton and Voos, 1992; Kelly and Harrison, 1992). 예컨대, 노동조합이 고성과 작업조직의 다양한 참여프로그램에 보다 협력적일 때는 전통적 작업장에서의 단체협상에 기반한 것보다 품질향상이 훨씬 높다는 주장 등이다(Cooke, 1992)

가장 최근의 고성과 작업조직과 관련한 이론적 측면에서의 이슈는 고성과 작업조직의 다양한 인적자원관리 활동이 노동조합의 역할을 대체하는 것인지 아니면 상호보완적 관계에 있는 것인지 하는 점이다.

(3) 고성과 작업조직의 특징과 유형

고성과 작업조직의 가장 큰 특징은 '팀 작업'이라고 하는 작업방식의 채택이 있다. 팀을 조직하는 방식이나 형태가 다양하지만, 팀 조직이란 노동분업을 기초로 수직·위계적이었던 작업조직을 수평적 조직으로 전환하는 전혀 다른 작업조직화 방식을 의미하는 중요한 전환이다. 1980년대 이후 고성과 작업조직과 관련된 관행들이 확산되면서 팀을 단위로 하는 작업조직이 확산되었다. 예컨대, 1987년에서부터 1995년간에 걸쳐 미국의 포춘(*Fortune*) 1000대 기업을 대상으로 조사한 결과, 조직내 자율관리작업팀(self-managed work teams)에 적용되는 종업원의 비율이 1987년 28%에서 1995년 68%로 증가된 것으로 나타났으며, 미노동통계청(Bureau of Labor Statistics)의 조사에서는 1993년 상시근로자 50명이상인 7,000개 기업들 중 32%가 조직내 자율관리팀이 도입된 것으로 나타나기도 하였다(Gittleman et al., 1998; Appelbaum et al., 2000).

팀 작업방식에 대한 다양한 논의들이 있어 왔으며 여기에는 긍정적 입장과 부정적 입장이 공존하고 있다. 예컨대, 팀 작업방식이 작업자에게 자율성과 권한위양을 제공하고 적합한 보상이 연계되며 더 나은 작업환경을 조직함으로써 궁극적으로 조직성과에 기여한다는 관점이 있는 반면, 팀 작업이 직무상실이나 노동강화라는 주장도 있다(Walton, 1985; Parker & Slaught, 1996; Ramsay et al., 2000).

고성과 작업조직 유형의 발전경로는 크게 두 가지로 파악해 볼 수 있다. 하나는 테일러주의적 생산방식이 초래한 노동소외와 비인간화 등에 대한 비판에서 출발한 '노동의 인간화(humanization of work)'에 대한 관점이며, 또 다른 하나는 경쟁이 심화되면서 전통적 작업조직이 갖는 효율성의 한계 내지 '조직 경쟁력의 향상'을 위한 대안적 작업조직의 탐색을 지향하는 관점의 경로이다. 전자의 경우는 1970년대 본격화된 스칸디나비아 국가들의 사회기술체계(socio-technical system)가 대표적 형태이며, 후자의 경우 데밍(Deming)의 통계적 품질 관리기법을 근간으로 하는 일본의 린생산방식(Lean production)이나 미국식의 팀생산방식(Team production) 등이 해당될 수 있다(Appelbaum & Batt, 1994).

노동의 인간화 관점에서 시작된 고성과 작업조직의 대표적 모델은 스웨덴 모형으로 일컬어지는 '사회기술체계(socio-technical system)'이다. 유럽적 전통이 그렇듯이 고성과 작업조직의 설계와 실행과정에서 노동조합의 주도와 적극적인 참여는, 그 밖의 다른 형태의 고성과 작업조직 구축과정과 차별화된다. '사회기술체계'는 영국 런던에 있는 타비스톡 인간관계연구소에서 발전시킨 작업조직 설계원칙이다. 당시 타비스톡 연구소의 트리스트(Trist)와 그의 동료들이 '자율적 작업조직'에 주목하고 이것을 기초로 '반자율적 작업집단(semi-autonomous work groups)'모델을 만들고 이 모델에 대해 '사회기술체계'라는 이름을 붙인데서 유래한다(김종한 · 김애경, 1998). 이 모델은 테일러주의적 기술과 노동조직체계가 갖는 문제점에 주목하면서 인간과 기술의 조화를 일구어 낼 수 있는 최적의 결합가능성을 모색하게 된다. 1950년대 전후 실험을 거쳐 1970년대와 1980년대 보다 체계적이고 적극적인 조직설계가 시도됨으로써 전통적 작업조직을 대체할 수 있는 유력한 작업조직으로 널리 알려지게 되었다(Sorensen, 1985, 김훈 · 김동배, 2001). 대표적인 사례로는 스웨덴 볼보의 칼마르(Kalmar)공장과 우데발라(Uddevalla)공장의 자율작업집단 실험이 있다. 사회기술체계 모델의 특성은 i) 병렬식 조립이 가능한 공장 설계, ii) 총합적(holistic) 학습방식, iii) 자율작업조직으로 정리될 수 있다(조돈문, 1998).

이들 공장에 적용된 작업장 혁신은 “성찰적 생산방식(reflective production system)”으로 불리우기도 하였는데, 인간의 직무수행이 기계로부터 자율성을 확보하게 함으로써 노동조합이 추구하는 ‘노동의 인간화’를 실현한 것으로 평가되기도 한다. 이 모델의 특성은 자율작업집단에 근거하여 조립공정에서 최초로 컨베이어 라인을 폐지하였으며 과업의 통합수준이 매우 높고 팀의 자율성도 매우 높다는 특징을 가진다(김훈 · 김동배, 2001). 사회기술체계를 이론적 측면에서 본다면, 작업조직 내에는 두 가지 체계, 즉 기술체계와 사회체계가 존재하는 것으로 파악한다. 기술체계는 기계설비와 이를 조작하는 지식을 의미하며, 사회체계는 작업자의 심리상태, 작업자간의 사회관계를 의미한다. 두 가지 체계는 서로 상이한 것이지만 작업을 위해서는 두 가지 체계가 상호 협동하지 않으면 안 되는 것으로 파악한다. 따라서 사회체계와 기술체계가 각각의 원칙에 충실하면서도 다른 체계를 방해하지 않는 이른바 동시최적화(joint optimization)가 이루어질 때 이러한 작업조직은 유연성 있고 노동의 인간화를 달성할 수 있는 상태가 되는 것으로 이해한다(김종한 · 김애경, 1998).

한편 생산성과 조직성과의 향상을 목적으로 한 대표적인 고성과 작업조직으로써 린생산양식이 있다. 일본 도요타 자동차에서 비롯되었는데, 작업조직의 특성은 전통적인 위계구조 내지 전통적 작업조직의 일부 특성이 유지되는 가운데 숙련을 확대하고, 팀조직은 주로 문제해결 중심의 QC집단이 조직되어 있다. 팀조직이 갖는 특성으로써 자율성이나 참여의 영역이 작업장수준의 문제해결에 있기 때문에 다른 고성과 작업조직에 비해 제한적이다.

고성과 작업조직은 노동의 인간화 관점과 생산성 향상 관점이라는 양방향으로 분기되어 나갔으며 각국의 독특한 제도와 환경에 따라 지금까지 여러 가지 유형이 등장해 왔다. 〈표 2-3〉에는 지금까지 등장한 각국의 대표적인 고성과 작업조직 유형을 정리해 보여주고 있다.

선진국의 고성과 작업조직은 스웨덴의 사회기술시스템(Socio-technical system, STS), 독일의 다변화품질생산(Diversified quality production), 이태리의 유연전문화생산(Flexible specialization), 일본의 린생산양식(Lean production), 미국형 팀생산양식(American Team production)과 미국형 린생산양식(American Lean production)모형 등 6가지로 구분된다.

〈표 2-3〉 린생산양식과 사회기술체계 작업조직 비교

구 분	사회기술체계(스웨덴)	린 생산방식(일본)
생산조절	사회 기술적 조정과 증가된 작업만족, 완전조립 추구	적기통제의 정돈된 라인
집단간 관계	노동자 자율성 증대, 개별작업속도 변동의 허용에 의해 집단상호의존성의 감소	개별 작업속도에서 모든 완충과 변동의 제거
감독과 조정	일상적 책임과 관리의 위임	참모진에 의한 치밀한 관리구조와 밀도 높은 역할/Foreman이 교육, 승진, 임금과 관련된 일들을 결정
행정적 통제	그룹리더 및 대표는 팀에서 선택 자주 로테이션됨.	팀리더는 일선 경영진에 의해 결정 노동자 제안은 장려되지만 결정은 표준화가 보장된 위계에 의해 취해짐
노동강도와 작업요구	작업제한은 회사와 노조의 계약에 의해 특성화됨/실질적인 작업강도는 다양하며, 임금체계와 동료의 압력에 의존	극대화된 작업수행을 위해 강화된 조직적 통제의 압력
노조의 역할	협약에 따라 직무만족, 임금체계 및 권리 조절, 공장경영의 구조와 경영에 참여, 자율성, 사회적 타협	회사에 의해 배타적으로 결정된 작업조직, 생산속도 및 직무설계에 참여, 기업조직에 종속된 참여, 팀은 공장경영에 밀접하게 묶여 있음

자료: Berggren(1992).

이들 고성과 작업조직 유형들의 세부요소들은 내부적합성과 외부적합성을 극대화시키는 형태로 결합되어 있다. 우선, 스웨덴의 사회기술시스템(Socio-technical system; STS)은 소량주문생산을 바탕으로 틈새시장의 고급품을 생산하는 경영전략이 근로자를 위한 조직설계, 전국단위의 중앙집중식 교섭의 관행과 조화를 이루고 있다. 이러한 사회기술시스템은 저가의 대량생산과 기업단위의 노사관계, 중앙집중식 의사결정을 주로 하는 우리의 기업과는 상당한 차이점을 내포하고 있다. 또한, 독일의 다변화품질생산(Diversified quality production)의 경우도 최고의 성능과 디자인을 무기로 한 최고급품 생산이 주된 경영전략이며, 강력한 산별노조가 뒷받침하는 숙련기능공의 양성이 경쟁력의 주된 원천이라는 측면에서, 아직도 저가의 대량생산과 기업단위의 노사관계, 미흡한 숙련형성을 특징으로 하는 우리 기업의 경우와 차이점을 보인다. 마찬가지로 이태리의 고객기호에 민감한 고가사치품은 중소기업간의 네트워크와 숙련기능공의 지역 내

유연한 활용을 통하여 생산되며 이러한 유연생산방식은 산업지구(Industrial Districts)별 노사간의 협력으로 가능한 것이다. 한편, 일본의 린생산양식은 전통적 작업조직의 특성인 중앙집중식 의사결정을 유지하면서 QC와 같은 오프라인 참여가 이루어진다. 구성원들의 충성심이나 직무만족도, 조직에 대한 헌신 등 인적요소에 크게 의존하는 특징을 가지고 있다. 문제해결 중심의 생산양식으로써 JIT, TQM, 다기능공화 등을 추구한다. 이와는 조금 달리 미국의 팀생산양식은 의사결정의 분권화를 통해 자율작업팀이 중요한 축으로 등장하여 온라인 참여가 특징이다. 일본의 린방식이 정보나 조언을 제공하는 노동자와 최종결정자로서 경영진 구조를 갖는 상담적(consultative) 참여라면, 미국식 팀방식은 노동자가 상당한 자율권을 가지고 작업공정을 통제하고 생산과정에 본질적으로 영향을 주는 의사결정을 수행하는 참여적 시스템의 특징을 갖는다고 볼 수 있다(Levine & Tyson, 1990). 린생산과 팀생산양식은 노조, 혹은 비노조 상황 모두에서 존재할 수 있지만, 노동자들이 전략적 목표들을 기획하고 실행하는 고위 수준의 기업 위원회들에서 근로자 대표들을 참여시키는 완전한 의미의 미국식 팀생산양식은 노조가 조직된 기업에서 발견될 가능성이 더 높다.

이처럼, 고성과 작업조직의 각국별 유형들은 독특한 환경적·제도적·시장상황적인 특징을 기반으로 장기간에 걸쳐서 자연스럽게 개발되어 온 것이다. 따라서 이러한 유형을 노사환경이 상이한 다른 국가에 단순 적용하는 것은 많은 어려움이 있고 철저한 노력과 연구를 필요로 한다고 할 수 있다. 이러한 시각에서 본다면 비교적 우리 기업의 경영전략과 노사환경에 적합한 모형으로는 일본의 린생산양식, 미국형 팀생산양식, 미국형 린생산양식, 이탈리아의 유연전문화 생산양식의 네 가지 모형을 들 수 있다. 특히, 이들 모형이 한국의 상황에 적합하다고 보는 이유는 다음의 세 가지로 요약할 수 있다(김동원 외, 2000).

첫째, 일본의 린생산양식, 미국형 팀생산양식, 미국형 린생산양식이 주로 표준화된 제품을 생산하여 대량생산시장을 겨냥한다는 측면에서 우리 대기업의 주된 경영전략과 일치하는 측면이 있고, 이탈리아의 유연전문화 생산양식은 우리의 중소기업과 벤처산업의 경영전략에 적용될 가능성을 내포하고 있다. 즉, 이들 네 가지 유형은 한국의 경우에 적용할 때 어느 정도의 외적 적합성을 지닌 것으로 보인다.

〈표 2-4〉 각국의 고성과 작업조직 비교

구 분	시장전략	유형의 특징	노사관계	비 고
스웨덴의 사회기술 시스템	• 우수한 디자인 소량주문생산 • 틈새시장의 고급품	• 근로자를 위한 조직설계 • 자율경영팀 적극 활용	• 전국단위노조와 사용자단체간의 대립/참여적인 노사관계	• 경영성과보다 구성원에게 더 긍정적 효과
독일의 다변화품질 생산	• 최고의 성능과 디자인 • 소량생산 • 고가품시장	• 철저한 직업훈련을 통한 극히 우수한 기능공의 기술/지식	• 산별협상과 근로자평의회를 통한 대립/참여적인 노사관계	• 비싼 노동력의 문제
이태리의 유연전문화 생산	• 비표준화된 사치품 • 고객 기호에 민감 • 틈새시장 • 고가사치품	• 숙련기능공의 지역내 유연한 활용 • 중소기업간의 네트워크 활용	• 소규모 기업의 노사간 지역별 협력이 중요	• 유연성 확보가 관건
일본의 린생산양식	• 표준화된 제품 상대적인 저가의 대량생산시장	• 비용절감 • TQM을 통한 불량률 극소화	• 기업별노조와의 협조적인 노사관계	• 노사가 협의하는 수준의 경영참가 실시
미국형 팀생산양식	• 중고가의 표준화된 제품 • 대량생산시장	• 노조의 적극적 경영참가 • 자율경영팀 적극 활용	• 전국노조와 노조지부단위에서 노사간 대립/참여적인 노사관계	• 강력한 노조가 존재하는 노조기업에서 실시(제록스, 새턴, NUMMI, 코닝)
미국형 린생산양식	• 중고가의 표준화된 제품 • 대량생산시장	• TQM등 경영자주도의 품질향상프로그램 실시 • 일부 자율경영팀 실시	• 직원협의회를 통한 비노조직원의 의견청취 및 반영	• 비노조기업에서 주로 실시(IBM, HP, 모토롤라)

자료: Appelbaum and Batt(1994); 김동원 외(2000).

둘째, 이들 모형이 기업별(일본의 린생산양식), 사업장별(미국형 팀생산양식, 미국형 린생산양식), 지역별(이태리의 유연전문화 생산양식) 노사관계를 축으로 하여 형성되었다는 점에서 기업별 노사관계를 주요 축으로 하는 우리 대기업이나 지역별 노사관계의 형성이 가능해 보이는 우리의 중소기업과 벤처산업과 비슷한 점에서 어느 정도의 내적인 적합성을 지닌 것으로 보인다.

한편, 우리나라의 기업들도 각기 다양한 유형의 경영전략과 노사환경을 특징으로 하고 있다. 따라서 우리나라 기업들이 어느 한 방향으로 갈 것으로 기대할 수는 없다. 그러나 외국의 고성과 작업조직 유형을 기초로 살펴본다면, 우리 기업들은 대체로 각 조직이 처한 환경과 경영전략의 차이에 따라 다음의 세 가지 시나리오(한국형 린생산양식과 한국형 팀생산양식, 한국형 유연전문화 생산양식) 중 하나를 선택하게 될 가능성이 크다(김동원 외, 2000).

먼저 한국형 린생산양식을 상정해 볼 수 있다. 〈표 2-5〉에서 보듯이 한국형 린생산양식은 불량률이 적은 표준화된 제품으로 중고가위주의 대량 생산시장을 겨냥하며, 철저한 품질관리를 통한 불량률 극소화와 지속적인 개선을 통한 비용절감이 경쟁력의 원천이다. 인적자원관리의 측면에서는 탑다운식 혁신이 중심이 되고 중앙집중식 의사결정과 제한적 자율경영을 실시하며, 품질관리에 대한 교육훈련과 수평적 기술습득을 통한 다기능공양성에 중점을 둔다. 또한, 핵심인력(다기능공)에 대한 고용안정을 보장한다. 노조기업에서는 노조와의 협의를 통하여 직원들의 의사를 경영에 반영하고, 비노조기업은 노사협의회를 적극 활용한다. 주된 벤치마킹의 대상으로는 도요타, 닛산, 모토롤라, 휴렛팩커드, 페더럴 익스프레스, IBM 등이 있으며, 한국의 기업 중 이 모형을 받아들일 가능성이 큰 기업은 삼성그룹으로 추측할 수 있다. 한국기업 중 확산이 예상되는 부문은 비노조기업과 일부 노조기업, 전통적인 톱다운식 의사결정에 익숙한 기업으로 볼 수 있다. 이 모형의 특징은 협의하는 수준의 제한적인 경영참가를 실시하고 기존의 톱다운식 경영방식을 고수하여 기존의 경영방식을 크게 바꾸지 않으므로 모형의 도입이 비교적 용이한 점이다.

둘째, 한국형 팀생산양식은 표준화된 제품으로 중고가위주의 대량생산시장을 겨냥하지만 점차적으로 소량생산위주의 고부가가치시장으로의 진입을 목표로 한다. 일선 근로자의 경영참여를 통한 창의력, 지식, 기술의 활용으로 고부가가치 제품의 생산을 목표로 한다. 인적자원관리의 측면에서는 노사공동의 바텀업식 혁신이 중심이 되고, 자율경영과 분권화 된 의사결정이 주된 경영방식이다. 교육훈련의 측면에서는 경영참가에 대한 교육훈련이 중시되고, 인적자원에 대한 철저한 투자와 수평적·수직적 기술의 습득을 중시한다. 또한, 핵심인력(숙련공)에 대한 고용안정을 보장한다. 회사의 운영에 노조가 적극 참여하여 실질적인 노조의 경영참가를 이룬다. 주된 벤치마킹의 대상으로는 제록스, 새턴, NUMMI, 코닝, AT&T, 리바이 스트라우스 등이 있으며, 한국의 기업 중 이 모형을 받아들일 가능성이 큰 기업은 LG그룹으로 추측할 수 있다. 한국기업 중 확산이 예상되는 부문은 주로 혁신적 노조기업으로서 바텀업식 의사결정을 선호하는 기업으로 볼 수 있다. 이 모형의 도입 시 노사의 양측의 내부의견조율이 중요하며(사측의 경우 경영권 훼손의 우려, 노측의 경우 어용시비가 예상됨), 노사 모두 기존의 사고와 전략의 근본적인 변화가 필요하다. 이 모형은 이상적인 모형이지만 실시가 상대적으로 어려운 측면이 있다.

셋째, 한국형 유연전문화 생산양식은 비표준화된 고가품을 주된 상품으로

〈표 2-5〉 한국형 린생산양식, 한국형 팀생산양식 및 한국형 유연전문화 생산양식

구 분	한국형 린생산양식	한국형 팀생산양식	한국형 유연전문화 생산양식
시장전략	• 불량률 적은 표준화된 제품 • 중고가 대량생산시장	• 표준화된 제품 • 중고가 대량생산시장 • 고부가가치 시장으로 전환노력	• 비표준화된 고가품 • 다품종 소량생산시장 • 틈새시장
경쟁력의 원 천	• 철저한 품질관리로 불량률 극소화 • 지속적 개선을 통한 비용절감	• 일선근로자의 경영참가를 통한 창의력, 지식, 기술의 활용	• 시장상황에 신속,유연하게 대처 • 고객의 기호변화에 속도와 다양한 제품으로 반응 • 중소규모 사업자간의 분업과 협력
경영방식 및 인적자원관리	• 탑다운식 혁신이 중심 • 중앙집중식 의사결정과 • 제한적 자율경영 • 품질관리 교육훈련 • 수평적 기술습득을 통한 다기능공화양성에 중점 • 고용안정	• 노사공동의 바텀업 혁신이 중심 • 자율경영과 분권화된 의사결정 • 경영참가 교육훈련 • 인적자원에 대한 철저한 투자 • 수평적,수직적 기술의 습득 • 고용안정	• 산업단지내 인적자원의 공유와 상호하청을 통한 자원 활용극대화 및 유연성 확보 • 산업단지내 노사가 함께 참여한 공동훈련을 통해 기능공 양성 • 경영참가 및 소규모 하청을 통한 분권화된 의사결정
노사관계	• 노조기업: 노조와의 협의를 통하여 경영에 반영 • 비노조기업:노사협의회를 적극 활용	• 회사운영에 노조가 적극 참여 • 실질적인 노조의 경영참가	• 지역별 노조와 사용자단체의 협상 • 노조의 경영참가

주된 벤취마킹의 대상	• 도요타, 닛산, 모토롤라, 휴렛팩커드, 페더럴 익스프레스, IBM	• 제록스, 새턴, 코닝, NUMMI, AT&T, 리바이 스트라우스	• 이탈리아의 의류산업, 귀금속산업
이 모형을 받아들일 가능성이 큰 한국 기업 (근접한 사례)	• 삼성그룹	• LG그룹	• 중소규모 의류패션산업 • 벤처산업
한국기업중 확산 예상부문	• 비노조기업, 일부 노조기업, • 전통적인 톱다운식 의사결정에 익숙한 기업	• 노조기업, 바텀업식 의사결정을 선호하는 기업	• 동대문의 중소규모 의류산업 • 테헤란로의 벤처기업 등 작은 기업간의 협력과 자원공유, 상호하청을 통하여 유연성을 유지할 수 있는 부문
비고	• 협의수준의 경영참가 • 기존 조직을 크게 바꾸지 않으므로 모형의 도입이 비교적 용이	• 노사 양측의 내부의견조율이 중요 • 노사 양측의 사고와 전략의 근본적인 변화가 필요	• 제한된 금전적, 인적자원을 최대한 활용하기 위하여 속도와 유연성 확보, 지역내 기업간의 신뢰 및 협조관계유지가 성공의 관건임

자료: 김동원 외(2000).

다품종 소량생산의 틈새시장을 겨냥하는 생산양식이다. 이 생산양식의 경쟁력의 원천은 급변하는 시장상황에 신속, 유연하게 대처하고, 고객의 기호변화에 민첩하게 반응하며, 다양한 제품을 제공함으로써 고객의 기호를 충족시키는 데에 있다. 따라서, 제한된 자원을 보유한 중소규모 사업자간의 분업과 협력이 요구된다. 이 생산양식의 경영 및 인적자원관리방식은 산업단지 내 인적자원의 공유와 상호하청을 통한 자원활용의 극대화 및 유연성을 확보하고, 산업단지 내 노사가 함께 참여한 공동훈련프로그램을 실시하여 기능공을 양성하고 필요시에는 인력을 상호 유연성 있게 활용하며, 경영참가 및 소규모 하청을 통한 분권화 된 의사결정이 그 축을 이룬다. 이 생산양식의 노사관계는 중소규모 기업인만큼 지역별 노조와 사용자단체간의 협상이 주된 노사협상 창구가 될 것이며, 노사공동위원회 등을 통한 노조의 경영참가가 이루어질 것이다. 비노조 기업의 경우에는 지역별 노사협의회의 운영도 예상된다. 주된 벤치마킹의 대상으로는 이탈리아의 의류산업, 귀금속산업이며, 이 모형을 받아들일 가능성이 큰 한국의 기업은 중소규모 의류패션산업, 벤처산업이다. 즉, 동대문의 중소규모 의류패션산업이나 테헤란로의 벤처기업(소프트웨어 개발, 인터넷 사업 등) 등 작은 기업간의 협력과 자원공유, 상호하청을 통하여 유연성을 유지할 수 있는 부문에서 이 모형의 확산이 예상된다. 이 모형에서는 중소규모기업의 제한된 금전적, 인적자원을 최대한 활용하기 위하여 속도와 유연성 확보, 지역 내 기업간의 신뢰 및 협조관계유지가 성공의 관건이다.

이상과 같이 국내 기업들이 지향할 수 있는 고성과 작업조직 유형별 경로는 조직특성이나 문화적 배경, 전략 등에 따라 달리 나타날 수 있다. 특히 조직내 노동조합의 존재 유무는 고성과 작업조직 유형의 선택에 상당한 영향을 미칠 것으로 파악된다. 〈표 2-5〉에서 삼성그룹과 LG그룹의 특성에서 살펴볼 수 있듯이 모두 고성과 작업조직으로 평가되는 가운데 구체적으로 전개되는 양상과 추진 관행의 방식 등에 있어서는 차이를 보인다. 예컨대, 노동조합이 있는 사업장이라면 노동조합의 적극적인 참여가 주요한 변수로 작용하여 아래로부터의(bottom-up)의 의사결정들이 존중되는 반면, 노동조합이 없는 사업장이라면 중앙집중식 의사결정(top-down) 구조 속에서 혁신이 상부의 주도로 이루어지는 가운데 다양한 의사소통 채널의 구축과 혁신참여의 유인으로써 고용보장 등이 활용될 수 있다. 이러한 맥락에서 이하에서는 노동조합의 존재 유무를 고려하여 고성과 작업조직에 대해 살펴 보고자 한다.

(4) 유노조 및 무노조 기업의 고성과 작업조직

1) 고용관계 측면에서 바라본 고성과 작업조직

기업수준의 고용관계(Employment Relations)는 해당 기업의 근로자와 경영진간의 사회경제적 상호작용을 통해 효율성(efficiency)·공정성(equity)·의견개진(voice)의 목적을 달성하고자 하는 것으로 정의할 수 있다. 효율성이란 자원의 효율적인 배분방식과 효과적인 생산방식을 개발하고 지속적으로 발전시키는 것으로, 효율적이지 않은 기업은 결국 도태되기 마련이므로 경영자의 가장 큰 관심사 중 하나이다. 반면, 공정성은 인간의 존엄성과 자유를 발현시킬 수 있는 일련의 근로기준을 확보하는 것으로, 피고용인과 노동조합의 주된 관심사로 볼 수 있다. 마지막으로 의견개진이란 피고용인이 근로조건 및 생산과정에 관련된 의사결정과정에서 자신의 의견을 사용자에게 전달하는 것으로 직접적·간접적·개별적·집단적 방식을 모두 포괄하며, 공정성과 마찬가지로 피고용인과 노동조합에의 주된 관심사에 해당된다. 그렇다면, 고용관계의 상호작용 메커니즘이 고성과 작업조직에서는 어떤 형태로 나타날 것인가에 대하여 살펴보자.

고용관계의 존재양식은 각각 노사관계와 인적자원관리활동을 통해 형성될 수 있다(Guest, 1995). 먼저, 노사관계(Industrial Relations)활동은 노사를 각각 경영활동의 독립된 주체로 인정하고 상호견제의 가능성(countervailing power)을 제도화시키는 활동을 주로 일컫는다(다원주의적 상호작용). 이와 같은 활동은 고용관계의 목적 중에서 공정성과 의견개진을 달성하는 데 주요한 영향력을 가지게 된다. 반면에 인적자원관리(Human Resource Management)활동은 기업의 모든 구성원들이 공통의 이해관계를 가진다는 가정하에, 조직의 목표달성을 위해 가장 효율적이라고 판단되는 관리방식을 경영자의 관점에서 수립하고 이를 실행하는 과정이다(일원주의적 상호작용). 따라서 기업 내 자원의 배분과 생산에 있어 그 효율성을 극대화시키는 고용관계의 목적 달성에 중요한 위치를 차지한다. 〈표 2-6〉은 노사관계 활동과 인적자원관리활동의 정도에 따라 고용관계의 유형을 분류한 것이다.

과거 전통적인 작업조직의 관점에서 보면, 노동조합의 존재유무는 기업수준 고용관계의 존재양식을 결정하는 데 가장 중요한 기준이 되어 왔다. 즉, 노동조합의 존재하는 기업은 노동조합과 경영진간의 집단적 상호작용을 통한 임

〈표 2-6〉 고용관계 유형분류와 고성과 작업조직

<table>
<tr><th colspan="2" rowspan="2"></th><th colspan="2">인적자원관리활동(HRM Activity)</th></tr>
<tr><th>高수준</th><th>低수준</th></tr>
<tr><td rowspan="4">노사관계활동
(IR Activity)</td><td rowspan="2">高수준</td><td rowspan="2">고성과 작업조직
(HPWO)</td><td>전통적 집단주의(Traditional Collectivism)</td></tr>
<tr><td>전통적 유노조 기업</td></tr>
<tr><td rowspan="2">低수준</td><td>개인주의적 인적자원관리
(Individualized HRM)</td><td rowspan="2">블랙홀
(The Black Hole)</td></tr>
<tr><td>전통적 무노조 기업</td></tr>
</table>

자료: Guest & Conway(1999)에서 수정.

금 및 근로조건의 결정이라는 노사관계활동이 고용관계의 상당부분을 차지하였다. 이 경우 노사 당사자들은 갈등을 해소하는 활동에 주력해 왔다. 반면, 무노조기업에서는 근로자들의 목소리를 전달하는 의견개진 메커니즘이 거의 작동하지 않는 상태에서, 개별근로자들에 대한 통제와 가부장적 인적자원관리가 가장 효율적인 것으로 받아들여진 것이다. 유노조와 무노조 방식의 전통적인 작업조직은 상대적으로 안정적인 환경에서는 그 나름대로의 적합성을 유지할 수 있었다. 즉, 집단의사대변기구(collective voice institution)로서의 노동조합은 기업 내의 이해갈등과 근로자들의 불만을 제도적으로 표출시키고 해결책을 모색하는 집단적 발언 메커니즘으로 기능함으로써 조직성과에 긍정적인 영향을 가져다 준 측면이 있다(Freeman & Medoff, 1984). 또한, 무노조 방식의 전통적인 작업조직도 효율적인 인적자원관리기법을 통해 직원들의 직무만족을 향상시킴으로써 우수한 조직성과를 달성할 가능성이 높았다.

그러나 최근의 환경변화는 전통적인 유노조 및 무노조 형태의 작업조직이 그 적합성을 상실하는 데 있어 결정적인 영향을 미치게 되고, 고성과 작업조직으로의 전환을 요청받게 된다. 환경변화는 크게 산업민주주의의 급속한 신장과 상품시장에서의 무한경쟁으로 요약할 수 있다. 먼저, 테일러리즘에 기초하고 있는 전통적 작업시스템은 작업현장에서의 인간성 소외, 직무만족의 저하 등 많은 문제점을 야기했다. 이에 대한 극복방안에서 경영참가를 강조하는 고성과 작업조직이 대두된 것으로 볼 수 있다. 특히, 산업민주주의의 실현에 대한 광범위한 확산이 이루어지면서, 근로자의 직간접적 의사결정의 참여가 강조된 것이다. 둘째, 품질향상과 소비자 만족의 극대화를 달성하지 못하면 경쟁에서 도태될 수밖에 없는 무한경쟁시대의 도래는 다품종상품을 적기에 생산해 낼 수 있는 신축성 있고 융통성있는 생산시스템을 구축할 것이 요구되었다. 직원의 창의성과 자발적 노력을 통해 유연성을 확보하고 기업의 경쟁우위를 달성하는 참여적 작업조직의 필요성이 더욱 절실해진 것이다.

이를 종합해보면, 위와 같은 환경변화는 유노조 기업과 무노조 기업을 가릴 것 없이 노사관계 활동과 인적자원관리활동을 모두 높은 수준에서 실현하는 고성과 작업조직의 구축이 기업 경쟁력의 확보에 있어 핵심을 차지하게 되는 것은 필연적이다. 고용관계 측면에서는 효율성·공정성·의견개진이라는 세 가지 목적을 동시에 고려하여 노사의 상호이득(mutual gains)을 추구한다는 점에서 고성과 작업조직은 가장 이상적인 유형으로 분류할 수 있다.

고성과 작업조직이 노사공동의 상호성(mutuality)—상호목표(mutual goals), 상호영향(mutual influence), 상호존중(mutual respect), 상호보상(mutual rewards), 상호책임(mutual responsibility)—을 촉진하는 정책들로 구성되고, 이를 통해 더욱 높은 수준의 경제적 성과와 근로자의 목표달성에 기여할 수 있다는 점에서는 노동조합의 유무를 떠나 동일하게 적용되는 것이다(Walton, 1985; Beer & Spector, 1985). 그러나 유노조 기업과 무노조 기업의 상호성의 구현방식은 각각 그 특성을 가지게 된다. 아래서는 노조유무에 따라 고성과 작업조직의 구축방식에 어떤 차이가 있는지 살펴보도록 한다.

2) 유노조 기업의 고성과 작업조직: 노사파트너십의 구축과 노동조합의 전략적 참여

유노조 기업의 고성과 작업조직의 특성은 노사 양당자자의 전략적 선택에 의한 노사파트너십의 구축으로 요약할 수 있다. 그러면, 각 노사 당사자들이 선택할 수 있는 선택의 내용에 대하여 먼저 살펴보자.

먼저 사용자가 선택할 수 있는 노동조합에 대한 전략은 크게 회피전략(escaping strategy), 강압전략(forcing strategy), 포용전략(forstering strategy)의 세 가지 선택이 있다(신수식 외, 2008). 먼저, 회피전략은 노동조합을 회피하는 것으로, 하청, 아웃소싱 등을 통하여 노조원의 숫자를 축소하거나, 무노조공장에 대한 투자를 증가하여 노조공장의 비중을 줄여가고, 노조원의 탈퇴를 유도하여 노동조합을 무력화하는 등의 전략이다. 강압전략은 사용자측의 강력한 협상력을 바탕으로 노조로부터 양보를 강제하는 전략이다. 이 전략의 목표는 노조로부터 즉각적이고 실질적인 양보(임금동결, 노조권한 약화 등)를 얻는 데에 있다. 마지막으로 포용전략은 노사양측의 목표를 달성하기 위하여 노사합의에 의한 변화를 추구하는 전략이다. 포용전략의 목표는 노조와 직원들로부터 장기적이고 자발적인 변화노력을 이끌어 내고, 고용관계의 장기적인 개선과 문제해결에 치중하는 것이다.

또한, 사용자가 변화를 시도할 때, 노동조합이 선택할 수 있는 전략은 절대반대(Just Say No), 불개입(Sit Tight / Wait and See), 소극적 개입(Protective

Involvement), 적극적 참여(Participation)의 네 가지로 구분할 수 있다(신수식 외, 2008). 첫째, 절대반대는 노조의 지도부에서 사용자측에서 의도한 변화의 시행에 반대하여, 그 실천의지를 약화시키는 전략이다. 둘째, 불개입 전략은 변화가 가져올 결과에 대한 확신이 서지 않을 때, 반대도 찬성도 하지 않는 것이다. 셋째, 소극적 개입은 혁신이나 구조조정의 실시에 따라 노조나 노조원들이 불이익을 당하지 않는 범위 내에서 노동조합지도부가 개입하는 것이다. 마지막으로, 적극적 참여는 회사의 경쟁력 향상을 위해 기존의 경영방식을 유지하기보다는 적극적인 혁신과 구조조정이 필요하다고 인식하는 경우, 노조가 변화의 도입과 운영에 적극 참여하는 것이다. 앞의 세 가지 선택이 전통적 유노조 기업에서 대체로 선택해 왔던 갈등의 최소화 전략에 바탕을 두고 있다면, 적극적 참여전략은 조합원들의 고용안정과 생계를 적극적으로 보호하는 동시에 회사의 중요 의사결정에 적극 참여함으로써 노사의 신뢰를 구축하는 계기를 마련할 수 있다는 특징이 있다.

고성과 작업조직의 사용자들은 노조를 무력화시키고자 하는 회피전략이나 노조로부터 양보를 강제하는 강압전략보다는 포용전략을 선택하는 경우가 많으며, 노동조합도 이에 대하여 적극적 참여전략을 선택함으로써 회사의 경쟁력 향상과 조합원의 이익보호라는 목적을 달성하고자 한다.

사용자의 포용전략과 노동조합의 적극적 참여라는 상호작용이 축적되면서 형성된 노사파트너십은 노사협조와 경영참여가 모두 높은 수준의 노사관계를 구축하게 된다. 〈표 2-7〉은 노사협조와 경영참여를 기준으로 노사관계의 상태를 2차원적으로 나타낸 것이다. 먼저 협조-대립의 축은 노사간의 정서적·태도

〈표 2-7〉 노사협력과 경영참여의 2차원적 정의

	협력(Cooperation)		
비참여 (Non-participation)	Type Ⅰ (협력-비참여)	Type Ⅳ (협력-참여)	참여 (Participation)
	Type Ⅱ (대립-비참여)	Type Ⅲ (대립-참여)	
	대립(Conflicts)		

자료: 김동원(2000).

적 측면으로 파악할 수 있으며, 참여-비참여의 축은 제도적 · 도구적 · 이성적인 측면으로 간주한 것이다. 노사가 협조는 하지만 근로자의 참여를 허락하지 않는 Type 1형의 기업은 회사가 수익을 극대화하기 위하여 근로자들로 하여금 임금협상 등에서 양보를 하도록 요구하지만 근로자의 의사를 경영에 반영하는 통로가 없는 경우이다. 노사가 대립을 하면서 근로자의 참여를 허락하지 않는 Type 2형 기업의 경우는 회사와 노조가 임금 등 분배적인 이슈를 두고 서로 양보하지 않고 협상력과 파업을 통하여 문제를 해결하려는 유형이며, 근로자들의 의사 또한 경영에 반영되지 않는다. Type 3형의 기업은 노사가 대립적인 관계를 유지하지만 근로자의 의사를 경영에 반영하는 통로가 있는 경우로, 경영참가를 법적으로 강제하고 있는 스웨덴, 독일의 기업들이 이 유형에 해당하는 경우가 상대적으로 많다. 마지막으로, 협조와 참여가 모두 높은 수준에서 나타나고 있는 Type 4의 경우는 노사가 협력을 하면서 근로자와 노조의 의견을 경영에 반영하는 창구를 유지하는 경우로 볼 수 있으며, 이것이 유노조 기업의 고성과 작업조직이 보유하고 있는 노사관계의 특성으로 이해할 수 있다. 노사관계의 세계적인 우량기업인 제록스, 새턴, 코닝 등이 이 그룹에 속하여, 기업의 성과와 근로자의 만족도가 가장 높을 것으로 예측해 볼 수 있다.

노사협력에 바탕을 둔 노동조합의 적극적 참여는 노조의 전통적인 활동인 단체교섭의 범위를 초월하여, 작업조직 · 평가보상시스템 · 교육훈련프로그램 구축 등 다양한 인적자원관리 활동에도 노조가 참여하는 모습을 보여주게 된다. 기존의 연구결과에서도 노동조합의 적극적 참여에 의한 고성과 작업관행의 도입이 제도의 성공적 실행과 생산성 향상에 긍정적인 영향을 미치고 있음을 보고하고 있다. Kim & Voos(1997)는 집단성과배분제(gainsharing)를 실시한 경험이 있는 미국과 캐나다의 217개 사업장을 대상으로 한 연구에서, 노동조합이 집단성과배분제의 실행에 적극적으로 참여한 사업장이 그렇지 않은 사업장에 비해 긍정적인 성과(노동생산성의 향상, 생산비용의 감소, 품질향상, 근로자보상 증대, 노사관계의 향상 및 제도의 성공적 도입)를 경험하고 있음을 발견하였다. 집단성과배분제도의 실행 자체를 노사협력으로 이해한다면, 협력과 참여가 동시에 작동할 때 더욱 긍정적인 성과를 가져올 수 있음을 확인할 수 있는 것이다.

3) 무노조 기업의 고성과 작업조직: 고몰입 인적자원관리와 대안적 의견개진시스템 구축

우량 무노조 기업의 인적자원관리모형(Foulkes, 1980; 신수식 외, 2008)([그림 2-4 참조])에 대하여 살펴보자. 먼저, 최고경영자는 갈등적·대립적 고용관계보다는 협력적 고용관계를 추구하려는 가치 및 태도를 갖고 있으며 신뢰와 협력 및 자신감이 충만한 분위기를 형성하도록 주요 정책을 결정한다. 또한 이와 같은 협력적 분위기와 효과적인 인적자원관리제도의 실행은 궁극적으로 생산성 향상이나 고용관계의 향상을 도모하게 된다는 것이다. 이하에서는 각 구성요소

[그림 2-4] 우량 무노조 기업의 인적자원관리모형

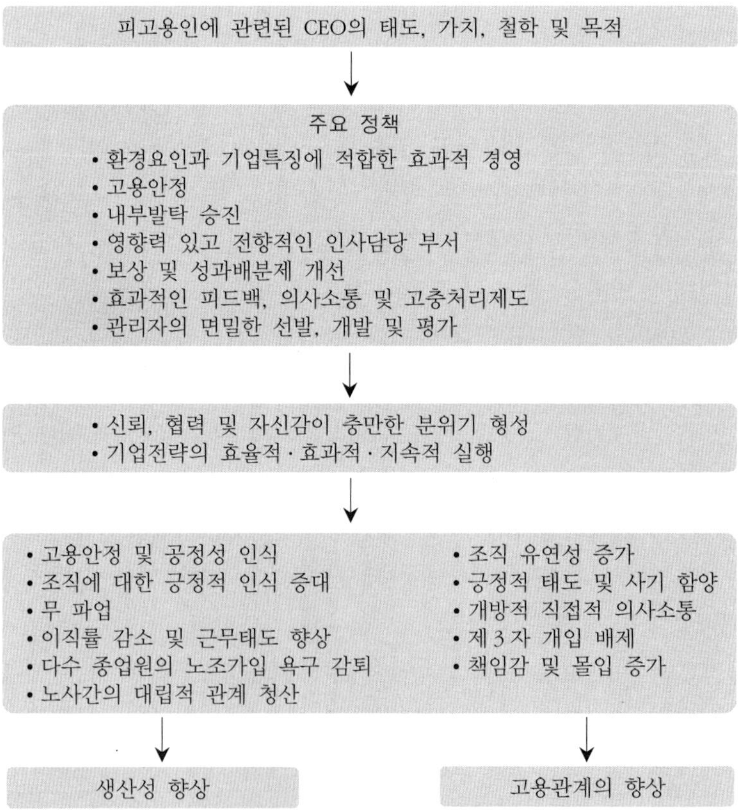

자료: Foulkes(1980), p. 327의 내용을 수정 게재.

에 대하여 살펴보도록 하자.

(가) 최고경영자의 가치 및 태도

무노조 경영방침은 최고경영자, 특히 회사설립자가 피고용인과 관련된 의사결정과정에서 보여주는 태도·가치·철학 및 목표 등에서 비롯된다. 즉 최고경영자가 회사 내부의 주요 인사정책은 물론 외부환경요인과 기업의 특성에 대한 경영방침을 결정하고 제도화하기 때문이다. 따라서 무노조경영을 수행하고자 하는 최고경영자는 모든 피고용인에 대한 인간적 대우나 동등한 처우 등과 같은 인간경영과 고용관리에 깊은 관심을 가져야 한다. 또한 피고용인이나 인적자원관리에 대한 관심이 실제적인 투자, 즉 시간, 재정 및 인력투자 등으로 이어져야 한다. 한편 인사담당부서에서는 최고경영자의 경영철학이나 가치를 반영한 인적자원 및 고용관리제도를 수립·실행하여야 할 것이다. 예를 들어 무노조 경영을 성공적으로 수행하고 있는 기업에서는 중역을 위한 구내식당 내 특별좌석의 배치 또는 주차공간의 마련 등과 같은 차별적 대우를 폐지함으로써 직급간·직종간 종업원들의 동등대우를 실천하고 있다.

(나) 주요 고용관계정책

무노조 경영을 성공적으로 실천하기 위해서는 최고경영자의 무노조 경영에 대한 관심과 몰입을 반영할 수 있는 인사관련 주요 정책의 수립·실천이 중요하다. 올바른 정책의 수립과 실천은 협력적이고 신뢰할 만한 분위기를 조성할 수 있게 하기 때문이다. 이하에서는 인사관련 주요 정책에 대하여 살펴보기로 한다.

가) 고용안정정책　　노조기업의 경우 단결된 힘(노동조합)을 바탕으로 고용을 유지·보장받고자 한다. 그러나 무노조 기업의 경우 노동조합이 없기 때문에 종업원의 고용을 보장해 줄 마땅한 제도가 마련되어 있지 않아 고용불안을 느낄 수 있다. 따라서 종업원들이 가질 수 있는 고용 불안감을 해소하기 위하여 무노조 기업은 적정인력 규모수준을 유지하고 해고에 대비한 완충장치를 마련하는 것이 필요하다. 먼저 적정인력 규모를 유지하기 위해서는 HP에서는 대규모 단기프로젝트의 수행을 회피하거나, 호황일 경우 임시종업원을 이용하거나 하청업체로의 외주를 주는 방안을 모색하고 있다. 또한 해고에 대비한 완충장치, 즉 신규채용 중지, 자연감소에 의한 고용 감소, 재고축적, 하청업체

로의 내주화, 조기퇴직제도, 교육훈련, 직업공유(work-sharing), 잔업 축소, 임금 삭감 및 동결, 교육훈련의 활용 등의 방법을 통해 해고를 피하거나 감원을 가능한 한 늦추도록 하여야 한다. 이들 무노조 기업에서는 고용불안정이 노조화의 움직임을 불러일으키는 가장 큰 원인임을 인식하고 최소한 핵심인력에 대하여는 철저한 고용안정을 보장하는 것을 원칙으로 하고 있다.

무노조 기업에서 위에서 설명한 두 가지 원칙을 준수한다고 하더라도 어쩔 수 없이 해고를 해야 하는 경우가 발생할 수 있다. 이때에는 고용조정의 실시단계에서 다음의 원칙을 준수하는 것이 중요하다. 첫째, 이해당사자, 예를 들어 부서장·인사부서·노조·직원대표 등을 고용조정의 기획·실시단계에 포함시킴으로써 충분한 의견수렴 및 효과적 의사소통망을 구축하는 것이 필요하다. 둘째, 해고대상자들에게 조기통보를 함으로써 재취업 기회를 제공하며 경력상담, 이력서 작성 및 면접에 대한 워크숍 실행 및 이직면담(exit interview) 등을 실시하는 것이 바람직하다. 셋째, 계속근무대상자(survivor)를 대상으로 고용조정 전망에 대한 명확한 정보를 제공하여 자신의 장래에 대한 우려와 동료직원 해고로 인한 스트레스(survivors' syndrome)를 해소하도록 하는 배려가 필요하다.

나) 내부승진제도의 적극적인 활용 무노조 우량기업의 경우 승진시 적극적으로 내부인력을 활용함으로써 피고용인에게 신뢰감을 주고 자기개발의 기회 및 충성심을 고양하도록 하고 있다. 또한 사내게시판, 사내신문 및 인트라넷과 같은 사내 정보망을 통해 내부공모제도(job posting)를 활용하고 있는 것으로 나타났다. 특히, 피고용인과 늘 접촉하는 중간관리자를 선발할 때의 선발기준으로는 직원들과 우호적·생산적 인간관계를 유지하고 있는가 여부를 주요 기준으로 삼고 있다. 이와 같은 내부승진제도를 효과적으로 활용하기 위해서는 유능한 인재의 모집·선발, 우수한 교육훈련프로그램의 수행 등이 전제되어야 할 것이다.

다) 평가 및 보상제도 무노조 우량기업의 급여수준은 비교대상인 노조기업보다 약간 높은 수준을 유지하고 있는 것으로 나타났다. 이것은 전술한 무노조 프리미엄(Nonunion Premium)을 의미한다. 그러나 무엇보다도 중요한 것은 직종간 예컨대 사무·관리직과 생산직을 동등하게 대우한다는 것이다. 따라서 무노조 우량기업에서는 화이트칼라 직원과 블루칼라직원간의 차별을 철폐하

는 것이 중요하다. 또한, 수당은 노조기업보다 다양하고 풍족하게 제공하고 있는데, 예를 들어 생명보험·연금제도 및 성과배분(예: profit sharing, 종업원지주제도 등)을 광범위하게 실시하고 있다. 이와 같은 다양한 보상제도를 실시함으로써 노사간의 일체감을 조성하고 있다.

라) 의사소통, 고충처리 및 경영참가제도　　노동조합은 피고용인의 집단의견을 표현하는 집단의사대변기능이 있다. 그러나 무노조 기업의 경우에는 이런 기능을 수행할 노동조합이 없기 때문에 대체적인 의사소통제도(Alternative Voice Mechanism)를 반드시 확보하여야 한다. 따라서 무노조 기업에서는 다양한 의사소통제도를 적극 활용하고 있다. 예를 들어 회사정책에 대해 홍보하고 직원의 의견, 불만 및 분위기를 수렴·피드백 받기 위한 의사소통채널이 활용된다.

특히 정기적인 직원설문조사(survey feedback)는 회사의 정책이나 제도에 대한 직원들의 의견과 태도를 측정하고 직무만족도의 수준과 고충을 파악한다. 직원설문조사를 실시할 때에는 규격화된 설문지를 사용하여 직종간·직급간 차이(cross-sectional)를 확인하고 시간의 흐름에 따른(longitudinal) 변화추이를 비교하는 것이 필요하다. 특히, 무노조 기업이 노조화가 되는 가장 큰 이유는 직무만족도의 하락이라는 점에 착안하여, 이러한 설문은 직무만족도의 측정에 중점이 두어진다. 또한, 이러한 설문은 직원들의 직무만족도를 향상시킬 방안을 수립하는 데에 참고로 활용되지만, 일부 기업에서는 직원들의 불만과 노동조합결성 움직임에 대한 조기파악 방법으로도 사용되기도 한다.

무노조 우량기업은 피고용인의 의견을 수렴하고 고충을 처리할 수 있는 다양한 경영참가제도를 활용하고 있다. 대표적인 형태로는 노사합동위원회, 품질관리분임조 및 현장자율경영팀 등이 있다. 예를 들어 무노조 기업의 노사합동위원회는 협조적인 분위기 속에서 피고용인의 의견을 수렴·결집·대변하는 역할을 수행하게 된다. 노사합동위원회는 직무만족 및 직업효율을 증가시키기 위해 설립된 기구로서 경영층대표와 피고용인대표를 동수로 하여 부서별, 공장별 및 회사전체를 대상으로 구성되어 있다.

마) 기업문화　　이들 우량무노조 기업에서는 간부와 피고용인에 대한 평등대우를 강조하는 기업문화를 형성하고 있는 것으로 나타났다. 예를 들어

구내식당이나 주차장 내에 간부들을 위한 특별한 장소를 배정하지 않거나 간부의 사무실 공간이 일반 직원의 공간보다 큰 차이가 없도록 하여 간부와 직원 간의 평등하고 공정한 대우를 보장하는 기업문화를 형성하고 있다.

바) 신뢰, 협력 및 자신감이 충만한 직장분위기 조성　　우량 무노조기업은 앞에서 설명한 인사관련 주요 정책을 실천함으로써 상호간의 신뢰, 협력 및 자신감이 충만한 분위기를 형성하고자 한다. 이러한 분위기는 궁극적으로 피고용인의 태도, 유연성 및 생산성 등의 향상을 도모하고 사기(morale), 신뢰, 자신감, 신념 및 상호간의 일체감 형성과 같은 무형의 결과물을 산출하게 된다.

위에서 살펴본 우량 무노조 기업의 경영철학 및 주요 고용관계 정책들의 내용을 살펴보면, 최근 각광을 받고 있는 고몰입 인적자원관리시스템(High Commitment HRM System)의 구성요소들을 그대로 공유하고 있음을 확인할 수 있다. 고몰입 인적자원관리시스템은 고용안정, 평등주의, 자율작업팀, 직무확대 · 직무충실화 · 직무순환, 우수한 보상, 집단성과배분제도, 강한 사회화와 교육훈련, 정보공개, 의사소통채널, 강한 문화 및 까다로운 채용 등의 고용관계 관행들을 보유하고 있다(Baron & Kreps, 1999). 이와 같은 관행들은 인재우대와 신뢰의 경영이념과 만나 근로자들의 조직몰입을 향상시키고, 그들이 자발적으로 스스로 판단하여 유연하게 업무에 대응할 수 있도록 함으로써 조직성과의 향상에 기여하게 된다.

우량 무노조 기업은 대체로 '철학적 무노조경영(philosophy-laden nonunion management)'과 '정책적 무노조경영(doctrinaire nonunion management)'으로 구분할 수 있는데, 고몰입 인적자원관리시스템은 최고경영자가 상호호혜적인 관점에서 인재경영에 대한 철학을 가지고 있어, 근로자들에게 많은 것들을 베풀게 되어 자연스럽게 무노조상태가 유지되는 철학적 무노조경영의 특성과 일맥상통한다. 반면에, 정책적 무노조경영은 인재경영보다는 무노조경영 그 자체가 인적자원관리의 목표가 되는 경우로서, 지나치게 무노조 유지에 집착하여 부당노동행위 등이 발생하는 부작용이 생기기도 한다(신수식 외, 2008).

경영자의 경영철학은 모든 조직구성원들이 공유하는 강력한 조직문화를 형성하는 데 영향을 미치게 되고, 호혜성을 기반으로 근로자들의 헌신을 이끌어 내는 인적자원관리시스템이 조직문화가 보유하는 가치와 규범을 강화시키게 된다. 경영철학, 조직문화, 인적자원관리시스템의 상호작용은 기업을 하나의 공동체로 발전시키는 데 있어 핵심적인 영향을 미치게 된다.

무노조 고성과 작업시스템은 위와 같은 강력한 인적자원관리활동뿐만 아니라, 노동조합을 대신하는 높은 수준의 대안적 의견개진시스템(alternative employee voice mechanism)을 활성화시킴으로써 상당한 수준의 노사관계활동을 형성하고 있다는 것이 특징이다.

의견개진시스템은 무노조근로자 대의기구를 통한 간접적 방식과 다양한 개별적 참여와 의사소통 채널로 형성되는 직접적 의견개진의 방식으로 구성된다. 먼저, 무노조근로자 대의기구(Nonunion Employee Representation; NER)는 근로조건과 생산성 향상과 같은 이슈들에 대하여 사용자와 근로자 사이를 연결시켜 주는 대리기능을 수행하는 근로자대표나 위원회형태의 기구가 존재하는 것을 의미한다(Taras & Kaufamn, 2006). 보통, 근로자평의회, 노사합동위원회, 노사협의회 등의 형태로 나타나는 근로자 대의기구들은 노조가 없는 작업장에서 근로자들의 목소리를 수렴하고 이를 경영진에 전달하는 동시에, 그 목소리를 경영의사결정에 반영시키도록 하는 제도적 장치로 기능한다. 이러한 의미에서, 무노조근로자 대의기구는 경영일방의 독단적 의사결정을 견제하는 다원주의적 요소를 지니고 있다고 평가할 수 있다.

둘째, 직접적 의견개진(direct voice)은 대의기구를 통하지 않고 근로자들의 목소리를 직접 경영진에 전달하는 것이다. 이것은 근로자가 흥미로운 직무를 자율성을 갖고 수행하는 업무기반 참여, 작업 프로세스상의 문제점을 해결하는 데 있어 근로자들이 보유하고 있는 지식을 반영할 수 있도록 하는 상향식 문제해결 및 불만과 고충을 제기할 수 있는 통로로서의 고충제기(complaints to management)시스템을 모두 포함한다(Marchington, 2007). 먼저 업무기반 참여(task-based participation)에는 자율작업팀의 부서구조나 개별 근로자에 대해 직무의 자율성을 확대하는 방식 등이 포함된다. 실질적 작업과정 자체가 참여의 요소를 포함하고 있다는 점에서, 이것을 온라인 경영참가(on-line participation)이라고도 한다. 이것은 근로자들에게 직무과정과 성과에 대한 통제권과 자발성을 향상시킴으로서 좀 더 흥미로운 직장생활이 될 수 있도록 해 준다. 또한,

근로자들의 몰입과 직무만족의 고취에 따른 품질 및 고객만족의 향상에 도움이 된다는 점에서 경영진에게도 긍정적인 결과를 기대할 수 있다. 둘째, 상향식 문제해결(upward problem-solving)은 실질적 작업과정에서 분리되는 별도의 제도적 장치를 통하여, 생산시스템의 문제점을 찾아내고 이를 지속적으로 개선하는 것을 말한다. 보통 품질관리분임조(quaility circle; QC)나 근로자 제안제도 등이 여기에 해당하는데, 이를 오프라인 경영참가(off-line participation)이라고도 한다. 상향식 문제해결의 과정을 통해 근로자들은 자신들이 보유하고 있는 아이디어와 기술에 대한 인정을 받을 수 있으며, 경영진은 근로자들의 몸과 머리에 체화되어 있는 지식을 통해 제품의 경쟁력을 향상시킬 수 있는 기회를 얻을 수 있다. 마지막으로, 고충제기(complaints to management)시스템은 간접적 방식과 달리 개인 근로자가 직접 경영진에게 자신의 고충을 전달하고 이의 처리를 요구할 수 있는 통로를 제도화한 것이다.

3. 고성과 작업조직의 통합모형

노조기업과 무노조기업의 고성과 작업조직 통합모형을 [그림 2-5]에 제시하였다. 노조기업과 유노조 기업이 공통적인 이론틀로 설명된다는 점은 노사관계 우량기업을 결정하는 요인이 노조유무라는 제도적인 경계보다는 노사관계를 운영하는 소프트웨어와 더 강하게 결부된다는 점을 본 연구에서는 가설로 설정하고 있는 것이다.

통합모형을 설명하자면, 먼저 조직이 과거로부터 경험한 학습과 외부로부터 제기되는 위협은 고성과 작업조직의 도입을 추동하는 자극으로 작용한다. 또한 조직이 속한 산업의 특징과 조직특유(firm-specific)의 경영전략, 조직역사와 문화 등의 외부조건과 환경은 고성과 작업 관행의 적용에 있어서 적합성을 갖는 형태로 도입되며 이는 구성원들의 자유재량적인 노력과 관행의 특성자체가 갖는 내재적 보상 측면을 경유하거나(간접적 경로) 또는 직접적으로 조직성과나 구성원들의 헌신, 직무만족 등에 영향을 미치게 된다.

(1) 과정적 접근

통합모형에서 과정적 접근은 고성과 작업조직의 시계열적 형성과정(longitudinal process)을 설명할 수 있도록 해 준다. 고성과 작업조직 형성과정은 i) 내·외부요인으로부터의 자극, ii) 고성과 작업조직의 도입, iii) 성과로부터의 학습을 통한 유지의 3단계로 전개된다. 조직내부의 노사협력이 도입되어 장기간 그 생명력을 유지하면서 제도화되기 위해서는 가장 먼저 자극적 요인을 필요로 한다(Kochan & Dyer, 1976).

먼저 내부요인으로써 과거로부터의 학습효과는 고성과 작업조직으로의 이행에 중요한 선행요인이 된다. 과거 노사간의 갈등 경험을 조직학습(organiza-

[그림 2-5] 고성과 작업조직 통합모형

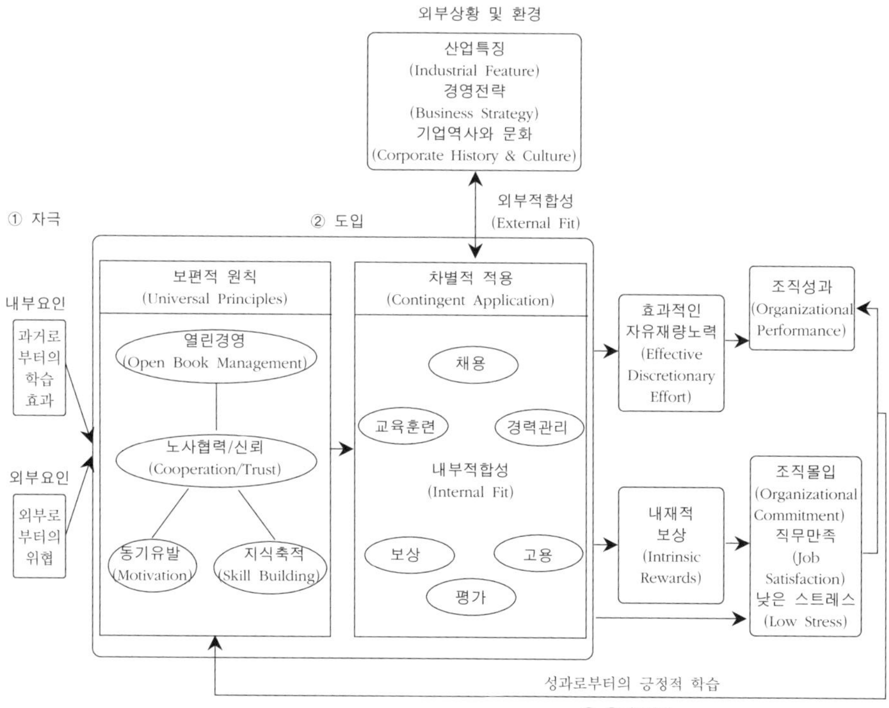

자료: 김동원 외(2000)를 참고하여 수정.

tional learning)이론 차원에서 보면 조직행동을 변화시켜 성과를 향상시키는 과정(Fiol & Lyles, 1985)으로 작용한다. 조직학습은 과거의 경험, 역사적 교훈, 과거의 지식에 근거하여, 행동과 결과간의 관계에 대한 통찰을 통해 잘못이나 오류를 찾아내어 수정함으로써 조직이 변화에 적응해 가는 일련의 과정으로 정의된다(Duncan & Weiss, 1979; Hedberg, 1981; Lundberg, 1989; Argyris, 1977). 과거의 노사분규나 그 결과에 대한 경험은 행위를 통한 학습(learning by doing)의 일환이다. 만약 과거의 경험으로부터 반성이나 오류를 발견하지 못하는 즉, 작업조직이나 노사관계가 특별한 문제없이 안정적 상황을 유지한 데 만족해버린다면 그 조직은 적극적인 조직변화에의 동기를 갖지 못할 수 있다. 조직은 과거의 성공적이었던 행동의 경우 반복적으로 수행하고 성공적이지 못했던 행동을 회피하는 조건화 과정을 통해 대응하게 된다(March, 1981).

한편, 조직변화의 외부 자극요인으로써 외부로부터의 위협 예컨대, 시장의 경쟁이 심화되거나 기술력에서 경쟁력의 상실 또는 제도 등의 변화는 위기를 통한 학습으로써 조직변화를 촉진한다. 조직변화를 문제해결적인 과정으로 파악하는 변화관리모형의 경우 조직변화의 과정을 i) 변화의 계기, ii) 그에 따른 사업상황의 동요, iii) 시장과의 정합성 재평가, iv) 변화의 결정과 실행으로 파악하고 있다(Berger, 1994). 따라서 과거의 노사갈등 경험이나 외부로부터의 위협은 기존의 작업조직으로 하여금 고성과 작업조직으로의 이행을 위한 계기(trigger)와 자극을 제공한다.

두 번째, 도입은 선행된 학습효과로써의 자극은 문제해결을 위한 변화의 필요성을 인식하게 만든다. 따라서 노사 당사자는 특정한 변화프로그램으로써 고성과 작업조직으로 전환을 위한 교섭과 타협을 통해 구체적인 관행을 정착시켜 나간다. 고성과 작업조직이 선행요인으로 내부의 실패경험과 외부의 위협을 통해서 도입되고 있다는 점은 고성과 작업조직의 도입 이후 이를 지속하기 위한 노사간의 협력이 장기간 유지되기 어렵다는 것을 반증해 준다.

세 번째, 유지/강화 단계는 고성과 작업조직의 도입을 통해 나타난 긍정적인 경험과 학습 즉, 고성과 작업조직이 노사 당사자들의 이해관계를 훼손하지 않는 가운데 가치있는 목표 달성을 경험하고 결과의 배분이 효과적으로 이루어짐으로써 고성과 작업조직에 대한 구성원들의 지속적인 몰입과 유지를 지지하게 된다. 만약 도입 이후 나타난 성과가, 노조 사업장에서 노조의 힘을 약화시키거나 단체교섭 이슈를 침해하는 등의 부정적 영향을 경험하거나 무노조 사업장에서 구성원들이 배분에 대해 불공정한 인식을 갖게 된다면 고성과 작업조직이 자극을 통해 도입되더라도 이후 지속적으로 유지되기 어려워질 것이다. 〈표 2-8〉에서, 노사협력의 도입과 지속적 강화를 위하여 초기 목표설정의 타당성, 자극요인의 유지, 혜택의 공평한 배분, 협력영역의 유지, 여러 부작용의 방지 등이 프로그램을 지속하기 위한 상호몰입의 정도를 결정하는 영향요인으로 설정되고 있다.

[그림 2-5]의 외부환경적 요소는 작업조직내 구체적 관행들과의 적합성(external fit)을 가질 때에 가장 긍정적인 효과를 발휘 할 수 있다. 예컨대, 소비자 중심의 품질을 우선하는 경영전략(Customer-Oriented, Quality-Oriented Business

〈표 2-8〉 노사협력프로그램의 도입결정과 지속성 모형

단 계	영향요인	결 과
1단계: 자극	• 내부적 압력 고조 • 외부적 압력 고조 • 공시적 교섭절차의 효과감소	공동 프로그램의 고려
2단계: 도입	• 문제해결 수단으로서 변화를 인식 • 당사자들간의 목표설정의 위한 교섭과 타협 • 공모(coalition)나 개인적 권력집착에 의한 프로그램 방해시도의 부재	특정한 변화프로그램 착수
3단계: 유지/강화	• 도입기에 가치 있는 목표달성 • 향후 가치 있는 목표달성의 높은 가능성 • 초기목표가 우선순위가 앞선 목표들에 대체되지 않음 • 프로그램의 자극요인들이 강하게 유지됨 • 혜택의 공평한 배분 • 노동조합이 프로그램의 혜택을 수단으로서 인식 • 프로그램이 전통적인 단체교섭 이슈를 침해하지 않음 • 프로그램이 경영권을 침해하지 않음 • 프로그램이 고충처리절차의 관할권을 침해하지 않음 • 노동조합 간부가 어용화된 것으로 인식되지 않음 • 프로그램이 교섭전술의 활용으로부터 보호됨 • 노동조합 간부는 조합원들을 위해 배분적 이슈를 지속적으로 추구	프로그램을 지속하기 위한 상호몰입

자료: Kochan and Dyer(1976).

Strategy)과 발달한 기술적 요소들이, 고성과 작업조직의 보편적 원칙(Universal principles)에 기초하여 작업조직 특성별로 나타나는 구체적 관행(Contingent applications)들과 조화와 균형을 이룰 때 최선의 결과를 도출할 수 있다. 외부 환경과의 적합성(external fit) 및 내부 관행들간의 적합성(internal fit)은 조직성과와 구성원들의 조직에 대한 헌신, 직무만족를 향상시키고 스트레스를 감소시키는 데 직접적 영향을 미친다. 또한 고성과 작업조직의 참여와 자율성 기반은 구성원들의 자유재량 노력을 증대시키고 내재적 보상을 통해 간접적으로 조직성과 등에 영향을 미치게 된다. 이하에서는 고성과 작업조직에 공통적으로 포함되는 4가지 기본요소에 대해 살펴보고자 한다.

(2) 요소적 접근

고성과 작업조직에 대한 요소적 접근에서는 모든 고성과 작업조직의 공통적 요소로써 보편적 원칙(universal principles)이 적용되는 4가지 구성요소를 제시하고 있다. 고성과 작업조직에 대한 기존의 많은 연구들은 나름의 다양한 요소들을 제시해 왔다. 연구자들마다 다양한 고성과 작업조직의 구성요소와 관행들이 제시되어 왔으나 이들의 연구들은 고성과 작업조직의 구체적 관행과 그 근간으로써 일련의 원칙적 요소들이 서로 경계없이 제시되고 있음을 알 수 있다. 이런 맥락에서 Bohlander et al.(2001)과 Appelbaum et al.(2000)이 제시한 공통요소로써 정보공유와 기술·지식, 동기부여, 평등주의는 의미가 크다.

기존의 고성과 작업조직의 구성요소로써 학자들에 의해 제시된 다양한 주장들을 살펴보면, 먼저 Ashton and Sung(2000)의 경우 고성과 작업조직 사례연구를 통해 신뢰구축, 직무설계, 임파워먼트, 팀작업의 활용, 정보의 공유, 성과와 보수를 연계하는 보상체계 등을 공통요소로 파악하였다. 임파워먼트와 팀작업은 각각 동기부여와 참여라는 요소의 구체적 관행으로 파악해 볼 수 있다. Cohen-Rosenthal and Burton(1993)은 노사협력의 중요성과 성과를 주장하였으며, Osterman(1995)과 Whitefield(2000)는 고성과 작업관행과 훈련의 연계에 대해 검증한 바 있다. 이 경우 훈련은 기술이나 숙련의 축적이라는 요소의 구체적 실현과 같다. 미국훈련개발협회(ASTD)는 고성과 작업방식의 주요한 성공요인으로써 폭넓은 의사소통과 팀제, 종업원에 대한 훈련을 제시하기도 하였다

(Gephart and Van Buren, 1998). Van Buren and King(2000)은 고성과 작업조직에 대한 국가별 조사를 통해 문제해결팀, QC, 경영정보 공유, 의사결정에 대한 노동자 참여 등을 공통적 요소로 제시하였다. Barnard and Rogers(2000)는 교육훈련, 성과평가, 강한 공동체 문화 등이 고성과 작업관행, 즉 팀제, QC, 자율작업, 노동자 참여, 상하간 자유로운 의사소통 등과 상관관계가 있음을 밝히기도 하였다. Pil and MacDuffie(1995)는 고몰입 인적자원관리 관행으로써 온라인 작업팀, 오프라인 노동자 참여와 문제해결집단, 직무순환, 제안제도, 품질관리 등 5가지 관리기법을 제시하기도 하였다. 또한 Guest(2000)는 교육훈련, 평가, 다기능화 프로그램, 작업개선팀의 운영, 문제해결을 위한 팀조직, 정보의 공유 등 모두 18가지 관리기법을 고성과 작업조직 관행으로 제시하였다. 한편 팀작업 조직과 의사결정과정에의 참여, 보수와 훈련을 고성과 작업조직 관행들의 체계로 파악하기도 하였다(Voos and Kim, 2000).

본 연구에서는 고성과 작업조직에 대한 이와 같은 다양한 관점과 주장들을 모든 고성과 작업조직에 보편적으로 적용될 수 있는 원칙으로서 4가지 요소를 함축적으로 제시하였다. 노사협력과 신뢰는 나머지 3가지 요소들의 근간으로써 상호작용의 중심에 있다. 노동조합이 있는 사업장의 경우 노사협력의 다양한 프로그램들이 존재하며 노동조합이 없는 사업장의 경우 노사간 신뢰형성을 위한 나름의 다양한 프로그램이 작동하고 있다. 많은 연구자들이 제시하고 있는 경영정보의 공유와 의사결정 참여 등은 '열린 경영'이라는 개념의 구체적 실현형태로 파악할 수 있다. 또한 성과와 연동하는 보상체계나 고용안정 등은 '동기유발'이라는 공통적 요소로 표현될 수 있으며, 교육훈련 등은 '지식축적'의 기제로 나타남을 알 수 있다. 이하에서는 모든 고성과 작업조직에 적용될 수 있는 4가지 보편적 원칙에 자세히 살펴보고 각 요소별로 외국의 고성과 작업조직 사례를 제시해 보고자 한다.

1) 노사협력과 신뢰

노사협력(labor-management cooperation)은 有노조 기업의 고성과 작업조직의 핵심요소로써 노동조합과 사용자간의 관계를 전제로 파악하는 것인 반면, 신뢰(trust)는 無노조 기업에서의 핵심요로써 有노조 기업의 노사협력 요인과 상응하는 것이다. 유노조 기업에서도 신뢰가 중요한 요소이기는 하다. 하지만 유노조 기업에서는 노동조합과 경영진간에는 상호간의 권리의무관계를 단체협약이라는 제도적 규율에 의해 명시적으로 설정하기 때문에 상호간 암묵적 기대에 의해 형성되는 신뢰의 중요성은 상대적으로 무노조 기업에 비해 적다고 할 수 있다. 반면에, 무노조 기업에서는 공식적 제도설정에 의한 규율의 조정이 유노조 기업에 비해 활성화되기 어렵기 때문에 당사자들이 상호 인식하고 있는 신뢰의 상태가 고용관계의 핵심적 위치를 차지하게 된다(Dundon & Rollinson, 2004).

먼저 노사협력[4]은 '신뢰를 기초로 노사가 공동으로 노력할 수 있는 영역을 찾아 목표를 설정하고 이를 달성하기 위한 노사간의 공동노력을 통해 생산성 및 근로자의 생활의 질을 증가시키는 것'으로 정의할 수 있다.

노사협력에 대해 학자들의 일반적 관점은, 갈등과 협력이라는 양극단에서 견제나 양보, 조화 등의 개념을 중간 중간에 배치시킴으로써 노사협력을 일차원적인 연속선 개념으로 파악하고 있다. [그림 2-6]은 노사협력에 대한 최근의 연구로써 Woodworth와 Meek(1995)의 개념적 구분을 소개하였다(신수식 외, 2008).

[그림 2-6]에서, '공개적 전쟁상태'(open warfare)는 상대방이 자신의 요구에 굴복하도록 가장 극단적이고 치명적인 경제적 무기(파업, 보이콧, 직장폐쇄, 파산신청 등)를 사용하는 정도로까지 노사관계가 악화된 상황을 의미한다. 이보다 정도가 약한 '게릴라 전술'(Guerrilla tactics)은 상대방에 대해 적대적 태도를

[그림 2-6] 노사협력의 개념

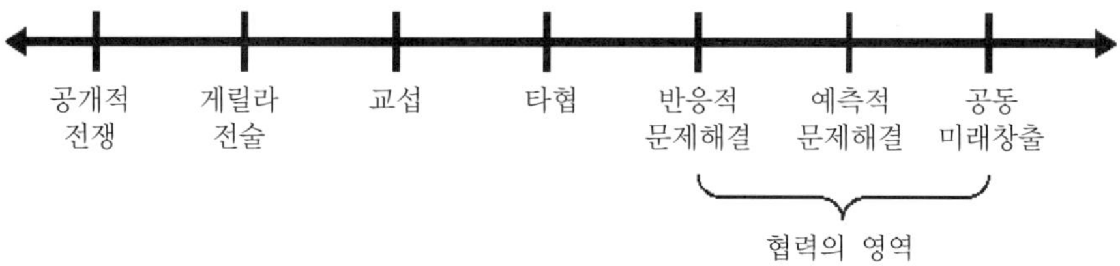

자료: Warner P. Woodworth, and Christopher B. Meek, *Creating Labor-Management Partnerships*(Addison-Wesley, 1995); 박동수 · 이재훈(공역), 「대립에서 협력으로: 성공적 노사파트너십 만들기」(서울: 도서출판 석정, 1997).

---

4) 신수식 · 김동원 · 이규용(2008), 「현대고용관계론」 참조.

가지고 있지만 덜 치명적인 수단을 사용하는 것으로서 태업이나 장비에 대한 사보타지 등이 예가 될 수 있다. '교섭'(bargaining)은 노사가 서로의 존재를 인정하고 문제를 해결하기 위한 협상을 진행하는 상태를 의미한다. 협상은 타결될 수도 있고 결렬될 수 있지만, 협상을 통해 문제가 해결될 수 있다는 인식을 노사가 가지고 있다는 점에서 공개적 전쟁상태나 게릴라전술과 구별된다. '타협'(compromise)상태는 노사간의 관계에 있어서 협조와 갈등의 중간상태로 간주된다. 합의를 위해 양 당사자가 그들의 요구사항 중 일부를 서로 양보하여 완전히 만족하지 못한 협약을 맺는 것을 의미한다. 타협보다 높은 단계로써 협력의 영역이 있다. 세부적으로는 i) 기존 시스템의 운영에 문제가 발생하거나 새로운 시스템이나 기술의 실행과정에서 문제가 나타날 때 노사가 공동으로 문제의 원인을 규명하고 그것을 해결하는 '반응적 문제해결(reactive problem solving)단계, ii) 새로운 시스템의 계획과 실행 또는 기존 시스템의 총체적인 재설계 단계에서부터 노사가 공동참여의 노력을 전개하는 '예측적 문제해결'(anticipatory problem solving)단계, iii) 노사협력의 가장 높은 단계로써, 이상적인 미래를 창출하기 위한 노사공동의 전략수립, 계획, 문제해결 등의 활동이 포함되는 '공동미래창출(joint future creation)'단계로 발전한다. 협력의 수준이 높아질수록 보다 장기적이고 전략적인 결정을 공동으로 수행하는 특징을 갖게 된다.

노사협력의 분류와 내용은 일반적으로 갈등이나 대립 등 노사간 극적인 불신상태에서 출발하여 점차 상호 신뢰의 방향으로 전개되는 연속적 개념으로 파악된다. 예컨대, Harbison & Coleman(1951)의 경우 노사관계를 '휴전'과 '조화' 그리고 '노사협력'의 3가지 범주로 분류하였고, 여기에 Cohen-Rosenthal & Burton(1993)이 가장 낮은 단계로써 '대립'을 추가하여 제시하기도 하였다. 상대에 대한 인정이나 대응양태, 양보나 타협의 수준, 신뢰의 정도 등에 따라 노사협력의 방향으로 진전되는데 특이한 사항은 Walton & McKersie(1965)의 경우 노사협력 또는 파트너십의 단계를 넘어서면 노사가 상호 배신의 가능성에 기초한 신뢰관계로써 '공모'에 이를 수 있음을 지적하고 있기도 하다. 고성과 작업조직의 요소로써 노사협력이 중요한 이유는 경영진과 노동자, 노동조합이 협력을 통해 고성과 작업조직으로의 변화를 시도하는 경우 변화의 공고성이 오래 지속될 가능성이 높기 때문이기도 하다(Walton et al., 1994).

고성과 작업조직 유형으로써 노동의 인간화에 중점을 두고 비롯된 스웨덴의 사회기술체계와 생산성 향상에 중점을 둔 일본의 린생산양식에서도 노사협력은 핵심요소로 기능하고 있다. 예컨대, 일본의 린생산양식의 대표적 모형인 도요타 자동차의 경우 고용보장이나 승진, 직능자격제도 등이 노동조합의 이해와 결합되고 있으며 높은 주인의식과 경영진에 대한 신뢰 등을 토대로 1962년 '노사선언', 1996년 '21세기를 향한 노사의 결의'가 상징적으로 개최되기도 하였다(우종원, 2007). 스웨덴 볼보자동차의 경우 노사협력은 상호신뢰에 바탕하였으며 협력적 노사관계는 구조조정시에도 노동조건의 개선, 고용안정, 숙련향상 등 노동자들의 이해관계를 훼손하지 않으며 전개될 수 있었던 배경이 되었다(조돈문, 1998). 또한 고성과 작업조직의 설계에서부터 노조의 참여가 노사협력의 토대가 되어왔다.

노사협력과 신뢰를 바탕으로 하는 고성과 작업조직의 외국 사례로는 벤츠(Benz)社와 휴렛팩커드(Hewlett Packard)社를 들 수 있다. 먼저 벤츠社는 1888년에 설립되어 1970년대 후반까지 세계 초일류 기업으로 인정받고 있었으나 1970년대 두 차례 석유위기를 겪은 이후 1998년 5월 미국의 크라이슬러와 인수합병을 추진하였다. 이후 벤츠社의 노사관계는 '신뢰 속의 고부가가치 창출' 실현을 최우선적인 전략적 선택으로 결정하면서 종업원들에게 최대한의 자율성을 보장하는 동시에 최고의 품질을 확보할 수 있도록 하는 종업원에 대한 경영진의 배려에서 출발하였다. 이와 같은 노사간의 협력과 신뢰정책은 종업원의 적극적인 참여를 고무하는 동시에 관료적 문화를 철폐하고 위계구조를 축소하는 조직재편의 노력을 수반하게 하였다. 생산과정의 합리화가 도입되면서 종업원들의 창의성과 현장에서 체험한 경험을 적극적으로 활용하였고 동시에 이에 대한 적극적인 보상체계를 마련하면서 생산성 향상과 국제 경쟁력 향상을 꾀하였다. 이러한 생산력과 경쟁력 향상은 종업원의 소득과 일자리 보장으로 연계될 수 있도록 하기 위해 고용을 우선적으로 보장하고자 하였으며, 열린 경영과 팀작업을 통한 경영혁신을 성공적으로 달성할 수 있었다. 노동조합은 사용자가 제시한 팀 작업체계의 도입으로 인하여 단기적인 세력약화를 우려하였다. 휴식순번제, 휴식시간 단축, 노동강도 강화, 노동자간의 경쟁강화 등이 주요한 우려

사항이었다. 그러나 사용자의 경쟁력 회복을 통한 고용안정과 소득안정에 대한 약속 이행을 통한 신뢰형성은 노동조합으로 하여금 사용자를 동반자로 신뢰하게 하는 계기가 되었다. 종업들 또한 고용안정과 소득수준의 향상이라는 성과가 가시화되면서 만족감이 증대되었다.

한편, 무노조 사업장으로써 휴렛팩커드(Hewlett Packard)社의 경우에도 '감원없는 회사'와 '인본주의 경영'으로 많이 알려져 있다. 휴렛팩커드社는 1939년 설립되어 2002년 현재 약 178개국에 약 14만 명의 종업원을 거느린 세계적 초우량 기업이다. 종업원에 대한 고용안정은 동기유발적 차원뿐만 아니라 노사간의 신뢰를 바탕으로 장기적 성장을 유지하도록 하는 중요한 요소 중의 하나이다. 1970년대 경영위기를 겪게 된 휴렛팩커드사는 10%의 인력감축이 필요한 시점에서 그 대신 2주 10일제 근무체계를 9일 근무체계로 전환하는 등 업무시간 단축과 임금삭감을 통해 위기를 극복한 경험을 가지고 있다. 휴렛팩커드社는 아무리 수익성이 높은 대규모 정부 수주사업이라고 해도 그것이 해고를 반복해야 하는 경우라면 사업진출을 포기하였다. 이와 같은 인본주의적 경영철학은 무노조 사업장으로써 노사간의 깊은 신뢰를 형성하는 근간이 되었다. 이러한 바탕위에서 휴렛팩커드社는 그들만의 독특한 'HP Way'를 설정하였다. 인적자원관리는 인간존중의 경영철학을 중시하고, 개인의 성장과 기업의 성장을 동일시하며, 현장에 의한 인사관리, 회사 내부 인재의 등용, 높은 수준의 임금과 복리후생이라는 5가지 원칙하에 이루어지고 있다. 또한 개방적 의사소통 체계를 구축하여 종업원들과의 협의과정을 통해 업무목표를 설정하며, 개인별 직무계획서와 개발계획서, 연간 업무실행 계획서를 작성하여 개인 스스로 목표관리 체계를 갖추도록 하고 있다. 그 밖에 종업원의 주식 매입 프로그램의 기회를 제공하며 이익분배제와 차별화된 높은 수준의 의료지원제도, 자율근무시간제도 등이 제도화되어 있다.

2) 열린 경영

열린 경영은 노동자 또는 그를 대표하는 대의기구에게 기업경영정보를 제공하여 공유하는 경영기법을 의미한다(노용진, 2000). 고성과 작업조직의 4가지 핵심요소 중의 하나로써 '투명경영', '공개영영' 등으로 불리우기도 한다. '열린 경영'은 정보공유(shared information)뿐만 아니라 노동자 또는 그 대의기구의 경영참여(employee involvement)를 포함하는 개념이다. 고성과 작업조직의 요소로써 제시되는 정보공유는 법·제도적 틀 내에서 강제되는 소극적 의미의 정보공유라기보다는 협력적 노사관계 구축과 경영혁신의 일환으로써 보다 자발적이고 적극적인 기업경영정보의 공유를 의미한다고 볼 수 있다.

경영정보의 공유는 노사관계 및 인적자원관리 측면에서 3가지 유형으로 구분해 볼 수 있다. i) 정보의 범위가 상대적으로 협소한, 노사간 단체교섭을 원활히 수행하기 위한 기업경영정보 공유, ii) 사건중심(event-driven)의 정보공유로서 공유정보의 범위가 상대적으로 넓은 노동자 대의기구의 참여를 원활히 수행하기 위한 기업경영정보 공유, iii) 업무수행과 관련하여 개별 노동자에게 제공되는 인적자원관리 전략을 원활히 수행하기 위한 기업경영정보 공유가 그것이다(노용진, 2000).

공유의 대상이 되는 정보에는 과업달성에 요구되는 지식이나 방법, 그리고 과업수행시 문제해결 등에 관한 과업정보, 노동자나 조직 자체의 성과측정에 관련된 통제정보 등이 있으며, 그 밖에 재무관련, 주식시장관련, 생산관련, 시장정보관련 및 기업의 전략계획이나 예산, 생산성이나 신기술도입 계획 등 광범위한 내용이 포함될 수 있다.

정보공유는 구성원 개개인들로 하여금 기업의 경영상태를 이해하고 취해야 할 행동에 대한 방향을 모색할 수 있도록 한다. 고성과 작업조직에서 지향하는 혁신과 성과개선의 필요성이나 이유를 이해시키고, 문제해결의 방법모색을 용이하게 하며, 노동자 또는 그 대의기구의 경영참여가 조직전체 성과에 어떻게 기여하는지에 대한 맥락을 갖도록 지원한다. 따라서 정보의 공유는 조직내 정보의 흐름을 투명하고 원활하게 하여 고성과 작업조직의 나머지 세 요소들이 유기적이고 상호보완적으로 결합할 수 있도록 하는 중요요소가 된다.

한편 열린 경영의 또 다른 요소로써 노동자 또는 그 대의기구의 다양한 참여기회의 부여는 노사가 합심하여 열심히 일하는 노사협력적 요소와 더불어 노동자의 암묵적 지식과 창의력을 결합시킴으로써 최대한의 효과를 이끌어 내는 기제가 된다(신수식 외, 2008). 정보공유와 결합되는 의사결정참여의 경우 가장 낮은 수준의 '종업원 설문조사'에서부터 작업장 수준에서 대표적인 참여형태로 불리우는 '품질관리분임조'와 '제안제도', 그리고 보다 전략적 수준에서 이루어지는 '노동자이사제도' 등 다양한 형태가 존재한다.

열린 경영의 일환으로써 경영참여가 고성과 작업조직의 중요한 요소들 중의 하나가 되는 것은 전통적 작업조직의 대안으로써 등장한 다양한 형태의 대안적 작업조직의 중요한 핵심이 '참여'와 '자율'이라는 측면에 있기 때문이다. 개별적 또는 집단적 차원에서의 경영참여는 효과적으로 조직성과를 향상시킬 수 있는 유력한 수단이다. 따라서 구성원들에게 일정한 권한과 책임감, 문제해결이나 의사결정에 대한 기회의 부여는 중요 요소가 된다(Doty and Delery 1997; Appelbaum et al., 2000).

한편, 고성과 작업조직에서 참여의 영역은 크게 전략적 수준, 단체교섭이나 인적자원관리 수준, 작업장 수준 등 3가지로 제시될 수 있다(Kochan et al., 1986). 구성원들이 대의기구를 통해 권리보호와 이익 증대라고 하는 전통적 역할과 더불어 더 높은 전략적 수준에서의 파트너십 역할 및 참여 요구가 높아지고 있다. 기업전체 차원에서의 제도적 변화나 환경변화에의 유연한 대응, 제반 작업장 혁신에 관한 참여 파트너십 등 전략적 수준에서의 참여가 그것이다. 또한 전통적 참여수준이었던 단체교섭 및 인적자원관리 영역에 있어서 통합 내지 생산적 교섭으로의 전환과 함께 장기적 고용관계나 제반 인적자원관리의 관행을 혁신하는 데 대한 참여가 요구된다. 작업장 수준에서의 참여는 현장참여와 자율성을 높여 과업의 통합을 확대하고 다양한 문제해결과정에의 참여 확대가 필요하다.

고성과 작업조직의 요소로써 정보공유와 참여로 설명되는 '열린 경영'의 구체적인 실현방식은 작업조직의 특성 등에 따라 온라인(on-line) 또는 오프라인(off-line)의 다양한 형태로 나타날 수 있다. 예컨대, 가장 널리 알려져 있는 오프라인 참여방식으로써 '제안제도', 'QC' 등이 있는가 하면 사회기술체계나 미국 작업조직의 '자율팀' 중심의 온라인 참여방식이 있다. 팀 중심의 작업조직은 제안제도 방식의 참여에 비해 과업의 통합수준이나 자율성 수준이 훨씬 높다고 볼 수 있다. 그러나 제안제도 또한 정보공유와 참여의 핵심요소가 구체적으로 나타난 양태의 일환이다. 결국 작업조직의 특성이나 문화 등 제반 조건에 따라 열린 경영이 실현되는 양태도 다양할 수 있다. 작업과 관련한 구성원들의 이와 같은 참여는 직무만족을 높이는 것으로 증명되어 왔으며(Freeman &

Rogers, 1999; Kochan, Katz & Mower, 1984), 조직의 성과측면에 간접적으로 기여하게 된다.

다양한 정보의 공유와 경영참여의 '열린 경영'을 고성과 작업조직의 근간으로 하는 외국의 사례로는 제록스(Xerox)社와 코닝(Corning)社, 알프스전기(ALPS Electric)社 등을 들 수 있다. 먼저, 제록스社는 문서 및 사무용 제품을 생산·판매하는 기업으로써 2008년 현재 160개국에서 약 5만 8천여 명의 종업원을 거느리고 있는 글로벌 기업이다. 미국 정부가 수여하는 말콤 볼드리지 품질대상(Malcolm Baldridge National Quality Award)을 두 번이나 수상하였으며 20개국에서 25개의 품질관련 수상 경력을 가지고 있기도 하다. 이와 같은 품질혁신은 상호호혜적 노사협력 원칙을 중시하면 적극적인 노동자 경영참여를 지향한 결과이다. 제록스사의 경영참여제도는 표에서 보는 것처럼 매우 다양하다.

제록스社는 단계별로 노동자들의 경영참여를 제도화함으로써 고품질 고생산성을 가능케 하였다(Kochan, 1999). 산별노조 본조의 부위원장과 제록스사의 최고경영자가 1년에 두 번씩 만나서 회사의 전반적인 운영사항을 논의하는 '노

〈표 2-9〉 제록스사의 다양한 근로자 경영참여제도

제 도	연도	내 용
문제해결팀	1980	• 특정사안의 문제를 해결
노사공동연구팀	1981	• 공장폐쇄로 인한 해고를 막고 경쟁력 향상을 위한 해결책 모색, 델타 팀의 초기 형태
자율작업집단	1982	• 관리자 지휘하에 있으면서도 자신의 작업일정, 할당량, 품질유지, 신기술 도입, 안전 등을 자율적으로 처리, BAWG 초기 형태
수평적 팀(Horizon Team)	1983	• 업종의 미래를 점검하고 이에 대응하기 위한 전략 모색 • 인적자원관리
품질향상팀	1983	• 품질향상의 구체적 방안 마련 • LTQ를 위한 조직
노사공동기획팀	1985	• 새로운 토너 제조공장의 기획 및 건설
직능별작업집단(BAWG)	1985	• 전구성원 참여, 직능별로 구분한 집단 • 직무수행과 관련한 경영정보,아이디어 수용 등의 요구 해결
델타팀(A-Delta-T Team)	1989	• 싸고 품질좋은 복사기용 와이어 장치를 개발, 생산 합리화

자료: 이주희(2001).

사정상회의'(Union/Management Summit)가 있으며, 해당 지역의 노동조합 본부대표와 노사관계담당 부사장이 중요한 사항을 결정하거나 논의할 사항이 있을 때 만나는 '집행위원회'(Executive Committee)가 그 하위단계로 설정되어 있다. 또한 그 다음 단계로써 '먼로카운티 합동 기획위원회'(Monroe Co. Joint Planning)는 지역본부와 해당지역의 공장관리자가 1년에 한번 정기적으로 만나서 논의하는 구조를 갖는다. '공장자문위원회'(Plant Advisory Committee)는 공장수준에서 노동자와 관리자가 동수로 구성된 기구로써 공장수준의 정책에 대하여 결정한다. '비즈니스센터 운영위원회'(Business Center Steering Committee)는 사업부문별 참가팀(BAWGS)을 지원하기 위해 구성된 사업부문별 소위원회로써 사업별 프로젝트를 계획하고 검토하는 활동을 한다. 마지막으로 '사업부문별 참가팀'(Family Groups BAWGs)은 특정제품을 중심으로 상시적 문제해결팀, 일시적 문제해결팀, 현장자율 경영그룹 개인 참여자 등이 있으며 평균 2주에 1회 가량 모여서 발생하는 문제의 해결이나 품질향상 등을 논의한다. 이와 같은 다양한 참여프로그램이 제록스社의 고성과 작업조직의 기초가 되고 있다.

코닝社의 경우에도 노동조합과 현장 종업원들이 함께 동참하는 노사동반자 프로그램을 통해 품질향상을 꾀한 사례로 볼 수 있다. 코닝사는 150년이 넘는 기업 역사를 가지고 있으며 세계 최고수준의 품질을 인정받고 있는 기업이다. 코닝사도 1980년대 중반 매출액과 순이익의 하락 등 경영위기를 경험하였으며 이때 노사동반자 프로그램을 통해 경영위기를 극복할 수 있었으며 1990년대 이후 미국의 우량기업으로 인정받고 있다. 코닝사의 대표적인 경영참여 사례는 '노사운영위원회'를 들 수 있다. 새로운 신규프로젝트와 사업을 설계하고 추진하는데 있어서 노사가 공동으로 참여하여 코닝사만의 모델을 창출하였다. 2~3년에 한번씩 새로운 공장 및 사업단위의 노사 공동대표를 선출하여 노사동수로 구성하는 노사운영위원회의 주요 활동은 고객만족, 가동중단, 반응시간, 설치시간, 재고회전율, 공장이익률, 산업재해, 단위생산비용, 생산률, 프로세스 손실, 불량률 등이며 이러한 내용을 기업의 목표공유위원회(Corporate Goalsharing Committee)에 제출하면 목표공유위원회가 이를 검토하고 승인을 하는 방식이다. 이외에도 1989년 최고경영진과 노동조합 위원장 및 각 지부대표자들이 혁신적 초우량작업체계를 운영함에 있어서 서로가 지켜야 할 기본원칙을 '동반자

관계 선언'을 통해 표현하기도 하였다.

한편, 무노조 사업장으로서 알프스전기社는 일본 전자산업의 발전과 함께 급성장한 기업으로써 전자부품업체 중 최대 제조업체이다. 1948년 설립되어 아세아, 중국, 유럽, 미국 등지에 28개의 생산 및 판매처를 거느리고 있다. 알프스전기사의 특징은 창사 이래로 무분규를 기록하고 있다는 점이다. 이런 역사가 가능했던 이유는 '노동위원회'라는 자율적인 종업원 대의기구와 상생적 노사관계의 전통이 존재했기 때문이다. 1950년대 초 갈등적 노사관계가 형성된 시기가 있었으나 이러한 경험은 1970년 5월 노동위원회의 설치를 계기로 새로운 노사문화를 형성하였다. 노동위원회는 과장급 이상 관리직을 제외한 전 사원을 대상으로 조직되어 있으며, 회사는 노동위원회 운영을 위한 모든 경비를 조달하고 있다. 주요 활동은 임금인상, 보수규정, 근로시간, 유급휴가 증대, 산업안전, 기업내 복지제도 등에 관한 사항이다. 노동위원회는 기업의 경영정보를 원활히 제공받고 있으며, 정기적으로 경영사안에 대한 질의응답을 할 기회를 제공받고 있다. 노동위원회 대표는 월 2회 개최하는 회사 중역 및 사업부장들이 참가하는 임원회의에 참가하여 기업의 모든 정보를 공유하고 있다. 노동운영위원회는 1970년대 설치된 이래로 35년이 넘게 운용되고 있다.

3) 지식축적

고성과 작업조직에서는 노동생산성의 향상을 통한 노동비용 절감문제에 대해, 대량해고나 임금삭감을 활용하여 유연성을 추구하는 대량생산방식(low road)이 아닌, 기술과 시장의 변화에 민첩하게 대응할 수 있는 창의적이고 숙련된 노동자를 통한 경로(high road)를 채택하고 있다(Susan, 1995). 또한 전통적 작업조직에서 직무에 대한 훈련이라는 관념으로부터 조직내 문제해결 및 상호작용 능력을 제공할 수 있는 지식이 강조된다. 이러한 지식이 정보공유와 참여와 결합됨으로써 노동자들의 직무만족도를 증대시키며 조직 및 품질향상의 몰입도도 높일 수 있다고 본다(U.S. Department of Labor, 1994).

고성과 작업조직에서 발견되는 자율적인 작업집단이나 다기능화, 직무순환, 전방위적인 참여의 활성화 등은 조직구성원들에 대한 지속적인 교육훈련의 투자를 바탕으로 한 지식노동자 형성의 필요성을 반증하고 있다. 더욱이 정보통신 기술 등의 발전은 효과적인 정보의 공유나 임파워먼트를 실현하는 기반이 되어주고 있다. 고성과 작업조직에서의 지식은 단순히 인지적인 것만을 의미하지는 않는다. OECD 자료에서는 4가지 종류의 지식을 제시하고 있다(Cummings, 2003). i) 사실(정보)의 지식과 관련된 '사물에 대한 지식(know-what)', ii) 저변의 원리(과학, 기술, 경영, 사회관습 등)와 관련된 '원리에 대한 지식(know-why)', iii) 무언가를 할 수 있는 기술 또는 능력을 의미하는 '방식에 대한 지식(know-how)', iv) 누가 무엇을 아는가, 무엇을 해야하는지를 아는가에 관한 정보의 조합을 말하는 '사람에 대한 지식(know-who)' 또는 '소재에 대한 지식(know-where)'이 그것이다. 따라서 기업들이 기존 직원들을 재훈련시키는 대신 이들을 해고하고 신규채용을 촉진하게 된다면 이는 조직내 지식축적이라는 중요한 사회적 자본을 파괴하는 것이라 설명하고 있다.

고성과 작업조직에서 노동자들의 가치를 증대시키기 위한 방법 중의 하나는 모든 노동자들의 지식이 작업에 이용되도록 보장해 주는 것이다(Kochan, 2000). 노동자들에게 작업수행 방식에 있어 더 많은 발언권을 부여하고, 문제해결에 적극 참여토록 하는 등의 노력은 고성과 작업조직의 높은 성과결과로 흔히 나타난다. Kochan(2000)은, 이러한 결과들은 최고수준의 생산성과 품질 달성을 위해서는 정보 및 다른 기술에 대한 투자가 작업장 교육이나 훈련에 대한 투자와 결합되어야 하고, 노동자들로 하여금 이러한 기술들을 완전히 적용하고 이용할 수 있도록 하는 작업시스템을 갖출 때에라야 가능하다는 것을 명백하게 보여주고 있다고 주장하기도 했다. 따라서 고성과 작업조직의 경우 조직을 학습조직화하고 노동자를 지식근로자화하기 위한 다양한 노력들이 전개된다. Wall & Jackson(1995)은 생산성을 높이는 메커니즘으로써 신속대응과 예방적 행위를 제시한 바 있다. 신속대응은 지식을 활용하여 이상 작업 등 문제가 발생할 경우 신속하게 해결한다는 것을 의미하고, 예방행위는 이러한 과정을 통해서 지식이 축적되면 문제의 발생조건을 미리 감지함으로써 문제발생 자체를 예방한다는 것이다. 고성과 작업조직은 이상의 발생 지점에서 해당 작업자가 직접 이상을 통제하도록 한다. 따라서 이상사태의 해결이 신속하게 이루어질 수 있고, 이를 통해 작업자는 문제의 인과관계에 대한 지식을 축적함으로써 이상 발생 자체를 사전에 감지하고 예방이 가능해진다. 이런 과정을 통해 작업자는 숙련된 문제해결자가 될 수 있다(김훈 · 김동배, 2000).

고성과 작업조직에서의 교육훈련과 관련하여 서로 다른 측면의 주장이 있다. 하나는 조직헌신이나 응집력을 높이기 위한 조치로써 교육훈련 대상의 범위가 확대된다는 입장이고(Levine, 1991), 또 다른 하나는 한정된 특정 그룹이나 핵심 그룹 노동자들의 교육훈련이 증가한다는 주장이다(MacDuffie & Kochan, 1995). 전자는 훈련대상 노동자의 범위가 확대분포되어 있다는 주장인 반면 후자는 훈련대상 노동자의 범위는 좁지만 수준 높은 교육의 실시를 의미한다고 볼 수 있다. 따라서 조직내 지식축적은 고성과 작업조직의 공통요소인 반면에 작업조직에 따라 이를 실현해 나가는 방식은 다양하게 나타날 수 있다. 예컨대, 전자의 경우 지식축적의 구체적인 형태는 내부개발에 집중하는 방식으로써 다양한 형태의 교육훈련이 실행될 수 있으며, 후자의 경우 핵심인력 중심의 지식축적 전략을 구사할 수 있다. 일반적으로 일본 린작업조직의 대표적 모델인 도요타 자동차의 경우 후자의 지식축적 전략을 구사하는 것으로 파악되며, 전자의 경우는 스웨덴의 사회기술체계 방식에서 쉽게 찾아볼 수 있다.

고성과 작업조직으로써 '지식축적'에 관한 외국 사례로서는 손라이팅(Thorn Lighting)社와 모토롤라(Motorola)社를 들 수 있다. 1928년에 설립된 손라이팅사는 약 2만여 개의 생산품을 제조하는 기업으로써 30여 개국에서 생산공장과 판매지부를 운영하고 있다. 지식축적 방식의 일환으로써 손라이팅사는 '셀방식 생산기술'(cellurar-based manufacturing technology)과 새로운 팀 작업방식의 도입을 통해 혁신을 이루었다. 각 팀들은 최대 20명의 종업원으로 구성되며, 팀 리더가 팀을 이끌었다. 팀원들은 다기능공이며 보선작업을 수행하였다. 팀원들에 대한 교육훈련 프로그램은 크게 3가지로 구성되어 있다. 팀 리더들을 대상으로 하는 3일과정의 훈련속에서 팀 리더들은 관리기능 등을 포함한 다양한 팀제 운영에 대하여 교육을 받게 된다. 리더 후보자들을 대상으로 하는 프로그램은 기술적 숙련뿐만 아니라 대인관계 및 팀 지도능력에 대해 평가한다. 전 종업원을 대상으로 하는 프로그램은 팀제의 개념과 함께 다기능 라인 작업자를 위한 사내 훈련 등이 실시된다. 이 밖에도 노사공동변화 프로그램(Partners in Change Programme)의 도입과 노사간의 신뢰 구축, 제도적인 정보공유 등의 노력이 수반되었다.

한편 무노조 기업으로서 모토롤라사의 경우 1928년 정류기를 생산하는 갈

빈제조회사에서 출발하여 1947년 모토롤라사로 기업명칭을 변경한 후 2008년 현재까지 무인 우주선의 통신장비에서부터 TV 전기전자 반도체 분야까지 진출하는 등 세계적인 기업으로 성장한 회사이다. 최고의 상품을 생산하는 기업에게 수여되는 말콤발드리지상(Malcolm Baldridge Award)과 최고의 훈련과 교육시스템을 제공하는 기업에게 수여하는 ASTD(American Society for Training and Development)상을 받기도 하였다. 모토롤라사는 개인당 연간 40시간 이상의 교육을 의무화하여 종업원들이 자기계발의 기회를 갖도록 하고 있다. 이는 1920년대부터 시작되었다. 1980년대에는 독자적인 대학을 설립하였으며, 1990년대 후반에는 미국뿐만 아니라 전세계의 종업원에게 훈련기회를 제공하게 된다. 온라인 학습시스템과 번역 및 다문화교육, 최고위지도자 교육과정 등 다양한 훈련 및 교육프로그램을 개발하였다. 현재 23개국의 99개 지역에서 종업원, 공급업체, 소비자에게 교육훈련 프로그램을 제공하고 있다. 훈련프로그램들은 단지 기술 습득을 위한 제도가 아니라 생산활동 과정에서 나타나는 문제점을 해결하기 위한 목적의식 하에서 운영되고 있다. 이 밖에도 사업성과, 자기개발, 개인성과를 모두 아우르는 성과관리제도를 운영하고 있으며 이에 차별화된 능력급을 적용한 임금관리제도가 운영된다. 핵심인재를 보유하고 이들의 능력을 향상시키기 위하여 상위 20%의 핵심인력에 대한 집중적이고 차별화된 투자 및 관리가 이루어지고 있기도 하다. 선발된 핵심인재는 물질적 보상뿐만 아니라 유명 MBA 대학원 프로그램에 진학할 수 있는 교육보상의 기회가 제공되기도 한다.

4) 동기유발

브롬(Vroom)의 동기부여 이론에 따르면 모티베이션(motivation)은 유의성(valence), 수단(instrumentality), 기대(expectancy)의 3요소에 의해 영향을 받는다. 유의성은 특정 보상에 대해 갖는 선호의 강도이고, 수단은 어떤 특정한 수준의 성과를 달성하면 바람직한 보상이 주어지리라고 믿는 정도를 말한다. 또 기대는 어떤 활동이 특정 결과를 가져오리라고 믿는 가능성을 말하는 것으로 모티베이션의 강도는 유의성과 기대의 곱으로 표시된다. 구성원들은 자신이 바라는 목표에 도달할 수 있다고 믿을 때 성과지향적 행동에 옮기게 되지만 유의성이나 기대에 충분히 만족하지 않을 때에는 동기유발이 일어나지 않는다. 또한 성과지향적 행동은 직무만족에 대한 기대감에 의하여 조성되고 직무만족은 높은 성과에 따른 내재적 보상(인정, 성취감 등)이나 외재적 보상(임금, 작업조건 등)에 의하여 가능하게 된다(Porter & Lawler, 1968). 따라서 조직구성원은 각자의 노력과 목표달성(성과) 및 보상에 대한 관계를 인식하고 목표달성의 동기를 부여받게 되므로 목표달성의 정도를 높이기 위해서는 개개인에게 노력을 투입한 만큼 성과를 얻을 수 있다는 확신을 갖게 하는 한편, 매력적인 보상을 제시하고 목표달성시에 확실하게 보상을 지불하겠다는 의사가 전달되어야 하는 것이다. 따라서 고성과 작업조직에서의 동기유발은 구성원들이 조직에 대한 의무와 공헌(contributioin)에 대해 기업이 구성원들에게 제시하는 적합한 유인(inducement)이 조화되어야 함을 의미한다.

고성과 작업조직에서 동기유발은 구체적으로 업적의 평가나 보상 또는 고용안정 등의 형태로 나타난다. 동기유발은 고성과 작업조직의 감성적 측면(affective aspect)으로써 여기에는 다양한 형태의 참여와 자율성 제고, 즉 업무의사결정에의 자율성, 자율작업팀 또는 커뮤니케이션 등을 통한 내재적 동기부여(intrinsic motivation)와 고용안정이나 임금, 성과배분 등을 통한 외재적 동기부여(extrinsic motivation)와 인센티브 측면이 있다(Appelbaum et al., 2000). 외재적 동기부여 측면은 보상체계와 보다 직접적으로 연결된다. 특히, 고성과 작업조직에서는 성과보상을 통해 동기유발을 최대화하기 위해 개별성과급이나 집단성과급 등을 활용한다. 이는 임금 및 보상을 개인별, 팀별, 및 기업업적과 연동시킴으로써 장기간에 걸친 노동자 헌신성을 획득할 수 있기 때문이다. 그러한 기업들에서는 경영진의 보수를 장기적인 기업목표와 연결시킴으로써 경영진이 주주의 관심사에 좀 더 부응하도록 만든다. 이윤분배, 종업원 주식소유, 팀에 기반한 보수 및 숙련에 기반한 보수제도 등을 채택함으로써 노동자들이 지속적으로 학습할 수 있도록 자극한다(U.S Department of Labor, 1994).

고용보장이나 물적 보상과 같은 외재적 동기부여는 노동자들의 내재적 동기를 유발할 수 있는 다양한 프로그램과 결합될 때 가장 효과적으로 작동한다. 예컨대, 노동자들에게 권위, 책임감, 그리고 참가의식 등이 경제적 보상 등과 밀접히 결합될 때, 즉 외재적 동기부여와 내재적 동기부여가 상호보완적으로 작동할 때 노동자의 만족도와 조직헌신도가 향상된다.

고성과 작업조직의 보편적 원칙으로써 동기유발은 브룸(Vroom)의 기대이론(expectency theory)이나 아담스(Adams)의 공정성 이론에서처럼, 보상이나 인센티브 등의 피드백을 통해 행위를 격려하고 고무시키는 방식과 엄격한 평가와 그에 따른 상벌의 제시로 바람직한 행위를 유도하는 방식으로 나타날 수 있다. 고용안정을 통한 동기유발은 일본 도요타 작업조직에서 활용되는 수단이다. 고용에 대한 믿음이 조직에 대한 헌신과 연결된다. 또 다른 경우에는 엄격하고 정확한 평가를 통해 신상필벌의 긴장감을 조성하여 유도되는 동기유발 관행도 존재할 수 있다. 작업조직 특성과 문화에 따라 동기유발이 다양한 방식으로 구체화될 수 있다.

'동기유발' 요인이 강조되고 있는 외국의 고성과 작업조직 사례로서는 아이비엠(IBM)社와 도요타자동차(Toyota Motor)社를 들 수 있다. 아이비엠社는 1911년 설립되어 2007년 현재 전세계 164개국에 약 38만여 명이 넘는 종업원을 거느린 글로벌 기업이다. 1950년대 컴퓨터 산업에 진출한 이후 컴퓨터 시장의 독보적인 기업으로서 명성을 떨치고 있다. 아이비엠社도 한때 경영위기로 인하여 노사간 대립과 몇 차례의 대규모 인원감축 등의 과정을 거치면서 성장해 왔다. 1980년대 중반부터 애플 컴퓨터社와 선마이크로社 등의 경쟁업체들의 추격과 불황에 직면하여 1986년부터 3년간 고전을 면치 못하였다. 이후 2000년 대규모 감원을 통한 구조조정 과정을 거치면서 조직의 대규모 변화과정을 경험하였다. 아이비엠社는 IT산업 인력의 특성을 고려하여 종업원의 경력개발에 중점을 둔 인적자원정책을 추진해 왔다. 이를 위해 인적자원관리 정책에서는 다양성, 근무환경의 유연성, 차별적 보상, 학습, 리더십 개발을 강조하였다. 종업원의 40%가 회사가 아닌 다른 장소에서 근무할 수 있도록 하는 이동근무처(Mobile office)제도를 운영하였다. 그 결과 종업원들은 업무와 가족관계간의 균형을 유지할 수 있었다. 이러한 동기부여 정책은, 일반기업에서 강조되는 고임금과 고용안정 대신에, 전문인력들의 핵심능력 개발을 위한 훈련 및 교육기회의 제공이라는 차별화된 동기부여 정책의 채택이었으며 구성원들의 선호와 적합한 것이었다.

한편, 도요타자동차社는 세계적인 우량작업장으로 잘 알려진 기업으로써 적기생산시스템(JIT)과 다기능화, 지속적인 개선활동 등으로 정평이 나 있다.

그러나 그에 앞서 도요타자동차社도 기업 경영철학에 근거하여 구성원들의 고용보장과 노사간 의사소통의 제도화가 중요한 바탕이 되고 있다는 점도 유의할 필요가 있다. 도요타자동차社의 경영철학은 '사람이 물건을 만들기에 사람을 만들지 않으면 좋은 물건이 나오지 않는다'는 것이며 이에 종업원들의 사기와 의욕을 고취하기 위한 실천적 노력을 전개해 왔다. 노사간의 상호 신뢰관계는 1955년 "노동자의 생활의 안정과 기업의 발전은 차의 양 바퀴"라는 도요타자동차社의 노동조합 강령에도 나타나 있다. 노동조합은 기업의 발전을 위하여 생산성 향상의 중요성을 인식하면서 협력적 노사관계를 표방하고 있으며, 이러한 관계는 고용안정과 노동조건의 향상이라고 하는 동기부여가 뒷받침되고 있다. 이처럼 도요타자동차社의 고성과 작업조직 구축의 요인에는 생산방식의 혁신뿐만 아니라 고용보장 등과 같은 적극적인 동기부여 측면이 함께 하고 있음을 알 수 있다.

(3) 보편적 원칙의 차별적 적용

(Universal Principles & Contingent Applications)

고성과 작업조직의 속성이나 양태에 대해 서로 다른 이론적 관점이 존재한다. 일반론적 관점(universal approach)과 상황론적 관점(contingency approach)이 그것이다(Arthur, 1994; Huselid, 1995; Delery & Doty, 1996; Katz & Darbishire, 2000). 일반론적 관점에서는 최선의 작업조직(best practices)이 존재하고 이러한 작업조직은 모든 환경에도 잘 적용될 수 있다고 보는 시각이다. 즉, 테일러주의적 작업조직의 대안으로써 다양한 고성과 작업조직이 존재하지만 이들 작업조직의 형태는 궁극적으로 특정한 방식으로 통일되고 수렴(convergences)되어 간다고 보는 것이다(Delery & Doty, 1996). 예컨대, Pfeffer(1994)의 경우 성공한 기업들의 인적자원관리 관행을 7가지(선발·채용, 임금·복지후생, 교육·훈련, 직무관리, 평가, 노사관계, 기타)로 정리하여 제시하였고, MacDuffie(1995)와 Huselid (1995)도 유사한 관행을 보편적으로 적용되는 관행으로 제시하였다. 그러나 이들이 제시한 관행들은 보편적 원칙이라기보다는 성공기업들로부터 나타나는 공통점을 범주화시킨 것으로 볼 수 있다. 왜냐하면 이들 관행들이 작업조직에 따라서는 서로 상충되거나 적합성을 갖지 못하는 경우도 발생될 수 있기 때문이다.

한편, 상황론적 관점은 국가나 기업의 독특한 환경이나 속성으로 인해 각각 그에 적합한 형태의 작업조직이 형성(divergences)되어 간다는 입장이다(Katz & Darbishire, 2000; 김동원 외, 2000). 이런 의미에서 개별 국가차원에서 독특하게 형성된 작업조직 유형은 상황론적 관점으로 볼 수 있다. 예컨대, 스웨덴의 사회기술체계(Socio-technical system), 독일의 다변화품질생산(Diversified quality production), 이탈리아의 유연전문화생산(Flexible specialization), 일본의 린생산양식(Lean production), 미국형 팀생산양식(American Team production), 미국형 린생산양식(American Lean production) 등의 모형 분류가 좋은 예이다(Appelbaum & Batt, 1994; 김동원 외, 2000). 따라서 국가나 조직특성에 따라 다양한 형태의 고성과 작업조직이 존재한다는 사실은 일반론적 관점보다는 각각의 노사관계 환경과 기업상황에 따라 가장 효율적인 작업조직의 형태가 달라진다고 보는 상황론적 관점이 설득력을 갖는다고 볼 수 있다.

그러나 앞서 살펴보았던 고성과 작업조직의 4가지 구성요소(노사협력, 열린 경영, 지식축적, 동기유발)는 상황론적 관점에 기초하여 구체적으로 실현되는 작업조직의 다양한 형태에도 불구하고 모든 고성과 작업조직에 공통적으로 적용되는 일련의 속성으로써 일반론적 관점에서 작동되고 있다. 다시 말해서 고성과 작업조직은 상황론적 관점과 일반론적 관점이 상호배타적이지 않고 공존함을 의미한다. 인적자원관리시스템의 논의에서도 이와 유사한 입장이 있다. 예컨대, 고용안정이나 종업원 존중, 참여, 고임금 등의 요소들은 조직체계의 보편적 규범의 지침원리로 적용되는 반면 구체적으로 나타나는 인적자원관리 관행들간의 결합이나 정책대안 등은 기업특수적(firm-specific) 또는 상황적합성이 고려되어 각기 달리 나타난다고 보는 관점이다(Becker & Gerhart, 1996).

따라서 고성과 작업조직은 작업조직의 아키텍처를 이루는 보편적 원리(4가지 구성요소로서 노사협력, 열린 경영, 지식축적, 동기유발)가 있고 그러한 속성적 요소들이 다양한 형태로 결합되어 국가나 조직특성에 따라 차별적으로 적용되는 이중구조를 가지고 있다. 〈표 2-10〉에서는 보편적 원칙(principles)과 그에 따라 나타나는 구체적 적용형태(applications)의 다양성을 제시하였다.

〈표 2-10〉의 보편적 원칙 4가지 요소는 고성과 작업조직 내에 공통적으로 포함된 속성들이지만, 이것이 작업조직의 특성이나 지향에 따라 구체적으로 실

〈표 2-10〉 보편적 원칙과 차별적 적용 형태

<table>
<tr><td>Universal Principles</td><td>노사협력/신뢰</td><td>열린 경영</td><td>동기유발</td><td>지식축적</td></tr>
<tr><td rowspan="2">Contingent Applications</td><td>양보교섭/참여협력</td><td>제안제도
QC
고충처리</td><td>고용안정
집단성과
성과배분제</td><td>내부육성(Make)
다기능화
내부적 공인숙련</td></tr>
<tr><td>대화/의사소통</td><td>자율팀
임파워먼트</td><td>신상필벌
개별성과
평가강화</td><td>외부유입(Buy)
핵심인력 양성
사회적 공인숙련</td></tr>
</table>

현되는 방식은 다양할 수 있음을 보여주고 있다. 그리고 구체적 관행들은 서로간의 내부적합성(internal fit)이 고려되어야만 한다. 예컨대, 지식축적 요소는 조직의 내부인력의 육성에 기초하여 작업자들의 숙련을 높이고 다기능화 훈련을 실시하는 등의 관행들이 이루어질 수 있다. 그런가하면 지식축적을 외부의 역량을 유입하여 조직 내에 지식을 습득하는 방식을 지향할 경우에는 모든 구성원을 대상으로 하지 않고 주요 핵심인력 중심의 인력양성 관행이 이루어지기도 한다. 만약 전자의 경우(내부육성)라면, 동기유발 요인으로써 고용안정이 정책적으로 활용될 것이며 구성원들의 경영참여도 자율팀의 도입을 통해 참여와 자율성을 확대시키는 방향으로 작업시스템이 구성되어야 할 것이다. 만약 지식축적이 후자에 중점을 둔 경우라면(외부유입), 동기유발 요인으로써는 신상필벌이나 엄격한 평가 등을 통해 보상을 명확히 하게 된다. 예컨대, 삼진아웃제나 하위 5% 강제조정, 또는 최근 공무원 조직에서 등장한 퇴출제 등이 사례가 될 수 있다. 이런 경우에는 구성원들의 참여도 작업장 수준에서의 제안제도나 QC, 고충처리 등이 주로 활용된다. 내부관행들간의 적합성이 고려되기 때문이다. 노사협력 또한 노조사업장의 경우 양보교섭이나 생산적 교섭이 구축되고 무노조기업의 경우 다양한 의사소통 채널과 대화의 구조들이 형성되어야 할 것이다. 만약 자율팀제를 운영하면서 지식축적을 외부유입 방식의 관행을 지향한다면 이는 내부적합성이 고려되지 않는 것이며 의도된 목표달성이 어려워질 것이다.

이처럼 보편적 원칙은 모든 고성과 작업조직에 공통적 존재하는 핵심요소인 반면 작업조직의 특성에 따라 각각의 원칙이 구체화되는 관행에서는 서로 다른 적용 양상이 나타나게 된다. 이때 중요한 것은 차별적으로 적용되는 관행들 간의 내부적합성이 된다.

4. 고성과 작업조직의 성과

(1) 조직성과에 미치는 영향

경영참여가 고성과 작업조직에서 조직효율성을 높이는 작동 기제에 대해 크게 4가지의 이론적 측면이 고려될 수 있다. i) 대리인·거래비용모형(Agency·Transaction Cost Model), ii) 집단압력모형(Group Monitoring and Sanctioning Model), iii) 관료주의적 통제모형(Bureaucratic Control Model), iv) 이성적·감성적 참여모형(Cognitive and Affective Model)이 그것이다(김동원, 1996; Cooke, 1992). 먼저, 대리인·거래비용모형(Agency·Transaction Cost Model)은 조직경제학의 두 가지 핵심이론인 대리인이론(Agency Theory)과 거래비용이론(Transaction Cost Theory)을 차용하여 경영참여의 효과를 예측하는 것이다. 대리인이론에 따르면 참여가 보다 활발해질수록 모니터링 비용(monitoring cost)이 비례적으로 상승하게 되고, 위임자의 이익을 침해하는 행동을 하지 않을 것을 확신하도록 하는 데 드는 보증비용(bonding cost), 그리고 위임자와 대리인간의 정보 불균형과 위험에 대한 태도, 모니터링의 불완전성 등으로 인해, 대리인의 결정과 위임자의 결정간에 발생하는 현실적 차이인 잔여손실(residual loss)도 동시에 증대하는 것으로 파악된다. 한편, 거래비용은 기업 내부의 의사결정 과정에서 파생되는 비용으로서, 의사결정 참가자들간 의사소통과 이해조정에 투입되는 시간과 비용을 의미한다(김동원, 1996). 따라서 거래비용이론의 관점에서도 노동자 경영참여는 노동자, 감독자, 관리자 등 여러 그룹들간 더 많은 의사소통을 요구하는 것이며, 의사결정을 경영자 단독으로 하는 것보다 더 큰 거래비용을 발생시키므로 비효율성을 초래하는 것으로 파악되고 있다. 따라서 대리인·거래비용모형에 따르면, 경영참여는 조직성과에 부정적 영향을 미치는 것으로 파악된다. 그러나 현실적으로 노동자 참여에 관한 많은 연구들이 조직성과에 긍정적으로 영향을 미친다는 결론을 내리고 있다는 점을 어떻게 설명할 수 있을 것이며 경쟁적으로 참여관행의 도입·확산을 시도하는 이유에 대해서도 설명력이 떨어진다고 볼 수 있다.

둘째, Levin과 Tyson(1990)에 의해 소개된 집단압력모형(Group Monitoring and Sanctioning Model)은 게임이론을 차용하여 경영참여를 설명하는 이론이다. '죄수의 딜레마(prisoner's dilemma)'는 게임이론의 활용단면을 잘 보여주는 사례라고 볼 수 있다. 경영참여에서 조직구성원 모두가 열심히 일하고 그 결과를 공유하는 것이 가장 이상적인 형태이지만, 불완전한 감시·감독(monitoring)으로 인해 실제로는 무임승차자(free-rider) 문제가 존재하며, 따라서 파레토 최적의 전략선택을 유도하기 위해 '죄수의 딜레마' 게임을 연속적이고 반복적인 게임으로 전환하는 것처럼, 노동자 참여 관행의 도입을 통해서, 구성원들간 상호감시나 제재(monitoring and sanctioning)가 무임승차자 문제를 방지하는 수단이 될 수 있다. 즉, 경영참여는 동료집단의 압력이 감시·감독기능을 대신적으로 수행하게 되어 자발적 노력을 이끌어 냄과 동시에 감시·감독에 따른 비용을 줄여나갈 수 있다고 본다(김동원, 1996). 이는 대리인·거래비용모형과 달리 경영참여가 조직효율성을 높이는 것으로 예측하고 있다.

셋째, 관료주의적 통제모형(Bureaucratic Control Model)의 주장은, 공식화된 종업원 참여가 과다한 전문화의 단점을 감소시키는 하나의 메커니즘을 제공하며, 종업원들의 아이디어를 보다 충분하고 공식적인 수단을 강구하도록 제공함으로써 성과에 있어서 점증적 향상을 유도한다고 보는 입장이다. 또 다른 측면에서는, 공식화된 참여의 도입이 관료주의적 룰 그 자체와 아이디어의 흐름, 그리고 그에 따른 성과 향상을 저해할 수도 있다고 본다. 즉, 참여제도는 조직의 지나친 관료화를 방지하는 수단인 동시에 관료주의의 장점인 공평성(fairness)은 저하될 수도 있음을 지적하고 있다. 예컨대 Kelley & Harrison(1992)은 미국의 1,000개 이상의 금속기계산업을 대상으로 한 연구를 통해 노동자 참여는 성과에 대해 긍정적일수도 부정적일수도 있다고 주장한 것과 맥을 같이 한다.

마지막으로, 이성적·감성적 참여모형(Cognitive and Affective Model)은 Miller & Monge(1986)의 연구에 기초하고 있는 이론으로써, 이들은 노동자의 의사결정참여 효과에 대해 이성적(cognitive) 참여모형, 감성적(affective) 참여모형, 상황적(contingency) 참여모형 3가지를 제시하였으며 이 중 상황적 참여모형은 유의한 증거가 발견되지 않았다. 먼저, 이성적 참여모형은 노동자의 의사결정참여가 노동자가 가지고 있는 작업에 대한 지식과 정보를 통해 조직효율성을 높인다는 관점에 있다. 다만, 생산성과 같은 성과 측면에 직접적으로 기여하지만 만족이나 사기 등에 대해서는 직접적 측면으로 보지 않고 있다. 감성적 참여모형은, 경영참여가 직무만족이나 사기에 직접 영향을 미쳐 그 결과로써 생산성 향상에 기여한다는 관점에 있다. 즉, 참여가 동기부여적인 과정에의 개입을 통해서 생산성 증대를 가져오는 것으로 연결 짓고 있다. 이 두 가지 모형은 모두 결과적으로 경영참여가 조직효율성에 긍정적으로 기여한다는 점에서 같은 입장에 있다.

이상의 논의에서 알 수 있는 것은 참여의 이론적 틀 대부분이 조직효율성에 긍정적인 영향을 미치는 것으로 가닥잡고 있다는 점이다. 그러나 이들 이론적 틀이 참여와 조직효율성간의 연결 과정을 완전하게 설명해 주는 것은 아니다. 예컨대, 투입과 산출에 이르는 참여의 과정(process)을 '블랙박스(black box)'로 표현하기도 하는 것은 이런 맥락이다(Ramsay et al., 2000).

고성과 작업조직은 [그림 2-5]에서 알 수 있듯이 조직의 성과에 직·간접적 경로를 통하여 영향을 미치게 되는데, 4가지 기본구성요소들(노사협력, 열린경영, 지식축적, 동기유발)이 최적화되어 결합될 때 기업의 경영성과지표에 직접적으로 긍정적 영향을 미치는 점은 기존의 실증연구에서 일관되게 나타난다.[5] 예컨대, 생산성 및 조직에 대한 충성도 향상, 품질개선, 납기준수, 소비자만족도 증가 등이다.[6]

고성과 작업조직의 성과로써 구성원들에게 공식적으로 부과되는 업무 외에 '자유재량적 노력(discretionary effect)'이 창출된다. 자유재량적인 노력이란 구성원들이 자발적으로 자신의 지식, 기술, 창의성을 발휘함으로써 경영성과 개선

5) Cotton, 1993; Cotton, et al., 1988; Cooke, 1989; Cooke, 1992; Commission on the Future of Worker-Management Relations, 1994; Eaton and Voos, 1992.

6) Dachler and Wilpert, 1978; Heller et al, 1998; Cable and FitzRoy, 1980; Rosenberg and Rosenstein, 1980; Appelbaum and Batt, 1994, Lawler et al, 1998; Dachler and Wilpert, 1978; Kim, 2005; Cook, 1990; Miller and Monge, 1986; Eaton & Voos, Cooke, 1989; Cotton, 1993

〈표 2-11〉 HPWO의 조직성과 연구결과

저 자	연구대상	성 과
Arthur(1994)	29개 철강공장(미국)	노동생산성 높음
Ichniowski(1995)	36개 철강공장(미국)	노동생산성 높음
MacDuffie(1995)	62개 자동차조립공장(전세계)	노동생산성 높고, 불량률 낮음
Huselid(1995)	968개 기업(미국)	이직률 낮음, 노동생산성과 재무적 성과 높음
Delery & Doty(1996)	114개 은행여신부(미국)	ROA, ROE 높음
Delaney & Huselid(1996)	2차자료(미국)	지각된 성과 높음
Drago(1996)	1,453개 공장(호주)	고품질
Berg et al.(1996)	4개 섬유공장(미국)	태도,학습,생산시간 성과 높음
Youndt et al.(1996)	97개 기업(미국)	지각된 성과 높음
Koch&McGrath(1996)	319개 기업(미국)	인당매출액 높음
Black & Lynch(1997)	2차자료(미국)	노동생산성 높음
Cappelli & Newmark(1997)	2차자료(미국)	노동생산성 높음

자료: 김훈 · 김동배(2000).

에 도움이 되는 작업을 의미한다. 고성과 작업조직은 노사협력이라는 바탕하에서 교육훈련과 숙련형성 등의 기술축적을 통해 구성원들의 자유재량적 노력 발휘의 여지가 증대되고, 동기유발과 인센티브를 통해 잠재력과 창의성을 발휘하고자 하는 의지가 생성되며, 다양한 수준에서의 참여활동을 통해 그러한 노력을 발휘하는 방법을 습득하게 됨으로써 조직성과의 향상이라는 결과로 이어진다. 보다 최근에는 고성과 작업조직이 성과에 보다 높은 긍정적 영향을 미치기 위해서는 작업장의 고성과 관행이 개별적으로 적용되기보다 상호관련성이 있는 관행들을 묶음(bundle)으로 시행할 필요성이 주장되고 있기도 하다(Whitfield, 2000; Bae & Lawler, 2000). 나아가 작업팀이나 품질팀과 같은 개별적인 관행의 활용만으로는 지속적인 능률향상이나 생산성을 향상시킬 수 없으며, 때로는 생산성 저하와도 연결된다는 주장도 제기된다(Inchiowski & Shaw, 1995). 고성과 작업조직이 조직성과에 긍정적 영향을 미치도록 하기 위해서는 내부적합성을 고려한 다양한 관행의 결합이 주요함을 시사하고 있다.

(2) 노조 또는 대의기구에 미치는 영향

고성과 작업조직이 노동조합이나 대의기구에 대해 어떤 영향을 미치는가에 대해서 크게 두 가지 입장이 있다. 하나는 노동조합의 전통적인 역할, 예컨대 작업자의 고충처리나 문제해결 등 노동자들의 언로의 창구역할(voice function)이 고성과 작업조직의 다양한 인적자원관리 활동에 의해 약화되거나 궁극적으로 대체된다는 입장이다. 또 다른 관점은 노동조합이나 대의기구의 역할이 인적자원관리 활동과 상호보완적 관계에 있다는 주장이다.

독일의 경우 소집단 작업에서 소집단의 대표가 직접 경영·관리측과 상담을 하고 협의를 해서 현장의 고충 등 여러 문제를 해결하는 경우에, 기존의 노동자평의회나 직장위원들의 입지가 상당히 약화될 가능성이 크기 때문에 노조의 경우 영향력의 약화를 우려하기도 하였다(강수돌, 1995). 그러나 스웨덴이나 독일의 경우처럼 산별노조 또는 노조의 힘이 강한 국가들의 경우 고성과 작업조직으로의 이행이 노조의 참여에 기반하고 있다는 점에서 결과적으로 노조에 대해 부정적 영향을 미칠 것으로 평가될 이유는 없다. 10개의 유럽국가에 대한 조사에서 얻은 결과에 따르면, 노동자평의회와 노조대표는 대부분 노동자 참여의 장애물이라기 보다는 '변화의 동인(agents of change)'이었으며(Gill and Krieger, 1999), 노동자 대표자가 경영자를 신뢰한다면 노동자평의회와 같은 대의형태는 대체의 대상으로서가 아니라 강력한 변화의 동인으로 작동할 수 있을 것이다.

그러나 기업별노조 중심의 국가의 경우에는 상대적으로 노조조직간 연대가 취약하고 고성과 작업조직에서 이루어지는 개별적 관행들이 노조의 기능을 대체할 위험성도 배제할 수 없다. 고성과 작업조직에서의 개별평가, 업적급, 팀작업, 개별단위에서의 참여형태 등은 노동조합의 커뮤니케이션이나 대의적 형태와 경합할 수 있다(Lloyd, 2000). 즉, 개인에 기반을 둔 관행들이 노조에 기반을 둔 대의형태를 위협할 수 있다는 의미이다.

고성과 작업조직이 조직성과나 노동자 개개인에 대해 미치는 영향에 대해서는 지금까지 상당한 연구가 누적되어왔지만, 상대적으로 노동조합이나 대의기구에 미치는 영향에 대해서는 연구가 부족한 형편이다. 미국의 경우 여러 노동조합에서 조합원들의 노동환경 개선 수단으로 고성과 작업조직을 지지하고 있다. 예컨대, IAMAW(International Association of Machinists and Aerospace Workers)와 같은 노동조합 대다수는 고성과 작업조직을 지지함으로써 얻게 되는 혜택을 인식하고 사용자와의 상호 호혜적인 제휴와 협약을 형성하였으며 이러한 추세는 미국, 캐나다, 영국, 호주, 유럽 등에서 증가하고 있는 것으로 보고된다(Cummings, 2003). 노동조합이나 대의기구가 고성과 작업조직으로부터 받게 되는 영향은 고성과 작업조직의 도입과 실행에 대한 입장과 태도에도 영향을 받는다. 적극적으로 참여할 경우, 반대했을 경우 또는 관망했을 경우 등 각각에 있어서 고성과 작업조직의 도입에 따른 성공여부는 구성원들이 노동조합이나 대의기구에 대한 평가로 이어지게 되기 때문이다. 여러 주장에도 불구하고 전반적인 흐름은 노동조합이나 대의기구가 고성과 작업조직에 적극적으로 참여하고 그 결과 또한 노조 역할의 대체보다는 상호보완적이라는 데 대체로 동의가 되고 있는 것으로 파악된다.

(3) 근로자 개개인에게 미치는 영향

고성과 작업조직이 노동자 개개인에게 미치는 영향에 대해서는 크게 긍정적 주장과 부정적 주장으로 구분해 볼 수 있다. 먼저, 고성과 작업조직이 노동자 개개인에 대해 부정적 영향을 미친다고 보는 입장은 대체로 노동과정론적(Labor Process) 관점에서 제기되고 있다. 예컨대, 고성과 작업조직이란 보다 고도화되고 전자화된 통제시스템이 구성원들에 대해 보다 높은 노동강도와 스트레스 등 압박 기제로 작동하여 성과로 이어진다는 주장(Ramsay et al., 2000)이나 고성과 작업조직의 가장 큰 특징으로 제시되어 왔던 팀제에 대해서도 팀내에서 이루어지는 동료간의 감시 메커니즘의 작동과 전자적으로 포장된 정보기술을 통한 감시 등의 결합이 주장되기도 한다(Sewell, 1998). 결과적으로 동료간의 압력이나 높은 노동강도와 스트레스, 피로, 더욱 빈번한 해고 등이 발생하며 '스트레스 관리(Management by Stress)'를 통한 노동자들의 희생이 고성과 획득의 원천이라는 주장이다(Parker and Slaughter, 1988). 이와 같은 부정적 입장들은, 고성과 작업조직이 구성원들 개개인에게 미치는 광범위한 긍정적 실증과 주장에 비해 입지가 상대적으로 매우 좁다. 부정적 영향을 미친다는 주장의 근거로 제시된 실증도 가설을 뒷받침할 만한 명백한 증거를 제시하지 못하기도 하였다(Ramsay et al., 2000). 오히려 조직의 성과보다는 노동자 개인의 임금상승 효과에 더 효과적이라는 주장도 있다(Capplelli & Neumark, 1999).

지금까지 대다수 학자들의 연구결과는 대체로 고성과 작업조직이 노동자 개개인에게 더 높은 임금을 제공하게 되고 직무만족도를 향상시키며 스트레스를 감소시키는 등 긍정적 영향을 미치는 것으로 주장되고 있다. Batt(2002)는 훈련, 고용안정, 높은 상대적 임금 등이 구성원의 조직 헌신을 유인함으로써 이직 감소를 가져온다고 주장했다. 이러한 입장은 대체로 사회적 교환이론(social exchange theory)관점에 기반하고 있다. 또한 OECD(1999)의 경우 호주, 캐나다, 미국의 고성과 작업조직에서 노동자들이 더 높은 임금 혜택을 받는 것으로 보고하였으며, Ashton & Sung(2002)은 업무자율성과 직무만족 증대, 모든 수준에서의 커뮤니케이션, 높은 연봉, 보다 높은 수준의 훈련과 새로운 기능 훈련, 작업장 밖에서의 자신감 향상 등의 성과를 보고하였다. 또한 고성과 작업조직은 조직내부 사회구조(social structure)의 근원적 변화를 가져오는 것으로써 상호 호혜주의적인 일반화된 규범(generalized norms of Reciprocity)을 통해 이해관계의 공유가 이루어진다고 주장되기도 한다(Evans and Davis, 2005). 이와 같은 상호호혜성은 개인과 조직간 교환의 균형을 통해 만족도를 증대시키고 신뢰를 증진시키는 것으로 보고된다. 또한 인적자원관리의 전통적 모델인 통제형(contorl-based HRM)에서 구성원들의 조직헌신에 중점을 두는 모형(commitment-based HRM)으로써 고성과 작업조직이 개인들간의 정보공유와 지식 및 역량개발의 활성화 등에 기반하여 조직내 신뢰와 협력 등의 조직사회적 분위기(organizational social climates)를 향상시킨다는 주장도 제시되었다(Collins and Smith, 2006). 따라서 고성과 작업조직이 노동자 개개인에게 미치는 영향에 대해 다수의 연구결과들을 토대로 할 때 임금수준 및 복지의 향상, 직무만족도 증진, 내적 욕구 및 신뢰의 증진과 스트레스 감소 등 긍정적으로 작용하는 것으로 정리해 볼 수 있다. Appelbaum 등(2000)의 연구 결과는 이와같이 고성과 작업조직이 구성원 개인에 갖는 함의를 가장 체계적으로 제시한 것으로 평가되고 있다. 이들은 고성과 작업조직의 구성요소로써 참여기회와 숙련, 그리고 동기부여(인센티브)를 제시하였다. 이러한 요소들은 기존의 통제가 공유되고 위임되거나, 구성원에 대한 관심이 표면화되고 일관되고 통합된 행동과 의사소통의 증대와 같은 관리행동의 강화로 신뢰를 높인다는 사실을 실증하였다. 또한 참여기회의 확대는 구성원들의 숙련과 지식을 활용하거나 창출할 기회를 제공하고 도전적이도록 함으로써 내재적 보상을 강화함으로써 결과적으로 구성원들의 직무만족도가 향상되고 스트레스가 감소된다는 사실을 제시한 바 있다. 이들은 고성과 작업조직이 내재적 보상과 신뢰라는 경로를 거쳐 구성원들에게 긍정적인 영향을 미치고 직접적으로는 조직헌신에 기여하는 것으로 주장하였다. 이처럼 고성과 작업조직이 노동자 개개인에게 미치는 긍정적 효과는 직접적이거나 또는 간접적 경로를 통해 발생할 수 있다. 고성과 작업조직의 4가지 원칙적 요소가 서로 다른 형태의 다양한 관행으로 결합되어 구성원 개개인의 조직헌신도와 직무만족도를 증대시키는 직접적 경로의 효과가 있는 반면, 고성과 작업조직의 4가지 요소들이 그 자체만으로 노동자들의 내적인 자기실현욕구를 충족시키고 노사간의 신뢰를 고양하며 이러한 결과로써 조직몰입과 직무만족도 향상 그리고 스트레스 감소로 이어짐으로써 노동조건과 복지의 향상에 간접적으로 기여하는 경로를 갖는다(신수식 외, 2008).

제 3 장

한국의 우량기업 사례분석

제 3 장

한국의 우량기업 사례분석

제1절 LG전자: 가치창조적 노경관계를 통한 우량 글로벌기업의 추구

1. 사례의 배경

(1) LG전자에 대하여

LG전자는 1958년에 창립한 이후로 반세기 동안 수많은 기술과 제품을 선도적으로 개발하며 한국의 전자산업을 세계 최고의 수준으로 올려놓는 데 커다란 역할을 하였다. 2008년 현재 LG전자는 전통적인 백색가전 분야는 물론이고 디지털 TV와 홈 네트워크, 이동단말기 등 첨단 디지털 산업분야에서도 세계 정상급의 기술력을 보여주며 미래시장을 개척하고 있다. 또한, LG전자는 노사관계 및 인적자원관리의 분야에서도 지속적으로 혁신을 추구하여 온 국내의 모범적인 초우량 글로벌기업으로 인정받고 있다.

〈표 3-1〉에서 예시된 것처럼 LG전자의 성장과정은 창업의 시기(1958~1965), 성장의 시기(1966~1977), 국제화 시기(1978~1986), 혁신의 시기(1987~1998)를

〈표 3-1〉 LG전자의 성장과정

시기구분	내 용
창업의 시기 (1958~1965)	'58. 금성사 설립, '59. 진공관식 라디오 개발, 생산, '62. 국내 최초로 라디오 수출, 전화기 생산, '65. 협력회사 설립
성장의 시기 (1966~1977)	'66. 흑백TV 생산, '68. 최초의 해외지사(뉴욕지사) 개설, '70. 업계최초의 주식공개 및 상장, '75. 민간기업 최초 중앙연구소 설립, '78. 미국 판매법인 설립
국제화 시기 (1978~1986)	'81. 미국 생산법인 LGEAI 설립, '83. CI 도입, '84. 매출 1조원 돌파, '86. 독일 생산법인 LGEDG 설립
혁신의 시기 (1987~1998)	'89. 영국, 태국, 멕시코 등에 생산법인 설립, '91. 미국 Zenith와 제휴, VCR, CDP, 와이드 TV 개발, '94. 커뮤니카토피아 연구소 설립, 멀티미디어 PC, '95. Zenith 인수 '96. 도약 2005선포-제2의 창립, '97. TL2005 추진, '98. 1 노사화합 대통령상 수상
디지털경영 시기 (1999~ 현재)	'99. 국내 최초 한국형 디지털 TV 개발, '99. '디지털-LG' 비전 선포, '00. LG 정보통신 합병, '03. 세계 최대 76인치 PDP 개발, 'LG전자'로 사명 변경, '04. 세계 최초 지상파 DMB폰 개발, '05. 휴대폰 세계 CDMA 1위 등극

자료: LG전자(2006).

거쳐서 현재의 디지털경영 시기(1999~현재)에 이르고 있다. 1997년 매출 1,000억 원을 돌파한 이후에 7년만인 1984년에 매출 1조 원을 달성하였고, 1999년에는 10조 원을, 2003년에는 20조 원을 넘어서는 등 급속한 성장을 이루었다. 이러한 외형적인 성장뿐만 아니라 국내 최초의 해외 생산법인을 설립함으로써 글로벌경영을 추구하여 왔다.

LG전자의 조직구조는 4개 사업본부와 5개 부문 및 8개 해외지역총괄/대표로 구성되어 있으며, 국내 임직원수는 총 29,496명(2007년 12월 기준)이다. 2007년 12월 현재 연간 글로벌 매출 기준으로 40조 원을 넘어섬으로써 지멘스, HP, 삼성, 히타치와 함께 세계 5위권의 전자·정보통신업체로 자리매김하고 있다. 향후 LG전자는 '2010년 세계 3대 전자·정보통신 기업'이라는 비전의 달성을 위해, 세계 1등 제품 개발과 출시를 통하여 주력사업의 성과를 제고하고 차기 성장을 주도할 신규 유망사업의 발굴을 위한 전사적 역량강화에 총력을 기울이고 있다.

〈표 3-2〉에서 보이듯이 전자산업의 각 분야에서 골고루 매출이 발생하고 있지만 최근 들어서는 모바일 커뮤니케이션즈 부문의 비중이 28%(2005. 12)에서

〈표 3-2〉 사업분야 및 주력 제품

사업분야	주력제품	매출비중
모바일 커뮤니케이션즈	• 이동통신(CDMA/WCDMA/WLL), 전송(유무선 전송장비), 교환(TDX, ATM), Keyphone, Video Phone, PCB, 이동단말, WLL단말기	40%
디지털 미디어	• Telematics, PC(Notebook), 광스토리지, DVD-Player/DVD-REC복합기/Combi , Security, PDA	12%
디지털 어플라이언스	• 냉장고, 전자레인지, 냉기컴프레서, 에어컨, 세탁기, 청소기, 에어컨 컴프레서, MGT, 모터, 디지털 디스플레이	26%
디지털 디스플레이	• 모니터, TV, PDP, 비디오테이프, DVD-R 디스크, 디지털 미디어	22%

자료: LG전자(2007. 12).

40%로 급속하게 증가하는 모습을 보여주고 있다.

(2) LG전자의 경영전략

LG전자는 1958년 창립 이래 '고객을 위한 가치창조', '인간존중의 경영'이라는 경영이념을 토대로 꾸준히 성장해 왔다. '고객을 위한 가치창조'란 고객을 최우선으로 생각하고 고객만족을 극대화하기 위해 지속적으로 노력하겠다는 것을 의미한다. 여기서 고객의 의미는 소비자 외에도 주주, 임직원, 비즈니스 파트너, 사회 구성원 등과 같은 다양한 이해관계자를 고려한 개념이다. 즉 내·외부 모든 고객에게 최고의 가치와 감동을 주기 위한 끊임없는 혁신이 기업활동의 목적이라는 것이다.

'인간존중의 경영'이란 사람이 모든 가치의 원천이라는 인식 하에 구성원들의 창의성과 자율을 존중함으로써 개개인의 능력을 최대한 개발하고 발휘할 수 있도록 조직을 운영하는 것을 말한다. 이러한 경영 이념은 모든 경영활동에서 인간을 중심에 놓고 생각한다는 것을 의미하며, 창의성과 자율의 존중을 기반으로 한 성과주의를 통해 개개인의 능력을 최대한 발휘할 수 있도록 경영하겠다는 것을 의미한다.

'고객을 위한 가치창조', '인간존중의 경영'이라는 고유의 경영이념과 '2010년 세계 3대 전자·정보통신 기업'이라는 LG전자의 비전을 구현하기 위한 사업전략의 핵심적 특징을 [그림 3-1]의 내용을 중심으로 살펴보면 다음과 같다.

첫째, 2006년 이후부터 LG전자는 블루오션(Blue Ocean) 전략을 전사적인 사업전략으로 추진하고 있다. LG전자의 블루 오션은 제품, 사업모델, 일, 시스템, 그리고 사람 등 경영의 핵심이 되는 다섯 가지 영역에서 고성장, 고수익 중심으로 사업구조를 고도화하고 조직역량을 획기적으로 강화하는 것이다. 디지털 컨버전스 시대의 도래로 인해서 모든 경쟁구도가 재편되고, 산업간의 경계가 무너져 경쟁의 영역이 무한대로 확장되었다. LG전자는 지금까지 혁신을 바탕으로 지속적으로 성장해 왔지만, '2010년 Global Top 3'라는 원대한 목표를 달성하기 위해서는 보다 혁신적인 '패러다임 전환'을 통해 큰 성과를 창출해야만 하는 상황이 되었다. 그동안 LG전자가 펼쳐 온 혁신활동의 총칭을 블루오션으로 하며, 블루오션 전략의 실행력 강화를 위해 '상품가치 혁신', '생산효율 혁신', '물류효율 혁신'을 실현하는 기존의 혁신 방안을 연계하여 효율성

[그림 3-1] LG전자의 비전과 경영전략

자료: LG전자(2006).

을 극대화하는 것이다. LG전자가 블루오션 전략을 통해 달성하고자 하는 궁극적인 목표는 '2BY10'이다. 이는 2010년까지 매출, 이익, 주주가치에 있어 2005년보다 2배로 성장한다는 의미이다.

둘째, 구체적인 전략과제로서는 포트폴리오 개선을 위해서 사업별 미션에 맞게 기존사업 경쟁력 확보에 중점을 두면서, 중장기적으로 부품사업기반 강화 및 신사업 아이템과 서비스를 결합하여 통합 솔루션 등 새로운 비즈니스 모델 발굴을 통해 가치영역을 확대한다. 이를 뒷받침하기 위해서 미래준비를 위한 선행 R&D, 글로벌 경영관리 인프라를 구축하고 핵심인재를 지속적으로 확보하고 육성한다. 사업장별로 차이는 있지만 원가우위전략과 차별화전략의 균형적 접근에서 차별화를 종전에 비해서 강조하는 방향으로 가고 있는 것으로 보인다.

셋째, 정도경영을 통하여 법규와 기업윤리를 준수하며 투명하고 올바른 기업 활동으로 기업의 사회적 책임을 다하는 가운데 경영성과를 극대화하는 경영방식을 추구하고 있다. LG전자는 1994년에 당시로서는 혁신적이었던 민간기업 최초의 'LG윤리규범'을 제정하였으며, 1995년에는 윤리경영을 구체화한 '정도경영'을 대내외에 선포하였다. 2004년에는 '윤리규범 실천지침'과 '윤리규범 실천 지침해설서'를 제작·반포하여 임직원에게 엄격한 윤리적 판단기준을 제시하였다. 즉, "정도경영의 정신에 어긋나는 행위에 대해서는 일벌백계한다"는 분명한 원칙과 "회사 돈을 횡령하는 사람보다 경영 데이터를 왜곡하는 사람이 더 나쁘다고 본다. 잘못된 데이터가 몇 년 가다 보면 회사가 망한다"는 투명경영에 대한 CEO의 확고한 의지를 임직원과 수시로 공유하고 있다.

마지막으로, LG전자는 사업전략의 효율적인 추진과 함께 기업가치 및 경영의 투명성을 높이기 위하여 선진형 지배구조를 추구하고 있다. LG그룹은 지주회사체제의 출범과 함께 계열사간 '순환출자구조'를 해소하였다. 이로써 지주회사는 출자를 전담하고, LG전자는 출자부담이 없이 회사 자체의 가치 증대와 고유사업에만 전념할 수 있게 되어 '경영의 투명성'을 높일 수 있는 기반을 마련하였다. 아울러 2003년 10월 김쌍수 부회장의 CEO 취임 이후 LG전자에는 사업실적에 따라 평가받는 전문경영인 책임경영체제가 구축되었고, 기업투명성을 제고하기 위한 이사회 중심의 경영이 정착되어가고 있다. 이에 따라 LG전자는 국내외에서의 사업경쟁력을 강화하고 더불어 궁극적으로 주주가치 및 기업가치의 극대화를 추구할 수 있는 제도적인 기틀을 갖추게 되었다.

2. 상생과 협력의 노경관계

(1) 노동조합의 연혁

LG전자 노동조합은 회사 설립 후 5년째인 1963년 5월 30일에 설립되었으며 45년의 역사를 가지고 있다. 한국노총 금속노련에 속한 LG전자 노동조합은 2007년 말 기준 9,371명의 조합원(남: 6,695, 여: 2,676)이 소속되어 있으며, 현재 1개 본부조합과 9개의 지부로 구성되어 있다.

LG전자 노동조합은 1993년의 "노사공존공영결의문" 채택과 1994년의 "신노경문화선언"으로 노사화합의 의지를 공표하였고, 1995년에는 국내 최초로 "노경헌장"을 선포하는 등 선도적인 노사협력 모범업체가 되기 위해서 꾸준하게 노력해 왔다. 그 후로도 상생과 협력의 노경관계를 정립하기 위한 노동조합의 노력은 계속되었으며 1996년에 "노경일등주의 실천결의"를 하였고, 1997년에는 세계최고의 품질과 생산성 확보를 추구하겠다는 "노경챔피언 결의문"을 채택하여 생산적인 노동운동을 지향하였다. 이와 같이, LG전자 노동조합은 지난 20여 년간 새로운 노사문화를 창출함에 있어서 핵심적인 역할을 수행하여 왔다.

LG전자의 노경관계는 경영진의 의식전환과 함께 노동조합의 자발적인 파

〈표 3-3〉 노동조합 연혁

1963년 전국금속노조 금성사 지부 창립	1992년 구미 2지부 신설
1967년 금성전선 지부 분할	1995년 LG전자 노동조합 개칭
1971년 금성통신 지부 분할	1999년 LCD 공장 지부 독립
1974년 구미분회 창립	2001년 LG필립스-디스플레이 노조분할
1976년 창원분회 창립	2003년 LG전자 노조와 LG정보통신 노조 통합
1981년 전국금속노조연맹 금성사 노동조합(개칭)	2004년 구미 2지부 해산(전배)
1984년 본조 직할 평택공장 조직결성	2005년 서울지부에서 평택 2지부로 변경(이전)
1988년 사무소-지부 승격. 창원, 평택지부 신설	2006년 구미 1, 2지부 분할, 김해지부 해산

자료: LG전자(2008).

[그림 3-2] 연도별 조합원 현황(1988~2007)

(단위 : 명)

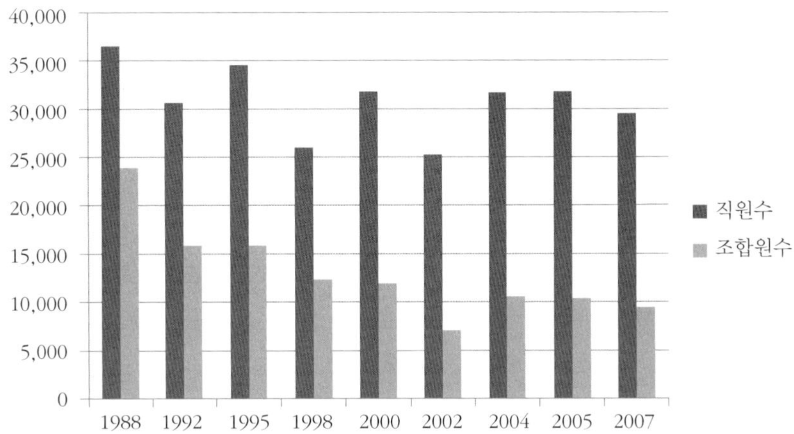

자료: LG전자(2008).

트너십이 결합하여 진정한 노경공동체 관계를 구축함으로써, 노경관계가 LG전자의 초우량 글로벌기업으로 발전함에 있어서 핵심경쟁력의 하나로서 크게 기여한 것으로 평가받고 있다. 여기서 '노경관계'라는 용어는 상호존중과 신뢰를 바탕으로 한 수평적인 노사 대등성의 관계 속에서 노(노조)와 경(경영자)이 제 역할을 다함으로써 함께 가치를 창출한다는 신개념의 노사관계를 지향하는 LG전자 고유의 용어이다.

〈표 3-3〉은 LG전자 노동조합의 그간의 변천과정을 예시하고 있는데 1999년에는 LCD 공장 지부노조의 독립으로 인해서 노조원수가 1,500명 가량 감소하였고 2001년에는 LG필립스-디스플레이 노조의 분할로 역시 노조원수가 3,200명 정도 감소하였다. 반면에 2003년에는 LG정보통신 노조와의 통합으로 인해서 노조원수가 1,700여 명이 증가하였다. 2007년 말 현재 노조원수는 정규직 기준으로 9,371명 수준이며 기업분할과 합병의 경우를 감안하더라도 [그림 3-2]에서 나타나듯이 점진적으로 감소하는 추세이다. 사내협력사 형태의 비정규직 활용의 증대와 노후된 생산라인의 가격경쟁력 유지를 위한 해외이전이 인원감소의 주된 요인으로 보인다.

(2) LG전자의 노경관계 발전단계

그동안, 기업발전의 주요 원동력의 하나였던 LG전자의 노경관계의 발전과정은 〈표 3-4〉에서 보여주듯이 관리적 노사관계(1963~1986), 대립적 노사관계(1987~1989), 노사관계 전환기(1990~1993. 4), 협력적 노경관계(1993.5~1997), 가치창조적 노경관계(1998~현재)로 변모하는 양상을 보여주고 있다(김동원 외, 2000; 배규식, 2006).

1) 관리적 노사관계(1963~1986)

관리적 노사관계의 단계는 1987년 이전의 시기로써 감독과 통제중심의 일방적 관계라고 할 수 있다. 1963년에 노동조합이 결성되어 모든 금성사(LG전자의 전신) 공장에 지부가 있었지만 현장의 목소리를 대변하지는 못했으며 회사측은 권위적 방식을 통해서 현장 근로자들을 관리하고 있었다. 회사 임원, 사무직, 현장직이 각각 별도의 식당, 통근차, 유니폼을 사용하는 식의 차별적 관행이 현장 근로자들의 거리감과 소외감을 누적시켜 왔다. 그러나 작업현장에서의 권위적 관리방식, 차별적 관행, 낮은 임금수준은 1987년 이전의 거의 모든 산업현장에서 보편적인 현상이었고, 그나마 금성사에서는 인화(人和)라는 사훈에 따른 인본주의가 어느 정도는 작용하고 있었다(배규식, 2006).

〈표 3-4〉 LG전자의 노경관계 발전단계

구분	관리적 노사관계 (1963~1986)	대립적 노사관계 (1987~1989)	노사관계의 전환기 (1990~1993. 4)	협력적 노경관계 (1993. 5~1997)	가치 창조적 노경관계 (1998~현재)
특징	'감독과 통제' 중심의 일방적 관계	힘의 논리를 바탕으로 한 '제몫찾기' 중심의 관계	경영의 투명성이 확보되고 신뢰와 존중의 바탕 위에서 제역할 다하기에 참여하는 단계	경영이념의 기본사상과 경영환경을 공유하고 세계적 관점의 노경 파트너십을 바탕으로 성과를 창출하는데 노경이 동반자적 역할을 수행하는 단계	'기업가치의 제고'와 '삶의 질 향상'을 위해 '열린 노경관계', '참여의 노경관계', '책임의 노경관계'를 핵심역량으로 하여 창조적으로 현상을 타파하여 문제를 해결하는 단계

자료: 김동원 외(2000), 배규식(2006).

2) 대립적 노사관계(1987~1989)

대립적 노사관계는 1987년과 1989년까지의 극한적 노사대립시기이며 힘의 논리를 바탕으로 한 제몫찾기 중심의 관계라고 볼 수 있다. 민주화라는 이름으로 노사분규가 극심했던 시대상황과 맞물려 LG그룹의 15개 계열사가 파업을 겪게 된다. 금성사도 장기파업을 경험하였으며 가두투쟁, 관리감독자 및 사무직 사원에 대한 감금 폭행도 발생하였다. 사내의 주요 시설물들에 대한 낙서 및 파손행위 등에 그치지 않고 주변 분규회사에 대한 지원 농성 등도 이루어졌다. 근로자들은 권위적 현장질서의 개혁, 임금인상, 각종 차별의 해소, 노동조합 개혁 등을 요구했다.

1987년 4월의 임금협정을 한 후에 각 공장별로 파업이 발생하였지만 8월에 추가협상을 통해서 큰 충돌 없이 마무리되었다. 그러나 1989년에는 전년도의 협상결과가 타 기업에 비해 훨씬 낮았다는 점으로 인해서 52.33%의 임금인상을 목표로 하여 교섭을 진행하였고, 그 도중에 조합원들의 어용집행부 퇴진요구에 따라 직무대행체제로 임단협을 하게 되었다. 노조가 회사측을 압박하기 위해 파업에 돌입했지만 노조 내부의 강경파들의 압력으로 노사합의가 이루어지지 않은 가운데 중앙노동위원회의 중재재정이 내려졌다. 다른 공장에서는 중재재정 이후에 파업을 종료하였지만 창원 1, 2공장에서는 불법으로 파업을 계속하면서 회사측의 더 많은 양보를 요구하였다. 노사 양측의 극한 대립으로 파업이 36일간이나 장기화되었고 결국 공권력 투입으로 주동자 17명의 구속과 해고로 이어졌다. 그 결과 이 기간 동안 매출손실만 6,000억 원이 넘는 창사 이래 최대의 경영위기를 경험하게 되었다. 이 당시 회사의 경영진은 이러한 분규를 노학연계, 노노간의 갈등, 민주화의 열풍, 일시적 사건·사고의 문제로 간주하고 안이하게 대처하는 오류를 범했다(한만진, 2002).

당시 상황은 회사측에서 만든 '가치창조의 1등 지향 LG 노경'이라는 자료에도 나타나고 있는데, 여기에서는 분규일수 36일, 실질적 무작업일수 150일, 매출손실 총 4,500억 원으로써 '창사 이래 최대의 경영위기 봉착'이라고 기록되어 있다. 또한 사내 복지관 완전 요새화, 수십 차례의 가두투쟁 및 경찰서 습격, 관리감독자 및 사무직 사원 감금 폭행, 인사부·총무부 무단점거 농성 등의 표현에서 당시 상황의 심각성을 알 수 있다. 이러한 과정에서 가전 분야

국내시장 1위를 삼성전자에 내 주기도 했다.

3) 노사관계의 전환기(1990~1993. 4)

1989년부터 1993년 4월까지의 시기는 노사관계의 전환기로써 경영의 투명성이 확보되고 신뢰와 손중의 바탕위에서 진 임직원들이 제역할 다하기에 참여하는 단계라고 할 수 있다. 1987년과 1989년의 극심한 노사분규로 인해서 경쟁력의 약화와 아울러 시장확대의 기회를 제약당함으로써 당시 가전부문에서 후발주자였던 삼성전자에게 추월당하는 등 경영위기를 경험하면서 노사 모두 경쟁력 강화를 위한 노사협력과 노사안정 실현의 필요성을 깊이 인식하게 되었다. 파업이 수습된 후에 당시 이헌조 금성사 사장은 노사관계에 대한 기존의 권위주의적인 접근방식에서 인간적인 접근으로의 전환을 선언했다. 향후에는 경영진이 생산직 근로자들을 포용하고 사무직과 구분 없이 대우할 것이며 노조를 회사경영의 파트너로 대우할 것임을 밝혔다.

금성사에서 노사관계에 대한 이와 같은 근본적인 전환이 가능했던 것은 당시의 다른 주요 재벌그룹사와는 달리 LG그룹의 기업지배구조의 특성이 전문경영인체제였던 점도 일정 부분 작용한 측면이 있다고 보고 있다(배규식, 2006). 즉, 전문경영인인 이헌조 사장과 김쌍수 공장장에게 상당한 권한을 위임하여 노사관계를 개선해 보도록 했다는 점이 당시로서는 상당히 특징적이었다.

이후로 경영진과 관리자들은 생산직 근로자들을 기업 공동체의 구성하는 주요 이해관계자로 간주하여 이들을 포용하기 위해서 노사관계 정책 및 태도면에서 지속적인 개선책을 제시하는 동시에 이를 실천하는 데 있어서도 솔선수범하였다. 또한 최고경영진이 노동조합을 경영의 파트너로 여기고 노조와 파트너십을 구축하기 위하여 노력함으로써 다른 관리자들에게도 이러한 태도가 빠르게 전파되었다(김영기, 2003).

4) 협력적 노경관계(1993. 5~1997)

LG전자 노경은 1993년 5월에 발표된 노경공존공영결의문의 선포와 함께 종전의 '노사관계'라는 용어 대신에 LG전자 특유의 수평적 노사관계를 나타내는 '노경관계'라는 용어를 사용하게 된다. 이는 상호존중과 신뢰를 바탕으로 한 수평적인 노사 대등성의 관계 속에서 노조와 경영자가 제 역할을 다함으로써 함께 가치를 창출한다는 신개념의 노사관계를 지향하는 것을 의미한다. 즉, 협력적 노경 파트너십을 바탕으로 기업성과를 창출하는 데 있어서 노경이 동반자적 역할을 수행하는 단계라고 할 수 있다.

이를 위해서 LG전자는 노조와 현장 근로자들의 기업경영, 단체교섭과 작업장수준에서의 경영참여를 제도화하였다. 예를 들면 신인사제도의 도입과 기능직 인사체계의 개선을 위한 노사합동위원회, 진급전형위원회, 현장인재육성협의회 등에 대한 노조의 참여 등이다(김성희 · 박현미, 1999).

이러한 노경관계의 발전과 보조를 맞추어서 1990년대 초반부터 LG전자에서는 매우 다양한 노경협력활동들이 전개되어 왔다. 예를 들면 노동조합 주도의 전국순회 무상수리(1992), 품질일등담당제(1996), 노경자율경영지원팀의 운영(1997), 노경 클리닉 활성화 운동 등이 노경 공동으로 추진되었다. 또한 1997년 이후부터는 경영환경의 악화에 대응하여 무교섭 관행을 구축하여 꾸준하게 유지해오고 있다.

4) 가치창조적 노경관계(1998~현재)

LG전자 노경은 1998년부터는 가치창조적 노경관계를 궁극적인 지향점으로 설정하게 되었다. 가치창조적 노경관계는 세계최고 수준의 성장역량을 염두에 두고 무한의 협력과 혁신을 추구하며 회사가치의 지속적 제고와 사원들의 삶의 질 향상을 위해 창조적으로 현상을 타파하고 문제를 해결하며 새로운 가치를 창조해 나가는 관계라고 할 수 있다. 소위 '고성과 작업시스템(High Performance Work System)'에 적합한 노경관계를 구축하는 것이다.

이는 크게는 성과배분과 고용안정을 제도화시키는 것으로 나타났다. 2000년부터 노경합의를 통해서 기업경영의 성과배분에 관한 일정한 규칙을 공식화함으로써 LG전자의 근로자들은 단체협상을 통한 분배와는 다른 차원의 공정한 성과배분을 기대할 수 있게 되었다. 즉, 경상이익에서 조세와 자기자본을 뺀 부분을 3등분하여 1/3은 주주 몫, 1/3은 채무자를 위한 사내유보, 나머지 1/3은 성과에 기여한 직원들 몫으로 분배하기로 정하였다. 이후 성과급으로 2000년에는 월 기본급의 100%, 2001년에는 170%, 2002년에는 402%를 각각 받게 되었다(배규식, 2006). 입사 10년차 생산직 근로자들이 2002년도에는 800만 원 가량을 성과급으로 받았다. 이와 함께 2002년의 단체협약 시에 고용안정협약이 체결되었고 2003년에 다시 보완되었다. 물론 고용안정이 단체협약만으로 보장되는 것은 아니지만 회사 측이 단체협약상으로 고용안정에 대한 노력을 약속했다는 점에서 근로자들에게 상당한 신뢰감을 주게 되었다.

IMF 경영위기를 극복하는 과정에서는 무급으로 20분 일 더하기 운동, 내수부진 극복운동 등을 통해 상생의 노경활동을 전개하였고 실업기금 모금운동, 에너지 절약 운동, 금모으기 운동 등의 경제살리기 운동을 전사적으로 추진하였다. 최근에는 디지털 경영시대에 알맞은 노경문화의 창출을 위하여 '디지털 노경비젼 체계도'(1999)와 디지털 노경리더상(2000)이 선포되기도 하였다. 이처럼 LG전자의 노경관계는 굳건한 신뢰의 토대 위에서 경영환경의 변화와 기업경영의 필요성에 맞추어 발전적인 변화를 계속해 오고 있다. 또한 임직원의 근무의욕을 높이기 위하여 노경간의 화합이 매우 중요하다는 인식하에 임직원의 경력관리, 고충처리, 회사정보 공유, 재교육 지원 등 다양한 방법을 활용하고 있다.

이러한 LG전자의 노경화합 문화는 대내외로 인정받아 2005년 12월 15일 노동부가 선정한 '2005년 노사문화대상'의 대기업 부문에서 대통령상을 수상했다. LG전자는 지난 1993년부터 기존의 수직적 개념의 노사관계 대신 수평적 개념의 노경관계라는 고유개념을 도입, 노경이 상호협력하는 자발적인 파트너십을 발휘한 점에 대하여 높은 평가를 받았다.

6) 노경관계의 변화요인

LG전자의 노경관계가 처음부터 순조롭지만은 않았다. 창사 이래 최대의 경영위기를 초래했던 1987년과 1989년의 노사분규를 겪은 이후에 회사의 최고경영진의 집중적인 노력과 이에 대한 노동조합측의 적극적인 협조가 있었기에 비로소 가능했던 일이었다. 과연 어떠한 요인들이 이러한 인식과 태도의 변화를 가능하게 했을까?

첫째, LG전자는 극심한 노사분규를 통해서 경영진이 노사관계 인식의 대전환을 이루었고 이를 기초로 신속하게 현장을 중시하는 경영을 솔선수범하였다. 기업의 생존과 경쟁력의 관건인 협력적인 노사관계의 중요성을 절감하고 노사간의 신뢰구축을 위해서 투명경영과 신뢰 기반의 수평적 노경관계에 기반한 노사정책협의를 정착시키려는 노력을 해 왔던 것이다. 민주화의 소용돌이 속에서 1987년과 1989년에 겪었던 두 차례의 노사분규는 LG전자의 노경관계에 중요한 전환점이 되었다. LG전자는 이러한 경험을 계기로 노경협력이 경영의 핵심 과제이며, 투명한 경영과 상호 신뢰가 없이는 노경화합은 이룩될 수 없다는 것과 노경화합의 바탕 위에서만 기업의 경쟁력 제고와 직원들의 삶의 질 향상이 가능하다는 소중한 교훈을 얻었다. 즉, 기존의 제 몫 찾기, 제 몫 지키기 중심의 수직적 노사관계가 '경쟁력 제고와 삶의 질 향상'이라는 노경 공동의 목표를 위해 근로자와 경영자가 서로 신뢰하고 존중하는 수평적 노경관계로 인식이 전환된 것이다. 회사 경영진은 대립과 갈등의 노사관계를 바꾸기 위해 권위와 통제적 사고방식을 완전히 벗어던져 버리고 노조를 파트너로 대우하기 시작했다. 또한 생산직 노동자들을 기업공동체 속으로 끌어들이는 전략을 사용하였다. 경영진과 관리자들은 새벽 6시에 출근해 현장 청소하기, 작업준비 해놓기, 현장근로자와 인사하기를 시작했다. 처음에는 냉소적이었던 근로자들도 경영진과 관리자들의 솔선수범이 6개월 이상 계속되자 이들을 바라보는 근본적인 인식이 달라지기 시작했다. 바로 이 점이 LG전자가 다수 노동자들의 동의와 참여 속에 공정작업방법, 작업태도, 설계와 디자인 등 생산성 향상을 이룰 수 있었던 중요한 동력이 되었다(배규식, 2006). 이처럼 LG전자에게 있어 노경관계는 생존차원의 노경협력이 아니라 기업의 경쟁력 강화와 직원의 삶의 질 향상을 동시에 추구하는 가치창조적 관계이다. 회사는 노경관계를 물질적인 관계가 아니라 인간의 거래관계이고, 이해관계이며, 생활관계로 규정하고 있다. 이처럼 '나부터, 한 방향으로, 쉬운 것부터'의 참여를 중시하는 문제해결 역량과 실행력이 경쟁력이라는 인식을 노경이 공유하고 있는 것이다. 이에 대하여 전 노조위원장은 다음과 같이 언급하고 있다.

> "LG전자 노동조합은 1989년 이후 지난 16년 동안 무분규 전통을 이어가고 있으며, 앞으로도 이러한 방향은 변함없을 것이다. 하지만 노경관계에는 면역이 없으며 회사의 전 임직원들이 과거의 아픈 교훈을 깊이 기억하여 노경관계의 중요성에 대해 공감대를 영원히 유지하였으면 한다. 앞으로 회사의 비전을 달성하기 위해서는 경영진들이 솔선수범의 자세와 함께 전 사원들이 참여하는 가치창조적 노경관계가 바탕이 돼야 그 비전을 실현할 수 있음을 노경 모두 유념해야 할 것이다."

둘째, 회사 경영진은 노사갈등의 주된 원천인 작업장 수준의 문제를 근본적으로 예방하기 위해서 인간중심의 경영철학을 공표하고 이를 실천하기 위해서 부단한 노력을 하였다. 즉, 경영자 및 관리자들은 자기개혁을 위해 솔선수범하는 리더십을 보여줌과 아울러 과감한 권한위양, 공정한 보상체계 도입, 현장 문제의 조기해결 조치 등을 통해 작업장 수준에서의 확고한 신뢰관계를 구축하기 위해 노력하였다. 또한 중요한 의사결정시에 항상 노동조합과 직원들을 염두에 둠으로써 경영의 대소사에 노동조합 대표를 참석하도록 배려하였으며, 사업장 방문시 가장 먼저 노동조합 지부를 방문함으로써 수평적 노경관계를 유지하고 발전시키려는 노력을 지속하였다. 또한 사업구조조정으로 인한 잉여인력의 전환배치나 명예퇴직 시에는 노조와의 협의를 통해서 타당성을 확보한 후에 실행하였다.

셋째, 노사관계 혁신과정에 있어서의 노동조합 지도부의 노력도 중요한 요인의 하나였다. 회사 경영진들의 확고한 인간존중 경영의 실천의지를 신뢰하게 된 노동조합 역시 기업경쟁력의 향상을 위한 작업장혁신과정에 적극 동참함으로써 경영파트너로서의 스스로의 위상과 역할을 구축하였다. 즉, 경영진이 문화를 바꾸고 인식을 바꾸는 데 주력했다면 노조는 이를 실천하는 데 중심적인 역할을 수행함으로써 새로운 노경관계가 정착되는 데에 기여하였다. 회사에 대한 신뢰가 회복되면서 노조는 생산성 제고 및 품질혁신은 물론 판매와 서비스 활동을 자발적으로 전개하기 시작하였으며, 노경 공동으로 LG전자 사회봉사단을 출범시키고, 사회복지시설 방문과 환경보호 활동 등 대기업 노동조합으로서의 사회적 책임을 수행하는 데에도 앞장섰다. 또한 직원들도 소극적 수혜자가 아니라 능동적 주체로서 경영성과 창출을 위해 매진하게 된 것이다. 여기서 노경이 모두 상호존중과 협력의 파트너십을 강조하고 있음을 주목할 필요가 있다.

일부 국내기업의 경우는 국내공장에는 노조가 있지만 해외진출 시에는 무노조전략을 채택하는 경향이 있다. 그러나 LG전자는 해외공장에서도 국내와 마찬가지로 노조가 운영되고 있다. 이에 대해서 LG전자의 노조위원장은 다음과 같이 말하고 있다.

> "LG전자는 모든 해외사업장에 노조가 있으며 국내의 노경관계 방식을 공유하고 있다. 이는 노조를 경영파트너로 보는 LG전자의 경영철학과도 관련된다. 무노

조로 세계적인 기업이 된 경우도 있지만, 장기적으로는 서로가 공생하는 것이 유리하다고 보는 시각이 LG전자 노조와 경영진들의 생각이다. 노경관계는 부부관계와 유사하다고 본다. 따라서 노경이 화목하고 협력해야 사원들이 편안하게 일에 전념하고 회사가 발전할 수 있다.”

3. 열린 경영

LG전자는 '근로자를 존중하는 경영, 경영을 이해하는 근로자'라는 노경철학에 기초하여 경영실적이나 경영환경 등에 관한 정보를 투명하고 신속하게 제공하는 열린 경영을 추구하여 왔다. LG전자에서는 노경협의회나 상하간, 부처간, 계층간에 수시로 실시되는 각종 간담회, 워크숍 등이 노경간의 정보공유 및 직원들의 자발적인 참여의 계기가 되고 있을 뿐만 아니라 인재개발, 근로조건 개선, 산업안전 등의 현안에 대해 노경간의 광범위한 협의가 이루어지는 장이 되고 있다. 〈표 3-5〉는 LG전자의 열린 경영을 위한 정보공유 채널을 예시하고 있다.

과거의 권위주의적 기업문화를 없애기 위해서 회의실 상석 없애기, 공장방문시 사전통보 자제, 식당 직급 구분 없애기, 사원 호칭의 통일 등의 제도적 개선이 이루어졌다. 이러한 열린 경영은 노경 상호간의 이해도와 신뢰 수준을 제고함과 동시에 작업장혁신에 대한 노조 및 현장근로자들의 자발적인 참여에 크게 기여하였다.

지난 1990년대 초반부터 시작된 노경워크숍은 노경대표와 양측 실무자들이 함께 하여 주요 노경 현안을 진솔하게 논의하는 대표적인 화합의 장으로써, 2박 3일의 일정으로 전사 단위 및 사업장 단위에서 실시되고 있다. 노경워크숍의 특징에 대해서 본부 노동조합 간부는 다음과 같이 말하였다.

”LG전자의 노경워크숍의 특징은 첫째, 주로 외부에서 실시한다는 것이다. 둘째, 회사관련 이야기는 거의 안한다는 점이다. 셋째, 자연과 함께 하는 교육, 딱딱하지 않은 자유로운 분위기를 추구한다는 것이다. 초기의 교육내용에서는 업무나 노사관계는 거의 언급되지 않았다. 시행 초기에는 심리학적 측면에서 접근해서 가족의 소중함이나 인간관계 등을 강조했다. 1993년 이후부터는 순차적으로 고객과

품질에 관한 토론도 하기 시작했으므로 개인, 조직, 고객, 품질 순서로 주제가 확대되는 패턴이었다."

노경협의회는 노경 상호간의 이해와 협조를 바탕으로 산업평화를 도모하고 회사의 경쟁력과 생산성 향상을 통해 직원의 복리증진과 회사의 장기적 발선이라는 공동의 이익을 달성함으로써 국민경제 발전에 이바지함을 목적으로 하는 대표기구이다. 노경협의회는 전사 노경협의회와 사업장 노경협의회로 나누어져 있다.

전사 노경협의회는 전사적 노경 현안을 협의하는 최고 기구로서, 노동조합 위원장과 공장 지부장 등이 근로자 위원으로 위촉되어 있으며, 경영자 위원은 CEO, CFO 등 주요 경영진으로 구성되어 있다. 사업장 노경협의회는 각 공장별 노경 현안을 협의하는 기구로 사업부장 및 노동조합 지부 간부들로 구성되어 있다. 사업장 노경간담회에서는 사업부 내 공통 현안과 함께 4계층 간담회와 부서간담회에서 미해결된 안건을 처리하고 있으며, 미처리 사안들은 사업장 노경협의회에 상정하여 처리하고 있다. 부서간담회에서는 그룹단위로 발생하는 이슈사항 및 사원고충 등 노경 현안에 대해 정기적 토의를 통해 해결하고 있다. 4계층(계장, 반장, 조장, 대의원) 간담회에서는 계 단위로 발생하는 노경 현안에 대하여 현장 감독자 및 대의원들의 논의를 통해 해결하고 있으며, 미해결 사안 발생 시에는 사업부 노경간담회에 상정하여 처리하도록 하고 있다. 노경협의회의 노측구성원들은 노동조합 간부가 대부분이며 따라서 노경협의회의 운용에 있어서도 노조의 영향력이 매우 크다고 할 수 있다.

〈표 3-5〉 LG전자의 정보공유 채널

구 분	내 용
노경회의체	• 노경협의회: 사업장 노경협의회(분기별 1회), 사업장 노경간담회(월 1회), 부서간담회(월 1회), 4계층(계장, 반장, 조장, 대의원) 간담회(월 1회) • 노경간담회(월 1회), 노경워크숍(반기 1회), 노경실무자회의(주 1회)
열린 대화	• 'Top Direct Communication' 활동(경영진 주관, 간담회, 현장방문 등) • 열린 토론회, 계층별 간담회, 고충상담 현장패트롤, 도시락 미팅
정보 매체	• On · Off-line상의 다양한 채널을 구축, 운영 • 사내정보지, 사내 CATV, 전자게시판

자료: LG전자(2006).

LG전자는 조직 내에서 상하, 동료간 원활한 커뮤니케이션이 이루어질 수 있도록 다양한 채널을 구축, 운영하고 있다. 이러한 커뮤니케이션활동의 중심에는 경영진의 주관으로 실시되는 'Top Direct Communication 활동'이 있다. 간담회, 현장 방문 등 다양한 형식으로 진행되는 이 활동을 통하여 직원들은 회사의 경영상황을 충분히 이해할 수 있으며, 더 나아가 직원들의 생각과 요구사항을 경영진이 적시에 해결하게 함으로써, 직원들의 업무몰입도 향상에 크게 기여하고 있다.

LG전자는 2010년까지 전자 · 정보통신업계에서 Global Top 3을 달성한다는 비전을 가지고 있다. 이 비전은 단지 뛰어난 제품 기술력과 우수한 인재라는 요소에 의해서만 달성될 수 있는 것은 아니다. 직원 개개인이 차별화된 창의적인 아이디어를 적극적으로 창출하고, 이를 신속히 실행할 수 있는 회사의 풍토가 뒷받침되는 조직문화가 필요한 것이다. 이를 위해 LG전자의 공유가치와 혁신 지향의 행동규범을 모아 'LGE WAY'를 선포하고 이를 실현하기 위한 체계적인 활동을 실행하고 있다.

LG전자는 조직문화 직원들의 참여확대를 통한 변화활동이 일회성으로 그치지 않고, 기업 경쟁력 강화에 기여할 수 있도록 하기 위하여 제도 및 시스템과의 연계를 강화하고 있다. 즉, 직원 채용 시 LG전자의 인재상인 'Right People'에 적합한 인재를 선발하기 위한 LG전자 고유의 직무적성검사를 실시하고 있으며, 매년 전 직원에 대하여 'Right People 역량 평가'를 지속적으로 실시하고 있다. 이와 함께, 지난 2004년부터 매년 '전 사원 Survey'를 통하여 'Great Company Great People'이 되기 위한 구체적인 실천 과제를 분석, 도출하여 실행하고 있다. 특히 본 설문조사를 통하여 직원들의 만족도와 요구사항을 체계적으로 확인할 수 있고, 이를 통하여 실질적인 변화 활동을 추진할 수 있다는 점에서 그 중요성은 매우 크다고 할 수 있다.

LG전자에서는 노경협력활동의 일환으로 생산성, 품질향상과 비용절감을 위해 다양한 작업장 혁신활동들이 사업장별로 전개되어 왔다. 이러한 작업장 혁신활동들은 단순히 경영진 및 관리자에 의해서 일방적으로 추진되기보다는 노동조합 본조와 지부의 적극적인 협조 하에 추진되고 있다. 〈표 3-6〉은 LG전자가 그동안 시행해 온 주요 작업장혁신 프로그램을 보여주고 있다. 아래에서는

〈표 3-6〉 주요 작업장혁신 프로그램

구 분	내 용
현장자율경영팀제 (1990년대 중반)	• 뚝딱생산시스템, 바로바로생산시스템 • 셀(Cell)방식 생산공정의 책임생산시스템
TPS (1990년대 중반~)	• 도요타의 생산방식과 개선정신의 벤치마킹 • LG만의 독창적 방식으로 재구성하여 운용
TDR (1995~)	• 창원공장에서 시작하여 전사적 확산(고성과 창출) • TFT 형태의 프로젝트 단위 혁신프로그램
6시그마 운동 (1996~)	• 불량품 사전 검출 및 불량요인 제거 운동 • 기업체질 강화 , 브랜드가치 등 총체적인 경영혁신프로그램으로 활용 • 국내 다양한 업종에 확산되는 데에 기여
일잘법 (2007~)	• 낭비제거를 위한 방법 창출과 공유 • 그 동안 30만건 이상의 아이디어 제안됨(90% 이상이 구체화되어 실행)

자료: 연구자가 기존자료를 참조하여 정리.

1990년대 중반에 국내 기업으로는 처음 시도된 '현장자율경영팀제'와 1996년부터 역시 국내 최초로 도입된 '6시그마운동' 및 TDR(Tear down and Redesign)을 중심으로 살펴보기로 한다.

LG전자의 작업장혁신프로그램의 활성화는 노경관계의 진전에 발맞추어 이루어져 왔다는 데 가장 큰 특징이 있다, 즉, 1989년 이후의 노경관계 안정화 기조와 맥을 같이하고 있다는 점이다. 이른바 '가치창조적 노경관계'가 작업장에서 구현된 형태로 볼 수 있다.

1990년대 중반에는 미국의 우량기업들에서 운영되고 있는 자율적 책임생산시스템이 도입되어 구미 2공장의 '뚝딱생산시스템'과 평택공장의 '바로바로생산시스템'의 형태로 운영되었다.

'뚝딱생산시스템'은 컨베이어벨트의 대량생산방식과는 달리 소수(1~4명)의 다기능공 자율작업팀에 의해서 완결적으로 생산업무를 수행하는 모듈라 셀(Modular-Cell) 공정으로 이루어져 있다. 이러한 방식의 생산으로 인해 일인당 생산성이 64%나 향상이 되었다.'바로바로생산시스템'은 새로운 작업조직형태인 셀(Cell) 방식으로 설계되어 해당 작업팀의 팀원들이 생산, 품질, 산업안전, 과제해결 등의 전반적인 사항들을 자율적으로 관리하는 현장중심의 책임경영시스템이었다. 이러한 '바로바로생산시스템'도 '뚝딱생산시스템' 못지않은 생산성 및 품질개선효과를 거두었다. 그러나 실험적으로 실시되었던 이들 두 개의 자율경영생산팀은 1997년 IMF 경제위기의 상황하에서 6시그마라고 하는 전사적인 품질혁신 프로그램이 확산됨으로써 중단되게 된다.

6시그마 운동은 1996년에 최초로 도입되었으며, 전통적인 품질관리가 현장에서의 불량을 최소화하는 것에 치중했음에 비해 회사내 전 부문에서 불량을 발생시키는 원인을 근본적으로 제거하는데 주안점을 둠으로써 전사적인 경영시스템으로 자리잡게 되었다. 6시그마 운동의 추진동력은 역량과 역할에 따라 챔피온, 마스터 블랙벨트(MBB), 블랙벨트(BB), 그린벨트(GB), 팀원으로 구분되는데 추진과정에서의 핵심요원은 프로젝트 리더인 블랙벨트(BB)이다. 원가경쟁력향상과 고객만족도 향상을 통한 수익극대화를 추구하는 6시그마경영은 초기에는 핵심인력을 위주로 운영되었지만, 점차로 참여인원을 늘려가면서 조직 전체에 확산되는 과정을 밟았다. 도입초기에는 창원공장의 가전분야를 중심으로 운영하였지만 가시적인 성과창출로 이어지면서 전사적으로 확산되었고, 전사원의 6시그마 마인드의 형성 및 품질개선을 달성하게 되었다. 이후 다른 사업부에서도 창원공장의 성과에 못지않은 품질개선 및 생산성 향상 효과를 거두게 되면서 협력사 및 해외법인에도 널리 보급이 되게 된다.

6시그마 운동은 불량품 사전검출 및 불량요인제거 운동으로써 시작되었지만 현재에는 기업체질을 강화하고 브랜드가치 제고 등을 위한 총체적인 경영혁신프로그램으로 활용되고 있다. 6시그마 운동의 다양한 효과로서는 품질 향상과 고객만족도 증대와 함께 전사적인 혁신 마인드의 고양, 커뮤니케이션 방식의 표준화, 6시그마를 통한 지식근로자 육성 등이 꼽히고 있다(최경석·이종설·윤원영, 2006). 6시그마 운동은 초기에는 경영진과 관리자에 의해 주도되었지만 그 확산과정에는 노동조합 본조와 지부의 적극적인 협조와 참여가 바탕이 되었다. 이처럼 LG전자는 6시그마를 선도적으로 도입하여 성공적으로 정착시킴으로써 6시그마가 국내의 다양한 업종에 확산되는 데에도 기여하였다.

한편, LG전자의 가치창조적 노경관계의 창의성과 효과성을 보여주는 대표적인 사례로써 TDR을 들 수 있다. LG전자의 독특한 혁신활동인 'TDR'(Tear-down & Redesign)은 기존 사고와 관습을 철저하게 허물고 다시 짠다는 뜻이다. 개발 과제나 개선 사항이 있으면 부서에 상관없이 필요한 인원이 동원되어 본업을 제쳐놓고 매달리는 일종의 TF(특별팀) 활동이다. TDR는 제너럴일렉트릭(GE)의 생산 효율성 제고 방안을 벤치마킹하고, GE를 비롯한 미국 초일류 기업이 채택한 6시그마 기법을 한국 경영 풍토에 맞게 변형시킨 것이다. LG전자의 경영혁신팀 간부는 "TDR이 경영실적에 기여한 몫은 80%를 넘는다. TDR이 없었다면 LG전자의 오늘이 있었을지 모르겠다"라고까지 말하고 있다.

1996년 창원공장에서 시작된 TDR팀은 사업장내의 가장 우수한 인재들 중에서 보통 7~8명 단위의 프로젝트 팀의 형태로 구성된다. 기능직과 사무직이 힘을 합쳐서 꾸준히 개선하고자 하는 하나의 해결과제에 대해서 짧게는 1개월, 길게는 6개월~1년 정도 모여서 집중적으로 해결책을 찾기 위해서 활동한다. 예를 들어 창원공장 에어컨사업부에 배치된 TDR팀은 개별 부서에서 에어컨에 들어가는 원통 제작방식을 바꾸었다. 철판을 구부리는 방식이 효율을 떨어뜨린다고 판단해 이미 제작한 철제 원통을 잘라내는 방식을 도입해 생산성을 세 배나 높였다.

창원공장에서 TDR을 주도한 김쌍수 본부장이 CEO가 되면서 TDR는 전사 차원으로 확대되었다. 개별 TDR팀은 별개 세포조직으로 움직이면서 단계별 사업조직이 안고 있는 문제점을 개선할 방안을 마련한 뒤 해체되거나 재구성된다(이홍·김찬모, 2004). 원래 TDR은 직원들의 역량을 제고하고 부서간 갈등을 해소하기 위한 것이었지만, 각종 제품의 기획과 연구개발, 생산과정에 종합적으로 관여할 수 있다는 점과 환경변화 및 고객의 요구에 신속하게 대처할 수 있다는 장점으로 인해서 LG전자의 혁신활동을 주도하는 역할을 하게 되었다.

작업장 혁신활동은 가전사업의 사양화라는 위기의식으로 인해 창원공장을 중심으로 가장 활발하게 이루어져 왔다. TDR은 창원의 가전공장을 중심으로 시작되었고 전사업장으로 확산되었지만 사업장별로 거의 유사한 활동과 효과를 보여주고 있다. 창원공장의 TDR활동은 1995년 시작되었으며 10년간 구성됐던 TDR팀 수는 5,100여 개에 달한다. 2006년 기준 500여 개 팀이 운영 중이며 공장직원의 50% 이상이 참여하고 있다. 해외여행 포상자 수도 총 10,000명(배우자 포함)에 이른다. 사무직/연구직에서 R&D 형태를 위주로 한다면 기능직의 경우에는 현장의 개선점을 주로 다루고 있다. TDR의 운영성과에 대해서 창원 1공장의 노측과 사측 간부는 다음과 같이 언급하고 있다.

"TDR과 같은 작업장 혁신활동은 사무기술직들이 주축이 되어 이루어지고 있으며 기능직들의 경우에는 조장, 반장급 등의 감독자들이 주로 참여하고 있다. 프로젝트의 수행과정에서 배우는 것이 많고 성과에 대한 직접적 보상뿐만 아니라 지식축적에도 도움이 되므로 직원들이 참가를 위해 적극적으로 노력한다는 점에서 효과적인 작업장 혁신수단이 되고 있다. 그 외에 현장직원들이 6시그마 등을 이용해서 자체적으로 프로젝트를 추진하는 경우도 있으며, 최근에는 낭비개선활동이 활발하다. 이러한 혁신활동 결과는 사업부단위로 취합해서 전사적으로 공유하고 있다" (창원공장 사측 간부).

"전자업종은 자동차와는 달리 자동화되는 부분이 한계가 있다. 우리는 현장의 세밀한 제안활동을 통해서 공정별 문제점들과 현장의 낭비 등을 개선하고 있다. 도요타의 무결점시스템처럼 공정신호등이 있어서 공정마다 바로 라인스톱이 가능하며, 개선조원들이 와서 즉시 개선을 하고 있다. 이처럼 현장에서의 꾸준한 개선활동이 LG전자의 지속적인 성장요인 중의 하나이다"(창원공장 노조 간부).

LG전자 창원공장은 이 같은 혁신활동에 사활을 걸고 있다. 사업본부장을 비롯한 관련 간부들은 아무리 바빠도 한 달에 한 차례씩 40여 개의 TDR팀을 방문해서 현장의 목소리를 듣고 있다. 회사는 매달 우수팀을 선정하여 부부동반 해외여행과 함께 포상금을 주고 있다. 이러한 혁신활동의 결과물은 경영성과로 연결되고 있다. 국내외 주요 경쟁사들의 가전 분야 영업이익률이 4~5% 선에 그치고 있음에 비해서 LG전자 창원공장은 1995년 이후로 꾸준하게 연평균 7~8% 이상의 영업이익률을 달성하고 있다.

4. 동기유발

LG전자 임단협합의서(2007. 2. 8) 내용 중에서 고용안정 부분을 본다면 "회사는 사원들의 안정적인 근무환경 조성 및 고용안정을 위해 최선을 다하며, 노조는 생산성 및 품질향상을 위해 노력하기로 한다"고 규정하고 있다. LG전자도 IMF 경영위기 시에 명예퇴직 형태로 인원감축이 있었지만, 다른 기업들과 달랐던 점은 노조가 명예퇴직자들에 대한 최종면담을 했다는 점이다. IMF 당시의 구체적인 인력감축 규모에 대해서는 언론이나 자료원별로 다소 수치상의 차이가 있지만 LG전자 노동조합과 회사측의 인터뷰 결과는 10% 내외였던 것으로 나타나고 있다.

> "IMF 경영위기 시에도 노경 양측 모두가 인위적인 인력감축은 최소화하려고 노력했다. 사무직의 경우에는 10% 내외로 회사를 떠났고 생산직의 경우는 그 이하였다. 1997년과 1999년 사이에 직원규모가 감소한 것은 신규채용이 적었던 데에도 이유가 있다"(본부노조 간부).

노동조합은 명예퇴직 신청자 가운데 회사 측의 강제성이 있는 경우나 가정형편상 도저히 회사를 그만두어서는 안 되는 경우를 선별하는 역할을 했다.[1] IMF 외환위기 이후로는 대규모의 인력감축보다는 상시명예퇴직제나 전환배치를 위주로 상시적 인력조정이 이루어지고 있다. 사무직과 생산직의 인력조정 방식에 관하여 본부노조의 간부는 다음과 같이 언급하고 있다.

> "사무직과 생산직간의 인력조정방식은 다소 차이가 있다. 사무직의 경우에는 IMF 이후부터 상시 명예퇴직제를 운영하고 있다. 즉, 매년 5등급(Super-A, A, B, C, D)으로 구분된 평가를 받게 되고, 그 결과 최하등급(D)으로서 하위 5%에 해당되면 퇴직을 권유받게 된다. 2년 연속 C등급을 받게 되면 역시 퇴직권유를 받게 된다. 생산직의 경우에도 현장의 반장들에 의한 평가가 있기는 하지만 사무직과는 달리 매년 5% 규칙을 적용하지는 않으며, 다만 잉여인력 발생으로 인해서 전환배치를 하거나 노동조합이 주관해서 명예퇴직을 시행할 경우에 평가결과를 반영하고 있다."

이처럼 엄정한 성과평가를 바탕으로 한 상시 명예퇴직제를 통해서 조직의 긴장감과 활력을 유지함과 동시에 우수한 성과를 달성한 직원들에 대한 보상 및 포상제도를 강화함으로써 자기개발과 성과창출을 향한 강력한 동기유발을 하고 있다.

현재 LG전자의 성과보상 및 경력관리체계는 기본적으로 1994년부터 시행되고 있는 능력주의 신인사제도에 기반하여 운영되고 있다. 능력주의 신인사제도는 기존의 연공서열식 인사제도에서 탈피하여 직급과 직책을 분리하였고 능

1) 당시 다른 기업에 비해서는 적은 규모였고 노조가 최종면담을 통해서 억울한 명예퇴직을 방지하기 위한 확인까지 했지만 조합원들에게는 평생직장이라는 인식이 약해지는 계기가 되었다(배규식, 2006).

력수준을 반영한 직급을 중심으로 인재육성이 이루어지고 있다. 이러한 능력주의 인사제도를 통해 LG전자는 직무수행능력을 중심으로 직급을 재설정하였고, 이를 기준으로 진급제도 및 급여제도를 체계화하였다.

LG전자의 직급체계는 9단계의 직급으로 구성되어 있고, 직책과 무관하게 직무수행능력을 중심으로 직급별 표준소요연수를 설정하였다. 즉, 직급별 표준소요연수를 3년으로 설정하고, 직능단계가 크게 변하는 7(사원1급), 6(대리), 4(과장)급은 4년으로 정하였다. 특별승급이나 발탁인사를 통해 소요연수를 단축할 수 있도록 하여 능력주의를 강화하였다. 특히, 발탁승진인사는 LG전자가 국내 기업 중 최초로 도입하였으며, 급호 제한 없이 능력과 업적이 뛰어난 사원이 누구나 두 단계 이상 진급하도록 한 것이 특징이다. 또한 1994년 8월에는 국내기업 최초로 생산직 사원도 임원까지 될 수 있는 승진시험제도를 도입하였다. 이 제도는 근무의욕을 높이기 위한 취지에서 도입하였으며 생산직 사원들도 관리직은 물론 임원직에 오를 수 있는 길이 열리게 되었다. 현장에서의 생산직 사원의 평가방식과 관리직간의 관계에 관해서 창원 노조지부 간부는 다음과 같이 말하고 있다.

> "생산직 사원들은 현장의 반장들이 근퇴, 성실도 등을 고려 1년에 두 차례 평가하고 있다. 사업부별로 인사부서가 있고 그 안에 노경관리부서가 있다. 창원1공장 경우는 노조간부 경력이 없이는 현장의 감독자로 갈 수 없는 전통이 있어서 인사부서와 노조, 노경부서, 사무직과 생산직간의 장벽은 별로 없는 편이다."

LG전자의 금전적 보상체계는 기본 연봉, 인센티브, 경영성과급, 그리고 복리후생 등으로 구성되어 있다. LG전자는 "21세기 디지털 경영의 성패는 우수인재의 확보와 유지 여부에 달려 있다"는 점을 인식하여 성과 및 보상체계도 다음과 같은 과감한 인센티브제의 도입을 통해 인재확보에 이바지할 수 있도록 재편하고 있다.

첫째, 기본 연봉(월 급여 연 12회, 상여금 연 8회)은 누적 급여형태이며 매년 직급별 연봉을 평가결과에 따라 차등 조정하고 있다.

둘째, TDR을 중심으로 성과 중심의 파격적 보상을 하고 있으며 비누적 급여 형태인 경영성과급을 강화하여 동기부여를 하고 있다. 이러한 경영성과급은 사업본부별 조직평가 결과에 따라 차등 적용하고 있다.

셋째, 성과에 따른 적절한 동기 부여를 위해서 매년 전체 인력의 약 1%를 MBA 교육 대상자로 선발하고 있다. 이는 경영전반의 식견 및 글로벌 비즈니스 역량 강화에 목적이 있다. 또한 매년 최고의 성과를 창출한 직원에게 연말에 CEO 명의의 포상을 실시하고 있으며, R&D · 환경 · 안전 · 특허 · 혁신 등의 분야에서 회사에 공헌한 직원에게도 포상을 실시하고 있다.

LG전자는 복리후생제도로서 직원 개개인의 라이프 사이클에 따라 체계적으로 구성된 '생애지원 복지제도'를 운영하고 있다. 이와 함께 다양한 형태의 지원으로 직원의 편의를 도모하고 안정적인 회사생활을 할 수 있도록 하고 있다. 지방 근무자들을 위한 기숙사 제공과 임직원들의 주택구입자금 및 전세자금을 지원하고 있다. 직원들의 기쁨과 슬픔을 함께 나누어 일체감과 소속감을 가질 수 있도록 경조사 발생시 경조금과 휴가를 부여하고 있다. 또한 임직원의 경제적 부담을 덜어주고 2세 교육에 대한 적극적인 지원방안으로 중학교부터 대학 졸업까지 학자금 전액을 회사에서 지원하고 있다. 임직원의 건강관리를 위해 정기건강진단을 실시하고 있으며 의료비를 지원하는 등 의료서비스를 제공하고 있다. 사원들의 건강유지를 위해서 단체보험제도 도입과 사내복지기금을 통해 임직원 가족의 의료비를 일부 또는 전액 보조하고 있다. 일과 삶의 균형을 통해 임직원이 활기찬 회사생활을 할 수 있도록 국내외 회사 휴양소, 콘도 이용을 지원하며 각종 스포츠경기 관람 기회를 제공하고 있다.

5. 지식축적

LG전자는 인재개발의 중요성을 일찍이 인식하고 최고의 인재집단화를 경영목표로 삼고 인재개발에 노력해 왔다. 1989년 11월에 인재개발위원회라는 혁신적인 제도의 도입과 더불어, 인재개발의 기본사상, 인재개발시스템, 능력주의 인사제도 등이 입안되어 추진되었다. 인재개발의 기본 방침은 개인존중, 능력주의, 직속상사 중심, 장기적 관점이 강조되었다.

또한 일종의 목표관리제도인 인재육성카드제를 도입하여 부하사원과 직속 상사와의 합의에 의해 확정한 목표를 지속적으로 환류함으로써 일상업무를 통한 부하육성이 가능하도록 하고 있다. 이러한 능력주의 인사체계로의 변화를 통하여 능력과 업적에 따라 평가함으로써 끊임없는 자기개발의 동기를 제공하고 있다.

LG전자는 21세기 새로운 경영비전인 '디지털 LG'와 '지식경영'을 추구하기 위해서 새로운 인재양성 패러다임으로의 전환을 추진하고 있다. LG전자가 지향하는 인재상과 인재요건은 LG의 조직문화에 적합(Culture-fit)한 강한 인재이다. 이에 LG전자는 강한 승부근성과 창의적 사고로 도전적인 목표에 도전하여 탁월한 성과를 창출하는 사람을 'Right People'로 보고 이를 궁극적인 인재상으로 추구하고 있다.

또한 '공평한 기회 제공', '장기적 관점'을 기본적인 사고로 하고 '능력 중시', '성과보상'을 운영방식으로 하여, '개인의 창의와 자율'을 촉진하고, 이를 통하여 가치를 창출하는 것을 인사원칙으로 삼고 있다. 지속 가능한 성장을 위해 가장 핵심적인 요소는 사람이라는 인식하에 인재 확보를 경영활동의 우선순위로 다루고 있다. 이에 따라 CEO와 각 사업본부의 사장단이 참여하는 '전사 인재개발위원회'를 격월 한 차례씩 개최하여 핵심인력의 후계자 선정 및 육성 계획, 정기 조직개편, 인사제도의 변경 및 입안 등의 안건을 논의하고 있다. 아울러 각 사업본부별로도 사장단 주관으로 '본부별 인재개발 소위원회'를 격월 1회씩 개최하여 후계자 선발 및 육성, 핵심인력에 대한 교육 참가자 선정, 해외 파견자 선정 등의 활동을 추진하고 있다. 최근 LG전자의 글로벌 경영의 범위와 속도가 더욱 증대됨에 따라 각 해외 사업 단위별로도 현지 핵심인력을 육성하기 위해 현지법인 및 현지인력을 대상으로 하는 다양한 학습 프로그램들이 운영되고 있다.

핵심리더 육성을 위해서는 '글로벌 사업가 육성'을 목표로 임원 후계자, 조직책임자 후계자 풀을 구축하여 선발된 인원들에게 내·외부 MBA 코스 참가(연간 100명 규모), 집중육성교육 참가 등의 기회를 제공하고 있다. 직무 분야별로는 상품기획, 마케팅, 연구개발, 생산, 등으로 세분화하여 직무전문가를 육성하는 데 주력하고 있다. 직무 핵심인재를 단계적으로 육성할 수 있도록 세 가지 직무, 즉 마케팅, 소프트웨어, 구매에 대해 컬리지(College) 제도를 운영하고 있다. 또한 업무 현장과 학습의 결합도가 높아질 수 있도록 기술 융합 세미나, 액션 러닝(Action Learning) 기반의 마케팅 체험 프로그램을 운영하여 육성 활동과 사업활동이 직접 연계될 수 있도록 지원하고 있다.

입사 후의 우수한 인재의 육성을 위하여 연초에 직속 상사와 육성계획을 수립함과 아울러 도전적인 과제를 부여하고 있다. 리더 업적 평가 시에는 부하에 대한 육성 실적도 20% 반영하고 있다. 미래의 핵심인재인 CEO 후보로 육성하기 위해서 연 1회 리더십 평가 및 코칭을 하며, CEO 주도로 정기적으로 육성 방안을 논의하고 있다.

〈표 3- 7〉에서 예시하듯이 경력관리제도는 목표설정 단계를 단순화시켜 면담, 피드백 등 현업 중심의 육성활동을 강화하는 데 초점을 맞추고 있다. 육성활동의 많은 부분은 업무수행 과정에서 이루어질 수 있다는 점에서 직속 상사에 의한 코칭활동을 전개하고 있다. 각 임직원의 육성 면담 시에는 역량 개발계획과 함께 직무 분야에 대한 육성, 이동에 대한 요구도 반영하여 개인들의 육성 요구와 조직의 기대를 조화시키고자 노력하고 있다. 직원 개개인의 역량 및 경력관리를 지원하기 위하여 직속 상사에 의한 경력관리와 함께 e-Learning 시스템을 구축하였다. 아울러 사내공모 제도를 통하여 직무 변경에 대한 선택의 기회도 확대하고 있다.

LG전자는 전 직원의 자발적인 학습활동을 장려하고 각자의 현업 수행에 직접적으로 도움이 되는 인재 육성활동을 가속화하기 위해 전 임직원 대상의 '48시간 필수이수제'를 실시하고 있다. 또한 사원상호 간의 의사소통 활성화와 신뢰 증진을 위한 각종 프로그램을 마련해서 실시하고 있다. 이밖에도 현장사원의 사내어학강좌, 컴퓨터교육, 교양강좌 등을 실시하고 있다.

〈표 3-7〉 경력관리 교육프로그램

구 분	특 성	형 태
현장 교육	직무수행 전 선행학습 현업에서 자율적으로 진행	직무 세미나 등
직무수행을 통한 학습	부하사원의 성장과 발전단계를 고려하여 역할/과제 부여	직무순환, TDR/코칭 등
정규교육	인재육성팀이나 외부기관에서 제공	집합교육, e-Learning 등

자료: LG전자(2006).

6. 성　　과

LG전자는 노경화합을 바탕으로 지난 1990년대 중반 이후 가시적인 작업장 혁신효과를 통해 산업경쟁력을 제고하고 괄목할 만한 경영실적 개선을 이루었다. 또한 조직혁신문화의 유지와 직원들의 직무몰입도 향상 등에 있어서도 높은 성과를 거두었으며, 이와 같은 강한 신뢰와 결속력은 IMF의 경영위기 극복에도 큰 힘이 되었다.

[그림 3-3]과 [그림 3-4]에서 보여주고 있듯이 1990년대 이후로 매출규모와 1인당 생산성이 꾸준하게 증가하고 있는 추세이지만, 2005년도부터 2007년까지는 다소 정체상태이다. 이는 환율하락 등의 요인과 아울러 전자업계의 전반적인 경영환경악화에 기인한 측면도 있다. 국내경쟁사인 삼성전자 경우에도 2005년부터 2007년까지 57조~58조 원 사이에서 매출정체를 경험하였다. 2007년 3월에 LG전자는 본사 근무인력 840명 가운데 30% 정도를 휴대전화·가전·IT 제품을 담당하는 현장 사업부서로 전진 배치하는 등 조직분위기의 쇄신과 함께 새로운 도약의 발판을 마련하고자 노력하였다. 그 결과 2008년도 상반기에는 전년 동기 대비 22.5% 정도의 매출 신장을 달성하였다.

1990년대 이후 지속적으로 추구해 온 노경화합이 정착 단계에 접어들어 가치창조의 단계로 발전했다고 대내외적으로 평가받고 있다. 이와 함께 이러한 LG전자의 노경화합 문화는 LG전자의 기업이미지 제고에도 크게 기여해 왔다. 그 결과 국내의 대표적인 노사협력 모범사례로 인정을 받아 아래와 같이 많은 상을 수상하였으며 국내의 다수 기업들에게 벤치마킹의 대상이 되어 왔다.

- 1994년: 산업평화의 탑 금탑 수상(노동부)
- 1994년: 보람의 일터 대상 수상(경총)
- 1997년: 노사협력 우량기업 선정(노동부)
- 1998년: 노사화합대상(대통령 표창)
- 2005년: 노사문화대상(대통령상)
- 2006년: 근로자의 날 금탑산업훈장(노동부)

한편, 노경협력을 통해 달성한 경영실적에 대한 경영진의 공정한 성과보상 정책에 의해 특별성과급과 지속적인 임금인상 그리고 높은 후생복리제도 등과 같은 경제적인 성과가 사원들에게 주어지게 되었다. 또한 노경협력은 직원들의 이직률 및 산업안전에도 긍정적으로 작용하였다. 1998년도부터 2000년대 초반까지도 4~4.5% 수준을 유지하던 이직률이 2000년대 중반부터는 3~3.5% 수준

[그림 3-3] 매출액의 변화 추이

(단위: 억 원)

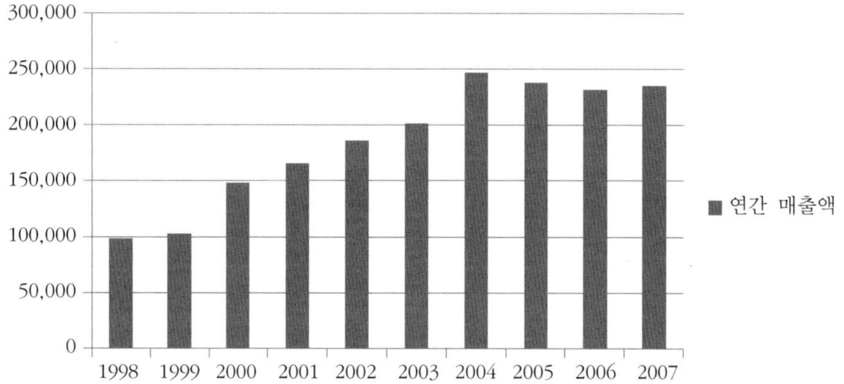

자료: LG전자.

[그림 3-4] 1인당 생산성의 변화 추이

(단위 : 백만 원)

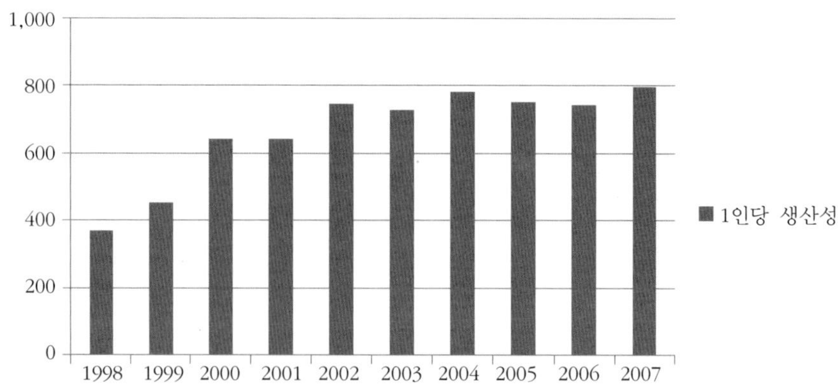

자료: LG전자.

으로 감소하였다. 1995년에는 산업안전 대상을 수상하였고 안전보건에 대한 신기술 및 인증을 선도적으로 획득하여 왔을 뿐 아니라 산업평균재해율의 10~15% 미만을 꾸준하게 유지해오고 있다.

이처럼 노경화합의 결과로 LG전자는 우수한 재무성과와 아울러 작업장혁신에 있어서도 6시그마 수준의 품질을 확보하는 성과를 얻었다. 그리고 세계 초우량 글로벌 기업들과 비교해도 손색이 없는 현장 직원들의 문제해결 능력을 갖추게 되었다.

7. 시 사 점

"우리의 노경관계는 LG전자의 큰 자산이며 경쟁력이라고 생각하며, 가치창조는 사람이 힘을 모은 경쟁력을 통해서 창출된다고 본다. 우리 사원들도 경영적 사고를 갖추어 현장에서 가치창출을 할 수 있는 일 잘하는 법을 터득하여 사원가치를 높인다면 회사가 2010년 글로벌 Top 3로 가는 길에 큰 도움이 될 것이다"(CEO, 2006년도 노경협의회 회의록).

"노경은 상호 신뢰와 존중을 바탕으로 대화를 통해 문제를 해결하여 서로 윈-윈하는 관계를 유지해야 한다. 2010년 글로벌 Top 3 달성을 위해 안정적인 노경관계는 필수적이라고 보며, 글로벌 경쟁에서 승리하기 위해서는 노경관계가 기업 경쟁력의 핵심이 될 수 있도록 노력해야 할 것이다. 노동조합 스스로 경영에 기여하여 회사의 가치를 제고시키는 활동들을 해야 비로소 가치창조적 노경관계가 구축된다고 볼 수 있다"(전 노조위원장).

LG전자는 국내 대기업 중에서 우수한 노경관계를 새로운 가치창조 활동으로 발전시켜 기업의 성장에 연결시킨 대표적인 사례로 꼽히고 있다. 이러한 LG전자의 사례는 노사관계의 혁신의 계기, 노사협력체제의 유지와 발전과정 및 향후의 글로벌 지식기반경제로의 전환과정에서 당면하는 문제들과 관련하여 다음과 같은 시사점들을 보여주고 있다.

첫째, "비온 뒤에 땅이 굳는다"는 말처럼 갈등과 대립의 시기를 거치면서 LG전자만의 새로운 노경관계의 틀을 형성하여 왔다는 점이다. 지난 1987년과

1989년의 노사분규 경험을 바탕으로 하여 LG전자 경영진은 종래의 권위의식에서 벗어나 노경이 하나가 되기 위한 모범을 보이기 위해 지속적으로 노력하였다. 아울러 1990년대 초반부터는 2박 3일간의 노경워크숍을 통해 회사의 경영철학을 공유하고 현장의 애로사항을 경청하였으며 회사의 발전을 위한 의견들을 수렴하여 실천하였다. 이후 1990년대 중반부터는 경영진이 현장의 혁신활동을 노동조합측에 요청했고, 노동조합 역시 회사의 발전을 기초로 한 노동자의 삶의 질 향상이라는 목표 아래 흔쾌히 받아들이고 협조하였다. 이처럼 LG전자 노경관계가 대립적인 관계에서 상생과 가치창조의 노경관계로의 변화하는 과정에 있어서 인상적인 점은 노경 양측이 모두 정서적 접근방법과 제도적 접근방법을 체계적이면서도 적절하게 조합하여 활용했다는 점이다. 즉, 경영진은 현장 직원과의 정서적인 벽을 허물기 위해서 가시적인 개선조치들을 도출하여 신속하게 실행에 옮겼으며, 아울러 노조와의 협의하에 이를 제도화시키는 일도 게을리 하지 않았다. 따라서 노경상호간의 신뢰를 기반으로 한 적극적인 실천력이야말로 현재의 LG전자 노경관계의 성공적인 구축비결이라고 할 수 있을 것이다.

둘째, 다양한 현장개선 및 혁신프로그램이 노경협력에 의해서 성공적으로 수행되어 왔다는 점을 들 수 있다. 이는 우수한 노경관계의 구축이 노동조합과 직원들의 적극적인 참여와 협력으로 귀결될 경우에 경영성과에도 더욱 긍정적이라는 기존의 연구결과와도 일치한다(Kim & Bae, 2005). 즉, 사측이 일방적으로 주도하는 것이 아니고 파트너십에 기반하여 노조가 혁신과정에 적극적으로 참여하고 있는 '열린 경영'의 효과성을 잘 보여주고 있는 사례라고 볼 수 있다. 한편으로는 LG전자의 노조가 경영진의 고충을 이해하고 협조할 수 있는 경영마인드를 가지고 있었으며 이 점도 노경파트너십의 유지에 큰 기여를 했다고 볼 수 있다. 앞으로 우량 글로벌기업으로서 지속적인 경쟁우위를 유지하기 위해서는 기업경영의 안정성과 유연성의 조화가 중요하며, 이를 위해서는 노조를 비롯한 직원들의 이해과 참여가 중요하다는 점에서 노경간의 파트너십은 지속적으로 유지되어야 할 것이다. 현재 작업장혁신이나 기업경영에 대한 노조의 참여수준과 관련해서는 회사의 전략적인 수준의 의사결정 참여보다는 임금이나 복리후생제도에 중점을 두고 있는 것으로 보인다. 그러나 글로벌 생산의 확대로 인한 국내생산물량의 감소가능성과 이로 인한 인력감축이나 재배치 문제는 앞으로 노경이 힘을 합쳐서 전략적으로 풀어나가야 하는 어려운 과제이다.

셋째, 향후의 노동조합의 위상과 정체성 유지 문제가 있다. LG전자의 노동조합의 경우에 정규 기능직 위주의 노조라는 점에서 직원대표성에는 일정한 한계가 있다. 앞으로 전체 직원들을 대표할 수 있는 위상을 지니기 위해서는 사무직 모임인 디지털보드와의 협력적인 관계설정이 필요하다. LG전자의 디지털보드는 일종의 사원협의체로 2004년에 설립되었으며 팀장의 추천이나 자발적 참여를 통한 대리~과장급의 사무직 중간관리자들로 구성되어 있다. 노조나 노사협의회와 같이 공식적인 법적 권한을 지닌 직원대표기관은 아니지만 사무직 사원들의 의견을 수렴해서 경영진에게 건의하는 역할을 하고 있다. 한편, 노조로서의 정체성을 유지하기 위해서는 기존의 경영진과 담합이 아닌 진정한 파트너십을 유지할 필요가 있다. 이 점과 관련하여 LG전자 노조위원장은 다음과 같이 언급하고 있다.

> "노조의 자율성과 정체성은 보는 관점과도 관련된다. 우리가 볼 때 노동조합이라는 단체의 존재이유는 회사의 발전과 이를 기초로 한 노동자의 삶의 질 향상이다. 따라서 무조건적인 반대나 협력보다는 회사와 조직원들의 상호이익에 부합된다는 인식에 기초한 진정한 파트너십이 바람직하다고 본다."

이처럼 현실적이면서도 유연한 노조의 시각도 현재의 노경관계를 구축하는 데에 큰 몫을 했다고 볼 수 있다. 최근 LG전자 노조의 가장 큰 현안은 2010년에 시행될 예정인 복수노조문제이다. 이와 관련해서 사무직 및 사내협력사를 중심으로 별도의 노조가 설립될 가능성이 있는 것으로 판단되며, 이로 인한 노노갈등도 예상할 수 있다. 아직은 사무직으로 구성된 단체인 디지털 보드와 공식적인 협의체는 구성하지 않은 상태이지만 회사측에 대한 요구안의 공조를 위해서 상호연계해서 협의를 하는 경우도 있다. 한국 대기업의 노사관계 분야에서 대표적인 성공사례로 꼽히고 있는 LG전자 노동조합이 향후에 디지털 보드와의 상호협력을 통해서 미래지향적인 모습으로 발전하는 모습이 기대된다.

넷째, 아웃소싱의 확대로 인한 사내협력사 형태의 간접고용의 증가와 이에 따른 근로조건 저하 및 정규직과의 갈등 문제는 LG전자에서도 쉽지 않은 해결과제가 되고 있다. LG전자에서는 외환위기시에 인건비 절약과 고용유연성 증대를 위해서 전 사업장에서 동시다발적으로 조합원들이 기피하는 3D 업종의 일을 중심으로 사내협력사를 통한 하청화가 있었다. LG전자 창원 노조지부의 간부는 현장에서의 사내협력사 운영 현황에 대하여 다음과 같이 말했다.

> "비정규직은 주로 사내협력사 형태로 들어와 있으며 비율은 전체 공장인력의 40% 정도이다. 인사·노무관리는 자체적으로 하고 있지만, 우리가 협력업체에 대한 평가 및 지도를 한다는 점에서 공장내부의 규정과 시스템을 따라가야 하는 부분이 있다. 지금까지 평가결과가 저조하다거나 기타 불미스런 일로 협력업체가 교체된 경우는 없다. 평가내용은 회사측의 인사노무관리부서에서 담당하고 있다. 사내하청 형태로 같이 일하는 비정규직을 위해서 회사측과는 별도로 노동조합 자체적으로 노력하는 부분도 있다. 예를 들면 노조가 주관하여 비정규직 자녀에 대해 인터넷 과외사업을 2008년 하반기에 시행할 예정이다."

비정규직 고용규모를 늘리는 것은 단기적인 인건비감축이나 고용유연성을 늘리는 데에는 기여할 수 있을지 모르지만 노노 간의 위화감이나 갈등을 초래하여 조직의 단합을 해칠 가능성도 적지 않다. 비정규직 고용관계는 근본적으로는 국가정책적으로 풀어나가야 할 문제이기는 하지만 한국 경제에서 LG전자가 차지하는 위상에 비추어 본다면 향후의 노경관계의 창조적인 발전 못지않게 이러한 현안에 대한 노경의 올바른 대처도 매우 중요한 과제라고 할 수 있다.

제2절 CJ제일제당주식회사: 섬세유연한 조직문화를 토대로 한 지속가능 성장기업

1. 사례의 배경

(1) 기업연혁

CJ제일제당(아래에서는 회사 또는 CJ라고 한다)은 1953년 8월 제일제당공업주식회사(삼성그룹 최초의 제조업)로 출발했다. 이후 생산품의 변화, 공장 증설, 사명 변경 등 여러 변화를 거쳐 최근에는 CJ주식회사가 2007년 지주 회사와 사업회사로 분할되면서 현재의 CJ제일제당이 되었다. CJ주식회사는 CJ 기업집단을 이끄는 준(準)지주회사 역할을 수행하며 전 계열사에 대한 투자와 관리까지 담당하다가 2007년 기업 분할을 했다. 이에 따라 계열사에 대한 관리와 투자 역할은 존속법인인 지주회사에서 수행하고 새롭게 출범하는 CJ제일제당은 기존에 운영해 왔던 식품, 사료, 제약, 바이오 사업 자체에 역량을 집중하기로 역할을 분담한다.

회사는 새롭게 출범하는 사업회사의 신규사명을 'CJ제일제당'으로 제정하여 '제일'이라는 명칭에 깃든 창업주 고(故) 이병철 회장 경영철학의 하나였던 '제일', '최고' 정신과, 현재 CJ 비전에 표현된 '제일 좋은'이라는 의미를 지속적으로 계승하고자 하였다고 밝히고 있다. CJ 주요 연혁을 살펴보면 다음과 같다.

〈표 3-8〉 CJ 주요 연혁

시 기	주요 연혁
1953년 8월	제일제당공업주식회사 설립(삼성그룹 최초의 제조업)
1991년 12월	국내 식품업계 최초 매출 1조원 달성
1993년 7월	CJ 독립경영 선언(삼성그룹과 분리)
1997년 4월	삼성그룹과 법적 공식 분리 완료
1997년 11월	국내 식품업계 최초 매출 2조원 돌파
2000년 1월	사내 호칭변경
2002년 10월	제일제당 주식회사=CJ주식회사로 사명 변경
2003년 5월	필동 CJ인재원 개관, CJ창립 50주년 기념, 새로운 사가(社歌) CJ송 발표
2004년 2월	CJ주식회사 공정거래 자율 준수 기업으로 선정
2004년 12월	'제14회 경제정의기업상 식약/섬유/종이업종 최우수기업상 수상
2007년 9월	CJ주식회사 기업 분할, 사업 회사 '씨제이 제일제당 주식회사' 출범

자료: CJ제일제당(2007).

(2) 기업현황

2008년 3월 31일 기준 최대주주는 CJ(주)이며 지분율은 39.14%이다. 현재 대표이사는 김진수 사장이며 본사조직은 경영지원실/소재 BU/BIO BU/사료 BU/제약 BU/식품 BU/신선 BU/신규사업개발담당으로 나누어져 있다. 여기에서

BU는 Business Unit(본부)을 말하며 그 산하에 SU(Sales Unit. 사업부)가 있다.

사업소 현황을 살펴보면 서울에 본사가 있고 서울, 경원, 경북, 부산, 호남에 지사가 있다. 국내공장은 김포, 영등포, 양산, 부산 2, 인천 1, 인천 2, 이천 1, 이천 2, 대소, 군산, 진천, 논산, 논산공장 논산 2 팀, 공주공장이 있으며 연구소는 식품연구소, 바이오연구소, 제약연구소, 사료기술연구소가 있다. 2008년 3월 31일 현재 인력현황은 다음과 같다.

〈표 3-9〉 인력 현황 (단위: 명/연/원)

구분	직원 수				평균근속연수	1인 평균급여액/월
	관리사무직	생 산 직	기 타	합 계		
남	2,292	951	241	3,484	10.6	4,882,299
여	515	141	158	814	6.0	3,394,824
합계	2,807	1,092	399	4,298	9.8	4,592,480

자료: 내부자료.

관리사무직에는 영업직까지 포함하고 있어 생산직에 견주어 많은 편이며 또한 생산직 자체도 주로 장치산업이란 특성상 많은 인력을 필요로 하지 않기 때문에 상대적으로 적은 편이다.

사원은 과거에도 주로 정규직 중심이었기 때문에 일시적인 업무증가에 따른 아르바이트활용 등 예외적인 경우를 제외하고는 회사에 직접 고용되어 있는 비정규직은 많지 않았다. 더욱이 비정규직보호법 제정 이후 비정규직규모를 점차 줄여가고 있어 2008년 8월 현재 계약직 82명, 파견직 25명으로 비정규직 숫자는 많지 않다. 장기적으로는 업무특성상 필요한 경우를 제외하고는 정규직만으로 운영할 예정이다. 다만, 업무특성상 단순업무라 성과주의 적용이 어려운 경우 간접고용 도급을 활용하고 있다.

회사는 다양한 사업에 진출한 경험을 갖고 있다. 그러나 2000년부터 핵심역량 중심의 그룹화를 추진하여 여러 사업을 매각하고 현재는 주로 소재식품, 식품, 제약, 바이오, 사료사업을 중심으로 사업을 운영하고 있다. 사업부문은 4개 부문으로 나눌 수 있으나 기타 사업부문은 아주 미미하므로 사실상 크게 보아 3개 부문이다. 이 중에서 식품사업부문이 3/4 이상을 차지하고 있어 주력

부문으로서 위치를 확고히 하고 있다. 주요 사업부문 현황은 아래와 같다.

〈표 3-10〉 주요 사업부문 현황 (단위: 백만 원)

사업부문	품 목	구체적 용도	매출액(비율)
식품 사업부문	조미료/육가공/설탕/밀가루/식용유	식품	637,374(77.13%)
사료 사업부문	사료	가축사료/원료용	93,435(11.31%)
생명공학 사업부문	의약품 등	의료용	92,091(11.14%)
기타 사업부문	제휴상품	식품유통	3.512(0.42%)

자료: CJ제일제당(2008).

소재식품은 설탕, 밀가루, 식용유 등 모든 식품의 원부재료로 쓰이는 식품을 말하며 소재식품사업은 지금의 CJ제일제당과 삼성그룹의 모태가 된 사업이기도 하다. 소재식품사업은 대규모 물량과 공정을 제어해야 하는 장치산업으로 1953년 설탕제조사업을 시작한 이래 현재까지 지속적으로 영위하고 있는 사업이다. 식품사업은 기업의 모태인 제당과 제분 사업에서 쌓은 발효 정제기술에서 출발하여 소재식품사업보다 조금 늦게 1964년 조미료 사업에 진출한 이후 복합 조미료 개발, 육가공 사업 진출, 가공식품, 건강식품 개발 등으로 이어지고 있다. 식품사업은 한국 전통 식품과 식문화의 글로벌화를 위해 이들의 제품화를 적극적으로 추진하고 있으며 최근에는 소비자들의 욕구에 맞추어 유기농 원료를 이용한 제품개발에 나서고 있다.

제약사업본부는 CJ의 지향점인 건강, 즐거움, 편리 중에서 건강을 추구하는 대표적인 사업본부로 1984년에 사업을 시작한 이래 전문의약품과 건강기능식, 드링크 부문에 주력하고 있다. 특히 2004년 한일약품을 인수한 이후 단기적으로는 2008년 국내 1위 시장지위를 달성하고 2009년 Global 진출을 가시화하는 밑그림을 바탕으로 사업을 진행중이다.

사료사업은 1970년대 국가적으로 추진된 '축산장려'와 '대두가공사업'의 일환으로 추진되어 1973년 부산에서 첫 사료를 생산하였다. 사료사업은 원료의 해외의존도가 높고, 부가가치가 낮은 산업으로 인식되어 왔으나 회사의 사료사업은 꾸준한 연구개발로 기능성 사료 개발을 통해 고급축산물 생산, 해외진출을 통해 새로운 모형을 만들고 있다.

CJ는 1962년 오키나와에 그라뉴당을 첫 수출하면서 해외 진출의 첫 장을 연 이후 1980년대 후반에는 생산거점 확보를 위해 인도네시아에 바이오 공장을 설립하면서 전환기를 맞이하게 된다. CJ는 원료산지 확보, 생산비용과 물류비용 절감, 수출입 편리성 등을 위해 바이오, 사료, 당분 등 분야에서 꾸준히 해외 생산기지를 확대하고 있다. 회사는 2013년 해외 매출비중 50%를 목표로 하고 있으며 2008년 현재 인도네시아, 중국, 홍콩, 일본, 미주, 호주, 베트남, 캄보디아, 필리핀, 유럽, 터키, 브라질에 진출해 있다.

연구개발현황을 살펴보면 현재 연구소는 식품연구소, 바이오연구소, 제약연구소, 사료축산연구소가 있다. 연구개발 담당 인력현황을 보면 2008년 현재 제약연구소 77명, 바이오연구소 109명, 식품연구소 199명, 사료축산연구소 20명이고 2007년도 연구개발비용은 147억 4,400만 원이다.

(3) 경영전략

1) 기업 비전(Vision)/미션(Mission)

1999년 이후 CJ 고유 기업문화 구축과 실행기에 CJ가 나아가야 할 새로운 목적지를 의미하는 비전을 '건강, 즐거움, 편리를 창조하는 제일 좋은 생활문화기업'으로 제정하였으며, 비전 달성을 위해 최우선적으로 해야 할 일을 의미하는 미션은 'Only-One정신으로 제일 좋은 제품과 서비스를 제공하여 고객과

〈표 3-11〉 CJ 비전, 미션

구성항목	내 용
CJ Vision	인재, 기술, Speed로 Global Food & Bio Company가 된다.
Our Future	2013년 매출액 10조, 영업이익 1조, 해외매출 비중 50% 이상 달성
CJ Mission	국가대표급 인재를 육성, 확보한다. 바이오/식품 기술로 신성장 동력을 확보한다. 고객에 대한 깊은 이해로 건강/편의 시장을 선도한다. 도전적이고 창의적인 젊은 기업문화를 만든다.
CJ Slogan	즐기세요, 생활문화기업 CJ
CJ Values	고객 / 팀워크 / 존중 / 창의 / 도전 / 정직
Speed 경영	프로세스 혁신을 통해 고객만족까지 Speed를 높인다

자료: 내부자료.

주주, 임직원을 위한 최고의 가치를 창출한다'는 내용으로 제정하였다. 또한 이러한 비전과 미션을 달성하기 위한 미래지향적인 조직문화 구축을 위해 CJ밸류(Value)라는 조직운영과 구성원 행동의 기본원칙 개념이 정립되었다. 기반가치(창의, 도전, 정직), 과정가치(팀워크, 존중), 목적가치(고객)로 구성된 CJ밸류는, CJ그룹의 21세기형 기업문화 창달의 기반을 제공하고 임직원의 비즈니스 관련 의사결정 기준과 기반 역량을 제시할 수 있도록 하는 일상적 행동규범으로서 CJ구성원 모두의 행동지침이기도 하다. 이후 비전, 미션과 밸류는 조금 변화를 거쳐 현재는 〈표 3-11〉과 같다.

2) 기업특성

CJ가 갖고 있는 특성 중 첫째로 지적할 수 있는 것으로 안정성장형 기업이라는 점이다. CJ는 여러 차례 회사이름, 주요 상품, 지배구조가 바뀌기는 하였으나 1953년 창립 이래 대체로 지속적인 안정 속에서 성장해 온 기업이다. 삼성그룹이 출범 이래 대체로 안정적인 성장을 지속해 온 것이 CJ에도 영향을 미쳐왔다. 1991년 국내 식품업계 최초 매출 1조 원 달성, 1997년 매출 2조 원 달성이 이런 안정성장을 보여주고 있다. CJ는 이를 토대로 2013년 매출 10조, 영업이익 1조, 해외매출 비중 50%라는 목표를 수립해 놓고 있다. 안정성장형 기업이란 특성이 기업문화에도 영향을 미쳐 급격한 변화보다는 안정 속에서 점진적인 변화발전을 꾀하는 문화를 형성했다.

둘째로, CJ는 생활문화기업이라고 할 수 있다. CJ가 생산해 왔거나 현재 생산하는 제품은 대부분 생활밀착형 제품이다. 주요 제품이 일상생활용품, 그 중에서도 대체로 식생활용품이므로 주요 고객이 가정주부이거나 적어도 가정주부의 손을 거쳐 최종소비자에게 전달되는 것이 대부분이다. 이런 특성을 고려하여 회사도 스스로를 생활문화기업이라고 특징짓고 있다. 이는 CJ 미션에도 고객에 대한 깊은 이해로 건강/편의시장을 선도한다는 내용으로 반영되어 있다. 사외보 '생활 속의 이야기'를 이미 20년 넘게 꾸준히 발간하고 있는 것도 이런 맥락에서 이어지는 것이다.

셋째로, CJ는 대규모 다사업장, 다부문다품종 대량생산체제를 갖추고 있다. CJ는 국내에만도 11개 공장을 갖고 있고 해외에도 많은 현지공장과 사업소를 갖고 있다. 사업분야도 생활밀착형 식생활용품을 중심으로 하고 있으나 사료나 제약까지도 포함하고 있어 넓은 편이다. 더욱이 식생활용품이란 특성상 제품가지수가 많고 새로운 변화가 끊임없이 요구되고 있다. 이런 특성이 기업경영에도 영향을 미치고 있다. 첫째, 유연한 기업문화, 조직운영의 필요성이다. 이는 여러 사업장, 공장이 흩어져 있기 때문에 본사 중심의 일률적인 관리는 한계가 있고 사업장, 공장별로 일정한 자율성을 주지 않을 수 없기 때문이다. 둘째, 기업특유의 문화형성이 더욱 중요한 의미를 갖는다. 세부사항까지 본사 중심으로 관리할 수 없는 상황에서 기업전체를 흐트러짐 없이 유지하기 위해서는 고유문화를 통한 공감대 형성, 공통점 형성이 중요한 역할을 하기 때문이다. 셋째, 다부문다품종이란 특성상 끊임없는 연구개발활동이 필요하고 이에 따라 우수한 인력 필요성이 높다.

3) 조직문화 특성

CJ의 조직문화는 유연하고 섬세하고 제일주의를 추구하는 문화라고 특징지을 수 있다. 세부적으로 살펴보면 다음과 같다.

(가) 유연한 조직문화

CJ가 새롭게 도입, 실행하는 제도는 대체로 급격한 단절적 변화보다는 과거 시행해 오던 틀에서 크게 변화하지 않으면서도 지속적으로 변화발전을 추구하는 유연성을 기반으로 하고 있다. 예를 들면 1995년 이후 신문화운동을 전개하면서 도입한 제도들에서 발견할 수 있다. 자율연구원조직인 유레카(eureka), 지식동호회인 백설에이스그룹(ace group), 주니어 보드(junior board), 토요격주휴무제, 제안제도 운영체계 개선, 사내기업가제도, 교환근무제 시행이 그것인데 이들 제도는 기존 제도 혹은 문화에 큰 변화를 가져오거나 충격을 주지 않는 상황에서 점진적이고 유연한 변화를 추구한다는 특성을 갖고 있다. 그 이후에 도입되고 있는 제도들도 역시 급격한 단절적 변화보다는 점진적인 개선을 기반으로 한 유연한 변화를 추구하고 있다.

(나) 섬세한 조직문화

CJ가 추구, 실행하고 있는 조직문화는 또한 섬세하다는 특징을 갖고 있다. 생활문화기업이란 특성상 제품소비자가 대부분 개인소비자이고 많은 경우 여성, 특히 가정주부이기 때문에 자연스레 문화 자체도 섬세하게 세부적인 사항까지 살펴보는 조직문화가 형성되었다. 이런 특징은 CJ가 1999년 이후 도입하여 현재도 시행하고 있는 제도에서 드러난다. CJ는 기존의 획일성에서 벗어나 개인 업무특성에 맞게 근무시간을 조절할 수 있는 플렉서블 타임제, 복장 자율화와 함께, 모든 임직원이 직급 대신 '000님'이라는 수평적 관계의 새로운 호칭을 사용함으로써 빠르고 자유로운 의사소통과 합리적인 의사결정을 유도해왔다. 경영혁신이나 조직활성화를 위한 제도들이 자칫 생산기술, 조직내 소통기술로 흘러가기 쉬운 면이 있는데 위 제도들은 섬세하게 조직구성원의 일상생활에서 변화를 추구한다는 특징을 갖고 있다.

(다) 제일주의 추구 조직문화

CJ기업문화의 또 다른 특징으로 제일주의 추구를 들 수 있다. 이는 과거 삼성제일주의를 추구하던 삼성그룹시절부터 이어져 온 것이다. 구체적으로 살펴볼 때 CJ제일제당이란 명칭에서도 이런 특징이 드러난다. 회사 스스로 "제일"이라는 이름에는 제일, 최고의 정신이 깃들어 있다고 밝히고 있다. 또한 CJ 노래(Song)도 "We are the best, CJ"로서 역시 제일주의 추구를 전면에 드러내고 있다. 과거 기업문화혁신의 하나로 1998년말 그룹에서 "제일 좋은 회사"의 실현을 위해 성과주의 문화로 전환을 시도한 것도 같은 맥락이다. 같은 시기에 추진된 회사정책에서도 "Only-One 정신을 바탕으로 명실상부한 '최고의 것'이 되어야 한다는 의지를 담아 최고를 추구"한다는 것을 명확히 하고 있다.

2. 노사관계

CJ는 전형적인 비노조사업장이다. 과거 삼성그룹 시절부터 회사는 사원이 노조 필요성을 느끼지 않을 정도의 최고 대우를 하겠다는 방침에 따라 비노조 정책을 펴고 있다. 회사는 비노조라는 개념은 삼성시절부터 사용하던 개념으로 노조를 적대시하거나 필요성을 인정하지 않는 무조노개념과는 성격을 달리한다.

따라서 CJ 사례에서는 노조관련 사항을 살펴보는 일반적인 노사관계접근방식과 달리할 필요가 있다. 여기에서는 노사관계와 관련하여 먼저 회사측 경영혁신과 조직문화와 그에 따른 노사관계특징을 살펴보고, 이후 노사협의회를 중심으로 살펴본다.

(1) 경영혁신과 조직문화 개선

CJ 역사가 50년 이상 되고 진출 사업도 다양하기 때문에 그동안 이루어진 다양한 경영혁신활동, 조직문화 구축과 개선활동을 상세하게 살펴보기 어렵다. 따라서 여기에서는 시기는 1980년대 후반 이후를 중심으로, 고찰분야는 경영혁신과 조직문화 개선을 중심으로 살펴본다.[2)]

1) 1980년대 후반~1994년: 전반적인 경영혁신운동

회사는 설립 이래 안정적인 성장기조를 유지해왔다. 제일제당은 삼성그룹의 중요한 회사로서 위치를 계속 차지하고 있었고 삼성그룹의 기업문화에 따라 안정적인 기업경영을 해 오면서 해당 분야에서 선두 지위를 지켜 왔다. 그러나 이는 부정적인 효과를 가져오기도 했다. 1980년대 후반 회사 사업구조는 여전히 부가가치가 낮은 소재식품 비중이 높았고 안정적 성장과정에서 형성된 보수적이고 과거지향적인 체질로 인해 외부환경에 능동적으로 대처하는 힘마저 약화되어 있었다. 또한 1980년대 후반은 단지 이 회사, 삼성그룹 차원만이 아니라 정치, 경제, 사회 전반에 걸쳐 격변하던 시기였다. 이런 상황에서 과거와 같은 기조를 그대로 유지할 경우 변화에 대응하기 어려워 도태될 가능성이 있었다.

이런 전반적인 변화와 함께 회사 실정을 고려하여 회사는 그동안 산발적으로 추진되어 온 각종 개선활동들을 전사적으로 재정비하고 체질을 강화하는 등 경영혁신운동에 불을 당겼다. 그 대표적인 것이 합리화운동, CICA-91운동, 베스트5운동, APRO-Q운동이었다. CICA는 Change, Innovation, Challenge, Achievement로서 과거와는 다른 변화와 혁신을 요구하고 있다. APRO-Q는 Ace Professional with Quality로서 품질혁신을 통한 경쟁력강화를 목표로 하고 있었다. 생산부문에서도 종합적인 생산성 혁신기법인 TPI(total productivity innovation)를 도입했고 전사적 설비보전활동으로서 TPM(total productive maintenance) 활동을 전개했다. 이 단계는 경영혁신 초기인 만큼 전사 차원에서 종합적인 혁신운동을 전개하는 수준이었다. 그러나 이 시기에 경영혁신활동을 통해 과거와 같은 기업운영방식에서 탈피할 필요성이 있다는 것을 제기한 것은 의미 있는

---

2) 이 부분 내용은 주로 분할 전 회사인 「CJ주식회사 50년사」(CJ 50-1953~2003)에서 인용하였다.

일이었고 이런 활동이 이후 경영혁신활동의 밑거름이 되었다.

2) 1995년~1998년: 독립경영과 경영혁신 세부화 시기

제일제당이 1993년 6월 9일 삼성그룹으로부터 독립경영을 선언한 데 이어, 1994년 12월에 실질적인 경영권 분리가 이루어졌기 때문에 현재 CJ로 갖추어진 시기가 바로 이 시기이다. 이 당시 삼성그룹으로부터 독립경영은 경영권 분쟁이나 적대적 인수합병에 따른 지배구조 변화와 성격을 달리하는 것이었으므로 과거와 단절이 시도되지 않았다. 독립경영과 경영혁신은 기존 삼성그룹 문화를 계승연장하는 선상에서 이루어졌다.

회사정체성에서 변화가 있던 이 시기는 선행시기 성과를 토대로 구체적인 부문별 혁신을 적용한 시기이다. 회사는 "CJ만의 유연한 기업문화" 조성을 위해 다각적으로 노력해 왔다. 이에 따라 1995년에는 전사적으로 신문화위원회를 발족하고 토요격주휴무제, 유레카, 주니어 보드, 교환근무제, 사내기업가제도 등 자율적이면서 창의적인 새로운 제도들을 도입하였다.

이 시기는 신인사제도가 도입된 시기이기도 하다. CJ는 1996년 2월부터 새로운 인사시스템인 신인사제도를 시행하였다. 신인사제도의 주요 내용은 직급체계 단일화, 사원 직군 통합, 새로운 평가제도 도입, 능력중심 승격제도 운영, 능력급 체계로 전환, 육성제도 개선이고 다음과 같은 세 가지 특징을 지니고 있었다. 첫째, 사원 개개인의 질을 높이는 육성형 인사를 지향하였다. 과거 고도 성장기에는 성실성이나 팀워크 또는 관리능력을 중심으로 육성의 포인트를 두었다면, 신인사제도에서는 직무 중심의 업무수행능력을 육성의 기준으로 삼고자 했으며 이를 바탕으로 직급의 의미를 능력육성 자격단계로 전환하였다. 둘째, 생산성과 연계된 능력주의 처우제도를 구체화하였다. 보유한 능력과 발휘된 업적을 종합적으로 평가하여 승진, 승격이나 임금에 반영함으로써, 창의와 도전정신으로 최선을 다해 노력하는 인재를 높이 평가하는 차별화된 보상시스템을 지향하였다. 셋째, 체계적인 육성과 객관적인 평가 및 처우 등 제반인사제도가 유기적으로 결합되어 움직이는 토털 인사시스템을 지향하였다.

3) 1999년 이후~현재: CJ 고유 기업문화 구축과 실행기

CJ그룹은 1999년부터 경영전략을 재정비하고 리스트럭처링, 리엔지니어링, 유연하고 창의/도전적인 기업문화 구축 등 종합적인 변화를 시도하였다. 이를

위해 그룹 가치체계를 재정립하기 위해 비전/미션/CJ밸류/리더십 모델을 새롭게 설정하였다.

고객 지원에 대한 관심이 높아지고 전사 차원에서 고객만족경영을 추진한 것도 이 시기이다. 회사는 2002년에 고객지원을 위한 CJ 전구성원 마인드 제고를 위해 CRM(customer relationship management: 고객관계관리)시스템을 도입하였다.

또한 기업의 사회공헌에 대한 요구가 높아지는 사회추세를 반영하여 1999년 12월에는 사회공헌활동을 체계적이고 구체적으로 펼치기 위하여 조직 내에 사회공헌팀을 신설하였다. CJ그룹의 사회공헌활동은 현금 지원 이외에 임직원 자원봉사활동, 푸드 뱅크(food bank) 등 다양한 활동방안을 설계하고 있다.

(2) CJ 노사관계 특징: 비노조사업장

CJ는 삼성그룹시절부터 현재까지 전형적인 비노조사업장이다. CJ 구성원, 즉 인사노무담당자, 열린협의회(노사협의회를 말함) 사원대표, 평사원들은 비노조에 대해 대체로 공통된 인식을 갖고 있다.

첫째, 임금, 복리후생이 전반적으로 높은 수준에 있고 사측에서 세부사항까지 섬세하게 챙겨 주고 있어 노조 필요성을 덜 느끼고 있다. 이에 대해 열린협의회 사원대표는 "회사가 미리 알아서 가려운 곳을 긁어 준다"는 표현으로 압축적으로 표현하고 있다. 같은 맥락에서 "생활전반에 걸친 다양한 복리후생제도가 있어서 회사에 대해 자부심이 있고 회사에 대해 불만이 없거나 줄어들게 된다"는 언급도 있었다. CJ 구성원들은 이 정책이 과거 삼성시절부터 이어져 온 비노조정책의 연장임을 인지하고 있다. 비노조정책이 가능한 이유에 대해 인사노무담당자는 "CJ기업문화 풍토 자체가 그렇다. 기본철학이 인재제일이라서 그렇다. 비노조정책이 가능한 것은 인재존중이 가장 큰 요인이다. 사람을 우선시하는 기업문화가 뿌리내렸기 때문에 사원들이 노조필요성을 느끼지 않는다"고 답변하고 있다.

둘째, 일상적인 대화통로 개설이 협력적 노사관계의 바탕이 되고 있다. 이에 대해 인사노무담당자는 "직원과 경영진간 의사소통 채널이 과거에는 약했던 적이 있었다. 그러나 이제는 대표이사와 대화, 공장장과 직접 대화를 할 수 있는 창구가 있다. 힘든 일이 있을 때 얘기하고 그 결과를 받아볼 수 있다는 것이 가장 큰 장점이며 급여, 복리후생 이상으로 중요한 것이 이것이다"라고 하여 대화 중요성을 강조하고 있다.

셋째, 기업특성이 비노조정책에도 일정한 영향을 미쳤을 수 있음을 시사하고 있다. 이는 인사담당자나 열린협의회 사원위원 모두 지적하고 있어 나름대로 공감대가 형성된 부분이라고 보인다. 즉 "생산품 자체가 일상생활용품을 만들다보니 섬세하고 유연한 문화가 형성될 수 있었다"라는 언급에서 이런 단서를 찾아볼 수 있다.

넷째, 사측에서는 비노조전략이 비용이 많이 드는 것은 사실이지만 노조가 있는 경우에 견주어 더 많이 드는 것은 아니라고 보고 있다. 비노조기업전략은 노동조건이나 복지 등에 대한 투자가 더 적극적으로 이루어져야 할 필요가 있어 결과적으로 유노조 기업에 견주어 오히려 비용이 더 들 수도 있다는 평가가 있다. 이와 관련하여 인사담당자는 "임금, 복리후생에 신경을 써야 하기 때문에 비용이 많이 드는 것은 사실이다. 그러나 비노조사업장이라서 특별히 추가 비용이 많이 드는 편은 아니라고 본다. 회사에서는 기업이 고려해야 할 대상으로 주주, 채권자, 내부성원, 지역사회가 있는데 내부성원에 대한 고려가 더 높아져야 한다는 생각을 갖고 있다. 이런 견지에서 본다면 임금, 복리후생에 들어가는 비용은 비용이라기보다는 투자라고 생각해야 한다"는 견해를 보이고 있다.

(3) 열린협의회

열린협의회는 『근로자참여 및 협력증진에 관한 법』에 따른 노사협의회를 말한다. CJ는 노동자와 사용자를 구분하는 인상을 주는 노사협의회라는 용어보다는 열린 경영을 연상시키는 열린협의회라는 명칭을 사용하고 있다. 열린협의회 구성, 운영, 역할은 다른 기업의 노사협의회와 다를 바 없다.

1) 구성과 운영

본사가 있고 또 여러 공장이 있는 회사특성상 열린협의회도 그 체계를 따라 구성하고 있다. 즉 본사 열린협의회가 있고 공장별 열린협의회가 따로 있다. 엄밀히 말하면 본사 열린협의회는 본사에 근무하는 사원대표와 본사 사측

대표로 구성되었지만 실제로는 공장별 노사협의회에서 다룰 수 없는 전사차원 문제도 함께 다루고 있기 때문에 명칭에 상관없이 실제로는 일종의 중앙열린협의회 역할을 하고 있다.

본사 열린협의회는 사측위원으로 사장 포함 7명과 사원위원으로 대표 포함 7명으로 구성되어 있는데 인천 제2공장 열린협의회는 부서별로 선출된 사원대표 9명과 사측대표 9명으로 구성되어 있는 등 위원수는 사업장별로 조금 차이가 있다. 그러나 구성방식, 역할, 운영은 큰 차이가 없다. 사원대표는 연초에 사원 직접투표를 통해서 선출하고 있다.

열린협의회 회의는 분기별 정기협의회가 있고 이를 준비하기 위해 그 전 달에 하는 예비회의가 있어 정례회의는 1년에 8차에 걸쳐 이루어진다. 그러나 간혹 임시협의회도 열리기 때문에 총회의횟수는 더 많다.

열린협의회에서 다루는 내용은 복리후생개선이 주된 내용이고 그와 함께 고충처리, 회사행사에 대한 협의, 회사조직문화와 관련한 협의가 있다. 의제는 노사 양측에서 자유롭게 제기할 수 있으나 대체로 사원대표가 제기하는 의제가 더 많다. 의제 중 간단한 것은 예비회의에서 결정하거나 유관부서로 이관하고 여기에서 결론이 나지 않은 것을 본회의에 올려서 토론한다. 또한 공장 열린협의회에서 다루기 어려운 전사 차원 문제는 본사 열린협의회에서 다룬다. 이에 따라 본사 열린협의회는 본사 고유사항 절반, 중앙 열린협의회 역할 절반을 수행하고 있다. 복리후생제도를 신설하거나 기존 복리후생을 확충하는 문제도 열린협의회에서 다루는 경우가 있다. 예를 들면 과거에는 사원주택대부로 무이자 2천만 원만 되다가, 최근 3천만 원을 3% 이자로 추가 지원가능하게 된 것이나 유치원 월 10만 원 지원도 열린협의회에서 다룬 것이다. 그러나 임금에 관련된 협상 및 논의는 하지 않는다.

열린협의회는 단체교섭과는 달리 대체로 논의 또는 협의 형태로 진행된다. 노사간에 의견이 다를 경우 반론제기도 가능하고 대체로 활발하게 토론이 이루어지는 편이다. 사원측에서 제기하는 의제성격에 따라 차이가 있으나 사측에서 대체로 수용하는 분위기이다.

2) 주요 활동

CJ 열린협의회는 『근로자참여 및 협력증진에 관한 법』에 따른 노사협의회 역할 수행과 함께 기본지키기, 벽허물기활동과 같은 조직문화활동을 전개하고 있다. 첫째, 열린협의회에서 사원위원이 조직문화에 대해 의견을 제시하기도 한다. 열린협의회에서 논의하는 것은 주로 조직문화 캠페인인데 예를 들면 기본지키기, CJ문화찾기가 그것이다.

둘째, 열린협의회 사원대표주관으로 조직문화 개선활동을 한다. 그 중 하나로 전사차원에서 하고 있는 벽허물기 활동이 있다. 인천 제 2 공장 경우 열린협의회가 인사부와 공동주관으로 가족초청활동을 하는데 주로 강연회, 요리교실을 운영하고 있다. 또한 굿 모닝 데이(Good morning day)라고 하여 야간이 끝나고 아침에 리더를 초청해서 간담회를 진행한다. 열린협의회 주관으로 조별/부서별 모임, 동호회 모임, 문화찾기 활동, 호프 데이(Hof Day), 부서별 미니 호프 데이(Mini Hof Day)을 갖기도 하는데 이는 일률적인 기준이 있는 것이 아니므로 사업장, 부서에 따라 다를 수 있다.

셋째, 열린협의회에서 주관하는 활동 중 하나로 봉사활동이 있다. CJ는 1999년 국내기업 최초로 임직원 자원봉사를 업무시간내 유급으로 인정한 바 있다. 회사 차원에서 봉사활동을 주관하기도 하지만 열린협의회에서 주관하기도 한다. 인천 제 2 공장 경우 열린협의회가 주관하여 스위트홈(고아원)을 월 1회 방문하고 있는데 참여폭을 넓혀서 사원가족도 참가할 수 있도록 하고 있다.

3. 열린 경영

열린협의회와 함께 CJ에서는 다양한 비공식 대화통로를 개설해 두고 있다. 여기에서 비공식이라 함은 단체교섭이나 노사협의회와 같이 법으로 정해져 있고 제도화된 것에 비해 회사 차원에서 일상적으로 시행하고, 엄격하게 제도화되어 있지 않아서 유연하게 활용이 가능한 것을 말한다. 따라서 회사 차원에서는 일종의 제도로서 규정되어 있을 수 있으나 그 공식성의 정도가 법으로 정해진 것과는 다르기 때문에 비공식 대화통로라고 통칭한다. 비공식 대화통로는 시기마다 다르고 사업장별로, 부서별로도 다를 수 있다. 따라서 여기에서는 대표적인 것을 중심으로 살펴본다.

(1) 열린 경영을 위한 의사소통 활성화

1) 대화통로 활성화를 위한 전제: 사내 호칭 개선

사내 호칭은 그 자체가 대화통로는 아니다. 그러나 호칭은 원활한 대화를 위한 전제조건은 될 수 있다. CJ는 회사 내에서 구성원 사이에서 모두 "님"이라는 호칭을 쓰고 있다. 이는 2000년 1월부터 시행된 것으로 다른 기업에 견주어 빠른 편이다. 이런 호칭 변화는 딱딱한 공식적인 위계질서문화를 넘어서서 유연하고 창의적인 상호소통이 가능하도록 하기 위한 취지이다.

2) COP와 월례조회

전사차원에서 이루어지고 있는 대화통로로 중요한 것이 COP(Community Of Practice)이다. 이를 통해 사원과 공장장, 간부, 대표이사까지 대화가 가능하다. 사원이 의견을 내면 이에 대해 지명을 받은 당사자 또는 특별히 지명을 받은 사람이 없는 경우 해당 업무담당자가 의견을 내고 답신을 한다. 현재 시행되고 있는 제도 중에서 가장 편한 대화통로 중 하나이고 일상적인 정보채널이 되고 있다. 인천 제2공장 경우 이런 통로를 통해 공지사항, 경영메시지(message) 전달, 사우가족 소개, 오늘의 한줄 칭찬, CJ 임직원 우대업체 상품소개, 칭찬보약 캠페인, 공장장 주간업무스케줄, 부서별 업무 동향 등을 알리고 있다.

월례조회는 월 1회 조회를 통해 공식적인 경영메시지와 지침을 전달하는 자리이다. COP를 통한 경영메시지를 공식화하는 자리이며 사원들에게 회사, 공장상황을 명확하게 전달하는 자리이다. 따라서 이 월례조회는 COP보다 공식성이 강하다.

3) 다양한 형태의 대화 통로

전사 차원, 본사, 공장별·부서별로 CJ는 다양한 형태의 대화통로를 가지고 있다. 그러나 대체로 큰 차이를 나타내지는 않고 있다. 이처럼 큰 차이가 없는 이유는 크게 두 가지라고 할 수 있다. 첫째, 과거 삼성그룹시절부터 관리의 삼성이란 말을 들을 정도로 치밀하게 조직관리를 잘 해 왔고 그 전통이 이어지고 있다. 둘째, 그에 더하여 CJ 독립경영 이후에는 조직문화 구축을 통해 회사 동일성을 유지하고 있다. CJ는 사회분위기나 젊은 조직구성원들 성향을 놓고 볼 때 과거와 같은 중앙관리보다는 조직문화를 통한 동일성 유지가 더 현실적이고 효과가 좋을 것이라고 보고 있고 점차 전자보다는 후자 비중을 늘려가게 될 것이라고 한다. 아래에서는 대표적인 것을 예시로 들어본다.

벽허물기 활동이 있다. 이는 부서간에 있을 수 있는 벽을 허물자는 취지에서 진행하고 있는 활동이다. "Beyond I" 활동의 일환으로 이루어지는 것으로 주관 부서(host부서)가 다른 부서(guest부서)를 초청해서 요리배우기, 문화활동, 체육활동, 아이스 브레이킹(ice-breaking) 활동 등을 하는 데 회사에서는 업무시간을 일부 할애해서 활동을 지원하고 있다. 이런 활동은 자칫 저녁 먹고 술 마시는데 그칠 수 있는 부서회식보다 더 좋은 효과를 보고 있다. 실제 진행은 열린협의회 사원위원이 주도하고 사장 또는 실무부서가 적극 지원하는 형태로 이루어지고 있다. 이는 전사 원에서 이루어지고 있고 부서, 공장별로 이를 응용하여 친구부서 만들기 등 다양한 활동을 하고 있다.

CJ 산책길은 대표이사와 입사 3년 미만 사원 사이 대화를 위한 모임으로 남산일대를 산책한 후 점심 도시락 식사를 같이 하면서 대화를 나누는 형태로 진행하고 있다. 대표이사가 자신의 경영방침에 대해 설명하고 그에 대한 의견을 듣고 또 거꾸로 사원이 대표이사에게 하고 싶은 개선방향 제시, 고충사항 전달도 하는 자리이다. 이런 형태의 대화는 본사만이 아니라 공장에서도 이루어지고 있어 인천 제2공장 경우 사원과 공장장이 비전을 공유하는 자리로 찜질방 대화 등을 통해 대화 자리를 마련하고 있다.

CJ 산책길이 초급사원을 대상으로 하고 있는 것과 달리 CJ 런치 테이블은 주로 매니저(manager)들을 대상으로 하고 있다. 형식은 CJ 산책길과 마찬가지로 대표이사와 매니저들이 점심을 함께 하면서 비전을 공유하고 경영전반에 대한 의견을 나누는 자리이다.

직장협의회는 현장 생산직 직장(職長)들 모임이다. 직장은 현장 생산직 활동을 조율하고 경영진과 현장 사이 의사를 전달하는 역할을 하고 있는 위치에 있는 사람들이라서 그 역할이 중요하다. 공장마다 조금씩 차이는 있지만 인천 제2공장 경우 월 1회 직장협의회 모임을 통해 중간통로 역할을 하고 있다.

생일자간담회는 인천 제2공장에서 이루어지고 있는 대화통로 중 하나이다. 생산직은 4조3교대라는 특성상 가정에서조차 생일을 챙기지 못하는 경우가 있다. 공장차원에서 생일을 챙겨주고 겸해서 자연스런 대화 통로를 마련하자는 취지로 공장장 주관으로 월 1회 식당 귀빈실에서 생일자 모임을 갖고 있다. 모임 성격상 자연스런 대화통로가 되고 있어 좋은 성과를 보이고 있다. 사업장, 공장별로 조금 차이는 있지만 비슷한 모임이 있는 경우가 많다.

(2) 열린 경영을 위한 경영혁신활동

경영혁신활동은 사측 주도로 경영능률 개선을 위해서 하는 경우가 많다. 그러나 여기에서는 열린 경영이란 관점에 기초하여 조직구성원의 참여라는 측면에서 경영혁신활동을 살펴보고자 한다.

1) TOP

TOP(Total Operational Performance)는 제조업에서 중요한 cost, quality, time 전 분야에서 급격하고 지속적인 성과개선을 이루기 위한 것이다. 과거 다양한 형태의 경영혁신활동을 전개해 온 경험이 있으나 현재 CJ에서 중점을 두고 있는 경영혁신활동은 TOP이다. 이는 각각 다음과 같은 목표를 갖고 있다.

cost: 원부재료 사용량 절감/대체재 개발/에너지, 수선유지비용 절감
　　포장, 물류비용 절감
quality: 불량감축 / 고부가 증산 / 불량재고, scrap 감소
time: throughput 향상 / lead, cycle time 단축 / 재고감축

TOP추진과정은 공장별 3개월간 목표를 설정하고 문제를 해결한 후 약 1년간 실행기간을 통해 효과를 얻는 방식으로 진행되는데 문제해결단계에서 브레인스토밍(brainstorming)을 통한 아이디어개발, 평가, 승인이 이루어진다. 이 과정에서 사원 참여가 일부 이루어지고 있다. 브레인스토밍을 통한 제안활동과 그에 대한 평가, 승인에 임원이 참가해서 협의를 통해 의견을 수렴하고 연말에 좋은 제안에 대해 시상과 보상을 한다. 보상은 개인보상과 조직보상 두 형태로 이루어진다. 프로젝트에 참여하는 구성원 위주로 매니지먼트 스킬(management skill)을 향상하기 위한 교육도 함께 진행한다.

2) 제안활동

TOP와 함께 PI(Process Innovation)활동, TPM을 통한 일상적인 제안활동도 이루어지고 있다. CJ인재원에게 교육을 받는 모든 교육생은 교육 시작전 개선

아이디어를 내도록 되어 있다. 또한 외부 우수사례를 습득하여 회사에 제안하기 활동도 하고 있다. 인천 제2공장 경우 제안 건수와 채택 건수는 다음과 같다. 채택비율이 높은 이유는 오랜 기간 제도를 유지개선해 오면서 제안내용 자체가 일정 수준에 올랐기 때문이기도 하고 다른 한편에서는 적극적인 제안 장려와 그를 통한 성취요구 달성을 위해 가능한 한 채택을 많이 하고 있기 때문이다.

〈표 3-12〉 인천 제2공장 제안 건수와 채택 건수

	제출건수	채택건수
2007년(연간)	1988	1966
2008년(1~6월)	1529	1470

자료: 내부자료.

이러한 제안 내용 중 일부는 열린협의회 논의를 거쳐 전사 차원에서 수용, 실행되기도 한다. 예를 들면 우리 회사 제품 사용하기와 관련해서 열린협의회에서 논의를 거쳐 사원들이 자기 집근처 중소매장 제품상황을 살펴보고 문제가 있거나 유통기간이 임박한 제품을 구입해서 사용 또는 폐기하는 것을 지원하는 것, 1인 1 마트(mart) 관리 등이 그 예이다.

제안활동에 대해서는 시상 또는 보상도 함께 이루어지고 있다. 제도와 프로세스(process) 개선방안 제안, 낭비요소 제거, 벽허물기 개선 우수제안에 대해서는 시상이 실시되고 있다. 또한 개선 아이디어 가치를 인식하고 발전시킨 사람을 "영웅"으로 만들기도 제안에 대한 시상의 하나이다. 회사 차원에서 제안제도를 활성화시키기 위한 노력을 하는 한편 열린협의회에서도 이를 제도화하여 "열정왕 선발대회"를 진행하고 있다. "열정왕 선발대회"는 사원들의 다양한 아이디어와 제안 등을 공모하고 시상을 함으로써 열정을 꽃피울 수 있는 기회를 제공하고자 하는 것으로 본사 열린협의회를 거쳐 시행이 결정된 바 있다.

3) 분임조활동

분임조 활동은 주로 공장에서 이루어지고 있다. 분임조활동은 명확한 목표가 있는 것이라기보다는 활동 자체에 중점을 두고 있다. 인천 제2공장 경우 분임조는 같은 교대근무조끼리 6명 정도로 구성한다. 주로 공정개선을 위주로 한 아이디어제안 활동을 통해 생산성 향상과 낭비요소를 제거하는데 주력한다.

예를 들면 현장 활동에서 제안활동을 통해 생산 공정상 "콩기름수율 높이기" 제안이 이루어져 실제 시행으로 연결된 사례가 있다. 한 달에 한 번씩 공장장이 우수분임조를 시상하여 동기를 부여하고 있다. 우수분임조 경우 인정에 따른 성취감과 함께 금전적 보상도 함께 받고 있다.

(3) 고충처리

고충처리절차는 크게 3가지이다. 첫째, 해당 부서장에게 얘기하는 통로가 있다. 이는 주로 업무관련 사항인 경우가 많다. 둘째, 열린협의회를 통한 경로이다. 업무관련 사항과 함께 개인적인 고충도 있다. 사원대표에게 얘기해서 처리가 되는 경우도 있고 개인에 관한 것이 아니라 다수에게 해당하는 경우 열린협의회 회의를 통해 다루기도 한다. 셋째, 인사담당자(조직문화담당자)를 통한 경로가 있다. 이 경우는 업무와 관련된 인간관계 문제가 많다.

위 세 가지 통로 모두 중요하고 각각 특성을 갖고 있다. 그렇지만 다른 회사와 마찬가지로 법에 따른 열린협의회를 통한 고충처리가 중요한 역할을 한다. 고충처리상담실이 사업장별로 있고 열린협의회 위원이 고충처리위원으로 역할을 하고 있다. 고충처리는 사업장에서 주로 이루어지지만 간혹 본사 열린협의회 차원에서 다루기도 한다.

4. 동기유발

(1) 동기유발 기본방침

CJ는 인사방침의 하나로 성과주의 인사제도를 도입하여 연공서열이 아니라 철저히 성과에 의해 보상하고 있으며 특히 고성과자에 대해서는 최고의 인정과 보상을 제공한다는 방침을 갖고 있다. 여기에서 CJ의 제일주의 추구 문화가 잘 드러나고 있다.

CJ보상체계의 두 번째 특징은 총보상을 추구하는 것이다. "총보상"이란 금전 보상인 임금을 포함하여 직원에게 경제적인 안정, 사회활동, 자기계발 욕구 충족과 육성기회를 제공함으로써 안정적인 삶을 누리고 직무에 최선을 다할 수

〈표 3-13〉 총보상 개념도

총 보 상	
임금(pay) 기본급 변동급 인정(recognition) 주식	복리후생(benefits) 건강검진 은퇴 저축 근무중 휴식(time off)
교육개발(learning and development) 경력개발 경험학습 성취관리 성공계획 훈련	근무환경(work environment) 조직분위기 리더십 성취지원 직무/생활 균형

자료: 내부자료.

있도록 하는 다양한 보상 전체를 말한다. 따라서 총보상개념에는 임금(pay), 복리후생(benefits), 교육개발(learning and development), 근무환경(work environment)이 함께 포함되어 있다. 즉 "총보상의 개념은 구성원의 경제적 안정, 삶의 질 향상, 쾌적한 근무환경, 구성원 성장지원, 자긍심 고취 등 금전/비금전적인 사항을 모두 고려하는 총체적인 보상의 형태"이다. 임금 부문에 금전으로 환산하기 어려운 인정(recognition)이 들어가 있는 것, 교육개발과 근무환경도 보상개념에 적극적으로 포함하고 있는 것, 전체적으로 세부항목이 일반적인 보상항목보다 폭넓게 설정되어 있는 것은 이 때문이다.

(2) 급여 보상

CJ는 Only-One 경영이념에 따라 기본적인 복리후생제도 외에 회사만의 독특한 제도를 시행하고 있는데 주요 제도로는 카페테리아(cafeteria)식 복리후생제도, 개인연금 지원, 학자금 지원제도 등이 있다. 급여는 기본연봉과 변동급, 기타 수당으로 구성되며 다양한 복리후생제도가 제공되고 있다. 총급여 구성항목은 다음과 같다.

기본연봉체계는 성과지향적 구조로서 연공서열제와는 달리 성과에 따라 차별을 두고 현재의 직무/역할에서 역량 개발과 발휘가 보상을 결정하는 중점요

〈표 3-14〉 총급여 구성항목

<table>
<tr><th>구분</th><th colspan="6">총 급 여</th></tr>
<tr><td rowspan="3">항목</td><td colspan="2">기본연봉</td><td>특별상여</td><td colspan="2">수당</td><td>복리후생급여</td></tr>
<tr><td>월급여</td><td>상여</td><td rowspan="2">Incentive</td><td rowspan="2">자격
수당</td><td rowspan="2">조정
수당</td><td rowspan="2">식대보조금</td></tr>
<tr><td>기준금
자기계발비</td><td>설, 추석 정기상여</td></tr>
</table>

자료: 내부자료.

소임을 명백히 하고 있다. 이에 따라 승진도 승진자체가 더 높은 보상을 보장하는 것보다는 새로운 직무/역할에서 역량을 발휘하여 더 많은 보상을 받을 수 있는 기회를 제공하는 것을 목적으로 하고 있다.

연봉결정을 위한 성과평가는 역량평가와 업적평가를 실시하고 이 결과를 바탕으로 등급을 결정하는 형태로 이루어진다. 성과 종합평가등급은 2007년까지는 최고등급인 E등급에서 시작하여 G등급, S등급, 최하위등급인 I등급으로 4등급으로 나누는 형태로 이루어졌다. 그러나 2008년부터는 O(Outstanding), E(Exceed), M(Meet expectation), B(Below), N(Need improvement) 5등급으로 나누어 평가할 예정이다. 성과평가 프로세스(process)는 〈표 3-15〉와 같다.

평가등급 배분율 적용기준은 개인별 업적과 성과 평가에 대해서는 조직평가결과와 연계하여 상대배분을 하고 있고 개인별 역량평가는 절대배분으로 하되 상대배분율과 동일한 수준으로 엄격하게 평가하고 있다.

CJ는 개인업적/역량평가와 함께 회사성과, 본부성과, 사업부성과를 고려하여 인센티브(Incentive)를 지급하고 있다. 인센티브제도의 궁극적인 목적은 조직

〈표 3-15〉 성과평가 프로세스

<table>
<tr><th>평가과정</th><th>평가주체</th><th>시 기</th></tr>
<tr><td>자기평가</td><td>피평가자</td><td>12월 초</td></tr>
<tr><td>평가면담실시</td><td>1차 상사</td><td rowspan="3">순차적으로 진행</td></tr>
<tr><td>평가등급부여</td><td>1차상사</td></tr>
<tr><td>평가검토와 등급확정</td><td>2차상사/조직장</td></tr>
<tr><td>평가등급 통보와 면담</td><td>1차상사</td><td>12월 말</td></tr>
</table>

자료: 내부자료.

성과창출에 있으며 세부적으로는 인센티브 기회제공을 통한 회사성과 향상, 회사 또는 본부/사업부의 당면과제나 주요 목표에 대한 구성원들의 이해증진, 새로운 성과주의 인사제도 지원을 목적으로 한다. 인센티브지표는 현재 회사지표 40%, 본부지표 30%, 사업부지표 30%로 되어 있으나 앞으로 상위지표 비중을 점진적으로 낮추고 하위지표 비중을 높일 예정이다.

임금조정(임금인상)은 1년에 한 번 한다. 임금조정을 위한 기초조사를 할 때 열린협의회에서 논의를 하고 사내 복리후생제도 개선을 할 때 가능한 한 사원 의견을 수렴하여 열린협의회에서 논의하고 있다. 그러나 열린협의회에서 임금조정을 하지는 않는다. 임금조정은 회사에서 한다. 이에 대해 인사담당자는 "사원들 중 일부는 협상을 통한 임금조정을 원하기도 한다. 그러나 임금수준이 동종업계 최고수준이고 특히 복리후생이 잘 되어 있기 때문에 불만은 높지 않은 편이다. 사원들로서는 임금조정에서 약간 불만이 있을 수는 있으나 회사에서는 의사소통을 통해 해결하려고 노력하고 있다"고 말하고 있다.

(3) 역량충족 중심 승진제도

CJ 직무등급체계는 G1(사원), G2(사원), G3(대리), G4(대리), G5(과장), G6(부장), G7(부장)으로 이루어져 있고 경력단계는 생산 및 기술, 전문직, 경영관리, 연구개발로 나누어져 있다.

승진은 역량(competency) 향상에 따라 더 높은 역할 책임을 수행하는 상위 직무등급으로 이동하는 것을 말하며 승진요건은 직무가치의 확대를 수반하면서 역량이 충족되어야 한다. 여기에서 역량의 충족이라 함은 현재 수행중인 직무등급에서 요구되는 역량의 기대수준을 대부분 충족(75% 이상)하고 상위 직무등급에서 요구하는 역량과 자격요건을 적합하게 갖춘 경우를 말한다. 따라서 승진은 더 높은 지위보장이란 측면보다는 정확한 역량평가를 토대로 이후 더 중요하고 많은 역할을 할 수 있는 잠재력인정이란 측면이 더 강하다.

승진은 정기승진과 수시승진이 있는데 정기승진은 매년 3월 1일 이루어지고 수시승진은 공석발생시 연중 수시로 이루어진다. 승진심사는 1차 상사가 승진요건 충족자 중 후보자를 추천하면 BU, CMG, SU 단위 승진심사위원회에서 조직내 승진후보자를 검증 후 가장 적합한 인력을 심의결정하여 추천하고 인사팀에서 조직과 직무재편사항 직무평가를 하고 후보자를 검토하여 전사승진심사위원회에 준비 사항을 넘기면 최종적으로 전사승진심사위원회에서 심의결정한다.

생산직도 승진체계가 다른 직무와 똑 같다. 이런 동등한 승진체계가 생산직에게 일정한 동기부여를 하고 있다.

4) 높은 보상 만족도

보상체계에 대해 실무담당자인 인사담당자와 피평가자인 사원은 다음과 같이 평가하고 있다. 인사담당자는 "임금, 복리후생이 국내에서는 상위에 있다. 생산직과 사무직간에 임금, 복리후생 차이는 전연 없다. 직군간에 동일하지 않으면 문제가 발생한다"고 말하고 있다. 열린협의회 사원위원은 "임금은 다른 업종에 비하면 낮은 편이지만 동종업계에서는 최고수준이고 무엇보다 복리후생제도가 잘 되어 있어 사원 만족도는 높은 편이다. 생활문화기업이라는 특성이 복리후생에도 반영되어 다양한 생활전반에 걸쳐 세심한 부분까지 섬세하게 살피고 있다"고 하여 사측 평가와 큰 차이가 없다. 앞의 표에 제시된 것처럼 2008년 기준 연봉은 약 5,520만 원 선으로 이는 2007년 식음료 상장사 연봉 3,453만원에 견준다면 높은 편이고 또한 2007년 식음료 상장사 남자직원 대비 여직원 연봉이 54.8%인데(한겨레, 2008) 2008년 기준 CJ 남자직원 대비 여직원 연봉이 69%인 점을 볼 때 남녀간 격차도 상대적으로 작은 편이다. 나아가 남녀근속연수를 고려한다면 사실상 이 차이도 더 줄어들기 때문에 남녀간 임금격차는 절대적으로나 상대적으로나 큰 문제가 아니다.

생산직에 대해서는 연봉제가 많지 않은데 CJ는 생산직에 대해서도 연봉제를 실시하고 있다. CJ는 생산직에 대해서도 개인별 목표를 제시하고 평가를 하고 평가등급에 따라 연봉도 달라진다. 그러나 초과근로에 대해서는 연봉과는 별도로 지급한다. 인사담당자는 "연봉제에 따른 평가는 사원들이 승복 못할 때 토론을 통해 해결하고 있다. 2000년부터 연봉제를 시행해 왔기 때문에 이제는 대체로 정착단계에 도달했다"고 말하고 있다. 열린협의회 사원위원은 "생산직이라는 특성상 정서적으로는 연봉제를 선뜻 받아들이지는 않으나 큰 문제는 없다. 현재 운영되는 연봉제 형태는 기존 보상형태와 큰 차이가 없어 큰 문제는 없다"고 하여 별다른 문제없이 수용되고 있음을 시사하고 있다. 생산직 연봉제라고 하는 흔하지 않은 보상제도가 별다른 문제없이 수용되는 이유는 전체적으로 총보상 개념으로 접근하고 있어 임금형태가 큰 문제가 안 되고, 상대적으로 복리후생제도가 잘 되어 있고, 초과근로에 대해서는 연봉과는 별도로 지급하고 있기 때문에 다툼의 소지가 적기 때문이라고 할 수 있다.

5. 지식축적

CJ는 비전을 "인재, 기술, Speed로 Global Food & Bio Company가 된다"고 내세우고 있다. 따라서 다른 어떤 것 이상으로 지식축적, 지식노동자 육성에 관심을 기울이고 있다. 이는 거슬러 올라가면 삼성그룹시절부터 시작된 것이지만 CJ가 독립경영을 하면서 더욱 강화된 분야 중 하나라고 할 수 있다. 아래에서는 지식축적과 관련해서 주로 교육지원 체계와 실태를 중심으로 살펴본다.

(1) 지식축적 기본 이념

1998년말 그룹에서는 기업문화혁신의 하나로 CA(change acceleration)프로젝트라는 이름으로 성과주의 인사제도 구축을 위한 실무작업이 진행되어 2000년 3월부터 그룹전체에 이 제도가 시행되었다. 2002년 4월부터 시행된 새로운 선발프로젝트는 CJ밸류와 부합성, 직무수행에 필요한 인지능력과 전문지식/스킬수준, 그리고 특정 직무를 수행하는 데 필요한 역량수준을 테스트하고 심층적인 면접방식을 통해 평가하게 되었다. 또한 우수인재 선발 이상으로 양성이 중요하다는 판단에 따라 2003년 5월 CJ인재원을 개원하였다.

CJ는 비전 달성을 위해 글로벌(global)역량을 갖춘 국가대표급 인재를 확보, 육성하는 데 주력하고 있다. 여기에서 "국가대표급 인재"란 국내에서 자신이 맡은 분야의 최고 전문가이자 세계적인 기업의 경쟁자와 비교해서 견줄 수 있는 인력으로 지식과 경험을 바탕으로 해당 분야에 대한 강의를 할 수 있는 정도 전문성을 가진 전문가를 말한다. CJ의 국가대표급 인재는 그 정의부터 선발과정까지 CJ만의 고유한 인재기준이다.

앞에서 살펴본 조직문화 특성 중 제일주의 추구 조직문화가 가장 잘 드러나는 분야가 바로 이 분야이다. 구체적인 용어를 보더라도 "Only-One 정신", "국가대표급 인재"라고 하여 제일주의 추구를 명백하게 보여주고 있다.

(2) 지식축적을 위한 교육지원 체계

CJ는 위와 같은 기본이념에 따라 구성원들이 국가 대표급 인재로 성장할 수 있도록 기반을 제공하기 위한 다양한 교육지원을 하고 있다. 그 특징은 다음과 같다. 첫째, 교육방식에서 교육수요자의 수요(needs)에 맞춘 자기 주도적 학습을 지향하는 교육시스템을 중심으로 하고 있다. 둘째, 리더십 교육, 직무역량강화교육, 어학교육 등 다양한 교육프로그램을 갖추고 있다. 셋째, 교육대상에 따라 차별화된 맞춤형 프로그램을 시행하고 있다.

세부적인 교육프로그램을 보면 구성원의 리더십 능력향상을 위한 교육과정을 15단계로 운영하고 있으며 디지털시대를 선도할 인재를 육성하기 위한 IT 과정을 운영하고 있으며 분야별 전문가를 육성하기 위한 MBA과정, 경영인 육성을 위한 최고경영자과정, CJ-경영아카데미과정, 차세대 리더과정을 운영하고 있다. 또한 E-BIZ시대에 마케팅이 강한 회사를 만들기 위해 마케팅 교육을 강화하고 있다. 이런 교육프로그램을 실행하는 데 2007년에 교육훈련비를 25억 3,800만 원 사용했다.

(3) 누구나 이용가능한 교육 지원 체계

공식적인 교육지원 체계에 대해 실무담당자 또는 교육수혜자는 상당한 자부심 또는 만족도를 보이고 있다. 인사담당자는 교육지원 체계에 대해 "교육체계는 상당히 개방되어 있어 누구나 이용가능하도록 되어 있다. 사내교육(사측 필요에 따라 정기적으로 시행), 인재원을 통한 웹(web)교육(본인 선택에 따라 가능), 위탁교육 등 다양한 형태가 있다. 실제 운영과정에서 지원직군 사람은 혜택을 받을 기회가 많은 데 비해 현장직은 이런 기회가 상대적으로 많지 않아 소외감을 느낄 수밖에 없는 문제점을 해결하기 위해 근무시간을 바꾸어 교육지원을 하고 있다. 필요한 경우 교육시간을 허용한다. 1주일까지도 시간을 빼서 지원한다"고 하고 있다. 이에 대해 실제 교육수혜자인 사원도 "생산직도 교육기회가 많은 편이다. 교대근무이기 때문에 시간내기가 쉽지 않으나 다양한 형태가 있기 때문에 어느 정도 문제점을 극복할 수 있다. 또한 자기계발 차원에서 자격증 취득시 인센티브를 현금으로 지급하고 있어 도움이 된다. 현장직은 4조이므로 동일업무를 하는 사람이 4명이기 때문에 아무래도 자격증이 있으면 우대받을 수 있다"고 하여 회사의 공식적인 교육지원체계에서 목표로 하고 있는 것과 큰 괴리를 보이지 않는다.

제도상 다양한 교육지원체계가 설정되어 있는 경우에도 생산직이 실제 이를 이용하기는 쉽지 않은 현실에서 CJ가 생산직까지 원하는 교육을 받을 수 있도록 하고 있는 것은 특징적이다. 이와 같이 누구나 이용가능한 교육지원체계는 CJ가 추구하고 있는 인재 제일주의의 다른 표현이며 지식축적의 기반이 되고 있다. 또한 이를 통해 조직구성원의 동기를 유발하고 만족도를 높이고 있다.

6. 성 과

CJ 사례에서 성과는 여러 가지로 나타나고 있다. 분야별로 각각, 살펴보면 다음과 같다.

첫째, CJ 사례에서 안정적인 노사관계의 최대성과는 안정성장이 가능했던 것이라고 할 수 있다. CJ가 설립 이래 대체로 지속적인 성장을 해 올 수 있었던 것은 안정적인 노사관계가 뒷받침되고 있기 때문이다. 또한 지속적인 성장이 다시 안정적인 노사관계를 가져오는 선순환구조가 이루어졌다고 할 수 있다. 이에 대해서는 회사 인사담당자도 "섬세, 유연한 조직문화가 결국 정교하고 치밀한 경영관리를 가져왔고 이 덕분에 비노조경영이 유지되고 있다. CJ 조직문화와 고용관계정책의 최대 성과는 안정적인 비 노조경영 유지라고 할 수 있다"고 하여 비슷한 견해를 피력하고 있다. 이런 성과의 결과로 겉으로 드러난 폭발적인 갈등표출이 없고 CJ가 추구하고 있는 비노조경영을 유지하고 있다고 할 수 있다. 이러한 성과를 세부분야별로 살펴보면 다음과 같다.

[그림 3-5] 수익성 변동추이

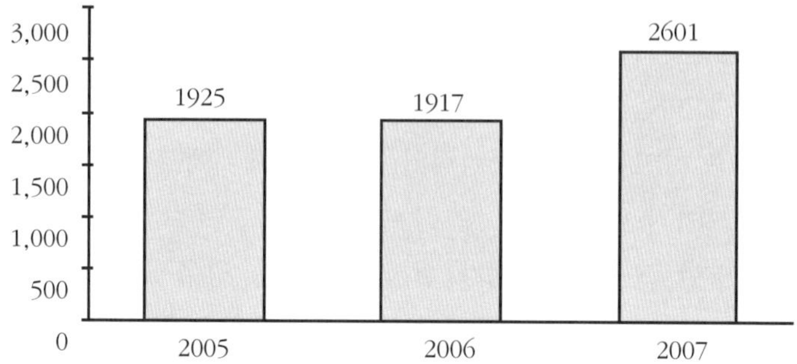

자료: CJ제일제당(2007).

둘째, CJ 성과를 조직구성원 관점에서 살펴본다면 동종업종내 국내최고수준 임금, 충실한 복리후생제도, 유연하고 섬세한 조직문화로 인해 구성원이 회사에 대해 자부심을 느끼고 있는 것, 구성원이 고용불안을 느끼지 않고 낮은 이직율을 보이고 있는 것, 경영진-사원간 대화통로가 다양하고 실제 구성원들도 대화통로가 부족하지 않다고 평가하고 있는 것 역시 성과로 볼 수 있다. 1997년 경제위기 상황에서도 강제적인 구조조정이 없었던 것, 비정규직이 많지 않은 점 역시 가시적인 성과 중 하나라고 할 수 있다.

셋째, CJ 성과를 대외적으로 살펴본다면 다음과 같은 결과를 낳고 있다.

2001년 바이오 연구소 과학기술부 주관 국가지정 연구실(National Research Lab)
2002년 쓰레오닌 대한민국 10대 기술 선정
2003년 쓰레오닌 산자부 선정 세계 일류상품 선정
2003년 3월 CJ인도네시아, 인도네시아 대통령상 수상
2004년 2월 CJ주식회사 공정거래 자율준수기업 선정
2004년 12월 제14회 경제정의기업상 식약/섬유/종이업종 최우수기업상 수상
총 200여 건 특허출원, 100여 건 등록

또한 기업의 사회적 책임과 관련하여 일정한 성과를 이루고 있다. CJ는 지속가능 발전을 위한 고객경영을 추구하여 ISO14001(환경경영시스템), KOSHA18001(안전보건경영시스템) 인증획득, 6개 사업장환경친화기업 지정 등 자율적인 환경안전보건경영 체제를 구축하고 있고 푸드 뱅크 지원사업, 임직원 자원봉사 유급인정 등 사회공헌에도 기여를 하고 있다.

넷째, 산업재해 감소와 안정된 노사문화 창출에서 성과를 보이고 있다. 2008년 인천 제1공장은 1995년 11월 14일부터 2008년 4월 19일까지 4,540일 무재해 달성으로 한국산업안전공단 인증패와 인증기를 받은 바 있다. 2008년 8월 현재 무재해 13배수 달성이고 14배수 달성을 목표로 계속 진행중이다. 무재해 배수는 무재해 시간을 선포한 날로부터 사고가 나기까지 시간을 누계로 선정한 것으로 무재해 13배수는 CJ그룹 최초이며 식품업계 최초 기록이기도 하다. 또한 2008년 근로자의 날에 CJ 수원공장이 대통령 표창을 받았다. CJ가 한일약품을 2004년도에 M&A를 하고 이후 CJ제일제당으로 통합하였는데(2006년 11월) 별다른 마찰이나 강제고용조정 없이 안정된 노사문화를 가진 사업장으로 만들었다는 점이 높이 평가를 받았다.

위에서 살펴본 바를 종합하여 말하자면 CJ고용관계의 성과는 기업조직, 구성원, 대외관계 모두에서 "안정성장"이라고 할 수 있다. 이런 추세는 비교적 오랜 기간 유지되어 왔고 적어도 당분간 큰 변화는 없을 것으로 예상된다.

7. 시 사 점

CJ사례에서 나타난 여러 특징들을 토대로 이후 개선 또는 참조할 정책적 시사점을 살펴보면 다음과 같다. 첫째, 이제까지 이루어 온 안정성장을 "지속가능한 안정성장"으로 유지발전시켜가는 것은 이후 과제이다. 지속가능한 안정성장을 구체화하기 위한 노력으로 현재 그리고 이후 기업에게 점차 더 큰 요구로 나타나고 있는 환경친화, 사회공헌을 늘릴 필요가 있다. 이는 CJ가 생활문화기업을 표방하는 것과도 연계되는 것으로 기업특성과 기업고유 장점을 살릴 수 있는 분야이기 때문에 관심을 갖고 노력을 기울인다면 달성 가능한 목표라고 보인다. 그러나 이를 위해서는 역시 안정적인 재원 확보가 중요한데 CJ 현재 주요 사업은 이윤이 높지 않은 저성장업종이다. 이런 업종 특성상 우수인력을 선발하고 유지하기 위한 보상재원 확보가 쉽지 않을 수 있다. 따라서 이후 신품종개발을 통해 "지속가능한 안정적인 재원확보 — 우수인력 확보와 성과주의에 기초한 높은 보상 — 높은 동기유발과 고성과 창출 — 지속가능한 안정적인 재원확보"라는 선순환구조를 만들 필요가 있다.

둘째, 의사결정과정에 사원참여를 보완할 필요가 있다. 현재는 경영진에서 이미 결정한 사항을 널리 알리는 '열린 경영'수준이라고 할 수 있다. 그러나 이후 점차 늘어날 것으로 예상되는 노동자들의 적극적인 참여욕구를 충족시키기 위해 의사결정과정에 사원참여를 늘릴 필요가 있다. 특히 CJ가 추구하는 제일주의에 따라 양성된 수준의 우수인력이라면 의사결정에 참여가 더욱 필요하고 또 가능할 것이다. 인재양성의 실효성을 얻기 위해서도 사원참여가 필요하다. CJ 인재양성에 대해서는 구성원 모두가 인정하고 있고 대외적인 비교를 하더라도 우수하다. 그렇지만 이제까지 교육은 사측주도로 뛰어난 교육프로그램을 제공하는 것이었다. 교육프로그램 설정단계부터 교육수요자의 참여를 늘려 수요자주도형 교육으로 전환할 필요가 있다.

셋째, CJ가 사원을 거의 대부분 정규직으로 운용하고 있는 것은 이후에도 지속될 필요가 있다. CJ 비노조 정책이 가능했던 원인으로 정규직 중심 인재육성, 섬세하고 유연한 조직문화, 높은 총보상과 고용보장을 들 수 있다. 그리고 이를 토대로 CJ 고유문화 구축과 유지가 가능했다. CJ가 갖고 있는 이런 특유의 장점을 유지발전시키기 위해서는 정규직 중심의 적극적인 인력정책을 더욱 강화하는 것이 바람직하다.

넷째, 곧 시행될 복수노조에 대한 대응이 필요하다. 삼성시절 이후 CJ는 비노조 정책을 펼쳐왔는데 이후 복수노조가 허용될 경우 단지 CJ 하나만이 아니라 한국노사관계 전반에 커다란 변화를 가져올 가능성이 높다. 복수노조 허용에 따른 노사관계 전반의 변화 바람에 따라 CJ노사관계에도 일정한 변화 가능성이 있을 수 있다는 점을 고려하여 비노조정책 변화이든 유지이든 어떤 경우에도 일정한 대응이 필요할 것이다.

CJ 사례 특징은 CJ 고유의 섬세 유연한 조직문화를 토대로 한 안정성장이다. 이후 과제는 결국 이를 지속가능한 안정성장형으로 가져가는 것일 것이다.

제3절 포스코: 혁신과 신뢰에 기반을 둔 노경관계

1. 사례의 배경

(1) 기업배경

1) 포스코의 연혁

주식회사 포스코(POSCO)는 1968년 4월 1일 제철보국(製鐵報國)[3]이라는 창업정신으로 창립한 일관제철소(一貫製鐵所)[4]로서 한국의 철강산업 발전을 선도하고 우리나라 경제발전의 원동력이 되었다. 창업초기에는 자본, 기술, 경험도 없는 무의 상태였지만 박태준 사장을 비롯한 39명은 '조상의 피의 대가를 한 푼이라도 낭비해서는 안 된다'[5]는 사명감 하나로 '롬멜하우스'[6]라 불리는 건설사무소에서 제철입국의 의지를 불태웠다.

포스코는 1973년 포항제철소 1기 설비가 준공된 것을 시작하여 1976년 2기, 1978년 3기, 1981년 4기가 순차적으로 준공되었고 광양제철소는 1987년부터 1992년까지 총 4기의 설비가 준공되었다. 이로써 포스코는 조강연산 2,080만 톤의 세계일류기업의 반열에 오르게 되었다. 또한 2000년 민영화된 포스코

---

3) 철을 생산함으로써 민족과 국가에 보답한다는 의미; 포항종합제철주식회사(1991), 「포항제철 조직관리의 지침: 노사관계를 중심으로」, p. 20.

4) 철강을 만드는 공정은 크게 제선·제강·압연의 세 공정으로 나누는데 일관제철소란 이같은 일관된 제철과정을 모두 갖추고 있는 제철소를 말한다.

5) 처음 포스코 건설자금을 확보하기 어려워지자 대일청구권 잔액을 제철소 건설사업에 투자하게 되었다. 이를 두고 박태준 사장은 '실패하면 민족사에 씻을 수 없는 죄를 짓는 만큼 우리 모두 오른 쪽으로 돌아 영일만에 빠져 죽자'는 내용의 '우향우 정신'은 유명한 일화로 알려져 있다(포스코 역사관 가이드 설명 중).

6) 박태준 사장은 포항제철 건설 초기 건설사무소를 '사막의 여우'로 불렸던 독일 장군의 이름을 딴 건설본부 '롬멜하우스'라고 부른데서 유래(김재창, "기술력 '넘버원'…글로벌 기업 '우뚝': Top10-2위 포스코," 「한경비즈니스」 2008년 06월 16일 제654호 커버스토리 중, assessed on 2008/07/22 http://www.kbizweek.com/cp/view.asp?vol_no=654& art_no=5&sec_cd=1001).

는 2007년 현재 조강 생산 5,000만 톤을 목표로 해외생산기지를 확대하고자 베트남, 인도에 일관제철소 건설을 추진하는 등 주요 해외 거점에 생산설비를 증설하고 있다.

그 결과 포스코의 기업가치는 534억 달러(2007년 말 기준)로 국내 상장사 중 2위를 기록하였으며 규모면에서는 인수·합병(M&A)으로 덩치를 불린 아르셀로 미탈(Arcelor Mittal), 신일본제철, JFE 등과 같이 세계 최상위권에 속한다.

특히 파이넥스(Finex) 공법,[7] 스트립캐스팅(포스트립: posStrip)[8] 등과 같은 포스코 고유의 기술을 개발·보유하는 등 R&D에 대한 노력도 지속적으로 이루어지고 있어 타 업체들의 벤치마킹 대상이 되고 있다.

한편 1988년에는 국민주 1호로 주식을 공개한 이후 1994년 국내 최초로 뉴욕 증시에 주식을 상장했고 1995년 런던 증시, 2005년 도쿄 증시에 상장함으로써 세계 3대 주식시장에 상장돼 있는 유일한 국내 기업이다. 또한 소유와 경영이 철저히 분리된 지배구조하에서 전문경영인이 책임경영을 하고 사외이사가 중심이 된 독립적인 이사회가 이를 견제, 감시하는 이상적인 경영체제는 이후 민영화된 공기업들의 모범 모델이 되고 있다. 또한 3년 연속 샘 다우존스 지속가능성 기업, 투명회계대상, 기업지배구조 최우수상 등을 수상하는 등 회사의 국제적 위상을 확고히 하고 있다(〈표 3-16〉 포스코의 연혁 참조).

이처럼 포스코는 기술과 품질, 시스템의 면에서는 세계 제일의 경쟁력을 갖춘 철강 업체이다. 2008년 창립 40주년을 맞이하여 '비전 2018'을 선포하여 2018년까지 본업인 철강사업을 바탕으로 신성장동력을 보완해 글로벌 기업으로 성장하고 이를 통해 성장과 수익, 안정과 지속성을 고루 갖춘 뉴 포스코를 실현하고자 노력할 것으로 다짐하고 있다(POSCO, 2008(a): 11).

---

7) 값이 싼 가루 형태의 철광석과 석탄을 가공없이 직접 사용해 쇳물을 생산함으로써 설비투자비와 오염물질 배출을 대폭 줄일 수 있는 환경친화적인 제철공정으로 POSCO 고유기술(assessed on 2008/07/22 http://www.posco.co.kr/homepage/docs/kor/html/product/skill/s91c5000010c.html).

8) Ladle과 Tundish에서 쇳물을 공급하는 공정부터 주조롤에 의한 급속 응고, 압연기에 의한 두께 감소, 그리고 냉각과 코일을 감는 과정이 연속적으로 이뤄지는 기술(assessed on 2008/07/22 http://www.posco.co.kr/homepage/docs/korhtml/product/skill/s91c 50000 10c.html).

〈표 3-16〉 포스코 연혁

연대		주요 내용
창업 및 포항 건설기	1968. 4. 1	포항종합제철주식회사 창립
	1970. 4. 1	포항제철소 1기 설비 착공
	1973. 7. 3	포항제철소 1기 설비 준공(조강연산 130만 톤)
	1976. 5. 31	포항제철소 2기 설비 준공(조강연산 260만 톤)
	1978. 12. 8	포항제철소 3기 설비 준공(조강연산 550만 톤)
	1981. 2. 18	포항제철소 4기 설비 준공(조강연산 850만 톤)
	1983. 5. 25	포항제철소 4기 2차 설비 준공(조강연산 910만 톤)
광양 건설기	1985. 3. 5	광양제철소 1기 설비 착공
	1987. 5. 7	광양제철소 1기 설비 준공(조강연산 1,180만 톤)
	1988. 6. 10	기업공개(국민주 1호)
	1988. 7. 12	광양제철소 2기 설비 준공(조강연산 1,450만 톤)
	1990. 12. 4	광양제철소 3기 설비 준공(조강연산 1,750만 톤)
	1992. 10. 2	광양제철소 4기 설비 종합 준공(조강연산 2,080만 톤)
대역사 완성 이후	1993. 12. 9	ISO 9002 인증 취득
	1994. 10. 14	뉴욕증시 상장
	1995. 10. 27	런던증시 상장
	1997. 3. 14	사외이사제 도입
	2000. 10. 4	산업은행 지분 매각 완료로 완전 민영화
	2002. 3. 15	'주식회사 포스코'로 사명 변경
	2003. 11. 7	포스코차이나(POSCO-China) 출범
	2004. 8. 17	파이넥스 상용화 설비 착공(연산 150만 톤 규모)
	2004. 10. 15	포스코재팬(POSCO-Japan) 출범
	2005. 8. 25	포스코인디아(POSCO-India) 출범
	2006. 6. 30	광양제철소 6CGC준공(자동차강판 650만 톤 체제 구축)
	2007. 5. 30	파이넥스 상용화 설비 준공
세계 속의 POSCO	2008. 4. 1	창립 40주년 「비전 2018」(2018년까지 철강사업을 바탕으로 한 신성장동력을 보완해 글로벌 기업으로 성장하고 이를 통해 성장과 수익, 안정과 지속성을 갖춘 뉴 POSCO를 실현) 선포

주: 포스코의 연대 구분은 홈페이지(http://www.posco.co.kr)에서 제시된 시대구분을 수정 사용하였음.

자료: -POSCO(2008b), 「2008년도 사업보고서」, pp. 6~7.
-http://www.posco.co.kr/homepage/docs/kor/html/company/posco/s91a1000011c.html 등을 요약 정리함.

2) 포스코의 일반 현황

포스코(대표: 이구택)는 경북 포항에 본사를 두고 있으며 2007년 한 해 동안 매출 22조 2,070억 원, 당기순이익 3조 6,790억 원, 조강생산량 3,110만 톤을 기록한 세계 최상위권에 속하는 철강업체이다. 주요 전략제품은 자동차강판, 고급API강재, 400계 스테인리스강, 전기강판, TMCP 강재, 고기능 열연 및 냉연, 고급 선재 등이며 전체 판매량(2,958만 톤)의 66.1%를 차지한다. 2007년 12월 말 현재 총발행주식수는 8,718만 6,835주로서 이 중 외국인이 49%, 내국인 38%, 자사주가 13% 보유하고 있다.

포스코의 이사회는 상임이사 6명, 사외이사 8명으로 구성되어 있으며 2007년도에는 총 7번의 이사회가 개최되었다. 또한 직원 수는 총 17,307명이며 이 중 여성근로자는 388명으로 전체의 2.2% 정도를 차지하고 있다. 직원의 평균근속년수는 19.02년이며 직원 1인당 평균급여액은 6,370만 원이다(표 3-17 참조).

노동조합은 한국노총 전국금속노동조합연맹에 소속되어 있으며 조합원은 총 18명이며 상근인원은 4명이다(POSCO, 2008(b): 111).

한편 포스코에는 1997년부터 노경협의회가 설치 운영되고 있는데 임금교섭 기능까지 수행하고 있다.

〈표 3-17〉 직원 현황 (단위: 명, 연, 월, 백만 원)

구분	직 원 수			평균근속년수	연간급여총액	1인당 평균급여액
	관리사무직	생산직	계			
남	1,221	15,698	16,919	19.05	1,092,257	64.0
여	265	123	388	9.06	16,387	45.9
계	1,485	15,821	17,307	19.02	1,108,644	63.7

자료: POSCO(2008b), 「2008년도 사업보고서」, p. 111.

(2) 경영전략

포스코의 경영전략을 창립 후 초기의 경영전략과 '비전 2018년'이 지향하는 경영전략으로 구분하여 살펴보도록 한다. 왜냐하면 과거의 성공적인 경영전략이 급변하는 경영환경 속에서 지속적인 성공을 보장하는 열쇠가 아니기 때문이다. 따라서 과거의 성공전략에 대한 분석과 향후 발전전략을 구분하여 살펴보는 것이 타당하리라고 판단된다.

1) 초기 경영전략: '무에서 유를 창조한 신화' 탄생

철강산업은 방대한 설비투자가 소요되는 자본집약적 장치산업이며 고도의 기술을 필요로 하는 기술집약적 산업이다(김훈·박준식, 1994: 13). 그러나 포스코가 설립되었던 1968년 당시 우리나라 철강산업은 거의 불모지나 다름없었기 때문에 산업시설이나 기술, 인력 및 기초 인프라가 전혀 구축되어 있지 않은 상태였다. 따라서 포스코는 '제철보국'이라는 창업이념을 실현하고자 제철사업의 조기 안정을 위해 노력하였다.

또한 외부 환경요인으로서 정부는 제철산업이 산업화의 바로미터라고 인식하였기 때문에 포스코에 대한 막대한 지원을 베풀었다. 그러나 정부를 제외한 다른 환경요인은 우호적이지 않았다. 예를 들어 제철관련 기술수준은 매우 뒤떨어진 수준이었기 때문에 일본을 비롯한 구미 선진제철소로부터 용역형태로 도입하지 않으면 안 되었고, 이 기술을 습득하고 운영할 인력조차 마땅히 확보하지 못한 상태였다.

이러한 상황에서 포스코는 공정혁신 및 이를 통한 비용절감에 의한 비용우위의 확보, 즉 원가우위전략을 수립하고 추진하였다. 이를 위해 기업이 필요로 하는 기술인력을 기업 내부에서 양성하는 노동시장의 내부화, 즉 내부승진제도와 기업내 숙련형성기제의 구축, 주거지원을 중심으로 한 광범위한 복지후생 시책을 전개하였다. 또한 노동집약적 조업과정 중 외주화하여 수행하는 것이 더 효율적인 공정들[9]을 외주파트너사에게 대행시킴으로써 노동비용의 절약을 도모하고 나아가 경기변동에 따른 인력운용의 탄력성을 확보하였다.

한편 최고경영자의 카리스마적·가부장적·온정주의적 노사관계 이념은 '노조 없는' 노사관계를 정립하도록 유도하였다. 포스코의 초기 경영전략은 '무에서 유를 창조한 신화'의 초석이 되었다.

2) 글로벌 시대의 경영전략: 또 다른 성공신화에의 도전

포스코는 또 다른 성공신화를 꿈꾸고 있다. 그러나 철강산업의 경영환경은 과거보다 더 위협적이다. 예를 들어 중국, 인도, 말레이시아 등 후발 철강국들

---

9) 각종 폐기부산물과 반제품 및 제품의 구내운반/기계·전기·계장, 조명보수, 전기제어정비, 주물가공 등 각종 설비의 정비 및 관리, 각 공장의 부대작업 및 청소와 잡작업 등.

이 부상하고 있다. 또한 선진국의 경쟁업체들은 기술이전을 거부 또는 회피하는 경향을 보이며 구조조정과 집중적인 설비 및 인원합리화로 선진철강기업의 가격경쟁력도 급속히 회복되고 있다. 환경에 대한 관심도 집중되면서 친환경경영의 목소리가 높아지고 있다.

이와 같은 시장·기술환경 속에서 포스코는 고부가가치 중심의 제품구조전환, 생산규모의 정예화, 산업 내의 연계 및 수요기업과의 연계 모색, 사업분야의 다각화, 하이테크화 등 양적 성장에서 질적 성장으로의 전환이 요청되는 상황에 놓이게 되었다. 즉 정보통신과 신소재분야에의 적극적인 진출과 아울러 본업인 철강부문에 있어서도 값싼 원자재 구입, 조업 및 고정효율성의 제고, 노동생산성의 향상을 통한 원가우위의 확보는 물론 기술개발력의 강화에 의한 차별화가 기업의 중요한 경쟁전략으로 등장하고 있는 것이다.

현재 포스코가 천명한 경영전략방향은 i) 글로벌전략,[10] ii) 글로벌 SCM 기지 구축전략,[11] iii) 글로벌 기술 리더십 확보전략,[12] **iv)** 신사업 추진전략[13] 등이 있다. 향후 이 전략이 성공으로 이끌기 위해서는 인적자원관리방법이나 노사관계 관리방법 등과 같은 기능전략을 수립하여야 할 것이다. 예를 들어 우리와 다른 문화와 언어를 갖고 있는 국가에서 제철소의 건설·운영이나 기업활동을 할 때 국내와 같은 방식으로 할 것인가 아니면 현지국의 특성에 맞게 운영할 것인가 하는 문제이다. 앞으로 포스코의 경영전략 운영에 관심이 집중된다.

---

10) 아시아 지역 생산기지 확충(성장 잠재력이 높은 아시아지역의 생산기지 확충하는 전략으로 구체적으로 중국, 인도, 베트남 등에 일관제철소 건설 및 운영)과 신규광산 개발 참여(저렴하고 안정적인 철광석과 원료탄 등 원료확보를 위해 다양한 신규 광산개발 프로젝트에 참여전략) 등이 있다.

11) 전세계 주요 지역에 SCM(Supply Chain Management)기지를 가동하여 지역별 맞춤 서비스를 제공함으로써 글로벌 사업영역 확장을 적극 지원하는 것이다.

12) 고급강 생산판매체제 구축을 통한 제품 경쟁력을 강화하기 위하여 12대 기술개발 과제를 선정, 전사적 역량을 집중하여 추진하고 있다.

13) 주요 사업분야로는 발전 부문, LNG 터미널 부문, 해외자원개발사업 부문, 친환경연료부문, 청정개발체계 부문, 해외조림부문 등이 있음.

2. 노사관계

포스코의 노사관계를 발전과정을 회사주도 노무관리체제, 노사협의회 체제, 노조체제 및 노경협의회 체제 등 네 단계(〈표 3-18〉 참조)로 나누어 설명하고자 한다.

(1) 회사주도 노무관리체제(1968~1981. 1)

창업 이후 1981년 노사협의회가 설립되기까지의 시기로서 노사관계의 제도적 체계가 형성되지는 않았지만 노사관계와 조직관리의 기본철학과 시각이 정립된 시기라고 할 수 있다. 특히 박태준 초대 사장은 다음과 같이 강조하면서 설립 초기부터 '노조 없는 노사관계'를 추진하여 왔다.

> '내가 기업경영을 맡고 난 이후로 꼭 관철시키고 싶은 것들 중의 하나가 노조 없이도 직원들의 권익이 철저히 보장될 수 있는 회사입니다. … (중략) … 그러나

〈표 3-18〉 포스코의 노사관계 발전과정

구 분		주요 특징
회사주도 노무관리 체제 (1968~1981. 1)		• 노조 없는 노사관계의 기본철학과 시각의 정립 • 월등한 복지제도 실시 및 노동시장 내부화
노사협의회 체제 (1981. 1.~1988. 6)		•「노사협의회법」에 의한 노사협의회 설치 운영 • 노사관계의 제도적 개선을 이룩하였으나 기존의 온정주의적 특성을 그대로 유지
노조 체제 (1988. 6~1991. 2)	온건노조 체제 (1988. 6~1990. 7)	• 1988년 6월 노동조합 결성. 단, 기존 노사협의회 근로자위원을 중심으로 간접선거로 노조임원진 구성 • 노사협의와 복리후생 등 기업내 조합활동 강조
	강성노조 체제 (1990. 9~1991. 2)	• 강성집행부의 등장으로 대립적 노사관계로 변함 • 노사간의 대립과 노조의 부패사건 등으로 조합원들이 집단적·경쟁적 탈퇴로 휴면노조로 전락
노경협의회 체제 (1992. 11~현재)	직장협의회 체제 (1992. 11~1997. 10)	• 노사간의 공식적 교섭 및 의사소통라인으로서 직장협의회 결성하였으며 사실상의 임금협상기능 수행
	노경협의회 체제 (1997. 11~현재)	•「근참법」의 제정으로 노경협의회를 새롭게 구성 • 노경협의회는 임금교섭기능까지 포괄하는 대의기구의 역할 수행

노조 없이도 피고용자의 이익이 높은 수준에서 지속될 수 있다면 결과를 얻기 위해서 더 많은 대가를 지불해야 할 필요는 없을 것입니다'(1976년 6월 14일 발언 중; 포항종합제철주식회사(1991), pp. 35~36).

또한 일관제철소로 성장하기 위해서는 숙련 기능인력의 대량 확보와 정착이 필수불가결의 사항이었기 때문에 다른 기업과 비교하여 월등한 복지제도를 실시하고 내부인력 승진제도와 안전관리제도 등을 확립하였다. 이는 최고경영자의 기본철학과 일맥상통한다고 할 수 있다. 최고경영자의 카리스마적·권위주의적 리더십에 기반을 둔 온정주의적 노사관이 이 시기에 형성되었으며 기업은 근로자들의 삶 전체에 대해 책임을 지고 근로자들에게는 기업에 대한 전면적인 몰입을 요구하였다. 한편 이 시기에 마련된 노사관계 제도로는 직급체계 수립 및 개선, 내부승진제도의 정착, 직원간담회[14] 및 자주관리제도, 기성제도, 안전관리제도 등이 있다.

(2) 노사협의회 체제(1981. 1.~1988. 6)

이 시기는 1980년 말에 제정된 『노사협의회법』에 의해 설치가 의무화된 노사협의회가 설립하고 운영되다가 노동조합이 결성될 때까지의 시기이다. 이 시기는 노사협의회, 노사간담회, 대화의 날과 같은 노사협조 창구들을 활용하면서 노조 없는 기업으로 노사협조체제를 구축한 시기이다.

노사협의회의 조직은 포항제철소 노사협의회와 광양제철소 노사협의회로 분리되어 운영하고 이를 다시 통합하여 전사노사협의회를 운영하였다([그림 3-6] 참조). 노사협의회의 근로자위원은 현장관리층인 주임·반장층을 중심으로 운영되었으며 간접선거[15]로 선출되었으며 임기는 1년이었다. 노사협의회의 운영실적은 1981년부터 1987년까지 7년 동안 41회 개최되었고 토의된 안건수는 238건으로 인사노무관련 109건, 복리후생 관련 79건, 안전 및 기타 사항 50건 등으로 구성되었으며 사원지주제, 직급체계 개선, 신주택단지 건설 등이 처리되었다. 한편 1988년 노조가 결성된 이후에는 협의회 임원이 노조임원과 중복

14) 1974년 무렵부터 시작되었으며 반기 1회씩 부단위로 실시; 포항종합제철주식회사(1991), p. 59.

15) 노조 결성 직전에 근로자위원을 직접선거로 선출하는 규정을 만듦; 김훈·박준식(1994), p. 54.

[그림 3-6] 노사협의회 조직

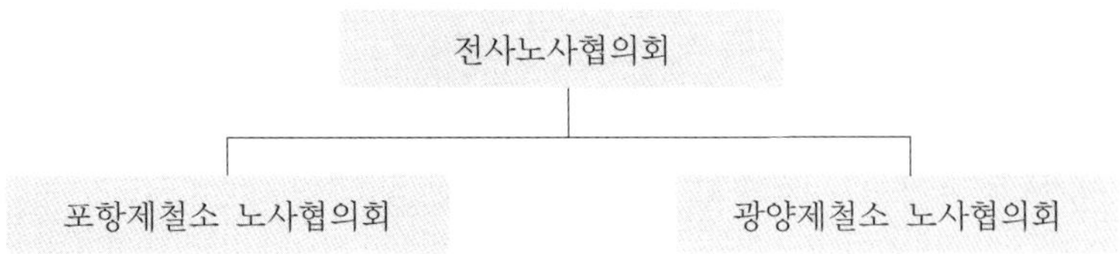

주: 처음에는 포항제철소 노사협의회만 운영하다 광양제철소가 착공되면서 광양제철소 노사협의회가 운영되기 시작함.
자료: 김훈·박준식(1994), 「철강산업의 인적자원관리와 노사관계」, 한국노동연구원, p. 54.

되었기 때문에 협의기능만 수행하게 되었다.

노사협의회 외에도 대화의 날 간담회, 직원간담회, 주택단지 반상회,[16] 고충처리위원회, 직원신상조사,[17] 인사상담제도 및 '우리는 한가족운동' 등과 같은 각종 캠페인 등이 있었다.

따라서 이 시기는 노사협의회의 설치·운영, 사원지주제도의 도입 등과 같이 노사관계의 제도적 개선이 이루어졌으나 조직관리기구들은 엄격한 위계적 통제의 틀 속에서 이루어져 현장근로자들의 목소리가 최고경영층에 전달되기에는 어려웠다. 즉 제도적인 개선이 있었으나 기존의 권위주의적 온정주의적 특성이 그대로 유지되었다고 할 수 있다.

(3) 노조체제(1988. 6~1991. 2)

이 시기는 노조 결성 이후부터 사실상 와해되기까지의 시기를 지칭하는 것으로 두 시기로 나누어서 살펴볼 필요가 있다.

1) 온건노조 체제(1988. 6~1990. 7)

1987년 '6·29선언' 이후 전국적으로 많은 기업에서 노동조합이 설립되었으며 포항지역에서도 포스코를 제외한 대부분의 기업에서 노동조합이 설립되었

16) 회사관리 주택지역의 직원부인을 대상으로 한 반상회에서 과장급 이상 간부사원이 참석하여 회사의 정책을 설명하고 건의사항을 청취한 후 이에 대한 조치결과를 설명하는 것; 상게서, p. 55.

17) 주임·반장층이 '신상특이자 파악 및 정밀관리를 목적으로' 운영되었던 제도; 상게서.

다. 또한 포스코에서도 노동조합 설립을 요구하는 목소리가 나타나기 시작하였다. 이처럼 대내외적으로 노조 설립에 대한 요구가 증대되자 1988년 6월 28일 박태준 회장은 다음 내용의 특별담화를 발표하였다. 발표 다음날인 1988년 6월 29일에 포항과 광양지역에서 25명의 근로자가 모여 노동조합을 결성하게 되었다. 이 시기를 '온건노조 체제'라고 할 수 있다.

> '노조의 설립을 포함하는 모든 직원들의 활동에 대해 회사가 이를 간섭하거나 막는 일은 없을 것'(1988년 6월 28일 노사관계 특별담화 중; 포항종합제철주식회사(1991), p. 64).

초기 노조는 기존의 노사협의회 근로자위원을 지냈던 주임·반장층 근로자들이 간접선거를 통해 결성하였다. 당시 직접선거를 통해 노조임원을 선출하던 일반적인 추세와는 달리 포스코에서는 간접선거를 통한 노조 위원장이 선출하였다.[18] 이로써 회사 측은 노조체제의 형성기에 노조의 협력을 끌어낼 수 있었을 뿐만 아니라 이후의 노사관계를 기업의 주도로 이끌어 감에 있어서 유리한 위치를 차지하게 되었다. 이때 선출된 노조집행부는 '인간성 회복', '권위주의 청산', '합리적 운영' 등을 활동목표로 삼았으며 노사협의와 복리후생에 중점을 둔 '기업 내' 조합활동에 국한하였다.

또한 노조 임원들은 '파업은 실제로 불가능하며 절대 일어날 수 없다'[19]라는 생각이 지배적이었기 때문에 다른 기업에서 발생하던 노사분규가 포스코에서는 발생하지 않았을 뿐만 아니라 SQC(Sales, Quality, Cost)라는 생산성증강운동을 노사가 합동으로 전개하기도 하였다. 단체교섭에 의한 임금협상[20]이 이루

---

18) 노조 임원의 간접선거에 대한 불만이 높아지자 1989년 조합 규약을 직접선거로 개정함.

19) 노조는 포스코의 시설규모 매우 크고 근로자의 관리 및 통제가 불가능하며 파업이 발생할 경우 회사측에 엄청난 손실을 가져오기 때문에 단체교섭 전략에는 단체행동이나 파업이 배제하였다. 김훈·박준식(1994), pp. 57~58.

20) – 1989년 2월 최초의 단체협약(1988년 11월 22일부터 1989년 2월 2일까지 임금교섭이 진행되었으며 20.7%의 임금인상, 가족수당 및 월동비 신설 등) 타결,
– 1989년 12월 노사공동안(직직원 단일호봉제 도입으로 대졸·고졸간의 직급격차가 1개로 축소하고, 1년에 1호봉씩 승진 보장 등) 확정
– 1990년 노사임금동결(협상 초 노조는 12.4%의 임금인상을 요구하였으나 단일호봉제 타결로 이미 실질 임금인상폭이 12.5%에 육박한다는 회사측의 주장을 받아들여서 임금을 동결하게 됨) 합의.

어졌는데 1990년 노사가 임금동결에 합의하고 대의원대회에서 과반수를 약간 상회하는 지지로 통과되었다. 그러나 이러한 집행부의 협조주의 노선에 대한 비판과 전국적인 노사관계 흐름의 영향으로 새로운 운동노선이 대두되었다.

한편 1987년 이후 정치사회적 여건의 변화로 일부 외주파트너사에서 노조가 결성되는 등 외주파트너사의 노사관계가 최대 이슈로 등장하였다. 1988년 당시 외주파트너사의 협력 비율이 38%인 상황에서 작업의 지연 또는 중단은 포스코 전체의 조업에 심대한 영향을 주기 때문이다. 이에 포스코는 설비 자동화, 기술개발, 작업방법 개선 등을 통하여 외주파트너사의 인력 합리화를 추진하였다.[21]

2) 강성노조 체제(1990. 9~1991. 2)

이 시기는 '젊은 현장근로자들'[22]이 중심이 된 사내비공식 노동운동 조직인 '민족포철'이 1990년 8월 3대 위원장 선거를 통해 새로운 집행부로 부상하게 된다.

강성집행부가 등장하면서 노사간에 심각한 대결국면이 형성되었고 협조적 관계가 아닌 대립적 관계로 변하게 되었다. 특히 3대 집행부는 기존 1~2대 집행부와는 달리 '기업외' 조합활동에 관심을 갖고 여타 대기업 노조나 사회단체들과의 횡적 연대를 강력히 추진하였다. 그러나 이러한 정책은 '직원과 경영자가 혼연일체가 된 회사'라는 기업측의 회사관리방침과 정면으로 배치되는 것으로 노사간의 대결양상이 나타났다.

또한 1990년 12월 작업환경 측정결과 발표에 따른 노사간의 첨예한 대립이 발생하였다. 원래 이 작업환경조사는 1989년 단체협약에 의거하여 코크스공장에서 유해가스의 배출정도를 측정할 목적으로 서울대 보건대학원 산업보건연구실에 의뢰한 조사였다. 그런데 코크스 공장의 작업환경조사 결과[23]를 회사가 검토하지 않은 상태에서 노조가 일방적으로 발표하였다. 이에 회사측은 노조의 일방적 공개에 강력히 반발하고 재조사를 요구한 반면에 노조측은 조사결과를

21) 1986년 기준 인력의 35% 생력화; 김훈 · 박준식(1994), 전게서, p. 22.

22) 1980년대 입사한 근로자들로 민주적 의식과 자아실현에 대한 욕구가 강하며 권위주의적 관리체제에 대해 불만이 있었음; 김훈 · 박준식(1994), 전게서, p. 59.

23) 작업장의 유해가스 배출 기준이 허용치보다 높고 직업병 발생가능성이 있다는 소견; 상게서, p. 61.

인정할 것을 요구하는 등 노사간의 의견이 팽팽하게 부딪혔다. 이에 노조는 창사 이래 근로자들의 가장 큰 반발행동이라는 '사복출근 투쟁'[24]이라는 강수를 두며 노조의 주장을 관철시키려 하였으나 큰 성과를 보지 못하고 4일 만에 유야무야되었다. 또한 1991년 1월 노조간부의 부패사건[25]이 발생하여 집행부에 대한 조합원의 신뢰를 상실하게 되었다. 이처럼 노조 집행부의 잦은 외부활동에 대한 종업원의 곱지 않은 시각, 노사간의 대립 시 이의 해결방안 부재에 따른 지도력 불신 및 노조 집행부의 비윤리적 활동 등이 겹치면서 노조의 조직 통제력은 약화되고 조직원이 집단적·경쟁적 탈퇴가 이루어져 노조는 명목상으로만 존재하게 되었다. 그 결과 3대 집행부가 구성될 당시 18,400여 명이었던 조합원 수자가 노조원들의 조합탈퇴가 가속화되면서 1991년 말 현재 조합원 수는 약 120명까지 축소되고 이 노조도 1993년에 이르면 활동이 거의 없는 휴면노조 상태로 들어가게 된다(차유미, 1998: 32~33).

(4) 노경협의회 체제(1992. 11~현재)

노조의 와해 이후 포스코의 노사관계는 직장협의회 체제로 바뀌게 되었으며 1997년 『근로자참여 및 협력증진에 관한 법률』이 제정됨에 따라 노경협의회체제로 변경되어 운영되었다. 그러나 직장협의회나 노사협의회는 내부적인 특성이 거의 같으므로 이를 노경협의회제체로 통합하여 살펴보도록 하겠다.

1) 직장협의회 체제(1992. 11~1997. 10)

노조의 갑작스러운 와해로 노사간의 공식적인 교섭 및 의사소통라인이 붕괴되었다. 또한 직원대표기구의 부재는 회사측에게도 상당한 부담으로 작용하게 되었다. 이에 회사측은 조직활성화를 위하여 직원대토론회, 직원정책자문회의, 직장간담회, 경영설명회, 한가족미팅, 반단위 활성화, 다이렉트 메일(Direct Mail), 조직운영쇄신 간부토론회, 대화의 날 등과 같은 활동을 추진하였다. 한편 회사측은 '조합기능이 정지된 상태에서도 단절없이 직원의 의견을 수렴할 수 있는 제도적 장치'로서 직장협의회를 근로자측에 제안하였으며 근로자측도

---

24) 노조의 사복출근에 대하여 회사측은 사복출근은 취업규칙 위반이라며 사복출근 조합원 2,000명에게 경고장을 발송하였다; 상게서.

25) 노조간부가 직원들의 생일선물 납품과 관련하여 하청업체로부터 금품을 받은 혐의로 1명이 구속되는 사건; 상게서.

[그림 3-7] 직장협의회 조직 및 구성

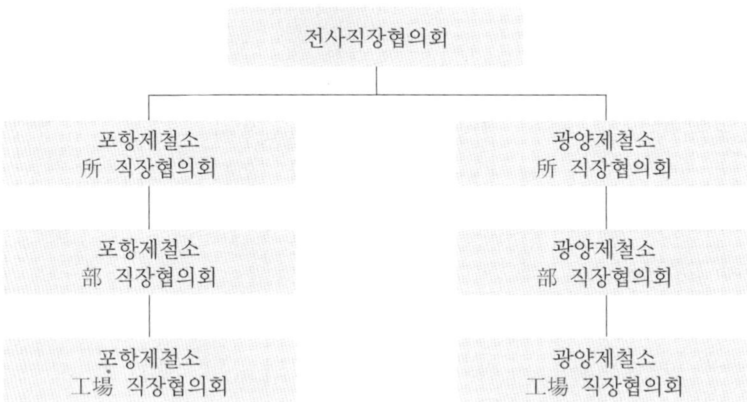

자료: 김훈 · 박준식(1994), 「철강산업의 인적자원관리와 노사관계」, 한국노동연구원, p. 65.

대표성을 지닌 이익대변기구가 필요하다는 공감대를 형성하여 1992년 11월 '직장협의회'를 결성하게 되었다.

직장협의회는 법적으로 노사협의회로 등록되었으며 조직과 구성은 [그림 3-7]에서 보는 바와 같다. 포항제철소와 광양제철소를 분리하고 이를 다시 전사직장협의회에서 통합 · 운영하고 있다. 근로자 위원은 직접 · 비밀 · 무기명 투표로 선출되며 임기는 1년으로 하되, 연임이 가능하였다. 또한 비전임 무보수를 원칙으로 하지만 원활한 운영을 위하여 일부 위원을 전임[26]으로 인정하였다.[27]

직장협의회 운영규정에 따르면 '인사노무관리의 합리적 운영을 위한 직원의 임금, 근로조건 등 제도개선에 관한 사항'(직장협의회 운영기준 제15조 6)은 노사간의 협의사항으로 규정하고 있다. 실제로 1993년 직장협의회에서는 회사와의 임금 및 성과배분에 대하여 협의하였는데 성과배분제의 도입과 임금동결을 합의하였다. 이처럼 직장협의회는 사실상의 임금협상기능을 수행한 것으로 볼 수 있다(김훈 · 박준식, 1994: 64).

1980년대의 노사협의회와 비교하여 볼 때 직장협의회는 직선에 의해 위원

26) 1996년 직장협의회가 노경협의회로 바뀔 때에는 전임이 18명임: 당시 직장협의회 간부 직원인터뷰 내용 중

27) 직장협의회 운영기준.

들을 선출한다는 점과 공장, 부, 소 등의 협의회를 별도로 운영하는 등 근로자들의 의견을 단계적으로 수렴할 수 있는 방법을 구축하였다. 이는 대표성이 있는 노사간의 기구가 안정적이고 공식적으로 의사소통을 할 수 있는 채널을 확보 운영한다는 점에서 평가받을 만하다. 또한 기업측에서도 노사대립이 재현되는 상황을 방지하기 위하여 정신교육을 강화하고 의사소통 구조의 개선을 도모하는 한편 새로운 노사관계 질서의 구축을 위해 노력을 기울였다.

한편 직장협의회는 1997년 「근로자참여 및 협력증진에 관한 법률」이 제정됨에 따라 노경협의회로 새롭게 재탄생하게 된다.

2) 노경협의회 체제(1997. 11~현재)

1997년 『근로자참여 및 협력증진에 관한 법률』에 제정됨에 따라 기존의 직장협의회를 노경협의회로 새롭게 구성하기 시작하여 2006년 현재 제 4 대 노경협의회를 구성·운영하고 있다. 노경협의회의 조직은 전사협의회, 부문협의회, 부(실)협의회, 공장(과)협의회 등으로 구성되어 있다. 전사협의회는 [그림 3-8]에서 보는 바와 같이 근로자 및 경영자 위원 각 10명씩[28] 총 20명으로 구성된다.

근로자 위원은 포항제철소와 광양제철소 및 본사 등의 각 부문별로 1명씩

[그림 3-8] 노경협의회(근로자측) 조직 및 구성

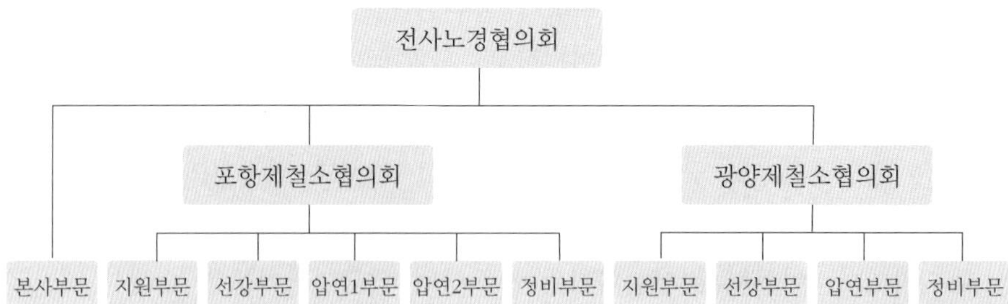

자료: 포스코 노경협의회 내부자료(2007).

28) 10명은 노경협의회에서 전임으로 인정하고 있으며 관련 법령에서 최대 노경협의회 위원을 10명으로 제한하고 있어 운영상 다소 인력을 증가시켰으면 하는 논의도 있음. 노경협의회 근로자위원 인터뷰 중.

총 10명을 직접·비밀·무기명 투표로 선출하며 임기는 3년으로 연임이 가능하다. 또한 경영자측 위원은 대표이사, 포항제철소 부소장, 광양제철소 부소장, 인력자원 실장(전무) 및 실무자 등 10명이 참여하는데 논의되는 사안에 따라 담당실무자를 교체하여 참석하고 있다. 부문협의회(분기별 개최)는 10개의 부문으로 구성되어 있으며 통합부서 단위의 근무환경 개선, 생산성 향상 등을 협의한다. 또한 55개의 부(실)협의회(격월 개최)와 126개의 공장(과)협의회(매월 개최)가 있으며 부(실), 공장(과)단위의 현안문제 공동해결과 부서별 생산성 향상 및 노사 협력방안 등을 협의하도록 조직되어 있다.

노경협의회는 논의사항((주)POSCO노경협의회, 2007)을 분기별·관련사항별로 구분하여 논의하는데 1/4분기에는 생산성 향상 및 원가절감에 대한 사항을, 2/4분기에는 임금 및 복리후생에 관한 사항, 3/4분기에는 근무환경 및 제도개선사항을 4/4분기에는 교육 및 인력 등에 대한 익년 주요 계획을 중점 논의하는 것을 원칙으로 하고 있다. 협의 프로세스는 「안건제시 ⇒ 안건조정회의 ⇒ 실무회의 ⇒ 본회의 ⇒ 협의결과 공지」 등의 과정을 거치면서 근로자의 의견을 충분히 반영하고 공정한 절차를 통해 처리되고 또 협의된 결과를 공지하고 있다. 노경협의회 설립 이후 지금(2007년 상반기)까지 총 57회(정기 37회, 임시 20회)의 협의회를 개최하였으며 133건을 협의하였다. 또한 협의결과는 신의성실의 원칙하에서 100% 이행되고 있다. 특히 2007년에는 매년 임금협상을 하는 것의 문제점을 개선하고자 노경협의회는 복수년 임금협상[29]을 타결하여 노사상생과 협력적 분위기를 계속 이어 갔다. 이처럼 노경협의회는 직원들의 의견을 성실히 표현하는 의사소통기구로서 임금교섭 기능까지 포괄하는 등 대의기구로서의 역할을 효과적으로 수행하고 있다.

한편 포스코의 인력이 2007년 현재 17,307명인데 현재 외주파트너사의 인력은 약 16,700여 명으로 거의 비슷한 수준에 육박하는데 1988년 7,816명(김훈·박준식, 1994: 22), 2003년 13,114명(강혜영·손정순·송민수, 2004: 304)과 비하면 엄청난 증가가 있었던 것을 알 수 있다. 이는 '업무상 독립적인 운영이 필요한 작업'을 외주화하는 과정[30]에서 발생한 것으로 1990년대 철강산업에서는

---

29) 포스코에서는 임금조정, 임금협상, 임금교섭 등의 용어를 구분하기 않고 사용하고 있음.

30) 예를 들어 과거 포스코에는 '방호과'가 있었는데 주요 업무는 사내 경비 업무였다. 이 경비업

외주화 및 용역화가 꾸준하게 이루어져 비슷한 현상을 보이고 있다(강혜영·손정순·송민수, 2004: 311). 그러나 포스코는 동종업계의 타 회사보다 외주파트너사에 대한 '치밀하고 제도화된 관리틀'을 확보하고 있으며 외주파트너사와의 관계를 개선하기 위해 많은 노력을 하는 것으로 알려져 있다. 예를 들어 외주파트너사의 임금수준 개선을 위한 노력이나 공장 내 복리시설(예: 샤워장 등)을 공동으로 이용하는 등은 외주파트너사와의 관계를 개선하고자 노력한 좋은 예이다. 그러나 '2006년 포항지역 건설노조의 포스코 본사 점거농성사건'[31]에서 보는 바와 같이 외주파트너사의 문제는 포스코 한 회사에만 국한된 문제가 아니라 철강산업 나아가 국가 전체의 문제이기 때문에 국가차원에서의 적절한 해법이 강구되어야 할 것이다.

3) 노경협의회체제 내의 노동조합

노동조합은 1993년 휴면조합 상태로 들어갈 때 조합원으로 남아 있었던 근로자들이 명맥을 유지하고 있으며 현재 10대 노조집행부는 총 18명의 조합원으로 구성되어 있어 실질적인 대의기구 역할을 수행하지 못하고 있다. 전임은 4명이며 상급단체는 한국노총 전국금속노동조합연맹이다. 노동조합도 회사측과 임단협을 수행하고 단체협약을 체결한다. 일반적으로 노경협의회와 동일한 시기에 실시하고 있다.

최근 광양제철소의 노조원 1명이 민주노총의 금속노조에 가입함으로써 금속노조에서 단협을 요구하는 상황이 벌어졌다. 이에 대해 노동부에서는 복수노조 조항에 저촉되므로 활동의 정당성을 부여하지 않는다는 유권해석을 내렸으나 법원의 최종 판결을 기다리고 있는 상태이다. 그러나 향후 복수노조가 허용하게 될 경우 이 논쟁은 계속 발생할 것으로 예상되므로 적절한 대응방안을

무를 별도의 회사를 설립하여 외주화하였음; 인사담당 인터뷰 중.

31) 경북 포항지역의 비정규직 건설노조(조합원 2천여 명)는 포스코 하청업체인 전문건설업체와 '임금인상'과 '주 5일제' 등을 내용으로 교섭하였으나 제대로 진척이 되지 않자 2006년 7월 1월 파업에 돌입하였다. 파업기간 중 노조는 7월 13일 새벽 원청업체인 포스코가 대체인력을 태운 통근버스를 현장에 투입한 것(조합원이 발견)에 대한 사과와 재발방지를 요구하였으나 포스코는 이를 부인하였다. 당일 오후 2시경 건설노조는 포스코 본사에 진입하여 점거농성을 시작하였으며 21일까지 이어졌다.
노동계는 이 사건의 발생원인을 건설현장의 뿌리 깊은 다단계 하도급관계와 원청의 사용자성에서 그 원인을 찾고 있다.

마련하여야 할 것으로 판단된다.

3. 열린 경영

열린 경영부문에 대한 내용은 투명경영, 참여경영, 윤리경영 등으로 구분하여 살펴보도록 하겠다.

(1) 투명경영: 경영공시제도

> '커뮤니케이션이 잘되는 정직한 조직을 만들어야 새로운 기업문화를 뿌리내릴 수 있고 글로벌 포스코를 실현할 수 있습니다'(이구택 포스코 회장의 어록 중; 포스코경영연구소, 2008).

라는 말에서 잘 나타나듯이 포스코는 투명경영에 앞장서고 있다. 예를 들어 사운영회의를 보면 쉽게 알 수 있다. 사운영회의란 매월 회사의 경영현안과 관련된 다양한 주제들, 예를 들어 회사의 경영실적, 세계 철강산업의 동향과 내외부의 여건 등에 대한 정보 등을 다루는 회의로서 직접 회의에 참여하는 사람들만 볼 수 있는 것이 아니라 회의 내용 전체를 사내 TV와 인트라넷 방송을 통해 모든 직원들에게 공개되고 있다. 처음에는 회사의 중요 기밀사항이 함부로 공개될 것에 대한 우려도 있었으나 CEO의 확고한 의지로 정착하게 되었으며 모든 직원들이 전사 차원에서 모든 정보를 공유하게 되었다(포스코경영연구소, 2008). 또한 각 부서단위 협의회 직원측 위원을 대상으로 경영설명회를 분기마다 개최하고 있다. 이처럼 회사 운영에 대한 모든 내용을 공시함으로써 투명경영을 실천하고 있다.

한편 경영성과배분제도를 1993년부터 시작하였는데 현재는 영업이익의 일정부분(5.5%)을 직원들에게 배분하고 있다. 그 결과 직원들이 자발적으로 경영성과 증진에 참여하게 되었고 노사간의 신뢰관계가 증진되는 계기가 되었다.

(2) 참여경영: 경영참가제도

1) 노경협의회 등

포스코의 대표적인 의사결정참가제도로 노경협의회가 있는데 '노사관계 연혁'에서 언급된 바와 같이 계층별로 노경협의회를 개최하여 계층별 관심사항을 협의 해결하고 있다. 이처럼 노경협의회는 협력적이고 안정적인 노사문화에 일익을 담당하고 있다. 회사의 성장과 발전을 위해 공동으로 노력하고 성공의 열매를 함께 나누는 공생의 전통을 지켜가고 있다. 특히 어려운 문제는 노사가 공동으로 합동반을 구성하여 해결하고 체계적인 노사협력 프로그램을 운영하고 있다.

또한 직원과 관련된 의사결정기구에는 반드시 근로자위원을 참여하도록 하고 있다. 예를 들어 사내근로복지기금협의회에는 노사 각각 5명, 우리사주조합 이사회는 노사 각각 4명, 제철복지회 대의원회는 노사 각각 9명, 제철소 산업안전보건위원회는 노사 각각 7명씩 참여하여 직원들의 의견을 반영하도록 하고 있다.

2) 다양한 의사소통방법

포스코는 다양한 의사소통방법을 갖고 있는데 인트라넷 포스비(POS-B)[32]의 구축, 영보드(Young Board)의 운영, 현장멘토링제도, CEO와의 대화 등이 그 것이다.

인트라넷 포스비(POS-B)는 직원들이 서로 의견을 나눌 수 있는 대화의 공간으로 2000년부터 운영하였다. 이곳에는 생활공동체에 유익한 글이면 무엇이든 제안할 수 있는 '자율 토론방', 회사의 정책이나 제도, 운영방식에 대해 토론할 수 있는 '업무 개선 토론방', 회장과 사장에게 직접 글을 올리고 답변을 들을 수 있는 '최고경영자와의 대화방' 등이 있다. 2007년 포스비(POS-B)에 3,100여 건의 의견이 등록·토론되었고 업무관련 고충은 80건이 등록되어 논의되는 등 회사와 직원간, 직원 상호간 활발한 토론장으로 기능하고 있다.

영보드는 1999년부터 시작하였으며 포스코 내의 다양한 부서의 직원들 20명을 뽑아서 운영하고 2007년부터는 출자사의 유능한 직원 3명을 포함하여 운

---

32) POSCO Bulletin Board System 의 약어.

영하고 있다. 2007년도에는 온라인, 오프라인 모임을 통해 회사의 발전방향에 대해 토론하고 그 결과를 최고경영자에게 두 차례 보고하였다. 보고된 주제는 영보드 제안에 투영된 포스코 문화, 기술개발 내실화를 위한 제언, 연결경영 성공을 위한 제언, 업무추진의 목적과 실행방법의 균형(What or How) 등에 대하여 보고하였다.

또한 현장멘토링제도를 활성화하고 있다. 현장멘토링이란 회사나 업무에 대한 풍부한 경험과 전문 지식을 가지고 있는 제철소장, 부소장, 부장이 멘토가 되어 현장 직원들[33]과 대면하여 업무상 고충을 청취하고 해결이 가능한 고충사항은 즉시 개선하며 회사의 경영현안을 직원들과 공유하고 있다.

그 외에도 CEO와의 대화, 감성경영활동 등 다양한 의사소통방법이 있는데 특히 제철소장은 외부 출장이 없는 날에는 현장직원과의 아침식사를 함께 하는 것으로 유명하다. 그 결과 현장 직원들은 '너무 자주 보기 때문에 긴장감도 없고 오히려 부장이나 공장장보다 친숙해졌다'(현장 직원의 이야기; 포스코경영연구소, 2008)라고 할 정도로 경영자와의 거리감을 해소하고 있다.

3) 성과몰입도 조사 및 그 활용

포스코에서는 2003년부터 외부 전문컨설팅기관과 공동으로 성과몰입도 조사를 실시하고 있다. 주요 조사 내용은 '직원들이 얼마나 회사와 개인의 성과향상에 몰입되어 있는지', '이를 위해 회사가 무엇을 해야 하는지'를 도출하는 것이다. 포스코는 그동안 직원들의 성과몰입 수준 향상을 위해 계층별·부문별 특성에 맞게 제도개선, 간담회, 팀파워 향상활동 등의 노력을 지속하였으며, 이에 따라 성과몰입도는 매년 꾸준히 상승하고 있다([그림 3-9] 참조).

또한 2006년부터는 성과몰입도 조사결과에 대해 현업부서 피드백을 강화하여 현장 중심의 사람 관리, 성과몰입 수준 관리가 경영진 및 관리자의 업무 중 중요한 부분임을 인식시키는 한편 직원들의 성과몰입도 제고를 통한 회사의 경쟁우위 체질화를 지속적으로 추진해 나가고 있다(POSCO, 2008(a), p. 48).

33) 최근에는 현장관리자, 노경협의회 기초위원, 신입사원에게까지 확대 적용하고 있음.

[그림 3-9] 성과몰입도 결과

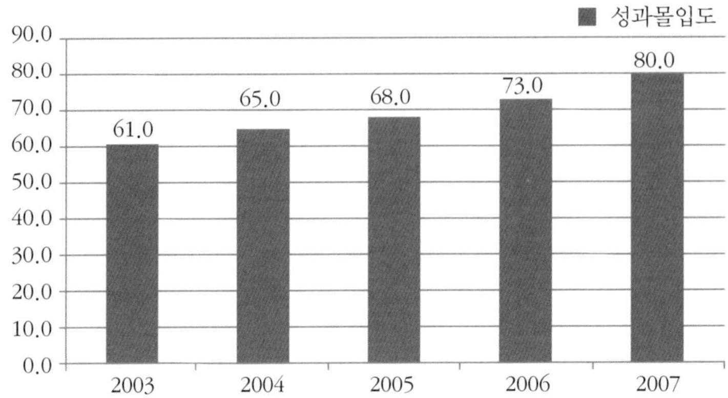

자료: POSCO, 2008(a), 「Creating Another Success Story: 2007 지속가능성 보고서」, p. 48.

(3) 윤리경영: 윤리규범 선포 및 기업윤리실천사무국 운영

2003년 포스코는 윤리규범을 선포하고 임직원의 자율서약을 유도하였다. 윤리규범의 구성을 보면 이해관계자들에 대한 회사의 윤리적 가치판단 기준과 원칙을 규정한 본문(5개 항목), 실천을 위한 구체적 행동기준을 정해 놓은 행동준칙(7개 항목), 그리고 이해관계자 사이에서 발생할 수 있는 10가지 유형의 부정·비리 가능 상황에서의 윤리적 의사결정 기준을 마련해 놓은 실천지침, 끝으로 5개의 질문 형식으로 된 기업윤리 자가진단표로 구성되어 있다. 이 자가진단표는 직원 신분증 뒷면에 인쇄해 언제 어디서나 꺼내어 보고 각자가 자신의 기업윤리 수준을 점검하고 있다.

또한 기업윤리실천사무국을 설치하여 기업윤리에 대한 궁금증이나 윤리적 딜레마를 해소하기 위하여 윤리상담실을 운영하고 있으며 비윤리 직원에 대한 신고자 포상제도와 사이버신고제도를 운영하여 기업윤리 실천에 노력하고 있다.

4. 동기유발

동기유발에 대한 내용은 고용보장, 직급 및 승진제도, 임금 및 연금지원, 복리후생, 보건안전 등으로 구분하여 살펴보고자 한다.

(1) 고용보장

포스코는 창립 이후 직무분석에 의한 인력의 합리화(合理化)를 지속적으로 추진하였다. 예를 들어 1979년부터 1993년 상반기까지 9,799명의 인원합리화가 이루어졌는데 이렇게 절감된 인력은 신·증설 설비와 광양제철소의 가동에 필요한 소요인력으로 투입되었고 근무체계를 4조 3교대로 전환함으로써 필요한 추가 소요인력으로 흡수하였다. 그 결과 해고나 인원감축 등 직접적인 고용조정으로 연결되지 않고 근로자들의 고용보장은 안정적으로 유지되어 왔다. 다만, 1995년 한시적으로 명예퇴직제를 실시한 적이 있다. 그 이유는 인력의 고령화 해소와 경영합리화 등을 목적으로 실시하였는데 약 1,400명이 명예퇴직하였다.

그러나 그 이후에는 대규모 명예퇴직은 없었다. 예를 들어 외환위기가 한창이던 1998년 전사노경협의회의 근로자위원 간부는 "외환위기 때 인원감축에 대한 논의가 있었으나 봉급 동결과 상여금 110%를 실업기금으로 출연하는 등 노사가 합의하여 구조조정 없이 외환위기를 극복했습니다"라고 당시를 회상하고 있다. 또한 2000년 포스코가 민영화된 이후에도 고용보장 관행은 계속 유지되고 있다. 이에 대해 현 노경협의회 근로자위원 간부는 "현장직원들의 경우 정년까지 고용안정이 보장되고 있습니다. 또한 고용안정에 관한 사항은 노사간 주요 관심사항이므로 때로(고용보장 방안에 찾기 위해) 노사합동연구팀을 만들어 가동하기도 합니다"라고 말한다. 이처럼 포스코의 고용보장 관행은 계속 유지되고 있다.

최근, 현재의 56세 정년제도를 조금 더 연장하자는 논의가 조심스럽게 이루어지고 있다. 그러나 이 문제는 직원의 담당업무나 연령에 따라 찬·반의견이 뚜렷하게 갈리고 있으며 또 임금피크제(salary peak)[34]의 도입 여부 역시 현

34) 일정 연령(예를 들어 55세)이 되면 임금을 삭감하는 대신 정년(예를 들어 58세)은 보장해 주

격한 입장 차이를 보이고 있어 향후 추이를 지켜봐야 할 것이다.

(2) 직급 및 승진제도

1) 직급제도

창립 이후 1980년대까지 대졸 사원은 기간직으로 편성되고, 고졸사원은 기능·사무직으로 분리하여 승진이나 임금 등에서 별도로(기간직 vs. 기능·사무직 분리) 운영되었다. 그 결과 학력별 신분관리체제에 대한 근로자들의 불만과 승진적체 등이 표면화되자 내부노동시장이 동요하기 시작하였다. 또한 1987년 '노동자대투쟁'이 전국적으로 번지게 되자 동년 10월 회사측은 직제를 개편하게 된다. 그 결과 대졸사원과 고졸사원이 하나의 직급체계(7급 체계)에서 관리하도록 개편하여 그간의 불만을 어느 정도 해소하였다.

그러나 1987년의 직제개편은 학력간 관리방식을 통합하였을 뿐 고졸사원의 승진에 대한 불이익을 해소하지 못하였다. 그래서 1988년 노조가 결성된 이후

[그림 3-10] 직급체계

<table>
<tr><td rowspan="2" colspan="2"></td><td colspan="3">직능자격</td><td colspan="3" rowspan="2">직책보임</td></tr>
<tr><td colspan="2">일반직</td><td>연구직</td></tr>
<tr><td rowspan="6">연봉제</td><td rowspan="3"></td><td colspan="2">보좌직</td><td>연구위원보</td><td></td><td></td><td rowspan="2">실장
부장
그룹리더</td></tr>
<tr><td colspan="2">관리직</td><td>수석연구원</td><td></td><td rowspan="3">공장장
과장
팀리더</td></tr>
<tr><td colspan="2">부관리직</td><td>전문연구원</td><td></td><td></td></tr>
<tr><td rowspan="7">월급제</td><td colspan="2">총괄직</td><td>책임연구원</td><td>주임</td><td></td></tr>
<tr><td rowspan="2">대리</td><td>甲</td><td>선임연구원</td><td rowspan="4">주임
반장</td><td></td><td></td></tr>
<tr><td>乙</td><td></td><td></td><td></td></tr>
<tr><td rowspan="4"></td><td rowspan="2">주무</td><td>甲</td><td>연구원</td><td></td><td></td></tr>
<tr><td>乙</td><td></td><td></td><td></td></tr>
<tr><td rowspan="2">사원/기사</td><td>甲</td><td></td><td></td><td></td><td></td></tr>
<tr><td>乙</td><td></td><td></td><td></td><td></td></tr>
</table>

자료: http://www.posco.co.kr

는 제도.

이 문제가 다시 대두되었다. 이에 1989년 노사동수로 「직급체계개선추진반」을 구성하여 1년여의 작업 끝에 동년 12월 「직급체계 개선 노사협정」을 체결하였다. 이 직급체계 개편으로 7단계의 직급이 5개 직급으로 단축되어 학력간 격차를 축소하고 직원의 승진기회 균등화하였다.

이후 1995년,[35] 1998년,[36] 2000년[37] 등에 일부 수정이 있었으나 큰 골격은 1990년에 개편된 직급체계에 준하며 현재의 직급체계는 [그림 3-10]과 같다. 이러한 직급제도는 기능직과 관리직을 통합 관리하는 일본식 경영에 영향으로 판단된다.

한편 일반적으로 직급체계 개편을 기업측에서 단독으로 만들던 종래의 관행을 미루어 볼 때 1990년 노사합의에 의해 직급체계를 개편한 것은 노사합의로 새로운 질서를 만들어 낸 우수한 사례라고 높이 평가할 만하다.

2) 승진제도

내부승진제도가 일찍부터 도입된 POSCO에서 학력에 따른 승진제도의 분리 운영은 근로자들의 불만을 야기시키기에 충분하였다. 이에 1987년 대졸사원과 고졸사원을 분리하여 운영하던 승진제도가 하나의 직급체계로 개편하고 이후 일부 수정이 있은 후 [그림 3-11]과 같은 승진제도로 정착되었다.

[그림 3-11]에서 보는 바와 같이 신입직원 중 현장사원은 사원/기사 '을'로, 대졸사원은 주무 '을'로 입사한다. 이후 직원이 능력이 있고 근무성적이 높으면 최소승진연한 4년 만에 자격승진으로 차상위 직급 '을'로 승진하도록 유도하는 반면에 그렇지 못한 직원에게는 8년 근속 후(예를 들어 주무 '을'로 입사한 후 4년이 경과하면 자동으로 주무 '갑'으로 승진함. 그리고 주무 '갑'을 4년 근무한 후 자동으로 대리 '을'로 승진하게 됨) 자동승진하는데 이를 근속승진이라고 한다. 단, 총괄직 이상은 능력주의를 강화하기 때문에 근속승진의 기회를 부여하지 않고 있다.

이처럼 포스코의 승진제도는 능력주의에 입각하여 최소승진연한을 충족시

---

35) 1990년 도입된 직능급제도에 의해 임금과 직책이 직능자격으로 결정되기 때문에 직급이 별 소용이 없게 되었다. 따라서 1995년 직급이라는 명칭을 폐지하는 수정이 있었음.

36) 일부 직능자격 명칭 중 부장급, 차장급, 과장급 등이 조직의 책임직위와 혼란을 야기한다는 이유로 명칭을 현재와 같이 변경하였음.

37) 자격승진을 한 대리 이상에게 연봉제의 도입으로 직능자격이 다소 의미가 쇠퇴하였음.

[그림 3-11] 승진제도 예

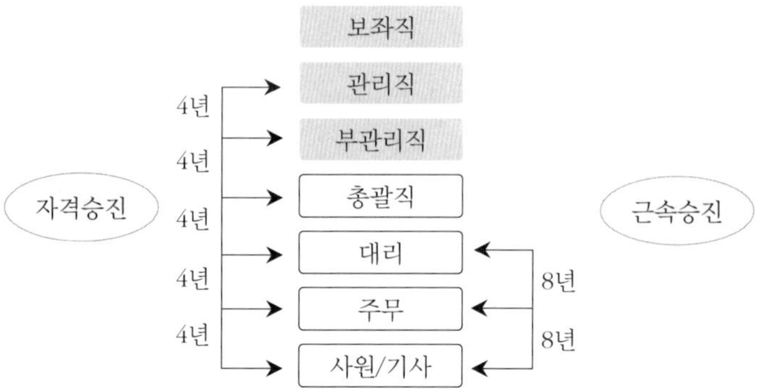

자료: http://www.posco.co.kr

키면 근무성적이 우수하고 유능한 직원들에게 자격승진의 기회를 부여함으로써 우수인력의 우대하는 정책을 실천하고 있다.

3) "현장직원도 관리자로"

노경협의회의 한 근로자 위원은 '일단, 현장직원은 사원, 반장, 주임, 총괄, 부공장장으로 성장할 수 있다'고 말하는 것처럼 포스코는 현장 직원도 관리자로 승진할 수 있도록 직급제도와 승진제도를 개편하였다. 이처럼 포스코는 내부승진제도의 정착과 아울러 모든 직원들에게 승진기회의 균등을 제공함으로써 능력개발과 동기유발을 하도록 독려하고 있다.

(3) 임금제도 및 연금지원

1) 임금제도: "공정하게 평가하고 투명하게 보상하라"

1990년도 임금제도가 노사가 공동으로 합의하여 단일호봉제와 직능급제도로 개편하였다. 단일호봉제는 학력간 차별 해소를 주장하는 근로자들이 요구한 제도로서 연공급의 성격이 강한 임금제도이다. 이에 회사측은 단일호봉제를 수용하면서 직능자격제도에 의한 직능급제도를 강력히 주장·도입하였다. 직능급제도란 개인의 직무수행능력에 따라 임금을 차별화하는 제도이기 때문에 개인의 직무수행능력을 평가할 수 있는 새로운 평가시스템이 필요하게 되었다. 따라서 회사측은 1991년 직능평가제도를 입안·시행하여 직원의 직무수행능력의 향상정도를 평가하고 그에 따라 급여가 차등 지급되도록 함으로써 근로자들의 능력 개발에 대한 의욕을 고취하고 인력의 정예화와 다기능화를 도모하였다.

현재의 임금제도는 기존의 임금제도에 연봉제(2000년 도입)를 가미하여 실시하고 있다. 즉 '자격승진'한 대리 이상에게 연봉제를 적용하고 '근속승진'한 대리 이하에게는 월급제를 시행하고 있다. 여기서 월급제란 '기본임금+상여금+경영성과금'로 구성되는데 기본임금이란 앞에서 논의한 직능급과 단일호봉제를 의미한다. 연봉제란 '기준연봉+업적 연봉+경영성과금'으로 구성된다. 참고로 상여금은 800% 수준이며, 경영성과금은 회사의 영업이익 중 일정부분(5.5%)에서 상여기준 200%를 뺀 부분을 매 분기별로 분할하여 지급한다(인사담당 인터뷰 내용 중).

한편 2007년도 포스코의 1인당 평균급여액은 6천 370만 원인 것으로 나타났으며 총인건비는 1조 2,430억 원이며 이 중 퇴직충당금 1,344억 원을 제외한 급여성 인건비는 1조 1,086억 원으로 인 것으로 나타났다(POSCO, 2008(b), p. 111.).

2) 연금지원

법정 연금인 국민연금에 대하여 회사측이 부담해야 할 부분을 성실히 부담하고 있으며 개인연금의 경우에는 가입기간 10년 이상의 연금 상품에 월 11만 원 이상 가입한 직원을 대상으로 회사에서 월 5만 5,000원을 보조금으로 지급하고 있다. 2007년 12월 말 기준으로 개인연금 보조금 수혜 직원은 1만 2,763명으로 전체 직원의 74%에 해당된다.

(4) 복리후생: "직원을 가족처럼 보살펴 주어라"

창립 초기부터 직원들의 생활안정과 다양한 복리후생의 충족을 위하여 직원과 직원 가족의 복리후생에 대한 투자를 하여 왔다. 1991년 회사가 이익의 일부를 출연해 사내근로복지기금을 적립함으로써 직원의 복리후생 지원을 안정적으로 운영할 수 있도록 하였다. 사내근로복지기금의 주요 사업내용은 개인별 선택형 복리후생제도(cafeteria식 복리후생제도)[38], 자녀 장학금, 주택자금 지원 및

38) 국내 기업 중에서 이 제도를 도입한 기업이 많지 않다. 그래서 그런지 인사담당자와의 인터뷰 상에서 "cafeteria식 복리후생제도라고 아시죠?"라고 되물어볼 만큼 포스코 직원들은 이 제도

우리사주 구입 자금 지원 등 있으며 구체적인 내용은 〈표 3-19〉에서 보는 바와 같다.

〈표 3-19〉 사내근로복지기금의 주요 사업 내용

구 분	내 용
선택형 복리후생제도	개인별 설정된 복리후생 예산 범위 내에서 여러 가지 복리후생 메뉴에 대한 선택권을 직원들에게 제공. '포스코 복지카드'(신용카드) 사용
경 조 금	직원 경조사 시 일정 금액 지원
위 문 금	공상 휴업자 및 건강상 휴직자에게 위문금 지급
업무 외 사망위로금	직원이 업무 외 사유로 사망 시 유족에게 위로금 지급
자녀 장학금	직원자녀 2명 이내 중·고·대학교 등록금
의료비 지원	건강보험급여 중 본인부담금이 본인, 배우자, 자녀 합산하여 연간 200만원을 초과하는 금액에 대하여 1,000만원 한도 내에서 지원
주택자금	구입자금 5,000만 원, 임차자금 3,000만 원 한도(서울기준), 연이율 3%
우리사주 구입자금	우리사주 구입금액 한도, 연이율 5%

자료: POSCO, 2008(a), 「Creating Another Success Story: 2007 지속가능성 보고서」, p. 18.

한편 2002년부터 2008년까지 한시적으로 신우리사주제도를 실시하고 있는데 직원이 자사주를 매입하면 동일한 수량의 자사주를 회사가 무상으로 지급하며 매입 한도액은 400만 원 이내이며 회사는 직원이 원할 경우 사내근로복지기금을 통해 직원들에게 구입자금을 대출해 주고 있다.

(5) 보건 위생

POSCO는 창사 이래 직원의 건강을 최우선으로 생각하는 보건정책을 지속적으로 시행하고 있다. 예를 들어 전사 보건지원통합시스템을 이용하여 직원 개인별 건강관련 자료와 작업환경 자료를 통합적으로 관리함으로써 직원건강관리, 건강증진운동, 산업위생관리 등 모든 분야에서 보건지원 업무가 효율적으로 이루어지고 있다. 또한 직원들의 질병을 사전에 예측하고 조기 발견하기 위해 직원건강관리프로그램을 운영하고 있으며 금연, 근골격계 증상 관리, 스트레스 관리 등과 같은 건강증진운동도 실천하고 있다.

는 물론 복리후생 전반에 대한 자부심이 대단한 듯하다.

한편 작업장에서 발생하는 유해인자에 대하여 매년 작업환경측정 및 평가를 실시하여 깨끗하고 쾌적한 작업환경이 조성될 수 있도록 산업위생관리[39]에도 힘쓰고 있다.

5. 지식축적

포스코는 창립 초기에는 기술인력을 외부에서 충원(BUY)하였으나 유리한 노동시장조건을 기반으로 독자적으로 기술인력을 양성·확보(MAKE)하였는데 이와 같은 관행은 지금까지 이어지고 있다. 지식축적에 대한 내용은 교육훈련, 경영혁신, 평생학습과 지식경영 등으로 구분하여 설명하고자 한다.

(1) 교육훈련: "미래 리더는 회사가 책임지고 육성하라"

포스코는 인재확보방법으로 손쉬운 인력 영입보다는 인재육성에 중점을 두고 있으며 소수정예의 리더와 핵심인재들을 육성하여 승계계획으로 이어지도록 하고 있다. 인재양성체계를 보다 구체적으로 살펴보면 다음과 같다.

[그림 3-12]에서 보는 바와 같이 조직의 계층 수준별 교육훈련의 목적을 뚜렷하게 하고 이를 달성하기 위한 인재양성프로세스로 구성되어 있다. 예를 들어 조직의 하위계층을 구성하는 '신입사원'의 경우 '책임 있는 업무수행과 전문가 성장'을 달성하기 위하여 구조적 면접을 통한 우수 인재를 확보하고 인재개발원의 교육이나 역량개발 지원프로그램 등을 실시하도록 프로그램되어 있다. 조직의 중간계층인 '잠재적 인재군'에게는 본인 주도의 경력개발과 성장을 위한 학습지원체제 구축을 목표로 삼고 있으며 조직 상위계층인 '검증된 핵심인재'는 회사가 주도하여 전략적 체계적으로 육성하도록 하고 있다.

그 결과 2007년 교육훈련에 대한 투자액은 201억 원[40] 정도이며 직원 1인당 평균교육시간은 304시간, 교육 연인원은 571,968명이다(POSCO, 2008(a): 49).

---

39) 예를 들어 작업환경 취약지역에서는 '청력보존프로그램'이나 '밀폐공간 보건작업 프로그램'을 시행하여 건강장해를 사전에 예방하도록 함.

40) 2007년도 손익계산서상 교육훈련비 수치; POSCO, 2008(b), p. 44.

[그림 3-12] 인재양성체계

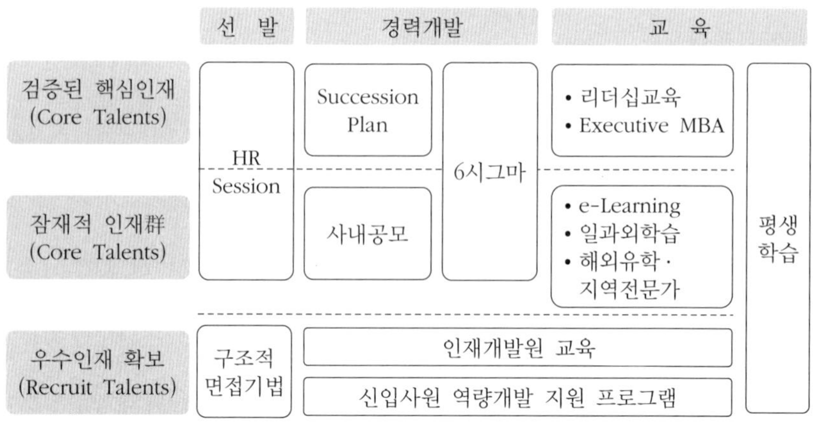

자료: http://www.posco.co.kr.

(2) 경영혁신: "일하는 방식과 문화를 혁신하라"

민영화 이후 새로운 글로벌 경영환경에 능동적으로 대처하기 위하여 정보시스템에서 기업문화에 이르기까지 전면적이고 총체적인 경영혁신활동을 전개하였다. [그림 3-13]은 포스코의 경영혁신활동을 요약한 것으로 경영혁신활동을 3기로 구분하고 각 시기별로 경영혁신의 목표와 내용을 구체화하고 있다.

경영혁신 1기에는 PI(process innovation)을 통해 기업활동 전반에 걸쳐 프로세스를 재구축하여 POSPIA라는 정보시스템을 탄생시켰다. 이와 같은 PI의 성공은 PI를 도입하기 전(1998년) 판매생산계획 수립에 소요되는 시간이 60일이던 것이 도입한 후(2003년) 15일로 단축되었으며 납기응답시간도 같은 기간에 2~3시간이던 것이 2.5초로 단축되는 등 전반적인 경영의 효율과 내실을 다지는 계기가 되었다(POSCO, 2008(a)).

경영혁신 2기에는 6시그마를 전사적인 경영혁신의 새로운 수단으로 도입·정착하는 기반을 확보하였으며 노후화된 제철소 조업시스템을 인터넷 기반의 최신 시스템인 MES(Manufacturing Execution System)으로 교체하여 생산현장의 디지털화를 구현하고 회사 전체차원의 통합시스템을 완성하였다. 그리고 CRM

[그림 3-13] 경영혁신 활동 개요

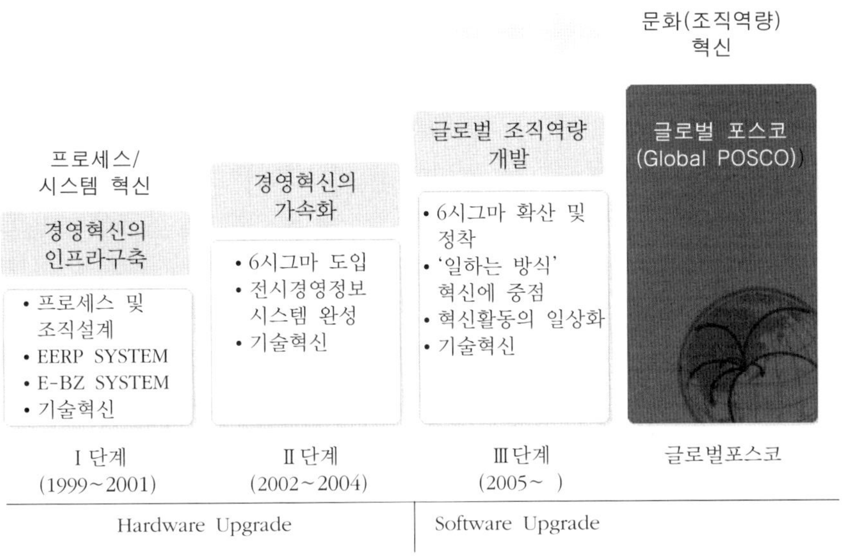

자료: http://www.posco.co.kr

(Customer Relationship Management, 고객관계관리), SRM(Supplier Relationship Management, 공급자관계관리)을 활용하여 고객사, 공급사와 원활한 협업체제를 구축하였다.

경영혁신 3기에는 글로벌 경영에 적합한 조직문화와 일하는 방식을 정립하기 위하여 POSCO형 혁신모델(POSCO Six Sigma Model; PSSM)을 주창하였다. PSSM을 통해 '모든 직원이 일상 속에서 문제를 인식하고 해결하고 개선하며 표준을 준수하고 끊임없이 학습하여 선순환을 창출하기 위한 일련의 혁신 활동들'을 전사적인 차원에서 통합적으로 운영할 수 있게 되었다. 이를 계기로 포스코인의 정신모델이자 행동양식인 'POSCO WAY'의 정립과 확산, 재무성과에 실질적으로 기여할 수 있는 6시그마 활동 강조, 전체 직원이 참여하는 QSS (Quick Six Sigma)[41] 및 Work-Diet[42] 등과 같은 경영혁신기법을 운영하였다.

41) 개선활동을 실천할 수 있는 마인드 배양을 통해 일상업무에서 발생되는 낭비와 문제점을 발굴, 개선하도록 함으로써 일하는 방식의 변화를 촉진시키고자 하는 프로그램으로 초기에는 작업환경 개선에서 시작하여 설비개선으로 진전한 후 설비 성능단계로 발전하게 됨.

42) 사무간접부서에서 부가가치가 낮은 업무를 줄여 절약한 시간을 부가가치가 높은 업무를 위해

2007년도 현재 전체 임직원의 약 40%인 6,814명이 6시그마 인증(벨트)을 보유하고 있다.

(3) 평생학습과 지식경영: "24시간 눈을 뜨고 개선한다"[43]

2005년 평생학습제[44]를 도입하였는데 이는 현업 부서 주도로 직원들의 요구에 맞는 학습 프로그램을 편성하고 직원들 스스로가 해당 프로그램에 자율적으로 참여하는 특징을 가진다. 학습분야는 가치 공유, 직무역량, 교양문화로 구성되어 있다. POSCO는 참여 직원들이 각자의 삶의 가치를 높이고 핵심 경영가치를 공유하며 직무관련 지식을 축적할 수 있도록 프로그램을 운영하고 있다.

또한 지식경영을 실시하고 있는데 그 목적은 회사 지식자산의 공유, 활용 및 창출과 인적 네트워크 확충을 통하여 직원들의 업무 역량과 성과를 향상시키는 것이다. 이에 포스코는 6시그마, QSS 및 Work-Diet 등의 활동이 학습동아리 중심으로 일, 학습, 혁신활동이 조화롭게 어우러지고, 지식정보 서비스의 향상으로 사내외 지식활용이 일상화되는 실용적이고 유용한 지식경영활동을 전개해 왔다. 그 결과 2007년도에 포스코 직원들은 하루 평균 7,300여 명이 KMS(Knowledge Management System)에 접속하여 업무수행에 필요한 지식을 활용하였다. 업무의 수행결과로 발생되는 지식과 학습동아리 활동으로 창출되는 지식이 하루에 300여 건씩 회사의 지식관리시스템에 등록되었으며, 약 1만 건의 우수지식이 KMS에 등록되어 혁신활동과 업무수행 및 학습자료로 활용되고 있다.

6. 성　　과

POSCO의 성과는 재무성과, 기업지배구조 및 신용등급, 기술개발, DJSI 결

활용하여 성과를 높이기 위한 활동.

43) 포스코 강의실이나 현장에 붙어 있는 플래카드의 내용으로 "도요타는 눈만 뜨면 개선을 생각하지만 우리는 24시간 깨어 있는 개선을 추구한다"중 일부.

44) 평생학습제란 직원이 자기계발이나 직무수행능력 향상을 위해 학습 프로그램에 자율적으로 참여하는 제도로 지식 근로자 양성이 그 목적이다.

과, 성과몰입도 등을 비교해 보고자 한다.

(1) 재무성과

포스코는 1973년 철을 생산한 이후 한 번의 적자가 발생하지 않고 지속적인 성장을 거듭하여 왔다. 그 결과 [그림 3-14]에서 보는 바와 같이 조강생산량은 1973년 44만 9천 톤에서 2007년 3,106만 4천 톤으로 약 69배가 성장하였으며 전년 대비 3.3%의 신장을 보였다.

매출액은 1973년 420억 원에서 2007년 22조 2,070억 원으로 약 529배의 성장을 기록하였으며 전년대비 11%가 증가한 것으로 나타났다. 특히 자산규모

[그림 3-14] 연도별 재무성과

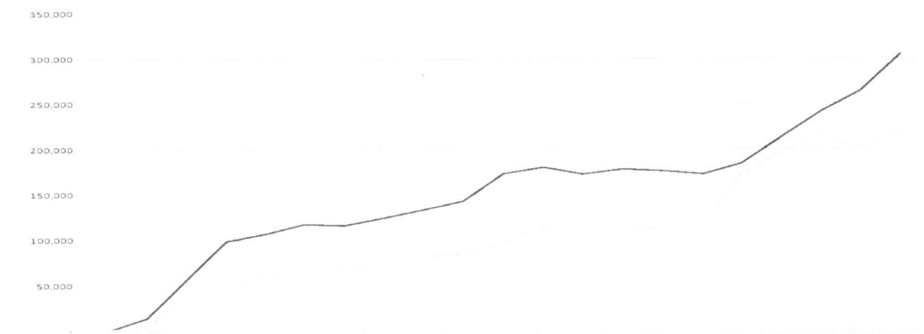

	1973	1978	1988	1990	1991	1992	1993	1994	1995	1996	1997	1998	1999	2000	2001	2002	2003	2004	2005	2006	2007
자산 (억원)	20	13,7	55,6	98,7	106,	117,	115,	124,	133,	143,	173,	179,	172,	177,	176,	172,	184,	213,6	242,0	263,6	304,9
매출액 (억원)	420	3,60	37,0	48,0	58,2	61,8	69,2	73,1	82,1	84,4	97,1	111,	106,	116,	110,	117,	173,	197,9	216,9	200,4	222,0

—— 자산 (억원)　　매출액 (억원)

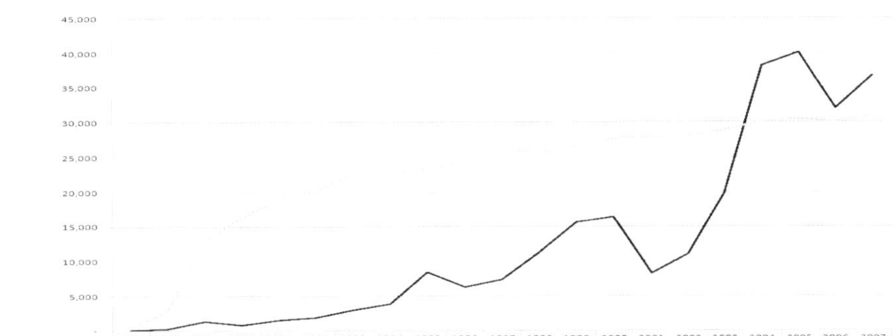

	1973	1978	1988	1990	1991	1992	1993	1994	1995	1996	1997	1998	1999	2000	2001	2002	2003	2004	2005	2006	2007
당기순이익 (억원)	50	220	1,34	790	1,45	1,85	2,94	3,83	8,39	6,24	7,29	11,2	15,5	16,3	8,19	11,0	19,8	38,26	40,12	32,06	36,79
조강생산량(천톤)	449	2,80	13,0	16,2	19,0	20,0	22,5	22,1	23,4	24,3	26,4	25,5	26,5	27,7	27,8	28,0	28,9	30,20	30,54	30,05	31,06

—— 당기순이익 (억원)　　조강생산량(천톤)

자료: – POSCO, 2008(a), 「Creating Another Success Story: 2007 지속가능성 보고서」, p. 11.
– 포스코 내부자료

는 1973년 20억 원이었던 것이 2007년 30조 4,930억 원으로 약 15,247배의 성장을 하였다. 이처럼 창립 이후 POSCO는 재무적 성과에서 신화적인 성장을 이룩하였다고 할 수 있다.

(2) 기업지배구조[45] 및 신용등급

포스코는 2000년 산업은행 지분을 매각하면서 완전 민영화가 되었다. 발행된 총 주식의 49%를 외국인 보유하고 있으며 내국인은 38%, 자사주가 13% 보유한 것으로 나타났다. 이사회는 독립적인 사외이사 8명과 상임이사 6명으로 구성되어 있으며 사외이사만의 회의제도를 운영함으로써 이사회 의제에 대해 사외이사들이 독립적으로 의견을 수렴할 수 있는 기회를 제도적으로 보장하고 있다. 이 같은 지배구조 개선은 홍콩의 파이낸스 아시아의 설문조사 결과 한국의 최우수 기업지배구조부문 1위에 선정되었다.

한편 포스코는 2007년 2월 스탠더드앤푸어스(S&P)로부터 'A(안정적)'등급을, 같은 해 10월 무디스(Moody's)로부터 'A1(안정적)'을 받았는데 이와 같은 글로벌 철강사 가운데 가장 높은 신용등급[46]이다. 참고로 포스코의 신용등급은 한국의 국가 신용등급(A2)보다도 한 단계 높은 수준이다.

(3) 기술개발

포스코는 창립 초기에는 외국으로부터 기술을 수입하는 입장이었으나 창립 초기부터 기술개발에 대한 지속적으로 관심과 투자로 독자기술을 확보하는 수준에 이르고 있다. 예를 들어 파이넥스(Finex) 기술개발 및 상용화, 스트립 캐스팅 등의 포스코 고유기술을 확보하고 있으며 파이넥스의 경우 국내 특허건수가 224건, 해외 특허건수가 58건으로 나타났다.

---

45) 기업지배구조(corporate governance)란 기업의 소유구조뿐 아니라 주주의 권리·주주의 동등대우·기업지배구조에서 이해관계자의 역할·공시 및 투명성·이사회의 책임 등을 포괄하는 개념임.

46) 이 신용등급에서는 직접 해외에서 채권 등을 발행할 경우 발행가격과 이자율을 좀 더 유리하게 결정할 수 있는 이점이 있음.

(4) 샘다우존스 지속가능성 지수(DJSI)[47] 결과

다우존스 지속가능성 지수 중 철강업계의 평가결과를 보면 POSCO는 평가부문에서 73점으로 철강산업 평균 35점보다 월등히 높다는 것을 알 수 있다([그림 3-15] 참조).

표에서 보는 바와 같이 포스코는 지배구조, CRM(Customer Relationship Management; 고객관계관리), 윤리규범/비리, 리스크관리 등의 경제관련 분야에서 철강산업의 최고점수를 획득하였으며, 환경분야에서는 기후변화, 환경경영시스템에서는 철강산업에서 최고인 것으로 나타났다. 기타 Eco-Efficiency, 환경성과 보고, 환경성과 등에서는 철강산업의 최고점보다는 다소 낮지만 철강산업 평균에 비하면 월등히 높다는 것을 알 수 있다.

특히 사회분야 지표에서는 노동성과지표, 인적자원개발, 인재양성, 사회공헌, 사회적 성과보고, 이해관계자 관리, 공급자관리기준 등에서 최고 기업으로 나타났으며 안전보건과 지역사회 영향도 평균 이상인 것으로 나타났다.

[그림 3-15] 2007년 샘다우존스 지속가능성 지수(DJSI) 철강업계 사회분야 결과

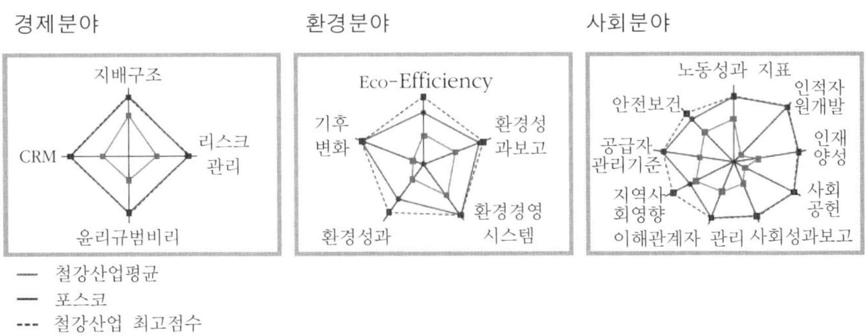

자료: POSCO, 2008(a), Creating Another Success Story: 2007 지속가능성 보고서, p. 18.

47) DJSI(Dow Jones Sustainability Indexes)는 금융정보회사인 다우존스가 지속가능경영우수기업의 기업가치변화에 대한 정보를 제공하기 위해 관리라는 주가지수로 다우존스 글로벌 인덱스에 포함되는 세계 2,500여 기업을 대상으로 객관적이고 투명한 평가절차를 통해 선정, 관리되고 있다. 이를 위해 다우존스사는 스위스의 SAM 연구소에 지속가능성 평가를 의뢰하고 있으며 SAM 연구소는 미디어 조사와 이해관계자분석 그리고 광범위한 설문조사를 실시해 SAM DJSI 회원사를 선정하고 있다.

7. 시 사 점

포스코가 안정적·협력적 노사관계를 구축하게 된 원인이 무엇이며 향후 발생할지도 모를 장애요인과 그 극복방안에 대하여 살펴보도록 하겠다.

(1) '초대 CEO의 카리스마'와 '기업복지주의' 및 '직원의 의식'의 삼위일체

포스코가 현재의 안정적·협력적 노사관계를 구축하게 된 원인을 초대 CEO의 카리스마, 기업복지주의 및 직원의 의식 등으로 구분한 후 각각에 대하여 살펴보도록 하겠다.

1) 초대 CEO의 카리스마

포스코의 안정적·협력적 노사관계는 '노조 없는' 노사관계관이나 '직원과 경영자가 혼연일체가 된 회사'라는 경영이념에 힘입은 바 크다. 그런데 이러한 노사관계관이나 경영이념을 설명하는 데 박태준 초대사장을 빼놓고 이야기 할 수 없다. 그는 위의 노사관계관이나 기업공동체 이념을 수립하는 데 결정적인 역할을 하였을 뿐만 아니라 후임 CEO들의 경영이념에도 많은 영향을 주었다. 그러나 초대 CEO의 탁월함은 노조 없는 노사관계관이나 기업공동체 이념을 수립하였다는데 있는 것이 아니라 노사관계의 중요성을 일찌감치 깨닫고 포스코의 노사관계 방향을 정립하고 실천하였다는 점이다. 특히 1970년대 다른 기업에서 '경영가족주의'와 같은 슬로건을 외치며 가부장적 온정주의를 주장하였지만 실제로 이를 장기적인 관점에서 실천한 기업은 포스코가 대표적일 것이다.

그 결과 포스코는 한국적 기업문화의 독특한 한 유형을 창출하였다고 할 수 있다.

2) 기업복지주의

현재와 같은 노사관계를 형성하게 된 이유 중의 하나는 다른 기업과 비교하여 월등하게 높은 기업복지제도이다. 포스코는 창립 초기부터 숙련 기술인력의 확보 및 정착을 위해 장기적인 관점에서 기업복지를 전담하는 기구와 조직을 체계적으로 정비해 왔으며 정책적으로 구체적인 수준에서 기업복지제도를 실천하였다.

이처럼 기업복지주의가 가능했던 이유는 첫째, 초기 공기업으로 출발하여 국가가 적극적으로 지원하고 또 시장에서의 독점적 지위를 확보할 수 있었다는 점을 들 수 있다. 둘째, 창립 이후 포스코는 지속적인 기술개발과 관리혁신 등을 통하여 재무적 성과가 크게 향상시켜 높은 지불능력을 갖추었다는 점도 있다. 셋째, 기업복지 혜택을 받는 직원들이 포스코에 대한 충성심과 헌신으로 확대 재생산됨에 따라 기업복지제도는 선순환과정을 거치게 되었다고 판단된다.

그 결과 노조 없이도 근로자의 권익이 보장될 수 있고 특별한 결격사유가 없는 한 고용과 생활의 보장을 받을 수 있다는 신뢰를 주었다.

3) 직원의 의식

포스코가 현재와 같은 노사관계를 확립한 계기 중의 하나는 포스코 직원들의 의식구조에서 영향을 받았다. 포스코 직원들은 초대 CEO의 카리스마와 기업복지제도 그리고 지속적인 재무적·외형적 성장으로 말미암아 포스코 직원이라는 자긍심을 갖게 되었고 또 외부여건에는 관계없이 포스코 내부에서 열심히 잘하면 된다는 다소 온건적인 성향과 보수적인 성향을 갖게 되었다. 직원들의 이러한 성향은 1988년 노조의 설립과 와해과정에서 나타난 근로자들의 발언에서 극명하게 잘 나타났다.

> '노조의 가치는 인정하지만 과격은 반대한다. 조합에 기대하는 것은 대화에 의한 해결이지 선명성에만 집중된 투쟁은 아니다'(3대 노조집행부의 기업외재적인 행위지향성에 대한 근로자들의 발언 중; 김훈·박준식, 1994).

또한 내부승진제도는 노동시장의 내부화를 심화시키고 근속년수가 많은 직원들의 포스코에 대한 몰입과 충성심을 증대시키며 조직 내부중심적·위계적인 성향을 갖게 하였다. 한편 노조체계에서 겪었던 노사간의 불신과 대립의 쓴 경험을 되풀이하지 않기 위하여 교육훈련 내용에 노사관계 및 기업공동체의식 등의 중요성을 강조하고 있다.

이와 같은 직원들의 보수적·온건주의적 성향은 노사관계를 온건적·협력적 관계로 발전시키는 동인이 되었다고 판단된다. 따라서 포스코의 노사관계는 '초대 CEO의 카리스마'와 '기업복지주의' 그리고 '직원들의 보수적·온건적 의식구조' 등이 삼위일체(三位一體)가 되어 이루어낸 작품이라고 판단된다.

(2) 향후 과제

포스코는 지금까지 안정적이고 효과적인 인적자원관리 및 노사관계를 유지하여 왔다. 그러나 포스코가 원하든 원하지 않던 변화는 일어나고 있다. 따라서 이와 같은 변화 중 몇 가지 이슈를 외부 제도적 이슈와 내부 운영상의 이슈 등으로 구분하여 살펴보도록 하겠다.

1) 외부 제도적인 이슈

지금까지 포스코의 노사관계상의 이슈는 대체로 외부에서 촉발되었는데 예를 들어 1988년 노조의 설립, 비정규직 문제 등이 그러하다. 그러나 외부의 제도적 이슈는 앞으로도 계속 포스코에 어떤 형태로든 영향을 줄 것으로 예상되는데 그중 몇 가지를 살펴보면 다음과 같다.

첫째, 복수노조의 문제이다. 현재 포스코에는 소수의 조합원으로 구성된 노동조합이 있고 또 직원들의 대의기구로서 노경협의회가 효율적으로 운영되고 있기 때문에 새로운 노조가 들어설 여지가 없다. 그러나 2010년 복수노조가 법적으로 허용되면 지금의 노조 외에도 다른 노조가 생길 수도 있고 그에 따른 문제(예를 들어 복수노조 구성과 그에 따른 교섭단체 구성 논의 및 노노간의 갈등 등)도 발생할 수도 있을 것이다. 일차적으로 정부가 복수노조의 허용에 따른 혼란을 억제할 수 있는 가이드라인을 제시하겠지만 사회 여러 계층이 포스코의 행보에 많은 관심을 갖고 있기 때문에 포스코는 이에 대한 대응방안을 마련하여야 할 것이다.

둘째, 외주파트너사 문제이다. 포스코는 단순부대업무의 외주화 및 인력의 합리화를 꾸준히 추진하였고 그 결과 외주파트너사 인력을 포스코 전체 인원수와 비슷하게 운영하고 있다. 또한 포스코는 철강산업의 여타 기업에 비하여 외주파트너사의 관리에 많은 관심과 노력을 기울여 왔으며 또 좋은 성과를 얻고 있다. 그러나 우리나라 전반에 널리 퍼져 있는 뿌리 깊은 하도급의 난맥상이 해소되지 않는 이상 외주파트너사 문제는 언제 터질지 모르는 휴화산과 같다. 특히 외부에서 불거진 외주파트너사의 문제가 포스코로 전이될 가능성도 충분하기 때문에 포스코에서는 외주파트너사와의 협력적 관계 구축 및 효과적인 관리방안 수립 등이 절실하다고 하겠다. 다만, 앞에서 언급한 바와 같이 정부차원에서 외주파트너사 문제에 대한 효율적인 정책과 가이드라인을 마련하는 것이 우선되어야 할 것이다.

2) 내부 운영상의 이슈

향후 포스코가 고려하여야 할 내부적인 이슈를 살펴보면 다음과 같다.

첫째, 직원들의 의식구조의 변화 가능성이다. 현재의 포스코 노사관계를 특징짓는 요인 중의 하나는 소수 정예화된 직원들의 보수적·온건적 성향을 들 수 있다. 그러나 신규직원의 경우 반보수적인 성향이 나타나고 있다. 따라서 이러한 신입사원들의 새로운 변화를 어떻게 받아들이고 또 제도적으로 수렴할 수 있느냐가 중요한 이슈로 대두되고 있다.

둘째, 해외 일관제철소 건설에 따른 국제 인적자원관리 및 노사관계 방식에 대한 이슈이다. 포스코는 글로벌 시대의 경영전략을 천명하고 있는데 특히 아시아 지역 생산기지 확충을 위해 중국 및 베트남 등에 일관제철소를 건설·운영하는 계획을 수립·실천하고 있다. 이 경우 어떤 형태로든 현지 인력의 충원은 필연적인 사항인데 역사와 문화가 다른 국가의 인력에게도 포스코의 잘 짜여진 노사관계 틀이 제대로 작동할 것인가에 하는 고민이 있어야 할 것이다. 따라서 포스코는 진출대상 국가의 인적자원관리 및 노사관계 등의 법 제도 등에 대한 철저한 준비와 전략을 수립하여야 할 것이다. 예를 들어 포스코 방식의 관리방식을 유지할 것인가, 아니면 현지 국가에서 이루어지고 있는 관리방식을 채택할 것인지 또 아니면 포스코방식과 현지국 방식을 절충한 제3의 관리방식을 선택할 것인가 등에 대하여 고민이 있어야 할 것이다. 포스코는 한국의 대표 기업으로 지금까지 보여주었던 모습을 볼 때 새로운 변화의 바람을 슬기롭게 해결할 것으로 기대된다.

제4절 한국인포데이터: 세심한 배려의 여성친화 기업[48)]

1. 사례의 배경

(1) 기업배경

한국인포데이터(주)는 KT로부터 분사된 기업으로 '114번호 안내'로 더 유명한 회사다. 2001년 5월 KT 이사회는 '114번호 안내' 사업을 분사하기로 결정하였고, 그 해 6월 한국인포데이터(주)와 한국인포서비스를 설립하였으며 번호안내 DB를 활용하여 그 해 7월부터 114번호 안내사업을 위탁 운영하기 시작하였다. 서울, 경기 및 강원지역에 대해서는 KOIS(한국인포서비스)라는 별도 법인을 통해 위탁운영하고, 충청권 이남에 대해서는 KOID(한국인포데이터)를 통해 위탁운영하게 함으로써 실질적으로 각 기업에 대한 독점적 지위를 인정하게 되었다. 이들 회사는 다양해진 고객의 욕구와 변화된 생활패턴을 적극 반영하여 기존에 전화번호만을 안내하던 것에서 다양한 관련서비스를 제공하고 있다.

〈표 3-20〉 KOID 직원 현황(2007. 12. 31. 현재)

구 분	일 반 직	상 담 직	계
남성	168	147	315
여성	1,149	3,305	4,454
계	1,317	3,452	4,769

자료: 한국인포데이터 제 7 기 사업보고서.

KOID는 '종업원 지주제'를 실현하고 있다. KT로부터 분사당시 비정규직까지 주식을 배분하여 사내임직원 3만 2천여 명이 324만 주, 전체 주식의 81%를 소유하고 있고, 나머지 19%를 KT(법인)가 소유하고 있다.[49)] KT의 자회사는 아니지만 실제로는 KT의 계열사처럼 운영되고 있다고 할 수 있다. 이 회사의 CEO는 모두 KT 임원출신들이며, 전무 등 주요 임원 또한 KT에서 결정되고

48) 아래 글의 자료 중 별도의 표시가 없는 자료는 회사측이 정리한 내부자료를 그 출처로 한다.
49) 2004년 12월 31일 현재.

있는 것이 현실이다.[50] 따라서 KOID는 법 규칙 준수를 강조하고 '주인' 없는 공기업인 KT의 특징을 다수 내포하고 있다.

본사에는 4실 2개 본부, 1단 17부가 존재하고, 7개의 지역본부가 기반조직을 이루고 있다. 지역본부들은 어느 정도 독자성을 가지고 본부 특성에 맞게 운영되고 있으나, 지역본부간 격차는 별로 크지 않은 편이다.

임직원은 2007년 12월 31일 현재 전체 4,769명이고 이 중 임원은 2명이고 일반직이 1,317명, 상담직이 3,452명으로 상담직의 비중이 매우 높다. 직원의 대부분을 형성하고 있는 상담직(안내원)과 일반직은 대다수 여성들로서 전체 직원의 약 93.4%가 여성인 조직이다.

회사 설립 이래로 KOID는 산업자원부와 언론기관들로부터 서비스 우수기업으로 선정되어 수상하여 왔고, 2005년 이후로는 '노사화합 우수기업'으로 한국품질경영학회 및 노동부로부터 표창을 받았고, 2006년에는 '남녀고용평등 우수기업'으로 선정되어 국무총리 표창을 수상하기도 하였다.

〈표 3-21〉 KOID 수상실적

2003. 7	산업자원부 기술표준원, 한국서비스품질 우수기업 인증
2004. 10	한국소비자포럼 & 한국경제신문사, Let's114사이트 올해의 브랜드 대상
2004. 12	한국경제신문사, 한국 아웃소싱 서비스 대상
2005. 2	(사)한국텔레마케팅협회, 고객센터 품질인증 CQ
2005. 5	신품질포럼, NQF 신품질 혁신상
2005. 7	산업자원부 기술표준원, 한국서비스품질 우수기업 재인증
2005. 9	한국품질경영학회, 포브스코리아 경영품질대상 '노사화합부문 대상' 수상
2005. 12	노동부 노사문화대상 수상(노동부장관)
2006. 4	노동부 남녀고용평등 우수기업 국무총리 표창
2007. 10	산업자원부 '2007 서비스 혁신' 대통령 표창

KOID의 주요 사업을 살펴보면, 114 번호안내 서비스 사업을 기본으로 하여 콜센터, 별정통신 등을 통해 KT의 상품인 메가패스, 메가TV, 인터넷PCS 등을 판매하기도 하고, 'Let's114' 인터넷 사업을 비롯해 'Speak114' 전화영어 사업, 국제전화 선불카드 등 다양한 사업을 추진 중이다.

50) KOID의 1대 CEO로부터 현재 3대 CEO에 이르기까지 모두 KT임원 출신들이다.

[그림 3-16] KOID 사업 영역

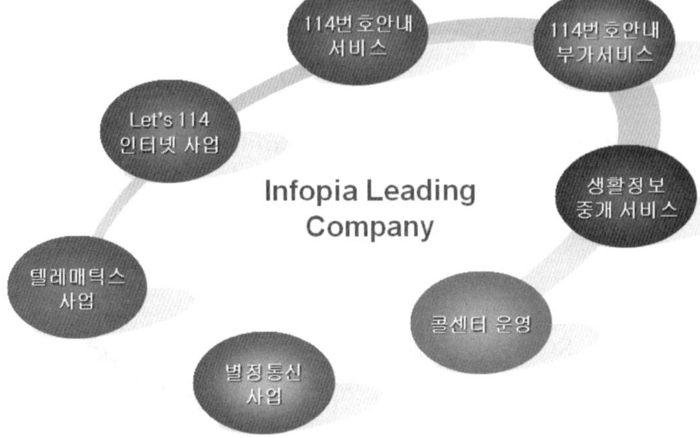

별정통신사업은 "국내통신시장의 개방에 대비하여 틈새형 시장육성, 이용자 편익증진 및 국내통신산업의 경쟁력 강화를 위해 도입된 사업으로 현재 참여하는 사업자가 증가함에 따라 사업자간 경쟁이 확대"되어 가고 있다.

콜센터는 고객과 기업을 연결하는 접점역할을 하며, 인바운드와 아웃바운드로 나눌 수 있는데, 인바운드는 고객으로부터 문의전화를 처리하는 역할을 하고, 아웃바운드는 고객에게 직접 전화를 하는 역할을 수행한다. 기업은 인력 및 비용절감 등 콜센터를 효율적으로 운용하기 위하여 전문기업에 업무를 위탁하는 추세이며, 그 수요는 매년 증가하고 있다. 이에 따라 현재 콜센터 시장도 경쟁이 확대되어 전문기업은 콜센터 유치에 전력을 다하고 있는 실정이다.

KOID의 전체 매출에서 114 번호안내 사업이 자치하는 비중이 압도적으로 크지만 점차 그 비중은 줄어드는 편이어서 사업의 다각화를 통한 새로운 시장 개척을 주요한 과제로 삼고 있다.

114 번호안내라는 사업특성상 기술 개발에 큰 비중을 두고 있는 것은 아니어서 R&D 사내연구소 등의 조직을 별도로 두고 있지 않고, 단지 신사업 개발을 위한 기획부서가 신상품, 신사업 개발을 담당하고 있다.

"우리가 가진 역량 중 가장 큰 장점은 114, 콜센터 등을 통해 고객만족서비스

마인드가 몸에 밴 상담원이 있다는 것이다. 그들이 우리의 핵심역량이다. 그래서 이것을 잘 살릴 수 있는 사업이 무엇인지 고민하고 있다. 전화영어 같은 것이 그런 특징을 살린 사업이라 할 수 있겠다"(인사노무 담당자 인터뷰).

KOID는 독점적이고 안정화된 사업으로 자리잡은 114 번호안내 사업과 함께 이를 통해 훈련된 내부 역량을 잘 활용하는 사업 개발에 주력하고 있으며, 2006년부터 추진해 온 전화를 이용한 리서치사업 등이 미래 유망한 사업이 될 것으로 기대하고 있다.

(2) 경영전략

KOID는 2005년 6월 24일 창사기념일에 맞추어 신뢰경영 선포식을 가졌다. 믿음(credibility), 존중(respect), 공정성(fairness), 자부심(pride), 재미(fun) 등 5가지 요소를 바탕으로 신뢰경영 추진하겠다는 것이다. KOID는 '최고의 서비스와 제품으로 인류의 삶의 질 향상'을 기업 미션으로 삼고, '생활정보의 미래를 선도하는 글로벌 기업, 2010년 매출액 4,300억 원, 국내 300대 기업 도약'을 비전으로 제시하였다. 또한 이들이 추구해야 할 핵심가치는 '사랑, 혁신, 탁월, 정직, 팀워크' 등이다. 경영자들의 노사관계에 대한 관심은 매우 높은 편이다. 인적자원이 기업의 핵심역량이라는 점을 잘 이해하고 있기 때문에 기업 창립 초기부터 "노사가 따로 없는 종업원지주회사"로서 상호간의 공동체의식을 강조해 왔다. 따라서 공정성을 기초로 한 신뢰문화의 기반하에 상호협력에 의한 상생의 일터, 현장중심의 다양한 커뮤니케이션을 중시해 왔다.

"2001년 분사할 때 40여 일간 안내원 아줌마들이 본사농성을 했던 회사이기 때문에 초창기부터 조직안정에 신경을 썼다. 직원들 사기진작, 조직안정 등은 경영진에서 꾸준히 신경쓰고 있는 부분이다"(인사담당자 인터뷰).

기업의 창립을 둘러싸고 태생부터 노사관계의 심각한 문제를 경험하였기 때문에 조직시스템과 제도를 설계, 운영하는 과정에서 직원들의 의견을 최대한 수렴코자 노력하고 있다. 특히 소유주가 존재하지 않은 종업원 지주회사이다보니 기본적으로 직원을 존중하는 사고방식은 쉽게 자리 잡을 수 있었다.

"기업이 KT로부터 분리되었기 때문에 노사라는 개념이 처음부터 별로 없었다. KT에서 분리되는 것을 강경하게 반대한 사람들은 아예 KOID로 넘어오지 않았고, 마지못해 넘어온 사람들이 많았다. 초대 CEO가 주도적으로 직원들과 조직을 이끌면서 조직활성화에 초점을 맞춘 것이 중요했던 거 같다"(노사협의회 대표 인터뷰).

조직활성화 프로그램을 이끌 기업문화 담당자를 별도로 두고, CEO가 적극 나서 현장의 소리를 듣기 위해 1년에 2~3번 지역본부를 순회 방문하기도 하였다. 이같은 적극적인 경영 스타일에 응답하듯 매출액이 꾸준히 증가하면서 조직 구성원들은 자신감을 얻을 수 있었다고 한다.

"실제 사장마다 성격이 조금씩 달랐다. 초대 사장은 모든 행사를 전면에 나서서 하고 위에서부터 밑에 직원까지 관심을 가지고, 기억력이 좋아서 직원들의 이름을 외워서 불러주기도 했다. 그런 것들이 직원들이 위를 믿고 따라가도록 한 거 같다"(노사협의회 대표 인터뷰).

경영측의 적극적인 노력에 힘입어 '조직의 안정적 발전'이 노사 모두에게 중요하다는 인식을 공유할 수 있었다고 한다.

2. 노사관계

KOID의 노사관계는 그 짧은 역사를 보면 전형적으로 초기의 극심한 노사갈등을 경험한 노사 양측이 노사관계의 중요성을 절실히 깨닫고 극단적인 갈등의 상황으로 치닫지 않기 위해 상호 노력함으로써 노사안정을 이루어 낸 사례이다.

2001년 KT로 분사되는 과정에서 40여 일에 걸친 본사 농성을 경험했으나 노조로서는 분사반대라는 주장을 관철시키지 못했다. 한편 사용자의 입장에서는 종업원들의 공감을 이끌어 내지 못한 일방적인 경영측의 결정은 실질적인 업무 중단이라는 극단적인 투쟁을 불러일으키고 이로 인해 전국적 이목을 집중시킬 수 있다는 경험을 얻게 되었다.

이같은 경험은 노사 양측 모두에게 노사 갈등이 결코 바람직하지 않은 상황이라는 교훈을 남기게 되었고, 이를 피하기 위해 사용자측은 경영정보 공개 및 종업원들과의 의사소통을 강조하는 경영방침을 채택하게 되었고, 종업원들은 "자기 몫 찾기와 선명성 주장을 우선하는 노조"보다는 노사협력을 전제로 하는 노사협의회를 중심으로 노사관계를 이끌어 가는 데 큰 불만을 가지지 않게 되었다.

(1) KT 분사 과정: 극한 노사갈등 경험

2001년 KT 이사회가 고질적인 만성적자 상태에 놓여 있던 '114 번호 안내' 사업을 분사하기로 결정하자, 이에 반발하여 114 안내원들을 중심으로 하여 노동조합이 40여 일에 걸친 본사 농성에 돌입하였다. KT라는 안정적인 직장에 15년 이상 장기근속해 왔던 노동자의 입장에서는 하루아침에 미래가 보이지 않는 중소사업장의 계약직 지위로 내몰리게 된 것이고, 이같은 고용불안감은 일자리 지키기라는 절대절명의 요구앞에 '나이 많은 아줌마들'조차 극한 투쟁에 나서도록 만든 것이다.

> "2001년 분사 때 반발이 심했는데, KT라는 공기업의 울타리에 안정적으로 있다가 적자 상태에서 분사된다면 과연(KT를) 나가서 몇 년이나 버틸 수 있겠냐는 생각에 고용불안이 컸다"(인사담당자 인터뷰).

결국 KT 노사가 분사되는 직원에 대한 일정기간의 고용보장과 KT에 잔류를 희망하는 사원에 대해서는 재배치 교육을 실시하기로 하는 등의 내용에 합의함으로써 농성자들의 반발이 있었으나 장기농성은 마무리되었다. KT 노사의 합의안의 핵심은 근속년수에 따라 신설되는 회사는 20년 이상자는 3년, 15년 이상자는 4년, 15년 미만자는 5년간 고용을 보장하고, KT 보수수준의 60~70%를 지급하는 한편, 신설법인의 주식 2,000~3,000주를 배정하는 내용이었다. 당시 최대 쟁점은 과연 새롭게 신설되는 회사가 과연 KT로부터 인계받은 노동자들의 고용을 얼마나 보장할 것인가 하는 문제였다. 안정적인 지위에 있던 노동자들은 3~5년 계약직의 지위로 내몰리는 것에 대해 불안해했고, 따라서 KT에 남고자 희망하는 사람은 KT에 남을 수 있도록 하였다.

> "분사하는 과정에서 해고된 사람은 없고, 본인이 희망하지 않으면 KT에 다 남

을 수 있었다. 설득을 통해 넘어온 사람만 넘어오게 됐는데, 그 과정에서 나이 많은 사람은 권고를 통해서 넘어왔을 수도 있다. 근로조건은 KT의 60~70% 정도의 근로조건, 퇴직시 희망퇴직 보상을 받고 넘어왔다. 20년 이상자는 1억 이상의 명예퇴직금을 받기도 하였다. KT에서 3~5년간 고용을 보장하겠다고 약속했는데, 이미 그 시기를 지났지만 별다른 해고조치 없이 안정적으로 진행되고 있다"(인사담당자 인터뷰).

KT가 분사 당시 약속한 고용보장 기간이 이미 넘었다. 그러나 당시의 합의안을 근거로 강제 퇴직된 사람은 단 한사람도 없다. 3~5년의 계약직 지위에서 벗어나 KOID 차원의 고용안정이 확보되면서 노사간의 신뢰는 훨씬 커질 수 있었다.

분사과정을 둘러싼 노사갈등을 경험한 경영자나 종업원이나 노사 갈등의 폐해를 몸소 체험한 것이 회사 측으로서는 무리한 강제퇴직으로 또 다시 노사 갈등을 빚기를 원치 않게 되었고, 그 결과 현장 노동자들은 고용을 보장한 사용자들에 대한 신뢰의 첫발을 내디딜 수 있었던 것이다. "다시는 그런 갈등을 겪지 않아야 한다"는 교훈이 노사 공히 좀 더 화합적인 노사관계를 희망하도록 만들었고, 이를 실현하기 위해 이후 노력을 기울이도록 하였다고 할 수 있다.

(2) 노사협의회 구성: 안정적 노사관계 형성

분사된 이듬해인 2002년 8월 노사협의회가 구성된다. KOID 노사협의회는 전사 차원의 협의회와 각 지역본부별 협의회로 구성되어 있다. 지역사원협의회는 지역본부별로 사용자와 종업원 위원 각 3~7명씩 구성되어 있고, 'KOID 열린협의회'는 종업원 및 사용자 위원 각 10명으로 구성되어 있는데, 근로자 위원은 지역본부 사원협의회 추천을 받아 위촉받게 된다.

"근로자 위원은 10인 이상의 동의서를 받아서 추천되는데, 예전에는 현장에서 나의 불만을 해소해 줄 수 있는 리더십이 있는 사람을 뽑았는데, 요즘은 직원간의 융화관계가 좋은 사람들을 많이 뽑는 것 같다. 전에는 경영진이 원하는 사람이 뽑히도록 입김이 작용하기도 한 거 같은데, 최근에는 그런 일은 없다"(노사협의회 대표 인터뷰).

지역노사협의회는 분기마다 둘째 주에 진행되고, 지역본부 차원의 안건을 논의하고 때에 따라서는 전사 차원의 협의회로 안건을 올리기도 한다. 하지만 때로는 지역 현장의 소리들이 가감 없이 중앙으로 보고되지 못하는 한계도 있어 지역본부장을 거치지 않고 근로자 위원들이 중앙 단위에 직접 보고할 수 있는 방식을 채택하는 등 변화를 모색하기도 하였다.

> "현장의 애로사항, 고충, 제안 등 문서보고를 많이 받았는데, 걸러서 많이 직접 올라오지 않았다. 실제 회의를 하다보면 본부에서 온 사람들은 말을 잘 안 한다. 고충을 가식적으로 올리기도 한다. 그래서 본부 이름을 쓰지 않고 직접 보고서를 쓰도록 했더니 본부장들이 처음에는 불만을 제기하기도 했지만, 회의가 진행되면서 긍정적인 답변이 이루어지면서 예측되지 않은 의사전달이 잘 이루어진 사례가 있다"(노사협의회 대표 인터뷰).

그러나 매분기마다 협의회를 실시하여 회의를 진행하고 그 결과를 지역 현장 종업원들에게 공지하는 한편, 근로자 위원들은 현장 종업원들의 고충 해결을 위해 노력하고 있으나 실제 본업에 덧붙여 부과된 업무의 성격이 강하기 때문에 근로자 위원 개인의 헌신적인 결의가 있지 않는 한 일상적으로 종업원들이 피부로 느낄 만큼 활동을 전개하는 것이 쉽지 않다.

> "노사협의회에서 가끔 설문을 해서 고충이나 필요한 것 등을 조사하는데, 그게 본사까지 올라가는지에 대해서는 의문을 갖고 있다. 현장 종업원들은 누가 위원인지 관심이 별로 없다. 본사에 오니까 협의회 위원을 뽑기 위해 투표를 하던데, 지역본부에서는 잘 안 하는 거 같다"(현장 종업원 인터뷰).

단적으로 지역본부가 전국적으로 흩어져 있기 때문에 전사 노사협의회를 앞두고 의견을 모으기 위한 근로자 위원들의 모임을 갖기조차 어렵다고 한다. 노사협의회가 좀 더 활성화되기 위해서는 종업원 대의기구로서의 권한과 배려가 분명히 제시될 필요가 있다는 것이 당사자들의 지적이다. 그래서 노조가 존재하지 않은 사업장에서 노사협의회가 임금 및 여타 근로조건에 대한 노사 대표자들의 논의 테이블이 되고 있는데, KOID 노사협의회에서는 임금과 관련한 실질적인 논의는 이루어지지 않고 있다.

"원칙적으로 임금인상 안건을 협의회에서 다루는 것이 맞다고 본다. 하지만 지역으로 분산되어 있어서 한 목소리를 내기가 어렵다. 임금은 회사측에 의해서 통보되는데, 때에 따라서는 일부 조정하기도 하지만 비공식적인 수준에서 이루어지는 것이지, 협의회 안건으로 다루어지지는 않고 있다... 그러나 실제 회사의 조건이 임금인상하자고 머리띠를 묶을 상황은 아니다. 이미 KT에서 쓰라린 경험을 했고, 또 이걸 이끌 사람도 없다"(노사협의회 대표 인터뷰).

분사를 둘러싸고 벌어진 노사갈등의 경험은 경영진과 종업원 양측 모두에 중요한 교훈을 남겼다. 노사갈등이 안겨준 피해는 너무 크다는 것이며 극한 대립을 피하기 위해 노사가 상호 존중하고 합리적 수준에서 요구를 한다는 것이다. 분사 당시 노사갈등이 준 학습효과는 매우 커서 KOID는 창사 이래 단 한 차례도 노사갈등을 경험하지 않았고, 노조를 결성하려는 움직임 또한 현실화된 것은 없었다.

사용자측은 강제적인 정리해고는 실시하지 않고 있다. 인원조정이 필요하다고 요구될 때는 희망퇴직의 방식을 도입하고 있는데, 고용불안감을 줄이기 위해 오히려 정년은 보장하면서 기업의 장기근속자에 대한 임금 부담을 줄일 수 있는 방안으로 임금피크제 등을 고려키로 하는 등 현장의 불안감을 줄이기 위한 노력을 기울이고 있다. 종업원들은 경영진이 처한 조건을 잘 이해하려고 '막무가내식' 근로조건 등을 요구하지 않으며, 콜센터 등 비슷한 업종의 종업원들에 비해 임금 수준이 높지 않음에도 불구하고 기업 성장에 따른 현실적인 수준의 임금 인상을 감수하고 있다.

"(KT에서) 강성노조를 했던 경험이 있지만 우리 회사에는 노조가 있으면 안된다고 본다. 상생하는 협의회가 제대로 운영만 되면 되지, 노조를 만들면 자기 밥그릇을 찾기 위해서 목소리가 커지는데, 자기 밥그릇만 찾으면 되겠느냐… 회사가 나를 믿고 살고, 나도 회사를 믿고 살 수 있어야 한다… 처음부터 노사가 협조적으로 갈 수 있는 것이 아니라 고통받고 전 직원이 이런 방향으로 가서는 안 된다고 느꼈을 때나 그렇게 될 수 있는 것이라고 본다. 우린 그런 경험을 가지고 있다"(노사협의회 대표 인터뷰).

그래서 실제 임금인상 수준은 회사측의 주도로 결정되어지고 있다. 정규직의 경우 평가에 의해 임금은 차등인상된다. 계약직의 경우는 시장임금과 기업의 지불능력 등을 감안해 인사팀에서 정해서 통보하고 있다. 사전에 노사협의회 근로자위원 대표와 협의를 하지만 "크게 이견이 제기된 적은 없었다(인사담당자 인터뷰)"고 한다.

3. 열린 경영

사람이 핵심 역량인 한국인포데이터는 회사 설립 시기에서 경험한 노사갈등이 지속될 경우, 새로 시작된 기업 자체가 지속되지 못할 수 있다는 부담으로 시작되었고, 이같은 극한 대립을 해소하기 위하여 노사간의 신뢰를 쌓아 나가야 하는 과제가 눈앞에 다가왔으며 이에 대한 대응은 사용자측으로부터 시작되었다.

우선 기업의 정보를 공유하고 현장 종업원들의 불만을 듣고 이를 해소하기 위해 노력하는 모습을 보이는 것이 상호간의 신뢰를 형성하는 첫발이 될 수 있었던 것이다. 공기업에서 성장한 CEO들은 현장 종업원들의 조건을 잘 이해하고 있었고, 임원과 일반 직원들간의 벽을 허무는 것이 중요하다는 점을 인식하게 되었다. 따라서 현장의 소리를 듣기 위한 다양한 노력이 이루어진다. CEO 스스로 현장 순회 등을 통해 종업원과의 벽을 허물려고 노력하였고, 인터넷이나 동호회 등 공식, 비공식적인 모임을 통해 상하와 직원들간의 원활한 의사소통이 이루어질 수 있도록 다양한 커뮤니케이션 채널을 확보하는 데 주력하였다. 이와 함께 공식적으로는 노사협의회, 즉 KOID 열린협의회를 통해 법률이 정하는 기준하에서 기업 정보를 공유하고 현장 종업원들의 대표를 통해 종업원들의 불만을 해소하는데 노력하였다.

(1) CEO의 적극적인 의사소통 노력

KOID의 사장들은 종업원지주회사라는 특징을 살려 종업원 개개인의 의견을 존중하고, 현장의 소리에 귀기울이는 것을 중요한 임무로 삼아 왔다. 이는 이들 사장들이 모두 공기업인 KT의 임원 출신이어서 법제도가 보장하는 한 최대한 이를 지키려고 노력한다는 점에서 소유주 중심의 일반 사기업과는 차이가 있다고 볼 수 있다.

사장은 1년에 한번 전국현장순회를 통해 현장과 가까워지려는 최고경영진의 노력을 몸소 보여주고 있으며, 일상적인 의사소통 구조를 갖기 위해 KOID의 그룹웨어인 'e-좋은만남(gw.koid.co.kr)' 내에 사장에게 직접 건의할 수 있는 게시판을 두고, 사장만 열람이 가능하도록 함으로써 실질적으로 사장과 종업원 개인이 직접 의사소통할 수 있도록 운영하고 있다. 또한 CEO와의 대화뿐 아니라 2003년 8월부터 12월까지는 CEO 현장체험 프로그램을 통해 CEO가 지역본부장으로서 1일 현장체험을 통해 하부조직의 업무를 공유하려는 노력을 기울이기도 하였다. 이외에도 CEO의 주요경영활동 계획과 일정사항을 공개하고, 본사 실,본부 단위 직원들과 식사나 호프타임 등을 통해 친밀도를 높이기 위해 노력하기도 하였다.

(2) 다양한 커뮤니케이션 채널 확보

통신업의 특징에 맞게 KOID는 웹 커뮤니케이션 채널(Web Communication Channel)를 다양하게 활용하고 있다. 그룹웨어 'e-좋은만남'에 중장기적인 경영전략과 인사발령 사항, 사규, 고객만족서비스 정보, 자사 주식매매 등 각종정보 게시하고 자유토론방이나 CEO대화방, 업무혁신방 등을 통해 개개인들이 의사개진할 수 있는 다양한 채널을 제공하였다. 웹상에서 뿐만 아니라 월 2회 '한마음' 소식지를 발간하여 경영현황 및 시장동향, 본사와 각 지역본부의 소식을 전하고 있다.

또한 상하간, 동료간의 원활한 의사소통을 위하여 계층별 모임도 촉구하고 있다. 매월 본부장과의 대화를 통해 본부 현안을 공유하고 현장의 애로사항이나 개인의 고충을 건의하도록 하는 시간을 갖는가 하면, 분기마다 각 직급별 만남의 장이나 동호회 회장단 간담회 등을 통해 동료간의 교류도 촉구하고 있다.

한편, 현장의 아이디어를 제안하는 제안시스템을 갖추고 있다. 업무 과정상의 개선이나 제도 개선 등의 아이디어가 제공되면 각 업무의 담당부서에는 '제안마스터'가 선정되어 있어 곧바로 담당자에게 전달되어 마스터의 심사를 받게 된다. 의견이 채택될 경우 언제부터 실행되는지 바로 답변이 이루어지고, 채택되지 않았을 경우에도 채택되지 않은 이유를 제안자에게 설명하고 있다.

심사결과 제안된 의견의 등급이 정해지고 이에 따라 포상이나 포인트가 적립되어 인사평가에 감안되고 있다.

(3) 'KOID 열린협의회'를 통한 종업원 요구 수렴

KOID에는 본사 및 7개 지역본부에 열린협의회라는 이름의 노사협의회가 구성되어 종업원들의 근로조건 및 고충처리 등을 분기마다 협의하고 있다. 열린협의회에서 다루어지는 주요 협의내용을 살펴보면, 직장보육시설 설치건, 직원 애경사시 조화, 화환 증정에 관한 사항, 사내복지기금 신설 운용, 남자직원 피복비 보조, 안내단말 PC의 재활용, 비정규직원 퇴직시 선물지급 등에 이르기까지 다양하다.

> "협의회 안건에 따라 격론이 오가는 것이 있기는 한데, 단체협상이 아니기 때문에 협의회 성격상 서로간에 얼굴 붉힐 일은 별로 없다"(인사담당자 인터뷰).

2002년 노사협의회가 설치된 이후 2004년까지 안건 처리된 현황을 보면 지역 차원에서 전체 244건이 제기되어 합의된 안건이 221건이며, KOID열린협의회 차원에서는 25건이 제기되어 15건이 합의되었고, 6건은 차후 검토하여 시행키로 하고, 4건은 시행불가의 결과를 낳았다.

〈표 3-22〉 노사협의회 안건처리 현황

구 분	처리실적(건)			
	2002년	2003년	2004년	합 계
KOID 열린협의회	8	9	8	25
지역 열린협의회	62	106	76	244

4. 동기유발

(1) 여성 친화적 작업환경, '언니 문화' 활성화로 직원 만족도 상승

KOID는 금전적 보상보다는 여성친화적인 배려를 통한 직원만족도를 높여주고 있다.

상담업무가 주요 사업인 KOID의 여성 직원 비율은 93.4%에 이른다. KOID는 이같은 현실을 감안하여 여성 직원들의 만족도를 높이기 위한 작업환경 조성 및 여성 친화적인 복리후생제도를 도입하여 큰 성공을 거두고 있다.

> "회사가 여직원들을 매우 우대하는 편이다. 화장실 하나를 만들어도 여직원 중심으로 만들어서 남자들이 화장실을 가려면 위층, 아래층으로 옮겨 다녀야 한다(웃음)"(현장 종업원 인터뷰).

상담실의 경우 거의 대부분이 여성들로 구성되어 있는데, 하루 종일 의자에 앉아 전화를 받고 컴퓨터를 사용해야 하는 업무조건을 감안하여 전문적인 보건관리사가 보건실에서 허리나 어깨 통증 등이 확대되지 않도록 관리하고 휴게시설에는 온돌침대를 마련해 10분 정도의 휴식시간에라도 충분히 휴식을 취할 수 있도록 고려하고 있다. 모유 수유실을 별도로 두고 있는 곳도 있다.

> "여름에 에어콘을 오래 쐬면 생리통이 매우 심해지기도 하는데 이럴 때 이용할 수 있도록 보건실에서 핫팩(hot pack)을 해 주기도 한다. 아침에 업무 시작 전에 체조도 한다... 임금은 다른 콜센터에 비해 굉장히 적은 편이다. 4시간 일하면 한달에 55만원밖에 안 나온다. 하지만 다른 조건이 좋아서 더 많은 임금을 주는 곳이 있어도 옮기려고 하지 않는 것이다"(현장 종업원 인터뷰).

이같은 여성 친화적 작업환경은 임금에 대한 불만조차 잠재우고 있다. 최근 많은 대기업들이 콜센터를 개설하면서 전화 상담 유경험자들의 경우보다 좋은 근로조건이 제시될 경우 이직을 쉽게 할 수 있는 조건이다. KOID의 경우 임금수준이 다른 사기업에 비해 높은 편이 아니기 때문에 일부 직원들 중 타기업으로 이직하는 경우가 종종 발생하는데, 이들 중 상당수는 임금이 약간 더 높은 것을 제외하고 여성 직원들의 신체적 조건과 편의를 최대한 고려하고 있는 KOID의 복리후생제도를 그리워하고, 다시 KOID로 복귀하는 경우도 적지 않다고 한다.

한편 KOID는 남녀간의 승진에 있어서 차별을 줄여나가기 위해 적극 노력하고 있다. 단적으로 간부직 중 여성인력 비율을 보면, KT로부터 분사할 당시에는 0%였던 것이 2005년 6월 현재 30%로 확대되었다. KOID의 하급 관리자

〈표 3-23〉 KOID 복리후생 제도

항 목	내 용	비 고
휴게실/체력단련실	휴게실(13), 수면실(7), 체력단련실(5), 노래방(2), 스낵바(8), 의무실(4)	
콘도미니엄 운영	한화, 일성, 대명콘도 등 3개 회사 콘도미니엄 운영	정규직 및 주 40시간 근무제 정보상담직 기준 연간 25% 내외 이용가능
동호회 지원	연간 1인당 1만 원	전국 40개 동호회, 1,800여 명 참여
학자금 보조	중고교 재학중인 자녀 전액 지원	
경조금 지급	본인, 배우자, 부모 등 결혼, 사망시 경조금 또는 조화 화환 지급(10만 원 상당)	전직원 대상
의료비 보조	2만 원 이상 연 300만 원 이하	임직원 본인 및 배우자
급식/통근비	일반직 월 21만원 지급	
직원생일선문	정규직 5만 원, 정보상담직 2만 5천 원 상당 현물	
건강관리비 (VDT예방활동비)	8시간 근무기준 주당 6천 원	114안내업무 직접 근무자
직장보육시설	KOID 어린이집 오픈	
사원주택 제공	사택 지원	

에 해당하는 M급 중 여성의 비율이 48%, 높은 직급에 해당하는 S급 이상에서는 15%가 여성인 것으로 나타났다. 특히 상담원들을 관리하는 팀장의 역할은 매우 중요한데, 이들의 상당수가 상담원으로 오랫동안 근무했던 사람들이어서 하급 직원들의 애로사항과 고충을 잘 이해하는 것도 직원들 사이의 화합을 다지는데 중요한 전제가 되고 있다.

> "팀장님이지만 평소 때는 그냥 언니라고 부른다. 그게 더 자연스럽다…팀장이 되었다고 해서 관리만 하는 건 아니고 하루에 3시간씩은 꼭 근무를 하도록 되어 있다. 현장감을 잃지 않도록 하기 위한 거 같다"(현장종업원 인터뷰).

'언니 문화'로 대변되는 여성 특유의 정적이고 관계 중심적인 작업 분위기가 형성되면서 공식적인 조직에서 발생하는 불만들이 다양한 비공식적인 경로를 통해 소통됨으로써 불만이 쌓여 폭발하기보다는 갈등이 발생해도 그때그때 해소되고 있으며, 기업 전체에 위기가 다가올 때 공동체 의식이 훨씬 강하게 발휘되고 있다.

(2) 객관적 업무 평가 시스템

KOID는 서비스 업무에 대한 매뉴얼 마련을 통해 직원들의 업무평가의 객관성을 확립함으로써 직원들의 불만을 최소화시키고, 더 나아가 직원들간의 협력관계가 형성될 수 있는 기반을 마련하였다.

KOID에서는 직무평가에 따라 6개월 단위로 단시간노동을 하던 사람이 풀타임(full time)으로 전환되기도 하고, 반대로 풀타임이었더라도 직무성과가 높지 않을 경우 단시간노동으로 전환되기도 한다. 시간은 임금의 증감과 직접적인 연관이 있기 때문에 이를 판단하는 기준이 되는 직무에 대한 평가가 객관적이지 않을 때 종업원들의 불만은 매우 높을 수밖에 없다. KOID가 평가의 기준을 삼고 있는 것은 크게 3가지로서 콜안내 통화수와 오안내(=잘못된 안내) 여부, 고객만족(CS)서비스 매뉴얼 준수 여부 등이다. 하루에 몇 대의 전화를 받았는가에 대해 기준에 따라 30점 만점에서 삭감하는 방식으로 평가하고, 오안내의 경우는 민원을 통해 확인한다. 전 직원들의 통화내역이 100% 녹취 가능하기 때문에 고객만족서비스 매뉴얼을 준수했는지 여부 또한 평가가 가능하다.

> "평가문제는 너무 예민한 사안이어서 문제가 있으면 계속 개선을 해 왔기 때문에 현장의 종업원들이 현재의 평가 시스템을 대부분 수용하는 편이다"(인사 담당자 인터뷰).

평가 내용과 관련해 불합리하거나 직원들에게 수용가능하지 않은 것은 지속적으로 변해가고 있는데, 예를 들어 '웃음 가점제'를 들 수 있다. 고객만족서비스(CS) 강사들이 무작위로 한달에 4번의 통화 녹음된 것을 검토하여 고객과 통화 중 웃은 상담원에게는 점수를 더 부과하여 주는 제도였다. 15초 안팎의 짧은 시간 내에 웃을 수 있다는 것이 쉽지 않은 일이었는데, 실제 이를 할 수 있는 사람보다 못하는 사람이 대다수였고, 그러다보니 이런 과제를 수행할 수 있는 단 몇 명의 사람들만 계속적으로 가점을 받다보니 오히려 다수의 직원들의 불만이 커져서 아예 이 제도를 없애기도 하였다. 또한 개인 친분 관계에 따라 평가가 다를 수 있음을 감안하여 안내팀에 대한 평가는 개인적 친분이 전혀 없는 지원팀에서 관리하기도 하고 누가 친철했는가에 대한 평가도 사람에 따라 다르게 느낄 수 있기 때문에 고객이 "너무 친절하시네요" 등으로 직접 칭찬한 경우만 점수를 주도록 하는 등 가능한 한 주관성을 배제하고 객관성을 키워내는 방식을 지속적으로 도입하고 있다.

> "시간이 같으면 노동강도는 거의 같다고 할 수 있다. 검색방법에 따라 한 콜에 14~15초 처리시간이 걸리는데, 신입들의 경우는 25초는 걸릴 것이다. 업무평가가 결국은 다른 사람과 비교해서 얼마나 잘 했나를 보여주는 것이기 때문에 예전에는 자기가 하루에 몇 콜을 받았는지 확인하면서 경쟁자로 생각하는 사람의 것도 물어보고 했는데, 요즘은 자신의 업무에만 신경을 쓸 수 있게 되었다. 2007년 초부터 굳이 상급자에게 묻지 않아도 자기 자리에서 자기 컴퓨터로 본인의 평균처리 시간, 시간대별 콜수, 하루 전체 콜수 등의 통계수치를 다 볼 수 있도록 시스템이 바뀌었기 때문이다"(현장종업원 인터뷰).

다른 사람과의 경쟁보다는 본인 직무에 대한 비교평가가 중심이 되다보니, 직원들 관계에서도 차이가 나타나기 시작했다. 예전에는 좀 더 빨리 검색할 수 있는 방법을 개인이 알아낸다고 하더라도 경쟁자들에게 그런 노하우를 전달하려고 하지 않았으나, 이제는 회사 전체의 발전을 위해 필요한 지식을 서로 공유하는데 거리낌이 없어지기도 하였다.

3) 업무성과에 따라 단시간, 풀타임 전환 가능

114 안내 전화가 일정하게 걸려오는 것이 아니기 때문에 KOID에는 바쁜 시간에 일할 수 있는 일정 정도 규모의 비정규직은 불가피하다고 한다. 즉 단시간 근로하는 종업원이 많았다. 실제 정규직과 비정규직 비율이 6.5 : 3.5에 이르는 것으로 조사되었다.

그러나 공기업 성격이 강한 KOID는 2007년 비정규직 법안에 의거해 2년 이상자들에 대해 정규직화를 실시하였고, 정규직과 비정규직간의 복리후생 등의 차별을 시정하였다. 이로 인해 기업의 인건비 비중이 커져 이것이 향후 기업 경영에 큰 영향을 미칠 것으로 보인다.

> "정규직과 비정규직간에는 임금만(노동시간에) 비례 적용하는 것만 다르다. 작년에 차별시정을 했다. 식대의 경우 비례 적용하자는 얘기 나왔는데 '단시간 근로

자는 밥을 반만 먹냐'는 문제제기가 나오면서 복리후생은 똑같이 적용하기로 하였다"(인사담당자 인터뷰).

정규직과 비정규직간의 복리후생은 실제 2004년 당시만 비교해서 보더라도 격차가 존재하였다. 예를 들어 급식비와 교통비가 일반직의 경우 월 21만 원씩 지급되고 있는 것에 비해 비정규직은 월 3~5만 원밖에 지급되지 않으며, 생일에 지급되는 선물도 정규직은 5만 원 상당의 현물을 받은 것에 비해 정보상담직은 2만 5천 원 상당의 현물만이 지급되었다. 그러나 이때에도 114 안내 업무에 직접 근무하는 직원의 경우는 정보상담직이라고 하더라도 건강관리비(VDT 예방활동비)는 동일하게 8시간 근무기준으로 주당 6천 원씩이 지급되었고, 정기 종합건강검진 또한 정규직, 비정규직 구분 없이 전 임직원을 대상으로 전문 의료기관에 위탁하여 매년 4~5월에 실시하고 있다.

KOID는 그동안 비정규직을 정규직 고용의 다리로서 활용하여 왔다. 즉 신규채용되는 직원은 누구나 비정규직으로 고용되지만 업무평가와 성과에 따라 정규직화될 수 있는 길이 열려 있었던 것이다. 단시간 노동으로 채용된 비정규직들은 일정수준의 기량이 쌓이고 성과평가의 성적이 오르면 풀타임으로 일할 수 있는 기회를 제공받는다.[51] 또한 계약직(정보상담직) 중 우수사원에 대해서는 사기진작을 위해 매년 5~6% 정도 일반직으로 임용하였다. 〈표 3-24〉는 KOID가 그동안 정규직화한 인원을 나타낸다. 분사 당시 KT의 비정규직이었던 이들을 168명 정규직화시킨 이래 꾸준히 비정규직들을 정규직으로 전환해 와 창립 이래 485명의 누적 인원이 정규직화 되었다.

〈표 3-24〉 KOID의 정규직 전환 인원

구 분	2001년	2002년	2003년	2004년	2005년
인 원 수	168명	95명	94명	66명	62명

그러나 2007년 비정규직 법안이 적용되기 이전에는 시험과 평가 등의 과정을 거쳐 비정규직들이 기존의 정규직 지위로 전환되었던 것에 비해 2007년

51) 그러나 6개월 단위로 이들 노동자들의 기량을 평가해 저하될 경우 풀타임이었던 사람도 단시간 노동자로 떨어질 수 있다(인사담당자 인터뷰).

법 적용을 앞두고 2006년부터 이루어진 정규직화는 정규직의 말단직급을 신설하여 전환하는 방식을 채택하고 있어 정규직 내부의 분화를 낳는 결과를 가져오기도 하였다.

〈표 3-25〉 KOID의 인사규정 및 승진, 보수체계의 특징

구 분	주요 내용
근 거	• 인사규정 – 회사는 제반 인사관리를 함에 있어 공정하게 실시하고 직종·성별 등의 이유로 인사상의 차별대우를 하지 아니한다. – 회사는 인력 운용 시 직원의 의사를 반영하여 순환보직 및 경력계발제도의 활성화에 최대한 노력한다. • 입사지원서상의 남녀 구분란 삭제
승진체계	• 승진 점수에 의한 차등 승진제 실시–일체의 성별, 학력, 연공적 요소 배제 • 우수 능력자의 조기 승진이 가능한 시스템 시행 • 인사평가공개 및 승진점수 확인제도 시행 • 회사는 승진에 있어 공정한 기존과 평가에 의해 실시한다.
보수체계	• 성과급 비중의 강화(평가에 따른 차등을 확대) • 평가에 반영된 개별 임금체계 • 연공서열형의 급여 및 획일적 보수의 최소화 • 성과배분제의 확대 시행을 위한 노사 공동 TFT구성, 제도시행(2005년 2월~)

KOID는 능력에 따른 직군 이동 및 남녀고용 평등제 실현을 노력하고 있으며, 사내우선충원제를 도입하여 내부 직원들에 대한 다양한 가능성을 열어두고 있다. 예를 들어 114 상담원으로 오랫동안 근무하였다고 하더라도 영업직이나 사무직 등 타부서로 이전할 근무기회를 확대하고 있다. 충남지역이 43명, 부산 30명, 대구 28명 등 114 안내요원 중 타부서로 순환배치된 인원은 적지 않은 상황이다.

5. 지식축적

(1) 조직활성화 교육에 초점

KOID는 이제까지의 핵심업무라고 할 수 있는 콜센터에서 고객만족서비스

로 훈련된 직원들을 핵심역량으로 삼아 왔다. 실제 기업은 신지식이나 신기술 개발과 도입보다는 기존 역량을 활용하는 데 초점을 맞추어 왔다고 볼 수 있다. KOID는 인재양성을 위해 본부장이나 부장, 과장 등에 대해 전략리더십, 혁신리더십의 교육 내용을 실시하였으며, 업무수행능력 향상을 위한 직무교육과 관련해서는 마케팅 능력배양, 상담스킬 습득, 경영관리/정보화역량 강화 등을 실행하였다. 그러나 전체적으로 보았을 때 집합적인 직무교육보다는 조직 활성화, 직원 화합에 초점을 맞춘 이벤트나 소양교육, 연수 프로그램 등이 주를 이루고 있다. 조직 활성화를 선도하기 위해 기업문화 정립을 위한 선도요원 양성과 한마음 패밀리 트레이닝(Family Training) 행사 및 우수 업무자에 대해 해외단기연수를 연간 1~2회 정도 가지도록 기회를 부여하고 국내연수 또한 연 4~8회 정도 실시하고 있다. 한마음 Family Training 행사는 "창립 초기 파업 참여자와 미참여자, 정규직과 비정규직 사이의 깊은 불신의 벽을 허물기 위해 2001년부터 매년 실시하였으며, 특히 2001년과 2004년에는 전사원을 대상으로 실시하여, 현재까지 누계인원 총 4,940명이 참여한 것으로 집계되었다.

이와 함께 전직원을 대상으로 KOID의 조직문화를 이해하고 공감대를 형성하기 위한 인성교육을 위하여 KOID 플러스(PLUS) 교육이라는 것을 실시하고 있다. 각종 사회단체 봉사활동 프로그램인 '다솜지기'[52]나 신입사원의 조기 적응을 위한 기존사원과의 연결 프로그램인 '토닥이 프로그램', 월 1회 정시 퇴근을 유도하는 FM데이, 자율복장 근무인 브레이킹데이 등 다양한 기업문화 프로그램을 진행하고 있다.

〈표 3-26〉 교육훈련 이수율 및 인당 교육훈련 시간

구 분	대상연인원	교육훈련연인원	이 수 율	1인당 평균 교육훈련시간
2003년	1,612명	1,238명 (통신교육 534명)	76.8%	17.13시간/인
2004년	1,603명	1,085명 (통신교육 330명)	67.7%	114.54시간/인

52) KOID기업문화 추진프로그램의 일환으로서, 가까운 지역사회의 사회단체 등과 자매결연 형태로 관계를 맺거나 지역본부별 자체 봉사활동을 지속적으로 시행함으로써 소외계층의 삶에 대한 관심과 사랑을 실천하기 위한 활동이다.

〈표 3-27〉 교육훈련 투자규모

구 분	임금총액	교육훈련비	투 자 율
2003년	49,482,848천원	730,832천원	1.48%
2004년	56,754,482천원	1,147,178천원	2.02%

〈표 3-26〉에 따르면 회사가 제공하는 교육훈련에 참여하고 있는 종업원은 2004년 현재 67.7%에 이르고 1인당 평균 교육훈련시간은 14.54시간에 이르러, 2003년에 비해 약간 줄어든 편이나, 〈표 3-27〉에서 보면 임금총액 대비 교육훈련에 대한 투자율은 2.02%로 약간 증가한 편이다.

> "상담원만 놓고 볼 때 1년 정도 일을 하면 상담원으로서의 숙련은 정점에 올라가 있다고 볼 수 있다"(인사담당자 인터뷰).

지역마다 약간의 차이는 있으나 고학력자들의 우수한 능력을 가진 사람들보다는 직장을 가지기 어려운 주부 등이 많이 채용되고 있는데, 고용기회가 많지 않아서 이직률은 낮은 편이다(기업체가 많은 충주지역 같은 경우는 이직률이 높은 편이다). 여성 입장에서(콜센터) 동종 유사업무와 비교해 봤을 때 포괄적인 의미에서 KOID의 근로조건이 평균 수준이 이상이어서 종업원들은 최대한 장기고용을 보장받기 원하고 있다. 실제 근속년수가 증가하면서 개인의 가진 숙련, 지식 등 인적자본의 양은 크게 증가하지 않으면서 누적적으로 임금이 지속적으로 증가하는 구조로 인해, 결과적으로 인건비 비중의 증가는 기업 경영의 어려움을 낳을 수 있다.

이같은 문제점을 해결하기 위해서 KOID는 고령화 사회에 대한 대비책으로서 임금피크제 도입을 적극 고려하고 있는 한편, 종업원들의 역량을 최대한 활용할 수 있는 새로운 사업개발과 시장개척 등에 총력을 기울이고 있다.

(2) '감정 노동' 고려한 교육 필요성 증가

서비스업종의 특성상 '감정 노동'으로 인한 스트레스가 커서 이들이 스스로의 감정을 통제하고 조절할 수 있도록 도울 수 있는 교육이 새롭게 자리 잡을 필요성이 제기된다.

"상담원으로 들어와서 거짓말을 많이 하게 됐다고들 얘기한다. 민원이 들어오면 가끔은 적당히 거짓말을 하지 않을 수 없기 때문이다. 그러다보면 내 잘못이 아닌데도 짜증을 내는 고객을 대하게 되는데 고객에게는 어떤 경우든 화를 낼 수 없기 때문에 정말 스트레스가 많이 쌓이게 된다"(현장종업원 인터뷰).

개인 감정의 컨트롤의 문제이기는 하지만 업무로 인한 스트레스에 근거한 감정의 문제는 더 이상 개인에게만 맡겨 놓아서는 안 되는 문제가 되었다. 특히 어느 정도 경험을 쌓은 종업원들의 경우는 스스로 감정을 컨트롤할 수 있는 방법들을 찾아 내서 이 문제를 해결하는 데 나름대로의 해결대안을 가지고 있다고 할 수 있는데 신입사원의 경우는 특히 전문가들의 도움으로 감정 컨트롤을 할 수 있는 교육을 초기부터 받을 필요가 있다는 것이다.

상담원들이 감정적으로 스트레스는 받는 것은 고객들이 불만을 제기하는 과정에서 주로 따른 과정에서 많이 이루어진다. 회사 차원에서는 CS사내강사제도를 통해 업무효율성과 함께 직원 개개인이 겪을 수 있는 문제를 객관화시키고 표준화함으로써 스트레스를 줄여나가고자 노력하고 있다. 예를 들어 CS 사내강사는 모니터링 평가표와 응대멘트를 지속적으로 개선함으로써 고객 불만이 제기되었을 때 그 처리 절차를 표준화함으로써 개인이 결정해야 할 부담을 줄이고 있다. 상담내용을 전량 녹취하는 시스템이 구축되어 있어서 이것이 평가의 근거가 되기도 하지만 고객 불만이 제기되었을 때 상담원이 얼마나 적절히 대응하였는가에 대한 객관적 근거가 될 수 있기 때문에 고객의 주관적인 판단에 의해서만 평가하는 위험에서 벗어날 수 있는 것이다. 이와 함께 CS강사들은 현장의 업무 분위기를 밝게 하는 데도 도움이 되고 있다.

"CS강사들이 아침에 조회처럼 '해피타임'이라고 해서 기분 좋게 업무를 시작할 수 있도록 10분 내외의 시간을 갖고 있다. 시기마다 주로 많이 묻는 안내사항이 있기 때문에 이에 대해 공지하기도 한다. 상담원이 웃음으로 업무를 시작하게 되면 아무래도 고객에게도 더 친절하게 대할 수 있고, 그렇게 되면 고객 불만도 훨씬 줄어들기 때문에 즐겁게 일을 한다는 것은 매우 중요하다고 본다. 그렇게 할 수 있도록 CS강사들이 돕고 있는 것이다"(인사담당자 인터뷰).

또한 현장 위주의 권한 위임을 강화함으로써 상담팀장이나 고객불만 담당자들이 현장에서 발생하는 문제에 적극 개입하여 그때그때 문제 해결에 나서고 있다. KOID는 지역본부 정보안내부에 상담팀제, 팀장 제도를 도입하여 팀단위의 인원수를 축소하여 팀장이 직접 팀원들과 그들의 실적을 관리하도록 하였다. 이로 인해 기존에 한 팀에 100~120명 가량이 있던 것을 20~30명으로 팀장의 관리 인원을 축소함으로써 팀원에 대한 밀착관리가 가능해졌고, 이로 인해 팀워크 또한 강화되는 결과를 낳고 있다. 고객 불만이 제기되었을 때 상담원 차원에서 해결이 되지 않을 경우 바로 팀장이 나서서 문제를 해결하기 때문에 상담원들이 받아왔던 정신적인 스트레스가 많이 줄어들었다고 볼 수 있다.

더욱이 팀장들이 바로 본인들의 선배였던 고참 상담원들이 대거 포진되어 있어 상담원들의 애로사항을 잘 알고 있는 팀장들과는 심정적으로 공감되는 측면이 많아 이로 인해 도움을 많이 받고 있다고 한다.

> "팀장이기 이전에 '언니'이기 때문에 아무래도 얘기하기가 편하다. 팀장들도 식사라고 같이하려고 한다든가 팀워크를 높여내기 위해서 시간이 허락하는 한 조건을 만들려고 노력하는 편이다"(현장노동자 인터뷰).

하지만 개인이 받을 수 있는 스트레스를 줄이기 위해 제도적·조직적으로 노력한다고 하더라도 개인마다 스트레스 내용이 다르고 풀어나가는 방식이 다르기 때문에 각 개개인에 맞는 심리상담 등의 노력이 향후 교육 프로그램으로 필요하다. 특히 이같은 상황에 처음 접하게 되는 신입 직원들에 대한 감정조절 방식 등에 대한 교육 프로그램 개발이 필요할 것으로 보인다.

6. 성　　과

KOID는 2001년 KT로부터 분사되어 창립한 이래 꾸준한 성장세를 밟고 있는 기업이다. 분사 이전까지만 하더라도 고질적인 적자사업으로 평가되던 114 번호 안내가 분사와 함께 경쟁이 심하지 않은 독점적인 시장 기반을 바탕으로 새로운 시장 개척을 통해 지속적으로 연간매출액의 증가를 가져오고 있다. 분사 이후 첫해에 164.9%라는 놀라울 만한 매출액의 성장을 보인 것은 기존에 원가 이하 수준의 가격으로 제공되던 서비스의 가격을 현실화하면서 나타난 일시적인 현상이라고 볼 수 있는데, 이후에도 25% 이상의 높은 성장률을 보이고 있는 것은 매우 고무적인 일이 아닐 수 없다([그림 3-17] 참조). 총자산의 규모도 2001년 200억 원에서 2004년에는 353% 증가한 706억이고, 단기순이익 또한 16억 원에서 119억으로 급성장하였다. 이후 2005년 1,579억 원, 2006년 1,791억 원, 2007년 1,937억 등 꾸준한 성장세를 보이고 있다.

그러나 2008년 각 사업부문별 매출을 비교해 보면, KOID 사업이 상당한 변화의 과정에 놓여 있음을 짐작케 한다. KOID의 대표적인 사업인 '114 번호안내사업'의 매출은 지속적인 착신호 감소로 인하여 302억 원 달성에 머물러, 2007년 동기대비 4.0% 감소하였으나, '우선번호안내사업'은 전년 동기대비 4.8% 증가한 177억 원을 달성하였고, TM사업은 적극적인 콜센터도급 수주활동으로 인하여 전년 동기대비 26.7% 증가한 297억 원을 달성하였다. 또한 별정통신사업은 전년 동기대비 가장 큰 폭인 51.5% 증가한 262억 원을 달성하였다.

〈표 3-28〉 KOID 연간매출액 (단위: 백만 원)

구 분	2002년	2003년	2004년	2005년	2006년	2007년
연간 매출액	86,586	108,872	140,795	157.960	179,190	193,781

[그림 3-17] KOID 2001년, 2004년 매출액 증가율 비교

(단위: 천 원)

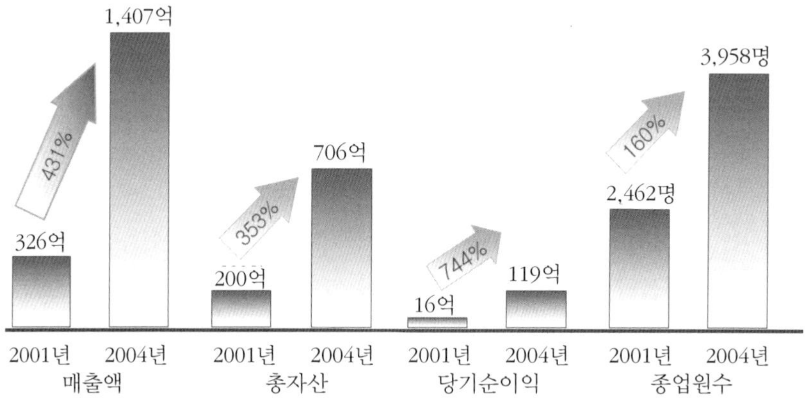

이와 함께 분사 당시 고용조정이 우려되던 종업원수가 3년 만에 1,500여명 가까이 증가하였다는 점도 주목할 만한 부분이다. 이 같은 전체 종업원수의 증가는 고용불안으로 인해 극심한 노사 갈등을 빚고 최대 5년 정도의 고용안정을 보장 받은 불안정한 상황에서 벗어나 있음을 보여주는 근거가 되기 때문이다.

기업규모와 경제적 성과가 증가하는 한편, 고용이 안정화되고 종업원들의 이해를 잘 고려한 복리후생제도 등이 도입되면서 종업원들의 만족도 또한 커지고 있다.

> "이직하는 사람이 많은 편이었다. 내가 2004년에 입사할 때 동기가 25명이었는데 이 중에서 3~4명밖에 안 남았다. 처음에는 급여도 작고 하니 다른 회사로 옮기는 사람이 많았는데 기본급도 꾸준히 올라갔고, 복지도 이만한 곳이 없다보니 지금은 이직하는 사람이 거의 없다고 해도 과언이 아닐 것이다"(현장 종업원, 인터뷰).

그러나 2004년 이후 이직률은 꾸준히 줄어들고 있는 추세다. 대기업들이 속속 콜센터를 만들고 공격적인 마케팅전략으로 이 분야 사업을 확장해 나가고 있는 상황에서 상담업무의 유경험자들인 114 상담원들은 경쟁력을 갖춘 인력들이라 할 수 있다. 이에 민간 기업들은 이들 유경험자들을 흡수하기 위해 KOID보다는 조금 더 높은 수준의 임금을 제공하여 2004년에는 이직률이 상당히 높게 나타나기도 하였다. 하지만 직장생활에서 임금만이 전부가 아니라는 것을 알게 된 이직자들은 오히려 다시 KOID로 복귀하였고, 타 사업장으로 이전한 사람들의 경우 작업 현장에 대한 여러 가지 불만을 쏟아 내게 되었다.

> "서로 인간적으로 친하다가 보니까 다른 직장으로 옮겨도 만나서 밥도 먹고 차도 마시고 그런다. 그러다보면 자연스럽게 자기 회사 얘기를 안 할 수가 없는데, 그럴 때보면 임금 조금 더 준다고 해서 회사 옮긴 사람들이 후회하는 걸 많이 봤다. 수면실이나 의무실에서의 서비스 같은 걸 배려해 주는 회사가 별로 없기 때문이다. 그런 얘기 듣다보면 임금을 약간 덜 받는다고 하더라도 우리 회사 다니기를 잘 했다는 생각이 든다"(현장 종업원 인터뷰).

이러한 선배들의 경험은 후배 직원들에게도 정보로 제공되면서 이직보다는 현재의 조건을 조금씩 개선시켜 나가는 것을 대안으로 삼는 사람이 더 많아지게 되고 이로 인해 이직률은 더 감소하게 되는 것이다. 2008년 3월 현재 평균 근속년수는 4.5년으로 향후 근속년수는 더욱 늘어날 것으로 전망되고 있다.

〈표 3-29〉 KOID 이직률

연 도	2005년	2006년	2007년
일 반 직	2.8	2.5	2.3
기 간 제	18.2	14	9
총 계	21	16.5	11.3

7. 시 사 점

(1) KOID의 과제

KOID는 회사 설립 이후 끊임없이 성장을 거듭하고 있으나, 환경의 불확실성이 커지면서 미래에 대한 불안요인이 없지 않다. 우선 KT의 위탁수급업체로서 현재까지는 독점적 지위로 인한 이득을 보고 있지만, KT의 현재 경영상태가 좋지 않고 이로 인한 콜당 위탁수수료 인하 등이 우려되는 상황에서 KT의 경영악화가 그대로 이전될 수 있다는 위기감이 내부적으로 팽배해 있다. 그러나 이에 대응하기 위해 114 번호 안내 사업의 비중을 장기적으로 줄여나가면서 새로운 사업을 모색함으로써 장기적으로 독자적인 생존 역량을 더욱 강화시켜 나가겠다는 적극적 의지를 표명하고 있어 이의 성공 여부에 관심이 모아진다.

둘째로 꾸준한 인건비 상승으로 인한 비용 부담의 증가가 미래의 불안요인이 되고 있다. 특히 비정규직의 정규직화, 차별시정에 따른 2006년 이래 급격한 비용의 증가는 경영상의 어려움을 낳고 있다. 이와 관련해 KOID는 장기적으로 새로운 환경에 맞는 인사제도의 유연성을 확보하기 위해 직급제도나 임금피크제 등의 보상 시스템 전반에 대해 재검토해 들어간다는 계획이다.

세 번째로 잦은 CEO 교체로 인한 장기적 계획의 부재 우려가 존재한다. 종업원지주제로서 81%의 주식을 종업원 개인들이 소유하고 있으나 이들의 목소리가 경영권차원에서는 힘으로 전환되지 못하고 19%의 지분을 소유하고 있는 KT에 의해 주요 임원진이 1년 계약이라는 불안정한 지위를 가지고, 실제로는 2년 내지 3년에는 한번씩 바뀌고 있어 사장 개인의 성향에 따라 회사의 사업기조가 바뀌어 장기적인 사업 계획을 실현하는 데 어려움을 겪을 수 있다. KOID만의 안정적인 발전을 위해서는 불안정한 지배구조를 안정화시켜 나가는 것이 시급하며, 내부의 전문가들을 중심으로 하여 독립적인 의사결정 구조를 갖추어 나갈 필요가 있다.

마지막으로 현재의 사용자 주도의 노사관계를 종업원 대표자들의 의사결정 참여를 좀 더 확대하는 방식으로 이루어질 필요가 있다. 경쟁업체보다 상대적으로 적은 임금이나 고령화에 따른 인건비 증가로 임금피크제 등 신제도를 도입할 경우 종업원들의 반발에 부딪힐 가능성이 있기 때문에 임금과 같이 종업원들의 핵심적인 근로조건에 대한 의사결정에는 종업원 대표자들이 실질적으로 종업원을 대변할 수 있도록 해야 의사결정 이후 발생할 수 있는 현장의 불만을 사전에 조정할 수 있을 것이다.

(2) 중소기업에 주는 시사점

KOID 사례는 한국의 대부분 중소기업이 안고 있는 경영상의 불안 요인에도 불구하고 노사관계 발전 측면에서 몇 가지 중요한 시사점을 우리에게 제공하고 있다. KOID 사례에서 가장 주목되는 것은 '높은 임금'보다 '세심한 배려'에 종업원들의 만족감은 더 클 수 있다는 것이다. KOID는 전체 직원의 93.4%가 여성이라는 점을 고려하여 작업현장을 설계하고 복리후생제도를 도입하는데 있어서도 이들의 만족도를 극대화시킬 수 있는 방안에 초점을 맞추었다. 휴게실의 온돌침대라든가 보건실의 뜨거운 찜질 서비스 등의 세심한 배려는 임금 수준의 동종업종의 다른 기업보다 높지 않음에도 불구하고 기업에 대한 종업원들의 자부심과 충성도를 높여내는 데 주요한 자원이 되고 있다. 한국의 중소기업들은 대부분 부족한 자원을 어떻게 배분할 것인가를 두고 주요한 의사결정을 내려야 할 때가 많다. KOID의 사례는 이런 상황에서 기업의 특수성을 고려한 최적의 조건을 마련할 때 오히려 '적은 임금'에도 불구하고 종업원들의 만족도는 더 클 수 있고, 그 결과 노사관계의 안정화를 꾀할 수 있다는 것이다.

둘째는 극심한 노사갈등 경험에 따른 학습효과를 노사 양측이 충분히 공유할 필요가 있다는 것이다. 1987년 노동자 대투쟁과 1998년 외환위기 상황을 겪으면서 한국의 많은 기업들은 한두 차례에 걸쳐 극심한 노사갈등을 경험해 왔다. 하지만 일부 기업이 이같은 갈등을 반복하거나 대립적 노사관계를 유지하고 있는 것과는 달리 일부 기업들은 극심한 노사갈등이 왜 발생하게 되었는지에 대해 노사 양측이 반성하고 새로운 협력적 관계로 전환하기도 하였다. KOID의 경험은 후자의 대표적인 경우로서 분사 당시 겪었던 노사갈등을 다시 반복하지 않기 위하여 사용자측이 종업원 화합을 위해 적극 노력하고, 종업원들은 기업의 경영조건을 고려하여 현실적이고 장기적으로 인내함으로써 단시기에 기업의 급성장을 이루어내고 종업원의 고용안정과 조직에 대한 만족도도 높여내는 성과를 거둔 대표적인 사례라 할 수 있다.

마지막으로 경영진이 노동자들을 기업 발전의 주요 자원으로서 이들을 사업 파트너, 핵심역량으로 인정하는 자세를 갖는 것이 안정적인 노사관계를 형성하는 첫 출발점이라는 점을 확인할 수 있다. 종업원지주제로서 소유주로서의 관점을 가지지 않은 경영자들이 종업원을 단지 기업 이윤을 창출하는 도구로서 대상화하지 않고 기업 목적의 정점으로서 종업원 개인의 이해와 만족감 등을 고려할 때 안정적인 노사관계는 더욱 공고화될 수 있는 것이다.

마지막으로 서비스 분야의 경우 '감정 노동'의 특성으로 인해 발생하는 종업원 개인의 심리적 상황을 심각하게 인식하고 이를 개인의 문제로만 치부할 것이 아니라 조직 차원의 대안을 마련하는 데 노력해야 한다는 것이다. KOID는 고객 불만이라는 종업원들의 최대 스트레스 요인에 대해 공식적인 처리 절차를 표준화하고 대응방법을 공동으로 모색하는 한편, 현장관리자들의 역할을 확대하고 이들과 현장 종업원들과의 밀착도를 높여내는 방식으로 개인의 스트레스를 줄이는 방법을 모색하고 있다. 이와 함께 CS사내강사제도 등을 통해 즐거운 분위기에서 업무를 진행할 수 있도록 조회시간을 활용하는 등 다양한 방식을 모색 중이다. 여성들이 다수인 서비스 분야에서 '감정 노동'의 문제는 더욱 심각한 문제로 확대되고 있다. 이에 대한 제도적·공식적 대안 마련뿐 아니라 개개인의 특성을 고려한 대안을 모색할 수 있도록 심리 상담이나 교육 프로그램 등이 개발되어질 필요성이 제기되고 있다.

KOID의 매출 규모나 종업원수 등을 고려할 때 이 기업을 '우량기업'으로 부를 수 있을지, 앞으로 이같은 추세를 유지시켜 나갈 수 있을 지는 아직까지 미지수다. 하지만 현재까지 보여준 경영진의 노력과 마인드, 여성 중심의 사업장을 고려한 여성 친화적 제도 도입과 이에 따른 종업원들의 만족도 등을 고려해 보면 적어도 '초우량중소기업'임에는 틀림없을 것이다. 기업의 성장과 함께 종업원들의 만족도라는 두 마리의 토끼를 다 잡은 KOID의 성공은 작지만 소중한 경험이 아닐 수 없다.

제5절 도레이새한: 신뢰와 和의 노사관계

1. 사례의 배경

(1) 연혁과 제품 소개

도레이새한(주)은 1999년 10월에 설립된 외국인 투자기업으로 그 전신은 1972년 설립된 삼성그룹 계열의 제일합섬(주)이다. 1997년 2월 삼성그룹에서 분리되어(주)새한(이하 새한)으로 사명을 변경하였다가 일본 도레이(Toray)社와 합작을 하면서 도레이새한(주)(이하 도레이새한)로 출범하였다.

일본 도레이(Toray Industries, Inc. 이하 도레이)는 1926년 1월에 설립된 회사로 세계 21개국에 237개사(일본 114개, 해외 123개)를 보유하고 있으며, 전세계 38,000여 명이 근무하고 있다. 도레이는 세계 제1위의 필름메이커, 종합섬유메이커이며, 우주선, 항공기용 탄소섬유개발, 첨단 IT소재의 원천기술을 다수 보유하고 있다. 또한 인터페론 주사제 개발, 인터페론 제재, 혈관확장제 유도체 출시를 통해 의약과 의료분야에도 첨단제품을 생산하고 있는 그룹으로써 "첨단재료의 세계적 TOP 기업"을 지향하고 있다.[53)]

일본 도레이가 새한과 공동으로 도레이새한을 설립하게 된 직접적 동기는 새한의 요청에 의한 것이다. 새한은 외환위기로 인해 경영상 위기에 처하게 되

53) 도레이의 2007년 말 기준 경영현황은 자본금 970억 엔, 매출액 1조 6,497억 엔, 영업이익 1,034억 엔이다.

었고, 이를 극복하기 위해 도레이에 인수를 요청하였다. 도레이는 한국에 40년 전부터 투자해 왔으며, 삼성그룹과 30년 이상 제휴해 왔던 회사로서 삼성계열의 스테코(STECO) 등 3개사와 합작투자를 하는 등 오랜 협력관계를 유지해 왔고, 제일합섬(주)에도 23%의 지분을 가진 1대 주주였다. 도레이는 일본내 경쟁사인 테이진(帝人)이 듀폰(주)과 합작하여 폴리에스터 필름사업을 확대함에 따라 세계 시장에서의 주도성 차원에서 새한의 필름사업에 관심을 가지게 되었다. 게다가 외환위기 직후인 1998년 한·일 양국은 정상회담에서 '21세기를 향한 새로운 파트너십'을 구축하기로 합의하였고, 추진조직이었던 민관합동투자촉진협의회에서 두 회사의 합작을 최초의 양국협력 프로젝트로 선정, 적극적으로 지원하였다. 1년 6개월에 걸친 논의 끝에 1999년 10월 도레이가 총 3,000억 불을 투자하여 도레이 60%, 새한 40% 지분의 도레이새한을 설립한 것이다. 이후 도레이는 2000년 11월 다시 새한[54]의 요청에 따라 주식지분을 70%로 늘리고, 2005년 90%, 2008년 100% 지분을 확보함으로써 도레이새한을 도레이의 자본 100%인 자회사로 만들었다.

다음의 〈표 3-30〉에서 확인할 수 있듯이 제일합섬(주) 시절에는 교복원단을 생산하는 폴리에스테르 직물이 주 생산품목이었다. 그러나 1980년대에 들어서서 필름사업에 투자하였고, 1990년대에는 필름가공사업도 병행하다가, 도레이새한을 설립한 뒤에는 주력 품목을 완전히 필름사업과 필름가공산업으로 전환하였다. 필름사업은 광학용, 전기전자용 및 자기기록재용으로 쓰이는 폴리에스테르 필름과 증착필름을 생산하는 것이다. 최근에는 IT산업의 디스플레이 소재인 LCD용 광확산필름과 이형필름 등을 생산하고 있다. 또한 스펀본드 부직포사업을 강화하였는데, 이는 위생재용, 농업용, 의료용, 토목용, 작업복용 등에 광범위하게 사용되는 소재이다. 폴리에스테르 원사도 생산하고 있으나 전체 매출의 약 10% 정도에 불과하다.

현재 도레이새한(주)의 생산능력은 필름은 국내총생산의 약 35.7%, 부직포는 국내총생산의 약 60.9%를 차지하고 있다. 경쟁사로서는 SKC와 코오롱, 효

54) (주)새한은 구미 2 공장의 필름사업과 구미 1 공장 원사와 부직포 및 필름사업을 1999년에 도레이사측에 양도하였고 이를 토대로 도레이새한(주)이 설립되었다. (주)새한은 이후 1999년 새한건설과 합병하는 등 경영위기를 극복하기 위해 노력하였으나, 2002년 워크아웃에 들어간 이후 2008년 웅진케미컬로 흡수합병되었다.

〈표 3-30〉 도레이새한 변천사

	연 대	주요 연혁
제일합섬 (1972~1997)	1970년대 (원면)	1972. 7. 제일합섬 설립 1972. 7. 경산 직물공장 준공
	1980년대 (원사, 필름)	1982. 7. 구미 1 원사공장 준공 1985. 7. 구미 필름공장 준공 1989. 6. 구미 수지공장 준공 1990. 7. 경산 폴리에스테르 원사공장 준공 1985. 2. 구미 2 베이스필름 공장 준공
(주)새한 (1997. 2~1999. 10)	1990년대(부직포)	1997. 2. 새한 사명 변경 1999. 10. 도레이새한(주) 설립
도레이새한(주) (1999. 10~현재)	2000년대(IT소재)	1999. 12. 영업개시 2000. 11. 외투기업상 수상, 산업포장수상 2000. 12. 폴리에스테르 4호기 증설 2002. 5. IT소재사업 진출 2003. 11. 국가품질경영대회 금탑산업훈장 수상 2005. 6. 구미 3 공장 기공 2006. 10. Metaloyal 사업 진출 2006. 12. 중국 부직포 자회사 설립 2007. 7. 광학필름,IT소재 라인증설

자료: 홈페이지와 내부자료.

[그림 3-18] 도레이새한의 중기 비전과 전략

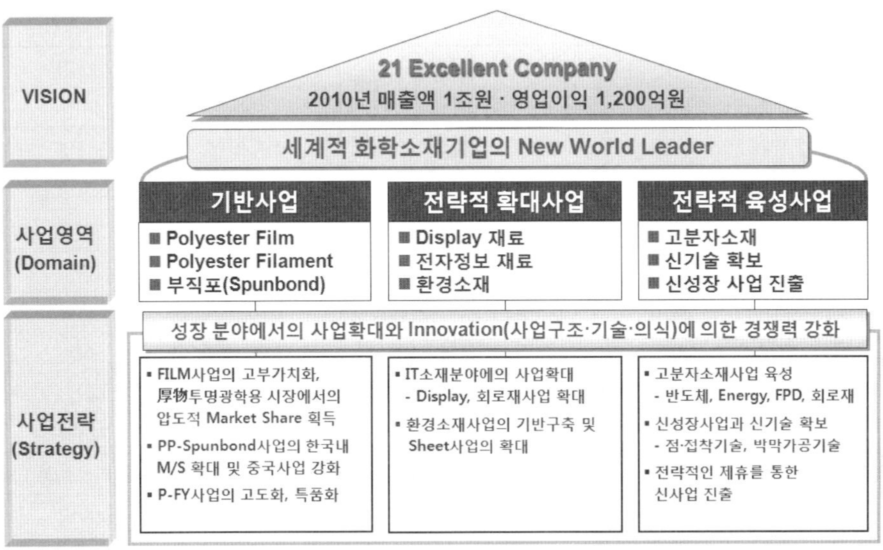

성 등이 있다.

도레이새한은 출범 직후인 2000년 매출액이 약 4,325억 원에 불과하였으나, 2007년 기준 현재 총 7,241억 원으로 증가하였고, 순이익은 2000년 380억 원 적자에서 2007년 476억 원 흑자를 기록하였다. 중기 경영목표로 2010년 매출액 1조 원, 영업이익 1,200억 원을 달성, "세계적 화학소재기업의 새로운 글로벌 리더"기업으로 성장할 계획이다. 이를 위해 필름, 원사, 부직포 사업을 기반으로 하여 디스플레이재료, 전자정보재료, 반도체 소재 및 환경소재, 에너지 등 전략적 확대 및 육성사업 지속적으로 전개하고 있다. 또한, 최근 중국의 소득수준 향상과 출산율이 높아지면서 기저귀의 원료가 되는 부직포 수요가 급증함에 따라 2008년 3월 중국 장쑤성(江蘇省) 난통(南通)시에 부직포공장을 완공하고 중국시장 공략에 주력하고 있다.

(2) 종업원 현황

도레이새한의 2007년 현재 총종업원수는 약 1,028명으로 정규직이 985명이고 직접고용 비정규직이 43명이다. 종업원 대다수는 남성으로 구성되어 있고, 생산직은 622명으로 사무직의 약 2배이다. 10년 이상 종사한 종업원이 726

〈표 3-31〉 종업원 고용 현황(2007년 기준)

총종업원수		1,028명	성 별	남	945명
학 력 별	중졸 이하	1명		여	40명
	고졸	552명	직 종 별	사무직	363명
	전문대졸	128명		생산직	622명
	대졸 이상	304명		기타	0명
연 령 별	10대	0명	근속연수별	1년 미만	26명
	20대	125명		1~3년	135명
	30대	420명		3~5년	36명
	40대	384명		5~10년	62명
	50대 이상	56명		10년 이상	726명
고용형태	형 태	정규직	계약직	파 견	기타(도급)
	규 모	985명	43명	35명	499명

자료: 내부자료

명으로 정규직 전체의 73%를 구성하고 있고, 신규채용자로 근속기간 1~3년 된 종업원도 약 14%를 차지하고 있다.

비정규직은 직접 고용된 계약직 외에 파견직 및 도급이 있다. 직접 고용된 계약직이나 파견직은 본사의 사무 보조직이나 현장에 사무보조직으로 근무한다. 사내하청 형태로 종사하는 도급노동자는 현재 499명으로 경비나 식당, 현장의 포장과 일부공정에서 일하고 있다. 2000년 도레이새한 합작 초반에는 퇴직하는 종업원들이 경영하는 사내하청업체로 활용하였으나, 2007년 이후에는 불법파견 시비를 우려하여 아예 전문 외주업체를 활용하고 있다.

(3) 노동조합 현황

도레이새한 노동조합은 2000년 6월 10일 조합이 설립되어 2008년 현재 전체 조합원 수 623명으로 한국노총 산하 전국섬유유통노동조합연맹을 상급단체로 하고 있는 기업별 노조이다. 단체협약에 의해 유일교섭단체로서 인정받고 있고 유니온숍을 채택하고 있다. 조합원은 과장이상 간부 및 인사, 경리 근무자와 경비직, 수습기간 중인 자, 촉탁직, 기타회사와 조합이 합의한 자를 제외하고 모두 가입할 수 있다. 사무직도 조합원 가입범위에 포함되었으나, 2008년 사무직의 직군변경에 따라서 조합가입 대상에서 제외하기로 합의하여, 현재는 생산직만을 조합원 가입대상으로 하고 있다. 조합비는 기본급의 1%에 해당하며 월평균조합비는 약 1,000만 원 정도이다. 노조전임자는 총 4명(위원장 1, 부위원장 2, 사무국장 1)으로 회사에 의해 임금을 지원받으며, 상급단체 임원활동을 하고 있는 간부는 없다. 대의원은 임기는 2년이며 조합원 30명당 1인으로 구성되며 30명 이상인 경우 초과된 15명당 1명을 추가 선출할 수 있도록 되어 있다. 위원장을 비롯한 임원의 임기는 3년이며, 현 집행부는 3기로 2006년에 선출되어 2009년까지이다.

그간의 단체교섭을 통해 근무시간 중 조합활동에 관하여 인정된 시간을 초과하는 경우 연장근로로 인정받고 있다. 2003년 이후 상급단체 교육참가 및 회의참여를 정상근무로 인정하고 교대반의 경우 근무시간외 교육을 원칙으로 하되 교육시간을 시간외근로로 인정해 주고 있다.

(4) 경영이념과 기업문화

도레이새한은 제일합섬(주) 시절 가지고 있었던 삼성의 문화와 일본 도레이의 기업이념이 융합되면서 새로운 고유의 문화를 형성하였다.

삼성의 경영이념은 "인재와 기술을 바탕으로 최고의 제품과 서비스를 창출하여 인류사회에 공헌한다"이며, "인재제일, 최고지향, 변화선도, 정도경영, 상생추구"를 핵심가치로 하여 법과 윤리를 준수하고 기업의 사회적 책임을 다하고 있다. 또한 인간존중, 기술중시, 비노조주의, 종업원의 복리후생 강조와 철저한 관리문화를 가지고 있으며, 공동체 의식과 합리적인 일처리 방식을 선호한다.

일본 도레이도 인간을 존중하고 장기 안정고용을 중시하며 기술중시, 개척자 정신을 강조하는 기업이념을 가지고 있다. 사실 일본의 노사관계는 집단주의적, 가족주의 경향이 강하며 종신고용과 연공서열을 중시한다. 신중한 선발을 통해 우수한 인재를 채용하고, 공동체적인 기대 속에서 장기적인 비전을 제시한다. 특히 일본의 노조는 기업과 운명을 같이하는 기업별 노조의 형태로, 위계가 낮은 조합원들의 권익을 보장하고 이들의 이해를 대변하기 위해 노력한다. 기업자체도 지속적인 교육훈련을 제공하면서 종업원들의 능력을 향상시키고, 장기적인 경영전략을 통하여 종업원뿐만 아니라 관계 기업들 간의 안정적 협력관계를 형성한다(Dore, 1997). 도레이 역시 장기 안정고용의 경영철학과 노동을 신성시하는 기업가혼(魂)을 강조하고 있다. 도레이의 회장이었던 마에다 가쓰노스케(前田勝之助) 회장은 일본에서도 감원을 하지 않는 기업인으로 유명한데, 그의 인터뷰를 통해 도레이의 문화를 짐작할 수 있다.

> "옛날 서양에선 노동을 하나의 패널티, 즉 잘못한 일에 대한 죄 값으로 여겼지만 동양에서는 노동은 미덕이자 신성한 일입니다. 당장 회사에 도움이 된다고 사람을 내쫓는 것은 누구나 할 수 있는 것이며 넛산의 구조조정은 진실한 경영이라 할 수 없습니다. 이런 경험이 있는 경영자들은 반성해야 합니다"(중앙일보, 2003. 4. 15 일자).

그리하여 도레이새한은 기존 삼성의 문화에 새로운 일본 도레이의 문화를 공유할 수 있는 통합된 이념과 전략을 정립하고, 이의 지속적 실천을 통한 독

[그림 3-19] 도레이새한의 기업문화

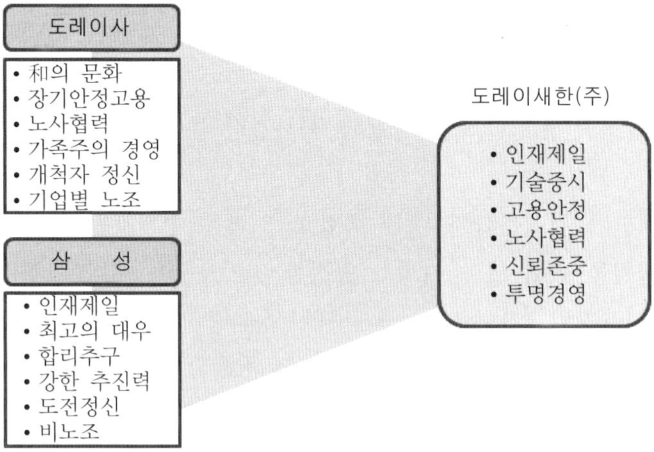

자적인 기업문화를 형성하였다. 즉, 삼성과 도레이의 공통된 가치체계로서 경영의 기본방침을 정하고 고객, 사원, 주주, 그리고 사회를 고려하는 기업의 위상을 정립하였다. 그래서 "우리는 창조하는 경영을 통해 사회에 공헌한다"라는 기업철학을 바탕으로 다음과 같은 실천지침을 정립하였다.

첫째, 세계화 및 연방경영에 기초한 현지경영을 성공적으로 정착시킨다. 둘째, 노동생산성 제고를 통한 경쟁력을 확보한다. 셋째, 투명경영, 신뢰경영을

〈표 3-32〉 경영이념과 기업가치

구분	내용
기업이념 (Corporate Philosophy)	우리는 창조하는 경영을 통해 사회에 공헌한다
경영방침 (Business Principles)	고객을 위해-새로운 가치창조와 좋은 품질의 제품과 서비스를 사원을 위해-열린 기회와 공정한 평가·보상을 주주를 위해-성실하고 신뢰에 보탑하는 경영을 사회를 위해- 구성원으로서 책임과 공존공영의 관계를
핵심가치 (Core Values, 5C)	고객: Customer Focus, 환경과 안전: eCology & Safety 경쟁력: Competitiveness 창의와 도전: Creativity& Challenge 신뢰와 존중: Credibility & Respect
인적자원관리 원칙 (HR Principles)	인간존중, 자율창의, 기회균등, 공개주의, 성과중시, 역량개발

자료: 내부자료.

통한 모범적인 노사협력의 신노사문화를 실현한다. 넷째, 환경안전보건경영체제의 구축을 위하여 선진기법을 현장에 적용하여 안전 최우선 의식과 행동화를 구축한다. 다섯째, 윤리경영을 적극적으로 실천한다. 여섯째, 지역사회와 공존공영할 수 있도록 각종 사회공헌활동을 하고 있다. 그리고 〈표 3-32〉에서 볼 수 있듯이 이를 실천하고 모든 행동과 의사결정의 기준이 될 5대 핵심가치를 구현하였다.

도레이새한의 기업문화에 대한 통합적 노력은 인적자원 관리전략에서 잘 나타난다. 사원을 위해 열린 기회와 공정한 평가보상을 한다는 경영방침 아래 "인간존중, 자율창의, 기회균등, 공개주의, 성과중시, 역량개발"이라는 인사의 핵심가치와 원칙(HR Values & Principles)를 정하고 i) 조직문화의 선진화, ii) 인사제도의 선진화, iii) 인재역량의 선진화, iv) 노사관계의 선진화를 인사전략으로 내세우고 있다.

조직문화의 선진화를 통하여 비전과 가치를 공유하고 이를 통해 조직원의 일체감을 강화하였다. 또한 인사제도의 선진화를 통해 구성원들이 최고의 역량을 발휘하고 최고의 성과를 구현할 수 있는 고성과 인적자원 관리시스템을 구체화하였다. 특히 글로벌 마인드를 가진 도전적인 인재를 육성하고 상호신뢰와 화합에 기초한 협력적, 미래지향적인 노사관계를 구축함으로써 노사관계의 선진화를 이루어 나간다는 방침을 세웠다.

실제로 도레이의 노사관계 문화[55]는 도레이새한이 적극적으로 노조의 존재를 인정하고 고용안정을 통한 협력적인 시스템을 성공적으로 도입할 수 있는 토대를 제공해 주었다. 이영관 사장을 비롯한 최고경영진은 도레이새한 설립 이후 10년이 넘는 지금까지 노사관계의 안정을 위하여 신뢰제고의 노력을 지속하고 있다. 이러한 노력은 기존의 삼성 문화에 일본 도레이의 노사관계 관행이 도레이새한 조직에 통합적으로 잘 융합될 수 있는 토대가 되었다.

55) 도레이는 "우리들은 넓은 세상으로 눈을 돌려 인간다움을 추구하고, 안심하고 생기있는 생애생활의 상상을 지향한다"는 노무관리의 철학과 원칙을 바탕으로 노사는 공동운명체라는 인식하에 保障(일과 생활을 지키고 높인다)과 參加(정책참가 · 지역사회참가 · 경영참가)를 강조하는 신뢰와 협력의 노사문화를 유지하고 있다.

2. 노사관계

(1) 노사관계의 연혁

도레이새한의 노사관계는 3시기로 구분할 수 있다. 아래의 〈표 3-33〉에서 알 수 있듯이, 도레이새한의 현재 노사관계의 배경이 되는 설립이전 시기(1972~1999)는 노동조합이 존재하지 않고 노사협의회를 중심으로 운영되었다. 이후 1999년에서 2000년에 이르는 IMF 외환위기와 합작기업 출범 등의 격변기에 노동조합이 설립되었고, 2000년 이후 현재에 이르기까지 본격적인 노사협력의 시대로 접어들게 된다.

1) 도레이새한 설립 이전 노사협의회 활동기(1972~1999)

도레이새한의 설립이전 노사관계는 노사협의회 중심 활동시기로 요약될 수 있다. 제일합섬이나 새한이 삼성그룹 계열사였기 때문에 노사관계 기본방침 역시 삼성그룹의 비노조주의를 유지하였다. 이 당시 노사협의회는 일부 노조의 역할을 대체하여 노동자협의회[56]라는 명의로 매년 임금협상을 진행하였고, 별도로 관련노동법에 의한 정기 노사협의회 회의를 통해 근로조건과 복리후생에

〈표 3-33〉 도레이새한의 노사관계 변천과정

도레이새한 설립 이전 노사협의회 활동기 (1972~1999)	도레이새한 노동조합 설립기 (1999~2000)	협력적 노사관계 구축기 (2001~현재)
• 비노조주의 원칙에 따른 활발한 노사협의회 운영 • 제일합섬 시절 노조설립 움직임이 있었음	• 2000년 6월 구미지역 생산직 중심 노조설립 신고 • 사무직중심노조가 먼저 결성됨 • 사무직과 생산직간의 합의에 의해 한국노총 소속 노조 설립 • 2000. 6. 24 설립 보고대회, 현판식	• 2000~2008년 동안 6차례 단체교섭 • 단체교섭 회사측 위임(2002) • 복수년 교섭 실시(2004, 2006) • 고용보장과 임금인상fbf 사측위임을 노사가 양보 • 임금인상 및 성과급, 복리후생 위주의 분배적 교섭 • 현재까지 무파업 타결

56) 노동자협의회의 조직형태는 기존회사자료인 관계로 인해 구체적인 내용파악에 한계가 있다. 다만 내부관계자의 설명에 따르면 노동조합은 아니며 노사협의회의 일종인 것으로 파악된다.

관련된 협의사항을 처리하였다. 1997년 경영위기 당시에도 노동자협의회 주도하에 임금동결 및 고용안정 교육관련 합의를 진행하였고, 1999년에 도레이새한 설립과정에서도 고용조정이나 기타 사안에 대하여 협의하였다.

그럼에도 불구하고 구미 노동자들이 중심이 된 노동조합 설립의 움직임은 존재하였다. 1995년 일부 노동자들이 민주노총의 조직적 지도하에 노조를 결성하고자 하였으나, 당시 먼저 설립된 노조가 있어 설립신고를 하지 못하였고 노조결성의 움직임은 무위로 끝났다. 그러나 당시 설립된 노조는 이후 활동을 거의 하지 않는 휴면노조 상태로 유지되었다.

2) 도레이새한 노동조합 설립기(1999~2000)

제일합섬에서 새한으로 변경된 뒤 새한은 사업의 무리한 확장과 외환위기로 인해 심각한 경영난[57]에 처하게 되었다. 결국 새한은 1999년 구미공장의 필름과 원사, 부직포 공장을 일본 도레이社에 매각하였고, 그 해 10월 도레이새한을 합작형태로 출범시켰다. 당시 도레이로 매각된 구미 2공장 및 일부 구미 1공장 노동자들은 전원 고용승계가 이루어졌으며, 고용안정협약 및 위로격려금 300%를 받는 조건으로 전적되었다.

그러나 도레이새한이 1999년 10월 설립된 당시는 IMF 외환위기로 기업의 도산과 인수합병이 잇달아 발생됨에 따라 사회 전반적으로 고용불안감이 고조되고 있었고, 특히 동종 화섬업계는 경쟁력 약화와 자금악화로 심각한 어려움에 봉착하고 있는 상황이었다. 따라서 그동안 제일합섬에서 새한으로, 다시 일본 도레이에 매각되는 경험을 하게 된 도레이새한의 노동자들은 불확실한 경영환경 속에서 자신들의 고용안정과 권익을 보장받기 위해 노동자협의회가 아닌 노동조합이 필요하다는 것을 인식하게 되었다. 특히, 도레이새한은 외국계 회사의 생산기지로서 언제든지 철수될 수 있다는 위기감을 노동자들은 가지고 있었다. 그리하여 2000년 6월 도레이새한의 구미공장 생산직들을 중심으로 한 노동조합을 설립하고 구미시청에 신고하였다. 그러나 이미 닷새 전에 서울 본사 소속의 대리급 직원을 위원장으로 하여 다른 노조설립신고서가 마포구청에 접

57) 새한은 화학섬유 및 필름사업을 중심으로 기업을 유지하였으나, 새한그룹 출범 후 그룹차원의 정보통신, 건설, 유통업 등의 무리한 사업확장으로 경영상 어려움에 처하게 되었고 외환위기로 인해 더욱 심각하게 어려움을 겪었다.

수되어 있었다. 구미공장 노동자들은 노조 결성 움직임을 미리 감지한 회사가 본사 직원을 앞세워 유령노조를 세운 것이라며 민주노조 인정을 요구하였다(이지만 · 권인수, 2003).

한편, 새한에 남아있던 구미 1공장 일부 노동자들 역시 민주노총 산하의 노동조합을 결성하고자 하였다. 그러나 기존의 1995년에 만들어진 휴면노조로 인해 설립신고를 할 수 없었고, 노조결성을 추진한 노동자들은 민주노조 인정을 요구하며 농성에 들어가 회사측과 심각한 갈등을 빚기도 하였다.

동일한 사업장[58]에서 과거 동료이자 한 직장이었던 새한의 장기간 노사갈등을 지켜보게 된 도레이새한의 노사양측은 온건노조[59]를 설립하고 협력적 노사관계를 구축하는 것이 더 바람직하다는 것을 깨달았다. 그래서 노측은 서울본사의 사무직 중심으로 조직된 노조 집행부 대신 생산직 중심의 집행부를 꾸리되 한국노총 소속의 노조를 건설하기로 하였고, 사측은 회사 설립 후 30여년간 유지해 온 비노조주의를 포기하고 노조를 새로운 사원의 대표기구로서 인정하였다. 물론 이 과정에서 소속 상급단체를 둘러싸고 일부 노동자들이 민주노총 소속을 주장하였으나, 대부분의 노동자들은 한국노총을 지지하였다. 마침내 2000년 6월 24일 한국노총 소속의 전국섬유유통노동조합연맹을 상급단체로 한 노동조합이 설립되었음을 알리는 보고대회와 현판식을 하면서 도레이새한 노동조합 1기 집행부가 출범하였다. 노사양측은 곧바로 단체협약을 체결하고, 기본급 12~13.5% 인상과 격려금 110만 원 및 성과급 150% 지급을 합의하였다.

3) 협력적 노사관계 구축기(2001~2008)

본격적으로 노동조합과 노사관계를 시작한 도레이새한은 단체협약의 매년 교섭원칙에 따라 2001년에도 기본급 7.8% 인상과 경쟁력강화성과급 100만 원을 지급하기로 합의하였다. 사측은, 협력적 노사관계를 구축하기 위해 적극적인

58) 새한이 구미 2공장과 구미 1공장 일부를 도레이에 양도하였으나, 도레이새한과 새한의 구미 1공장은 식당이나 출퇴근 버스를 공유하는 등 하나의 사업장에서 작업을 하였다. 새한이 2008년 웅진케미컬로 인수된 이후에도 구미공장에서 여전히 출퇴근 버스나 식당을 공유하고 있는 상황이다.

59) 이 용어는 인터뷰 당사자들이 사용한 용어이다. 노사당사자들은 노조에 대한 구별을 소속 상급단체에 따라 민주노총 소속을 강성노조로, 한국노총 소속을 온건노조로 분리하여 설명하였다.

열린 경영과 공정한 성과배분 및 작업장 혁신을 도모하였고, 전략회의 및 각종 회의에 노조를 파트너로서 인정하며 참석토록 하였다. 또한 각 반장 및 대리회의 등을 통해 경영현황과 방침을 공개하고 다양한 커뮤니케이션 제도를 운영함으로써 노사간 신뢰를 구축하고자 하였다. 이에 노측도 2002년 임금조정을 회사에 위임하고 품질과 생산성 향상을 결의하는 등 회사발전에 앞장서기도 하였다. 이와 같은 노사간 신뢰와 협력을 토대로 회사는 초과이익발생시 25%를 근로자에게 지급하는 4분법을 실시하는 등 자신감을 가지고 적극적으로 임하였다.

2003년 도레이새한 노조의 2기 집행부가 들어서면서 노사양측은 협력적 노사관계를 좀 더 구체적으로 실천해 들어간다. 2003년 이후 교섭과정을 정리해보면 〈표 3-34〉에서 볼 수 있듯이 수년 동안 노사 상호간에 상당히 적극적으로 교섭에 임해 왔음을 알 수 있다. 2003년 이후 진행된 단체교섭의 특징을 정리해보면 아래와 같다.

첫째로, 임금협상을 격년마다 실시하였다. 원래 도레이새한 노동조합의 단

〈표 3-34〉 단체교섭 진행 현황

<table>
<tr><th>연도</th><th>교섭여부</th><th>교섭횟수</th><th>교섭대상</th><th>참고</th></tr>
<tr><td>2000</td><td>교섭</td><td></td><td>임금인상, 복리후생, 경쟁력강화격려금</td><td rowspan="3">1기
집행부</td></tr>
<tr><td>2001</td><td>교섭</td><td></td><td>임금인상, 복리후생, 경쟁력강화격려금
단체협약 : 협약의 적용범위, 회사의 분사합병 양도시의 고용승계</td></tr>
<tr><td>2002</td><td>–</td><td></td><td>회사측에 위임</td></tr>
<tr><td>2003</td><td>교섭</td><td>14차</td><td>임금인상, 성과급, 경쟁력강화격려금, 복리후생
단체협약 : 근무시간중 조합활동, 징계절차, 분사합병시 고용승계, 경영상이유에 의한 인원감축시 노사협의</td><td rowspan="3">2기
집행부</td></tr>
<tr><td>2004</td><td>교섭</td><td>11차</td><td>임금, 격려금, 복리후생 및 제도
고용안정 및 2005년도 임금협약</td></tr>
<tr><td>2005</td><td>–</td><td>17차</td><td>주 40시간제 교섭</td></tr>
<tr><td>2006</td><td>교섭</td><td>11차</td><td>고용안정, 임금, 복리후생, 2007년 임금인상 위임
단체협약 : 육아휴직, 협정근로자</td><td rowspan="3">3기
집행부</td></tr>
<tr><td>2007</td><td>–</td><td></td><td></td></tr>
<tr><td>2008</td><td>교섭</td><td>11차</td><td>임금인상, 성과급, 복리후생</td></tr>
</table>

자료: 내부자료.

체협약에는 임금협상뿐만 아니라 단체협약도 그 유효기간을 1년으로 하고 있어 매년 갱신하는 교섭을 할 수 있다. 그러나 노조는 노사관계 안정을 위하여 복수년 교섭으로 양보하였다. 2004년에 2004년과 2005년의 임금인상과 단체협약 교섭[60]을 한꺼번에 진행하였고, 2006년에도 2006년과 2007년에 해당하는 교섭을 한꺼번에 진행하였다.

둘째로, 노동조합은 고용안정을 확보할 경우 임금인상률에 대한 부분을 사측에 위임하거나 사측의 제시안을 수용하였다. 1999년 노사협의회를 통해서 고용안정 5년을 약속받은 후, 2004년에는 고용안정 2년에 2004~2005년 임금인상율은 사측의 요구선에서 합의를 하였다. 2006년에는 2009년까지 3년간 고용안정을 받으면서 2006년 임금인상은 동결, 2007년 임금인상은 회사측에 위임하는 것으로 양보하였다. 이렇게 서로 교섭을 유지한 것은 노동조합은 고용안정을 받는 것이 무엇보다도 가장 중요한 목적이었고, 회사는 임금인상률과 교섭비용을 감소시키고 생산성을 향상시킬 수 있는 성과급 체제를 다져나가는 것이 중요했다. 결국 노사는 서로가 원하는 것을 보장해 가는 교섭을 유지하였다.

셋째로, 조합은 분배와 관련된 경제적 이슈를 중심으로 교섭을 진행하였다. 〈표 3-34〉에서 확인할 수 있듯이 단체교섭의 대상은 주로 고용안정, 임금인상과 성과급, 복리후생으로 조합원의 경제적 이익에 관한 것이다. 단체협약 갱신과 관련된 내용도 조합원의 범위, 고용승계 및 교육시간에 관한 것이다. 고용안정을 위해 분사, 합병시 그리고 경영상이유에 의한 인원감축시 노조와의 합의 또는 협의를 할 것 등을 체결하기도 하였다.

넷째, 노동조합은 2000년 노조가 설립된 이래 한 번도 파업을 하지 않았다. 다만 2003년 새로운 2기 집행부가 들어서면서 노동조합의 위세를 보여주기 위하여 노조위원장의 삭발투쟁, 대자보나 투쟁가요를 트는 등의 행위가 있었고, 2008년에도 단체교섭과정에서 결집력을 보여주기 위한 투쟁가요 및 현수막 설치 등의 행위가 있었을 뿐, 대부분 교섭을 통해 합의를 이루어 갔다.

---

60) 2005년도에 특별 단체교섭을 하였다. 이는 원래 2004년 임금인상 교섭할 때 2005년은 통계청 발표하는 물가상승률만큼 인상하기로 합의하였다. 그러나 주 40시간제 실시가 법제화되면서 2005년 주40시간제 관련한 특별 단체교섭을 실시하였고 소정근로시간 및 연장할증, 토요일의 처리를 둘러싸고 17차례에 걸쳐 교섭을 하게 되었다. 그러나 원래 정기적인 임금인상이나 단체협약 갱신교섭은 2004년에 진행하였기 때문에 구별하여야 한다.

(2) 평가-신뢰를 통한 노사협력의 구축

도레이새한의 노사관계를 평가하면 한마디로 신뢰를 통한 노사협력의 구축이라 할 수 있다. 노사양측은 교섭과정에서 서로의 존재를 충분히 인정하고, 상호의 목적을 달성할 수 있도록 자신의 요구를 장기적인 안목에서 조절하고 절제하고 있다. 노측은 온건노조로서 경제적 요구를 중심으로 파업보다는 지속적인 대화를 통해 자신들의 요구를 관철하고자 하며, 사측은 과거의 비노조주의를 벗어나 노조를 파트너로 인정하고 장기고용안정을 적극적으로 관철해오고 있다. 이를 통해 노사 모두가 고용확보와 노동조건의 보장과 향상은 사업의 확대 및 강화를 통해서만 가능하다는 공동운명체 의식을 갖게 되었으며, 대립적일 수 있는 분배적 교섭을 통합적이고 긍정적 태도로서 임함으로써 신뢰를 형성하고 상생의 노사협력 토대를 구축하고 있다.

이렇게 도레이새한의 노사관계가 협력적으로 구축될 수 있었던 배경과 관련하여 다음과 같은 점을 지적할 수 있다. 첫째, 도레이새한 노동자들이 협력적인 태도를 취하는 것은 IMF 외환위기 이후 모든 기업의 근로자들 간에 확산된 고용에 대한 불안감에 기초한 것이라 볼 수 있다. 도레이새한 노동자들은 1997년 새한에서부터 1999년 합작을 통해 외국계 회사가 되었고 그로 인한 고용의 이전을 경험하였다. 물론 회사측이 합병당시 고용승계 및 이후 5년간 고용안정을 합의하여 주었고, 이후 지속적으로 보장해주고 있으나 노동자들의 고용 불안감은 완전히 해소된 것은 아니었다. 결국 노동자들은 조합을 선택하였고 이를 통해 자신들의 고용안정을 보호하겠다는 것이다.

> "저희들은 회사가 외국계기업이라 우리가 잘하지 않으면 언제든 철수할 수 있다고 생각합니다. 그래서 고참들이 나서서 회사에 협조적인 태도를 취할 수 있도록 먼저 설득을 합니다"(노측 간부).

둘째, 새한의 대립적 노사관계의 극한 경험이 도레이새한 노동자로 하여금 온건노조를 선택하도록 하였다. 도레이새한 노동자들은 이미 삼성계열사 시절 노동자협의회를 통해 임금인상과 단체협약을 지속해 왔으며, 회사설립 과정에서 고용안정이라는 확실한 합의를 진행하였던 바가 있다. 그러나 노동조합을 설립해야 할 필요성을 공감하면서도 대립적 노사관계 경험이 없었던 노동자들은 동일한 사업장에서 같이 근무하는 새한의 극한적인 대립양상을 보면서 그런 노사관계를 수용하기 힘들었다. 또한 지역 내에서 강성노조의 움직임은 도레이새한 노동자들로 하여금"다른 회사를 봐라, 강성노조하면 결국 회사 망한다"라는 인식을 갖게 하였고, 강성노조보다 온건노조에 공감하도록 하였다. 결국 기존의 노동자협의회의 경험적 토대 위에 강성노조의 적대적 대립양상에 대한 학습결과는 현실적으로 온건노조를 선택하는 것이 합리적이라 판단하였다.

셋째, 사측의 전략적 변화를 들 수 있다. 사측은 그간의 비노조경영이라는 노조회피전략은 더 이상 유효하지 않다는 판단을 하였고 오히려, 노조를 인정하고 대화의 파트너로서 수용하는 포용전략(Walton & Mckersie, 1965)으로 선회하는 것이 바람직하다고 판단하였다. 이러한 판단의 변화는 아래 인터뷰에서도 확인할 수 있다.

> "도레이새한은 이미 삼성과는 무관한 회사이고 본사인 도레이에는 노조가 있으니, 어차피 노조가 설립된다면 무조건 안 된다고 하는 것보다 협력적인 관계를 유지하는 것이 좋겠다고 판단했습니다", "불가항력이었습니다. 사원들의 노조에 대한 요구가 컸고 구체적인 액션을 방어할 수 있는 방법은 노조를 받아들이는 방법밖에 없었습니다"(사측).

넷째, 일본 도레이의 노사관계의 영향도 지적할 수 있다. 일본 도레이의 노조는 이미 언급하였듯이 장기 고용안정 속에서 협조적인 노사관계를 유지하고 있다. 노조를 경영의 파트너로 인정하고 있으며, 교섭사항에 대해서도 사전에 노사간 사전협의를 실시, 원활한 교섭으로 연결하고 있다. 따라서, 도레이는 임금협상으로 인한 갈등이 거의 없으며, 매년 1% 내외의 기본급 인상[61]을 하고 있다. 또한 회사부결사항이나 인사제도 개선 등 노사간 이슈가 있는 경우에도 사전에 충분한 협의와 토론을 거친다. 특히 매년, 해외사업장을 방문하여 노사관계 문화교류 및 조합간부 교류를 하고 있으며, 2008년의 경우 중국을 방문하여 지진피해 지역에서 봉사활동을 벌이는 등 회사와 경영에 도움이 되는 활동을 적극적으로 참여하고 있다. 이러한 도레이 본사의 노사관계는 적어도

61) 일본 도레이 노동조합은 2004년, 2005년은 정기승급분을 제외한 임금인상을 요구하지 않았고, 2006년에는 0.19%, 2007년, 2008년에는 0.27% 인상을 합의하였다.

도레이새한 노사 양측으로 하여금 협력의 토대를 형성할 수 있는 여건을 조성해 주었다.[62]

결론적으로 현재 도레이새한은 상호에 대하여 진정으로 기업을 이끌고 가는 파트너로서의 존재와 역할을 충분히 인정하고 있으며, 이러한 신뢰를 바탕으로 원활한 커뮤니케이션을 실행하고 있다. 아래의 인터뷰는 노사 양측이 현재 상대방에 대해 어떻게 파악하고 있는가를 짐작할 수 있게 한다.

> "아무리 협력적이라 하더라도 노조는 노조입니다. 노조를 받아들이고 인정하지 않으면 금새 신뢰는 흔들릴 수 있다고 봅니다. 그래서 최대한 인정하고 존중하기 위해 항상 긴장하고 있습니다. 대신 노사협의회 때보다 노동조합이 조합원들과 대화를 하고 알아서 하는 부분이 많아 훨씬 좋은 점이 많습니다"(사측간부).

> "노사 모두 서로를 매우 잘 알고 사측은 우리를 대화의 상대로 인정하고 있습니다.", "조합원들은 기업목표와 사정을 잘 알고 있고 언제나 임금인상 수준을 충분히 이해하고 있습니다"(노조 간부).

3. 열린 경영

도레이새한은 투명한 경영을 통해 노사간 정보공유 및 의사소통을 적극적으로 실천하고 있다. 최고 경영진은 노동조합을 경영의 파트너로 인정하면서 다양한 경영참가의 기회를 부여하고 있다. 또한 공식적·비공식적인 현장중심의 열린 경영을 통해 경영전반에 대한 정보를 전 구성원이 공유토록하고 있고 이를 통한 조직내 일체감을 조성하는 데 집중하고 있다.

(1) 정보공유 및 의사소통

1) 전 구성원의 조직적 일체감조성

도레이새한의 정보공유는 전략적 수준과 작업장 수준에서 진행되고 있다. 전략적 수준에서는 최고경영자 및 임원들과 노조간부들이 사업장 전략회의, 전

62) 실제 도레이새한 노조는 도레이와 같이 기업내 조합의 특성을 가지고 있으며, 상급단체의 개입이 거의 없이 주체성을 가지고 자기완결적으로 행동하고 있다.

사 전략회의를 주도하면서 의견을 공유하고 있다. 이는 반기별로 시행되며 회사의 두 축이 될 수 있는 최고 경영진과 노조간부들이 기업방향을 공유할 수 있는 중요한 기회가 되고 있다. 최고경영진은 노조워크숍 및 대의원대회에도 참석하여 경영현황을 설명한다(노동부, 2003).

작업장 수준에서는 월례조회와 간부/반장회의 등 각종 회의체를 통해 당월 및 전체의 경영실적을 공개하고 SAP, EIS, MQOS 등의 시스템과 그룹웨어(HUB)를 통해서도 경영관련 정보를 실시간 공유하고 있다.

회사측의 정보공유와 의사소통시스템은 아래 [그림 3-20]처럼 종합적으로 이루어지며, 그 결과 종업원은 회사의 운영상황을 정확하게 알 수 있고, 소속감과 조직적 일체감을 갖게 한다. 종업원들의 인터뷰결과는 회사의 정보공유가 어느 정도인지 짐작할 수 있다.

> "회사의 사정에 대해 너무 자세히 알려줍니다. 심지어는 일본 도레이 노조간부를 만나보면 그들보다 우리가 본사 사정을 더 잘 알 때도 있습니다", "조합원들이 기업목표를 공유하고 있고 임금인상 수준을 충분히 이해하고 있습니다. 그러다보니 찬반투표를 해도 대의원 중 1인만 반대하였을 뿐 대부분 공감하고 쉽게 끝이 납니다"(노조 간부).

[그림 3-20] 노사상생 커뮤니케이션 활성화

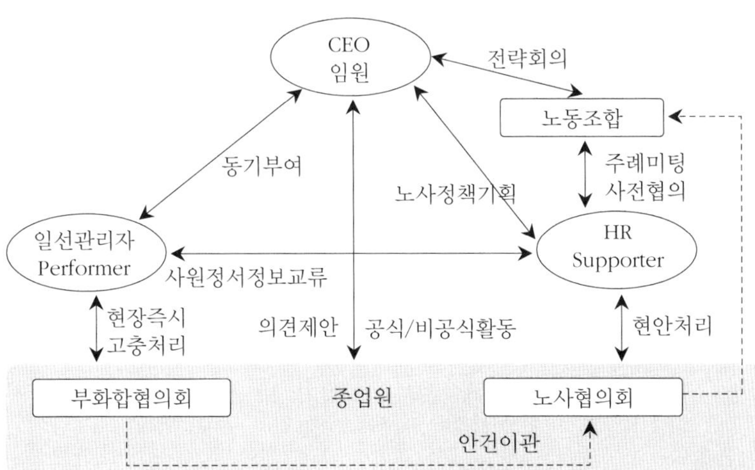

2) 최고경영자의 솔선수범을 통한 현장중심 노사실천

도레이새한의 의사소통은 무엇보다 먼저 최고경영자의 적극적인 대화노력으로부터 이루어진다. 현 이영관 사장(CEO)은 도레이새한이 설립되었던 당시부터 기존의 비노조 경영방침을 철회하고 노조를 공식적인 파트너로서 인정하면서 적극적으로 대화를 하였다. 월 2회 이상 직접 공장에 내려와 현장을 순회하고 전 직원을 대상으로 비전과 신뢰의 필요성을 역설하였다. 세심하게 현장의 고충을 파악하고 노조간부들과 격식없는 대화를 나눈다. 이러한 최고경영자의 태도는 임원 및 관리자들의 행동에 영향을 미치고 전사로 하여금 대화를 중시하는 문화를 형성하는 계기가 되었다. 실제로 노조에서도 "최고경영자가 충분히 노조를 존중하는 열린 리더십을 실천합니다. 뿐만 아니라 최고경영자가 우선 현장의 목소리에 귀를 기울이고 수용하기 위해 노력을 합니다"라며 인정하고 있다.

이러한 최고경영자와의 솔선수범한 대화분위기는 다양한 시스템을 통해 임원 및 관리들의 노사마인드와 리더십을 강화하는 역할을 한다. 교대반 조회나 대리 및 반장회의, 조직단위의 워크숍 지원, 도시락 간담회 등을 통해 임원과 격의없는 대화를 하고, 사전협의제를 적극적으로 운영하여 경영진과 종업원의 친밀감과 신뢰도를 높이고 있다.

최고경영자가 철저하게 정보공유를 하는 데에는 다음 두 가지 이유를 들 수 있다.[63] 우선 일본 본사인 도레이의 영향을 들 수 있다. 일본 도레이의 의사결정시스템은 임원간 합의체 형식이다. 또한 사업부가 매우 다양하게 운영되고 있기 때문에, 사업부별 의사결정구조를 가진다.[64] 따라서 올바른 의사결정을 위한 정보공개는 필수조건이다. 사장단은 최종적인 투자결정만 한다. 정보공개와 공유를 당연시하는 본사의 영향 때문에 도레이새한도 매월 경영정보를 오픈하는 것이 거부감 없이 진행된다.

둘째, 최고경영자는 일간지(매일경제, 2008. 7. 21) 인터뷰를 통해 도레이새한

63) 노사 양측 인터뷰에서 공통적으로 거론되었다. 실제 도레이그룹에서는 정보공유와 원활한 의사소통을 위해 Multi-communication 운동인 '호렌소(ほうれんそう)' 캠페인을 전개하고 있다. 호렌소란 '報告(ほうこく)-連絡(れんらく)-相談(そうだん)'의 일본어 합성어이다.

64) 일본 도레이는 섬유, 수지·케미컬, 필름, 전자정보기재, 의약·의료, 수처리·환경 등 사업본부 산하 15개 사업부문으로 구성되어 있다.

이 안정적인 노사관계를 유지할 수 있었던 것은 '성과창출과 신뢰'라고 지적하였다. 성과창출은 계속적인 기업의 성장을 의미하며, 신뢰란 종업원들이 회사를 믿고 의지할 수 있도록 하여야 한다는 말이다. 최고경영자는 종업원들이 가지는 고용불안감을 잘 이해하고 있었으며 이를 해소하기 위해 일본 도레이 본사가 도레이새한을 어떻게 운영하고 있는지 알도록 해야 한다는 것이다. 결국 최고경영자의 이러한 신념과 실천이 오늘날 노사간 신뢰를 형성하는 데 주요한 역할을 하였다.

3) 의사소통의 기본단위인 '부화합회의'

'부화합회의'는 도레이새한의 가장 최소단위인 팀단위의 회의기관이다. 월 1회씩 부서 직원들이 참여할 수 있도록 하고 있으며 각종 고충처리와 각종 현안 등을 수렴하고 있다. '부화합회의'는 의사결정권을 가지고 있지는 않다. 그러나 적어도 의사소통의 기본단위로서 현장의 종업원과 밀착되어 있다. 팀장들은 '부화합회의'를 주관할 공식적 책임을 가진다. 노조측 대의원들은 '부화합회의'에 적극적으로 참여하면서 의견을 수렴한다. 특히, 집행부의 임기가 3년인데 반해 2년마다 선출되는 대의원들에게 '부화합회의'는 현장의 의견을 수렴하고 노조와 연결시키는 대의원 활동의 기본단위가 되고 있다. 안건의 사안이 부서를 넘어서는 내용일 때는 노동조합 안건으로 상정하여 노동조합이 노사협의회에서 상의하도록 하고 있다.

4) 화합의 리더십을 발휘하는 현장의 '고참'문화

도레이새한의 종업원은 주로 남성이며 그 평균 근속년수가 10년을 넘는다. 이들은 대부분 생산 기능직으로 제일합섬, 새한 그리고 도레이새한으로 회사가 바뀌면서도 변함없이 일해 왔다. 자연스럽게 생산직 노동자들 사이에 '고참'중심의 문화와 모임이 만들어져 있다. 고참 종업원들은 각 팀에서 젊은 층을 리드하면서 각종 비공식적 모임을 만들어 활동하고 있다. 대표적인 비공식적 모임이 '현장직 대리모임'이다. '현장직 대리모임'은 비공식적이지만 정기적으로 이루어지고 있으며 팀장들도 가끔 이 모임에 참석하여 고참들의 의견을 수렴하고 있다. 실제로 회사에서는 노사화합측면에서 이들의 역할을 충분히 인식하고 고참들의 의견을 존중해주고 있다.

“조직의 안정을 위해 고참들을 골고루 배치해서 새로운 조직을 안정쪽으로 이끌고자 합니다. 그리고 고참들이 관리를 하면 동문선후배를 통해 관리하는데 반장 밑에 대부분 같은 학교후배가 배치됩니다”(종업원 인터뷰).

그 외에도 고참들이 영향력을 가지는 모임으로 동아리 활동을 들 수 있다. 구미지역내 동일한 학교 선후배 출신인 종업원들은 축구동아리나 야구 동아리를 통해 모이고, 고참들은 이런 모임에서 리더십을 발휘한다. 실례로 처음에 노조설립 과정을 둘러싸고 노·노간 갈등이 있었을 때에도 고참들은 여론을 주도하면서 온건한 분위기의 노조를 선호하도록 공감대를 형성하였다. 동아리 활동과 각종 모임 내에서 의견을 개진하고 이를 통해 젊은 층을 설득하였다. 결국 부화합회의는 공식적인 현장의 의사소통을 할 수 있는 틀인 반면, 고참리드형의 비공식적인 현장리더십이 또한 열린 경영의 한 축을 형성하고 있다.

(2) 작업장 혁신

1) 환경친화적 경영과 안전제일주의

도레이새한은 일찌감치 환경경영을 선언하고 운영하고 있다. 환경경영이란 환경친화적인 제품을 개발하고 폐기물 감량과 재활용을 하고 있으며, 공정에 있어 에너지 차감기술을 확대하고 청정기술 사용을 확대하는 방식을 취하는 것을 말한다. 환경경영을 실천하기 위해 대내적으로 안전하고 깨끗한 작업환경을 조성하고, 대외적으로 친환경적인 경영체제를 유지하여 환경안전관리 방침을 세우고 있다 .

우선 안전한 작업환경을 위한 조치로서 일과 전(前) 안전 10원칙 제창, 안전 서약서 작성, 안전퀴즈 경진대회, 안전사고 사례전시회 및 안전체험 교육을 실시하고 있다. 특히 노사합동 현장점검을 통해 철저한 안전교육을 실시하고 협력업체의 환경안전관리 역시 도레이새한 환경안전기준에 동일하도록 공동관리를 하고 있다.

깨끗한 작업환경을 위하여 에너지 관리, 수질관리, 대기관리, 폐기물관리, 유해화학물질관리, 토양오염관리 6개 분야에서 방침을 정하여 시행하고 있다. 에너지 관리는 공장건설 시부터 에너지 절약이 기업경쟁력에 매우 중요한 요소

〈표 3-35〉 에너지 혁신의식 현장활동 사례

활 동 명	주요 활동내용
에너지 T/F 팀 워크숍	에너지 중장기 계획 수립 및 절감테마 수립
에너지 중장기 추진계획	5개년 중장기 추진계획 및 테마관리
월별 이벤트 활동	연중 이벤트 활동계획서 수립 및 실행
캠페인 활동	노조합동 에너지 절약대회 및 홍보캠페인 실시
홍보활동	에너지 절약 10대 강령 및 절약리본 부착 의식향상 추진
L2 Zero 작전	현장에서 Leak & Loss 되는 요소에 꼬리표 부착 활동
사용허가제	라디에이터 및 에어컨 사용허가제 실시
아이디어 공모	제안제도외 인센티브 제공 차원 에너지 아이디어 공모
절약홍보 작품 공모	에너지 절약 실천유도 및 국가차원의 홍보활동 참여
선진기업 에너지 진단	일본 도레이에서 2회차 진단
절전부채, 온도계 배포	하절기 에어컨 허가제에 따른 의식향상용 부채, 온도계 배포
에너지 교육훈련	1인 2자격증 제도로 전문기술능력 향상

자료: 내부자료.

임을 인식하고 에너지 운영위원회 에너지 T/F 팀을 구성하여 매년 25억 원 이상의 절감효과를 창출하고 있다. 에너지 캠페인 관련 연중계획표를 작성하고 매달 노사합동에너지 결의대회, 워크숍, 용수, 스팀, 공기현장 점검, 홍보, 아이디어 공모, 라디에이터 봉인, 자가용 10부제, 순찰 등 다양한 활동을 전개하고 있고 해당 실무자 워크숍을 하고 있다.

에너지 혁신의식 활동으로 현장에서는 누수와 손실제로(Leak &Loss Zero: L2 Zero)활동을 전개하고 최우수 아이디어에 상금을 100만 원씩 지급하고 있다. 특히 적정 난방온도와 적정 냉방온도를 책정하여 철저하게 지키고 있다. 에너지 절약 표어포스터 공모전에는 2005년 당시 무려 1,275건 응모되었고 표어만 26건이 응모되기도 하였다.

기타 수질관리는 1차 공정별 폐수를 저농도 폐수와 고농도 폐수로 분리 접수하여 처리하고 있으며 수질오염물질 법적 허용기준 이하 수준으로 방류되도록 하고 있다. 대기관리 역시 대기오염물질의 배출 발생량을 줄이기 위해 청정연료를 통해 가동하고 폐기물 역시 부서별 실명제와 발생량 최소화를 통해 관리하고 있다. 유해화학물질 관리는 유출제로화를 위해 폐수의 중화용 및 세정용을 통해 대기 또는 수질로 배출되지 않도록 하고 있다.

2) 제안과 분임조 활동을 통한 경영참여

품질경영활동은 생산성 향상과 종업원의 창의성 및 연구심을 진작시키기 위하여 제안활동과 분임조 활동으로 구성하여 진행하고 있다. 제안의 형태는 이익의 증대 또는 비용절감 효과를 높일 수 있는 1종 제안, 업무개선과 능률향상 등 이익효과를 직접 산정할 수 없거나 산정이 극히 어려운 2종 제안, 그리고 안전사고 방지를 위한 안전제안으로 구성된다. 제안이 된 경우 평가를 통해 등급이 결정되고 일반시상과 특별시상, 월제안왕, 연제안왕 등의 시상을 하고 있다. 그리고 제안의 시행은 각 사업부장 책임하에 적용부서에 실시하도록 하고 있다.

분임조는 품질향상과 생산성향상 및 업무개선과 능률향상을 기하기 위해 개인이 아닌 2명 이상의 인력으로 구성되어 있다. 각 부서의 상황에 맞게 자율적으로 조직하되 부서장의 결정에 따른다. 분임조 활동은 조원들의 회합에 따라 자율결정하며 톱다운(Top-down)방식의 테마를 진행할 수도 있고 정기회합은 월 4회 시행함을 원칙으로 하고 있다. 사업장 분임조 경진대회를 통해 인센티브와 특전이 주어지고 특별시상이 이루어지기도 한다.

이렇게 제안과 분임조 활동을 통한 제반사항을 효율적으로 관리하기 위해 사업장장을 중심으로 품질경영위원회를 구성하고 정기적인 현장지도, 분임조 발표대회에 현장 및 발표심사를 하고, 품질경영활동의 제반사항들을 협의하고 팀장회의시 결정할 수 있도록 하고 있다.

〈표 3-36〉에서 확인할 수 있듯이 1인당 제안 제출건수가 증가하고 있는 것을 볼 수 있는데 이를 종업원 수를 곱해 총제안건수를 파악해보면, 2004년 약 6,000여 건에서 2007년도 약 7,093건으로 증가하였다. 채택률은 90% 이상이다. 특히 자조노력 금액이란 제안을 통하여 과거에 대비하여 개선효과가 나타난 부분이나 구체적으로 절감효과가 나타나 이윤이 창출된 경우를 말한다. 2005년에 자조노력 금액은 약 200억의 창출효과가 나타났으며, 통계상 가장 적은 금액을 보여주는 2006년에도 무려 60억 원이 책정될 만큼 적극적으로 하고 있다. 또한 분임조 활동을 살펴보면 사업장대회뿐만 아니라 생산성본부나 능률협회에서 주관하는 행사에 참여하여 매년 실적을 내고 있다. 즉, 분임조 활

〈표 3-36〉 제안과 분임조 활동결과

	주요실적항목	2003	2004	2005	2006	2007
분임조	테마해결(건)	2.9	2.9	3.2	3.4	3.5
	기타	전국대회 은상1 사업장대회 2회	전국대회 금상1 사업장대회 2 회	전국대회 은상2 사업장대회 2회	전국대회 동상1 사업장대회 2회	사업장대회 2회
제 안	인당제출(건)	6.8	6.5	6.6	6.7	6.9
	채택률(%)	91.3	90.2	92.8	93.2	93.5
	자조노력금액 (백만 원)	13,131	16,483	20,045	6,535	16,555

자료: 내부자료.

동이 단순히 이름이나 형식에 그치는 것이 아니라 실제로 운영되고 있는 것이다.

4. 동기유발

도레이새한의 사측은 종업원들의 동기유발을 위해 고용안정 조치, 성과급 및 각종 복리후생제도를 운영하고 있다. 고용안정조치를 통해 구조조정이나 기업철수의 가능성에 대한 불안감을 해소해 주고, 생산성 향상에 주력할 수 있도록 하고 있다. 또한 영업이익 목표대비 성과급제도(Profit sharing)를 운영함으로써 회사의 실적이 바로 종업원의 이익이 될 수 있도록 하였다. 더욱이 매년 교섭과정을 통해 노사 양측이 종업원의 요구에 부합하면서도 회사의 상황에 맞는 성과급제를 합의함으로써 종업원의 만족도를 높이고 있다.

(1) 고용안정 합의

도레이새한은 3차례에 걸쳐 고용안정에 합의하였다. 가장 처음에 고용안정을 합의한 것은 새한에서 도레이와 합작을 할 때였다. 1999년 9월 20일 '종업원이관계약' 을 통해 3년간 고용을 보장 하였다가, 최고경영자와 노사협의회의 별도 협의[65]를 통해 5년을 보장하는 이면계약을 체결하였다. 그래서 1999년 9

65) 1999년 9월 17일에 이러한 이면협약을 체결하였다.

월 27일 최종협약서에 고용안정 5년과 격려금 300%를 지급하기로 하였던 것이다.

두 번째 고용안정 합의는 기존 협약의 시한이 종료되는 2004년에 이루어졌다. 2004년에 2년간 고용보장이 주어졌고, 세 번째 고용안정 합의 역시 고용보장이 끝나는 2006년에 2009년까지 3년간 확보되었다.

이렇게 노사간의 협상을 통해 고용안정을 반복적으로 합의하는 것은 협력적 노사관계의 안전장치로서 역할을 한다. 조합원들이 가지는 고용에 대한 불안감이 해소된다면 노동조합은 임금인상률이나 기타 나머지 노동조합으로서의 요구는 신뢰를 토대로 사측에 위임할 수 있었다. 사측으로서도 장기적인 고용안정은 재정적 부담이 높기 때문에 이를 무조건 담보해 줄 수 있는 상황은 아니다.

또한 대 노조와의 관계에서 장기적인 고용안정보다 단기적인 고용안정이 다른 임금 및 기타 교섭내용에 유리한 고지를 확보할 수 있도록 한다고 판단하며 전술적으로 활용하고 있는 것도 사실이다. 그럼에도 불구하고 사측은 이를 보장해 주지 않는 경우 종업원들이 생산성 향상을 위하여 조직적 몰입을 할 수 없으며 자칫 대립적 노사관계로 갈 가능성이 있음을 알고 있다. 결국 고용안정은 비록 2년 내지 3년의 단기적인 기간일지라도, 외국인기업이라는 외부적 위협을 단체교섭을 통해 계속 보장함으로써 노사양측에 협력적 노사관계가 이루어질 수 있도록 담보하는 안전장치로서의 의미가 있다. 실제로 1999년 도레이새한의 출범 이래 2008년에 이르기까지 단 한명의 고용조정은 없었다.

(2) 임금 및 성과급

도레이새한의 보상체계는 아래와 같은 점에서 종업원들에게 동기부여를 하고 있다.

첫째로 종업원의 대다수를 이루는 생산직의 보상체계를 사무직과 분리하지 않고 하나의 체계로 운영하고 있다. 전체적으로 도레이새한의 임금은 기본급과 성과급으로 구성되어 있다. 기본급은 능력급, 공통급, 업무급으로 구성되며 사무직은 능력급과 공통급, 생산직은 업무급이 추가되어 있다. 능력급과 공통급은 동일한 호봉에 동일한 직급의 경우 동일한 금액이 지급되어 사무직과 생산직이 구별되어 있지 않다.

다만, 업무급 취지는 특정업무에 종사하는 자를 우대하기 위해 만들어진 급여체계였으나 생산직에게 일률적으로 적용하게 되면서 생산직에게만 지급되는 급여형식이 되었다. 게다가 실지급수당을 고려하면 사무직은 일정한 시간에 해당하는 시간외수당이 동일하게 지급되는 반면, 생산직은 교대제 근무에 따른 실시간 시간외수당이 계산된다. 결과적으로 동일한 직급에 동일한 호봉수를 가진 생산직과 사무직의 임금총액을 비교할 경우 생산직의 실수령액이 훨씬 높은 결과를 초래하였다. 이러한 임금체계는 결과적으로 생산직의 임금만족도를 높

〈표 3-37〉 임금 및 성과급 관련 교섭결과

	임금(Base-up)	성 과 급	비 고
2000	13.5%	경쟁력강화격려금: 110만 원 성과급 150%	
2001	7.8%	경쟁력강화격려금: 100만 원	
2002	회사측 위임 (동결)	경쟁력강화격려금: 70만 원 성과급: 363%(4분법)	목표달성 220억: 70만 원 259억: +35%, 299억: +75% 300억: +115%, 300억 초과: 4분법
2003	5.9%	경쟁력강화격려금: 60만 원 성과급: 100%+50만 원	
2004	회사측 위임 (3.5%)	경쟁력강화격려금: 50만 원 비전달성격려금: 100만 원	Base-up은 통계청에서 발표하는 물가상승률 적용
2005	3.0%	경쟁력강화격려금: 50만 원	무교섭
2006	동결(2006년) 위임(2007년)	비전달성격려금: 70만 원	목표달성시 성과급 100% (목표미달로 미지급)
2007	3.0%	경쟁력강화격려금: 120만 원 성과급: 80%(95% 달성)	목표달성 90%: 100만 원 95%: 80% 100%: 100%
2008	3.6%	경쟁력강화격려금: 50만 원 성과달성장려금: 50만 원	목표달성 80%: 100만 원 85%: 120만 원 90%: 150만 원 95%; 180만 원 100%: 200만 원

자료: 내부자료.

여주는 요인이 되었다.[66)]

둘째로 성과급 체계를 노사가 지속적인 합의를 통해 개선해오고 있다. 도레이새한의 성과급은 집단성과급과 개인성과급으로 구분된다. 개인성과급은 지금까지의 업적고과에 따라 등급을 매기고 등급에 따라 지급액이 결정된다. 집단성과급은 영업이익을 기초로 하여 80~120%의 목표달성 범위에서 전체 인원으로 나누어 지급하는 형태이다. 그러나 성과급의 지급방식은 교섭과정에서 계속 합의를 통해 변경해 왔다. 상기 〈표 3-37〉에서 확인할 수 있듯이 2002년도 성과급 지급방식으로 목표이익인 300억을 초과하는 경우 4분법[67)]을 실시하였다.

좀더 구체적으로 단체교섭의 진행과정을 살펴보면, 2005년 목표달성시 성과급을 100%를 지급하기로 하였고, 2007년은 목표달성 90%일 때 100만 원, 95%달성하였을 때 기본급의 80%, 100% 달성하였을 때 기본급의 100%를 지급하기로 하였다. 실제로 2002년에는 300억을 초과하여 생산직을 비롯한 조합원들은 4분법에 따라 성과급 363%를 지급받았고, 2007년에는 100% 달성을 못한 상태에서 목표액의 95% 달성하여 기본급의 80%가 지급되었다. 2008년 단체교섭에서 노동조합은 목표달성 지급률을 전체적으로 좀 더 낮게 책정할 것을 요구하였다. 사실 2008년에는 유가의 지속적인 상승으로 인해 회사의 매출액 목표달성이 어려울 것이라 예상하고 노동조합은 성과급을 목표달성이 아닌 수익이 난 부분에 대한 분배방식을 요구하였다. 교섭결과 목표 80% 달성시 100만 원, 85% 달성시 120만 원 그리고 90% 달성시 150만 원 및 100% 달성시 200만 원을 지급하는 것으로 합의하였다.

생산직의 임금수준은 평균적으로 연 5,000~6,000만 원 정도로 기본급은 약 160~170만 원, 상여금 연 800%, 생산성격려금 70%와 성과급 100% 정도를 감안할 때 월 평균 300~400만 원 수준이 되며, 잔업이나 특근이 있는 경우 월 평균 400~500만 원이 된다. 이러한 임금수준은 동종업계의 수준이 약 230여

---

66) 최근 2008년에 사무직과 생산직의 임금체계를 분리하였는데, 이는 좀 더 업무특성에 적합한 임금체계로 전환한 것이다. 기존의 임금체계는 J1~J5까지 사무직과 생산직이 입사를 하면 업적급을 제외한 능력급과 공통급이 동일하게 지급되었다. 그러나 시간외 수당으로 인해 실제로 능력급과 공통급도 차이가 발생하게 되자 사무직은 G1~G3 까지의 연봉제를 실시하고 생산직은 기존의 임금체계를 그대로 적용하기로 함으로써 완전히 분리되었다.

67) 회사가 경영목표 초과달성시 초과분의 4분의 1을 성과급으로 종업원에게 지급하고 나머지를 미래투자나 주주배당, 사내유보 등으로 활용하는 방식을 말한다.

만 원[68]이라 할 때 상당히 높은 수준이라 할 수 있다.

(3) 복리후생제도

도레이새한의 복리후생제도는 5가지 영역으로 구분된다. 구체적으로 살펴보면 생활안정, 의료건강, 주거안정, 문화체육 차원 및 기타영역으로 국내외 선진 또는 경쟁사들과 차별화하여 좀 더 높은 수준에서 설계하여 사기진작과 만족도 제고에 기여하도록 하고 있다.

복리후생제도는 단체교섭을 통하여 점차 강화되고 있다. 구체적인 내용을 살펴보면, 우선 개인연금 지원은 국민연금이나 퇴직연금 등 법적차원에서 제기되는 연금과 별도로 개인적으로 노후보장성 연금을 가입하여 본인 총소득 3%의 범위이내에서 회사와 종업원이 각각 50%씩 부담하고 있다. 학자금 지원은 전 직원을 대상으로 정규대학까지 1인 2자녀에 한하여 실비 전액을 지급하고 있다.

의료비 지원은 본인의 치료 및 본인 및 배우자의 입원비용 전액, 치과보철료, 자녀 심장병·소아암·백혈병 비원을 하고 있다. 주택자금 지원은 입사일 기준 1년 이상 근속자에 대해 임차, 구입사유 발생시 1,000만 원 이하는 무이자분로 지원하되 1,000만 원 이상 초과분은 연 4%로 본인이 부담하고 나머지 초과부분을 회사가 부담한다. 기타 휴가를 위한 콘도 및 호텔이용 지원이나 동호회 활동시 연 80만 원을 분기별로 나누어 지급하고 있다. 이러한 복리후생제

〈표 3-38〉 복리후생제도

영 역	구체적인 내용
생활안정차원	개인연금 지원, 단체보험 가입, 학자금 지원 등
의료건강차원	의료비 지원, 부부 종합검진, 치과 보철, 자녀심장병, 소아암, 백혈병 지원 등
주거안정차원	주택구입/전세자금 지원, 사원아파트 제공 및 기숙사 운영 등
문화체육차원	동호회 지원. 콘도 및 호텔 Refresh 지원, 월별 단합대회, 체육대회 지원 등
기타 영역	복지시설 운영, 한가족 직장문화를 위한 사생대회, 부부초청 강연 등 가족행사, 경조사 및 상호부조 지원, 지역사회 봉사활동 등

자료: 내부자료.

68) 노동부의 2007년 임금관련 통계에 따르면 화학제조업의 임금수준은 2,334,346원이다.

도는 경쟁기업에 비해 수준이 높은 편으로 이에 대한 종업원들의 만족도는 상당히 높다. 인터뷰에 따르면 종업원들은 "구미지역 내에서 이 정도의 복리후생을 보장해주는 회사는 없다"고 한다.

〈표 3-39〉 복리후생제도 교섭결과

연 도	구체적인 내용
2000	치과보철료: 100만 원 한도내 개당 15만 원→25만 원 인상 연간 선물대: 10만 원→20만 원 인상 체육대회, 단합대회 각 1회, 직장반상회비 40만 원 특식지원 연 15만 원
2001	주전반 고정 시간외수당 지급: J1-J2 60일분, J3-J4 50일분, 01,02 60일분 명절가급: 전일 3만 원, 당일 4만 원, 익일 3만 원 지급 자녀 대학 학자금: 실비지원(1인 2자녀) 자녀 백혈병, 소아암 지원, 배우자 종합검진
2002	소정근로시간 조정: 220h→215h 유치원 학자금 지원: 15만→20만 원 생일 선물대: 1만 5천→2만 원
2003	치과보철료: 크라운 개당 30만 원, 브리지 개당 20만 원 콘도/호텔 지원: 연간 6박7일 자녀 중학입학 축하금: 20만 원
2004	본인암 치료: 1천만 원 지원 공장 헬스장 설치
2005	경조일 휴무일 포함
2006	주택대부금 인상: 3,000만 원→3,500만 원 콘도 회원권 구입: 10세대 보건수당 인상: 1만5천원→2만 원
2008	토요일 유급휴일 임플란트 단가 인상 명절 선물대 인상: 20만 원→30만 원 4조3교대 T/F 구성

자료: 내부자료.

5. 지식축적

도레이새한은 사람을 기업의 가장 중요한 자원이라는 판단하에 R&D 분야에 적극적으로 핵심인력을 확보 및 육성하는 등 투자를 활성화하고 있으며, 종업원의 지식개발을 위하여 의무교육시간을 설정하는 등 적극적으로 지식축적을 위하여 노력하고 있다.

(1) R&D 의 강화

화섬업계의 변화는 이미 수 년전부터 전개되어 왔고, 도레이새한은 그 중에서도 상당히 선도적으로 화섬업계의 변화를 주도해 왔다. 사실 도레이새한은 설립당시에 생산 전진기지로서 역할을 설정하였기 때문에 연구개발보다는 생산기술 중심의 정책을 실시하였다. 핵심 연구개발 기술은 도레이의 대규모 R&D 인력과 핵심역량을 활용한다는 전략이었다. 그러나 2000년 초반부터 급성장한 한국의 IT산업을 바탕으로, 화학섬유에 주력하던 화섬업계가 첨단 화학소재산업으로 눈을 돌리기 시작하자, 도레이와 도레이새한은 R&D 전략을 공격적인 투자로 방향을 수정하였다. 즉, 도레이 본사의 핵심기술력을 이전하고[69] 사업고도화를 통한 Display소재, 반도체소재, 전자정보소재, 에너지소재, 환경소재 등 5대 사업군을 중심으로 신규사업을 적극 확대·발전하며,[70] 이를 위한 연구 및 기술개발 투자를 늘려 나가기 시작하였다. [그림 3-21]에서 알 수 있듯이 2003년 이후 도레이새한의 R&D 투자는 지속적으로 증가하였고, 2008년에는 매출액 대비 약 1.3%에 달하였다.[71]

특히 2008년 7월 일본 도레이와 공동으로 고려대학교내 첨단재료연구센터를 설립하고 디스플레이용 소재와 반도체 점·접착재료 및 전자재료를 중점개

---

69) 도레이새한 출범 이후 가공필름, 전자정보소재, 환경소재 등의 분야에서 도레이의 첨단기술이 도입되어 신규사업이 대폭 확대되었다.

70) 도레이새한은 정부의 14대 미래성장유망산업분야를 바탕으로 상기 5대 신규사업군을 선정하여 2020년까지 10대 유망 Application, 30개 과제를 선택과 집중을 통해 적극적으로 전개할 계획이다.

71) 국내 화학업종의 평균 R&D 투자율은 1.7% 수준이라 타사대비 투자율은 다소 저조한 편이다. 그러나 초기에 비하면 6년 동안 약 5배의 투자성장을 하였다.

발하고 있다.[72)]

연구개발 인력의 증가를 살펴보면, 2002년 20명에 불과했던 인력이 2008년 현재 62명으로 3.1배 증가하였으며,[73)] 종업원대비 연구원 비율도 2002년 2.3%에서 2008년 현재 6.7%에 달하고 있다.

성과의 측면을 살펴보면 매출액 대비 신제품률을 기준으로 파악할 수 있다. 신제품은 개발 완료하여 사업화가 진행된 후 5년 이내의 제품을 말하는 데 2002년에는 3.0%에 불과하였으나 2007년에는 18.2%로 급속한 증가율을 보여주고 있다. 신제품개발 성공률이 기술연구소가 2002년에 설립되어 2007년까지 성과는 84%의 성공률을 보이고 있고 평균개발기간도 1.2년이다. 이러한 투자를 통해 도레이새한은 2006년 9월 현재 201건의 국내특허와 33건의 해외특허를 보유하고 있다.

[그림 3-21] 연구개발비 투자 추이

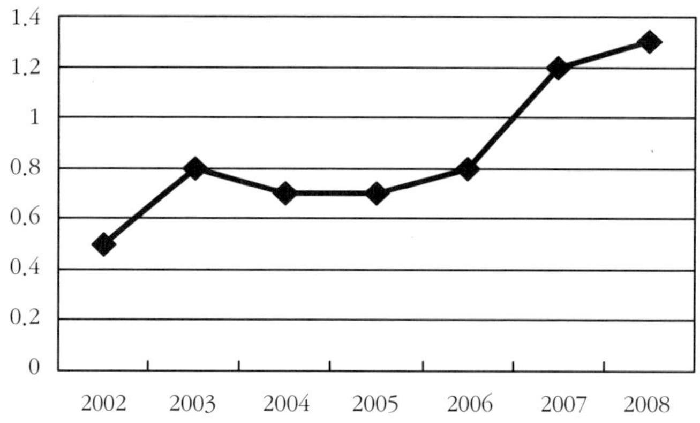

자료: 내부자료, 세로축은 매출액대비 연구개발비의 비율 %.

72) 외국기업이 국내에 R&D 센터를 직접 운영하는 것은 드문 형태로 도레이그룹은 한국내 연구거점으로 활용하기 위해 첨단재료연구센터를 설립, 디스플레이용 소재, 반도체 점·접착재료, 전자재료를 중점으로, 차세대 기능복합 필름, 연료전지 및 태양광 전지재료, 나노소재 등을 연구할 계획이며, 향후 3년간 약 100억 원을 투자하고, 연구개발 인력도 대폭 늘려 나갈 방침이다.

73) 도레이새한은 같은 기간 동안 전체인력은 1.2배 증가하였다.

(2) 종업원 지식개발

종업원의 지식개발은 회사내 2003년 인력개발팀이 조직되면서 체계화되기 시작하였다. 교육 프로그램은 4가지 분야에 중점을 두고 운영된다. 첫째, 핵심역량강화 프로그램, 둘째, 국제화·정보화 능력배양 프로그램, 셋째, 경영능력개발, 그리고 마지막으로 공동체의식의 함양이 그것이다.

각 분야별 내용을 살펴보면, 핵심역량강화 프로그램은 주로 신기술 교육이나 자격증취득 교육 등이 있고 신입사원입문교육, OJT 교육, 여사원 능력개발 교육 등이 있다. 국제화·정보화 능력배양 교육은 사내외국어 강좌를 운영하고 정보화교육, 경영능력개발을 위한 간부리더십 강화교육, 대리·반장 능력개발 교육 등이 있으며 공동체 의식함양을 위해 전사원 조직활성화 교육이나 자기혁신(Self-Innovation)교육, 사원교양강좌 등이 있다.[74)]

각 프로그램들이 지원자나 해당대상자가 있을 때 개설되는 방식으로 진행되면서, 1인당 학습시간을 40시간 이상 온/오프(On/Off)라인을 통해 제공하고 있다. 2005년부터는 종업원들의 교육을 강화하기 위해 연간 40시간 이상을 의무적으로 이수하도록 하고 있으며, 승진/승격, 평가 등의 인사제도와 연계하여 자기개발을 적극 유도하고 있다. 〈표 3-40〉에서도 확인할 수 있듯이 생산직은 특히 품질교육이나 안전교육을 강화하여 진행하고 있다. 교육담당자에 의하면 회사의 사업적 특성이 장치산업이고 기계운전에 관련된 부분이 많아 특별한 기술이 필요하다기보다는 안전교육이 가장 중요한 부분이라 이를 중점적으로 하고 있다고 한다. 또한 현장에서 좀 더 전문적인 기술을 갖출 수 있는 교육프로그램으로 기계공구의 보전이나 수리, 또는 영업과 관련된 교육을 강화할 계획이다. 일부 교육과정의 참여에 있어 노동조합의 추천방식도 가미하고 있다. 그러나 주된 방식은 각 교육의 성격과 선발방식에 따라 진행되며 해외연수교육은 현장 모범사원을 중심으로 진행되고 있다.

---

74) 도레이새한의 연간 교육비는 928백만 원이며, 매출액 대비 0.12%, 인건비 대비 1.2%이다. 연간 인당교육비와 인당교육시간은 각각 95만 원, 28.8시간이며, 교육연인원은 1,346명이다.

〈표 3-40〉 역량향상을 위한 교육실시 현황(2008년 1월~7월)

과 정 명	대상(인원)	내 용	교육형태	교육시간	선발방식
신입사원 입문교육	26	신입사원으로서기본자세 회사경영이념 및 비전 등 커뮤니케이션, 팀웍, 전문실무	오프라인(자체)	140시간	채용자
승격자 계층교육	37	신임대리, 간부 팀장대상의 변화관리, 성과관리, 의사결정력 관련교육	오프라인(외부위탁)	74시간	승격자
중견사원 변화 실천력 향상		중견사원으로서 변화관리에 대한 의식전환, 창조적 변화 실천방법 습득	오프라인(자체)	22시간	임원급
사내외 외국어 교육	564	영어, 일본어, 중국어. 한국어	오프라인(자체, 외부)	20시간	희망자
단기어학연수	2	영어, 일본어, 집중단기연수	오프라인(외부위탁)	290시간	해당팀 및 인력개발팀선정
직무별 실무과정	242	각 직무별 실무과정	오프라인(외부위탁)	2529시간	해당팀 및 인력개발팀선정
대학원 과정	7	서울대, 연세대, 고려대, 경북대, 영남대 대학원 과정	오프라인(외부위탁)		추천 및 임원선발
직무전문가 과정	4	인사, 구매, 영업, 마케팅 분야 직무전문가 양성, 외부교육이수 및 자격증 취득 후 대학원 진학 지원	오프라인(외부위탁)		해당직무 핵심인재
온라인 교육	생산직	경영,경제, 정보화, 외국어, 자기계발분야의 온라인 교육 (약 250여 개 과정)	e-learning	20시간	
교양강좌	생산직	반기별 근로의욕고취 및 경영흐름을 이해하기 위한 사외강사 초빙특강	오프라인	2시간	
품질교육/안전교육	생산직	6시그마기본과정, GB과정, BB과정, 공정관리, 안전보건 교육, 작업환경 조성	오프라인	과정별 상이	

자료: 내부자료.

6. 성　　과

도레이새한의 노사협력과 열린 경영, 지식축적, 동기유발 노력에 대한 성과는 직접적 또는 간접적 형태로 기업의 경영성과에 영향을 미쳤다. 즉, 생산성이나 품질 및 납기준수 소비자 만족도 매출액 등에서 긍정적인 결과를 나타냈다. 또한 각종 정책들은 종업원들의 자발적인 노력을 이끌어 내고 조직몰입도와 직무만족도를 향상시켰다. 따라서, 조직적 성과로서 매출액과 순이익의 변동추이를 파악하고 더불어 인적자원성과로서 조직만족도와 이직률을 검토해 보기로 한다. 그리고 작업장 혁신의 결과 파악할 수 있는 산재율의 변화도 검토해보기로 한다.

(1) 안정적 노사관계에 따른 지속적인 재무적 성장

도레이새한의 매출액과 이익을 살펴보면 지속적이고 꾸준한 성장을 하고 있다. 1999년 합작당시 적자규모가 연간 380억 원에 이르렀으나, 출범 초기부터 저수익제품의 비중을 줄이고 고부가가치제품으로의 전환을 하여 1년 만에 적자에서 흑자로 전환시켰다. 이익도 〈표 3-41〉에서 볼 수 있듯이 약간의 증감이 나타나고 있으나 꾸준히 증가하는 추세로 파악된다.

〈표 3-41〉 매출액과 이익 변동추이 (단위: 억 원)

연 도 별	2000년	2001년	2002년	2003년	2004년	2005년	2006년	2007년	2008년 (예상)
매 출 액	4,325	4,639	4,777	5,396	6,426	6,611	6,857	7,241	8,537
영업이익	320	429	385	458	450	446	408	476	660

도레이새한의 재무적 성과는 화섬업계내 다른 업체와 비교하면 좀 더 명확하게 나타난다. 화섬업계 a기업이나 b기업 같은 선두적인 그룹과 비교해 볼 때 아래 [그림 3-22]에서 확인할 수 있듯이 비록 그 규모면에서는 적으나, 매출액 성장률은 훨씬 안정적으로 성장하고 있다. 특히, 2008년 한국신용평가원(KIS) 자료에 의거하여 종업원 1인당 매출액을 비교해보면, 도레이새한이 2005년 당

[그림 3-22]

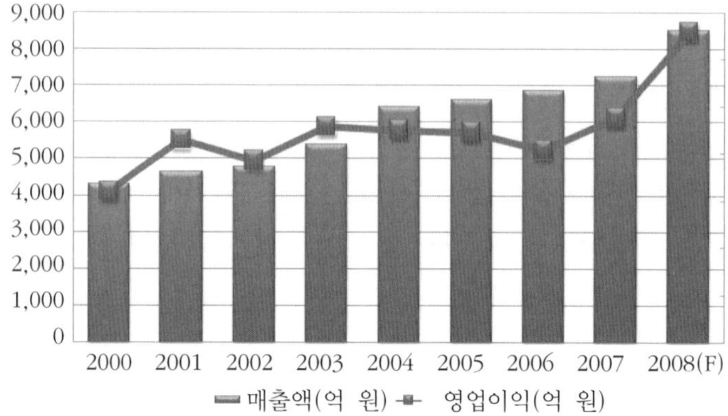

시 산업(총 45개 업체)내에서 6위를 차지하였고, 2006년에는 43개 업체 중 3위를 차지하였다.

도레이새한이 매출액과 이익에 있어 안정적 성장을 하게 된 데에는 일본 도레이의 연구개발 네트워크와 유기적인 관계형성을 통해 기술력 향상, 고부가 제품 개발에 적극 활용하고 현지 경영인의 위촉을 통한 안정적 비즈니스를 보

[그림 3-23] 화섬업계 주요 기업 매출액 변동률 비교

(단위: %)

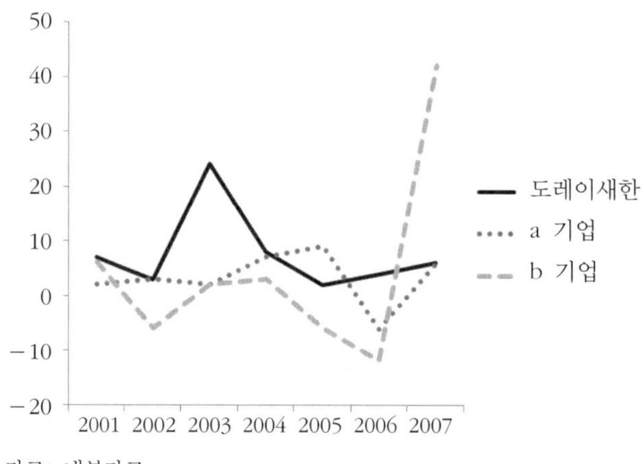

자료: 내부자료.

장하였던 점, 그리고 신뢰경영 및 투명경영을 통해 노사협력의 신노사문화를 실현한 점 등에 기인한다. 결국 도레이새한은 외환위기 당시 외자유치를 통하여 설립된 외국투자기업으로서, 회사경영의 안정화 및 고용을 유지를 통하여 국가경제에 크게 기여한 기업사례로 평가되어 2000년 11월 산업자원부 주관 외국인투자유치산업포상, 외국인투자기업상, 2002년 국가품질경영대회 품질경영상을 수상하였으며, 같은 해에 신노사문화 우수기업으로 지정되었고, 2006년 6월 대한민국 생산혁신대상을 수상하였다.

(2) 높은 종업원만족도와 낮은 이직률

도레이새한의 합작 이후 조직문화통합의 영향력을 조사하기 위해 이영관(2003)은 실증적으로 조직문화와 조직유효성의 관계를 조사하였다. 그 결과 도레이새한은 합작이후 새로 정립한 기업의 비전과 이념(핵심가치), 그리고 노사관계의 영향하에서 종업원들의 만족도는 합작 전보다 합작 후에 크게 향상된 것으로 밝혀졌다. 즉, 도레이새한의 종업원은 변화된 조직에 대해 상당히 만족하고 있다는 것이다. 이는 도레이새한이 일본과 한국의 국가 및 조직문화의 차이를 극복하고 통합된 조직문화를 창출하는 데 성공하였음을 보여준다.

또한 [그림 3-24]와 같이 정규직을 중심으로 동종업계 타 업체와 비교한

[그림 3-24] 동종업계 이직률 비교

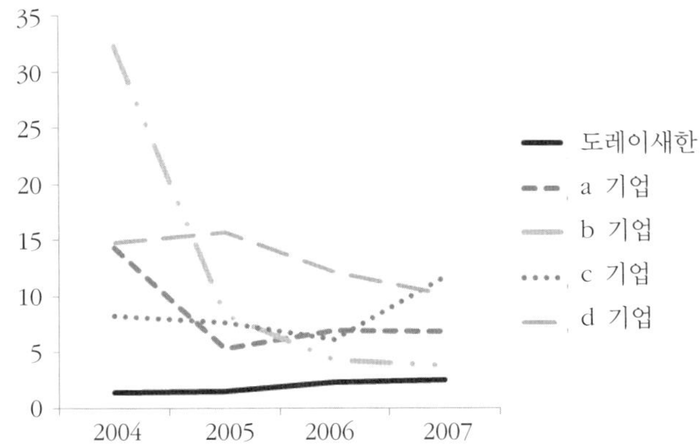

자료: 내부자료.

이직률을 살펴보면 도레이새한의 이직률은 매우 낮음을 알 수 있다. 실제로 2004년도에 1.6% 그리고 고용이 증가하였던 2006년과 2007년에는 각각 2.5%, 2.6%로 약간 증가하였으나, 설립 이후 평균 2.2%로 동종업계의 2004년 8.3%~24.4%, 2007년 5.7%~6.9% 등과 비교하여 상당히 낮은 수준이다. 이렇게 도레이새한의 이직률이 낮은 것은 30년 이상 한국의 대표적인 제조기업으로서의 안정성과 대외 이미지, 화학섬유에서 화학소재기업으로서 변신을 통한 미래 성장지속 가능성으로 종업원의 회사에 대한 몰입도가 높고 아울러 높은 임금수준과 복리후생이 비록 외국투자기업이라는 외부적 불안요소가 있다할 지라도 종업원들의 만족도가 매우 높다는 데 기인한다. 그리고 경제적인 수준 외에 정보공유나 노사간의 신뢰와 협력, 상호 존중하는 분위기등이 이직할 사유를 낮게 한 것으로 볼 수 있다.

[그림 3-25]에서 경쟁업체의 종업원 고용의 변동율을 비교해 볼 때, 도레이새한의 고용변동률은 완만하나마 지속적으로 성장한 반면, 화섬업계내 선두그룹의 고용율은 변화가 매우 심하거나 감소되었다. 결국 [그림 3-24]의 이직률과 [그림 3-25]의 고용변동률을 함께 고려해볼 때 도레이새한의 고용현황은 매우 안정되어 있고 이렇게 안정된 고용환경으로 인해 도레이새한의 노사관계 분위기도 협조적으로 될 수 있었다.

[그림 3-25] 도레이새한 고용변동률

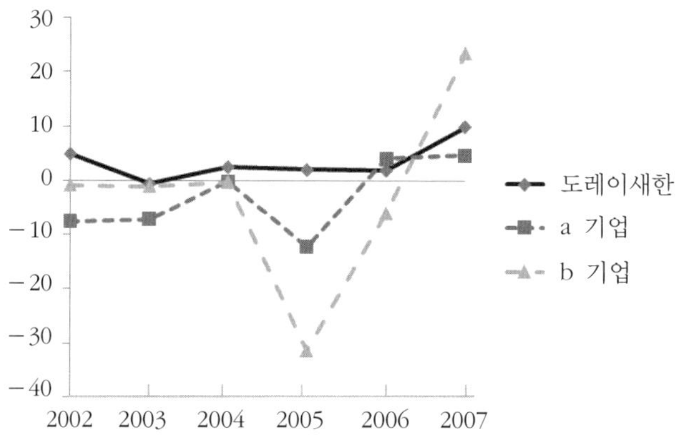

자료: 한국신용평가원(2008).

(3) 윤리경영 및 사회공헌을 통한 기업명성의 강화

도레이새한은 기업내부뿐만 아니라 기업의 사회적 역할도 매우 중요한 것으로 판단하여 기업의 사회적 책임(Coporate Social Responsibility; CSR) 활동의 일환으로 윤리경영 및 사회공헌을 꾸준히 해 왔다. 특히, 1999년부터 환경경영체제를 구축하였고 안전, 방재, 환경보전, 법령준수 등 각 영역에서 윤리경영원칙과 가이드라인을 정해 이를 철저히 실천하였다. 특히, 안전과 관련된 성과지표로서 산재율을 살펴보면, 관련업계에 비해 도레이새한은 상당히 낮음을 알 수 있다. [그림 3-26]에서 볼 수 있듯이 도레이새한의 산재율은 평균 0.08% 정도로서 타기업의 약 3분의 1 또는 4분의 1에 해당한다.

또한 사회단체와 연계한 지역봉사활동을 수행하였으며, 지역사회 주민을 위한 이웃사랑 실천하기, 농촌 자매결연 및 자연정화 운동, 산학 및 예술후원 활동을 전개하였다. 그리하여 2001년 환경친화기업으로 지정되었고, 2002년과 2003년 국가품질경영대회에서 품질경영상과 금탑산업훈장을 수훈하였으며, 2004년에는 품질대상을 수상하였다. 그뿐만 아니라 2006년에는 순수 시민단체에 의해 '바른외국기업상'우수기업으로 지정되었다. 그 선정이유를 살펴보면 아래 〈표 3-42〉에서 확인할 수 있듯이, 준법성, 윤리성, 성과 및 공헌측면에서

[그림 3-26] 도레이새한의 산재율 비교

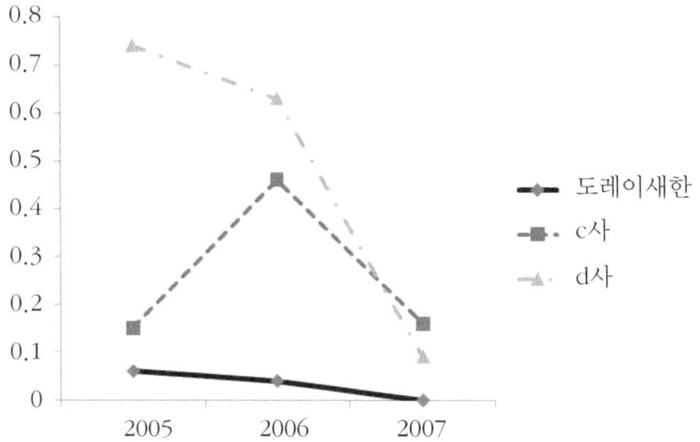

자료: 내부자료.

〈표 3-42〉 도레이새한의 바른외국기업상 지표상 획득점수 현황

평가모형		평가지표	점수	(획득점수/평균)	순위
정량평가	준법항목	형사관계법/고용관계법 공정거래법/소비자보호관계법/세법/기업회계준칙규정/민상사관계법/산업체안전관계법/장애인고용촉진법/지적재산권/행정법/기타	100	96/96.19	12
	윤리항목	Corporate Governance 준수/CEO 윤리경영 및 실천/종업원 근무조건/임직원 교육/불건전 비용/자선 및 기부금/공익적 사회사업 및 캠페인/노사화합/친환경 기업경영/근로차별 및 고용평등	150	108.18/97.22	2
	성과항목	이익성/안정성/성장성/생산성/투자성	100	55.18/53.85	9
	공헌항목	기술이전정도/원자재 국내조달 비용/수출기여도/사내유보율/고용창출 효과/경영의 현지화/국가재정 기여도	150	97.16/82.82	5
정성평가		공시자료 및 언론보도자료, 실사방문에 의한 평가자료	100	81	2

자료: 경실련(사)경제정의연구소, 2006,「제 6 회 바른외국기업상」자료를 재구성.

국내 진출 외국기업[75]에 비해 높게 평가되고 있다. 정성평가는 상기 정량평가에서 상위 각 부문의 20%에 해당하는 기업들에 대하여 공시자료와 언론보도자료 및 현장 실사작업을 통해 진행하였는데, 도레이새한은 특히 윤리경영 항목에서 매우 높은 점수를 획득하였다. 여기서 윤리경영 항목은 노사화합 및 종업원 만족도를 토대로 평가되는 항목임을 감안할 때 도레이새한의 그간의 노력을 객관적으로 검증받았다고 할 수 있다.

7. 시 사 점

도레이새한의 노사관계와 인적자원관리 활동을 토대로 핵심적인 특징을 정리해보자면 아래와 같다.

첫째, 도레이새한은「천하만물중화본야(天下萬物中和本也)」라는 철학으로 신

75) 평가대상은 산업자원부에 등록된 외국기업 중 투자금액이 600만 불 이상이고 외국인 투자비율이 51% 이상인 기업 총 565개이다.

뢰경영·화합(和合)의 노사관계를 구현하고 있다. 노사양 측은 분명 각자의 목표를 가지고 있다. 노측은 조합원의 고용안정과 경제적 요구를 만족시켜 주는 것을 최대의 목표로 삼고 있는 반면 사측은 대립적이지 않은 노사관계, 정치 지향적이지 않는 온건노조의 틀 속에서 교섭하기를 원한다. 쌍방의 이러한 요구를 도레이새한의 노사는 상호 이해하는 가운데 통합적인 교섭(Walton & Mckersie, 1965)으로 유지해 왔다. 실제로 사측은 지금까지 고용조정에 대한 합의내용을 지키며 인위적인 구조조정을 실시하지 않았다. 사측의 이러한 모습은 종업원들이 가지고 있던 외국투자기업의 고용에 대한 불안감을 불식시키고 경영진에 대한 깊은 신뢰를 형성하는 데 요인이 되었다. 실제로 노조 및 종업원들의 사측에 대한 신뢰는 추상적인 믿음이 아니라 현실에서 구체적으로 느낄 수 있는 신뢰였다. 사측의 정보공유와 열린 경영은 종업원들이 계획 및 문제해결 과정에 참여(Woodworth, & Meek, 1995)할 수 있도록 그 기반을 넓혀 주었고 협력의 토대를 형성해 주었다. 노측은 이러한 사측의 노력에 대해 무파업과 임금인상 위임 그리고 생산성 향상으로 화답하였다. 결국 외부적 위협으로부터 발생한 종업원의 협력적 동기를 사측에서 정보공유와 열린 경영을 통해 그 토대를 긍정적으로 강화해 줌으로써 우량기업으로 나아갈 수 있는 토대가 형성되었다.

둘째, 도레이새한의 노사양측은 현장중심의 의사소통체제를 통해 조직의 일체감을 높이고 있다. 도레이새한은 '부화합회의'를 공식적인 채널로, 동호회나 현장직 대리모임을 통한 고참리드형의 비공식적 채널을 통해 생산현장의 최소단위인 팀 내에서 소통을 하고 있다. 작업을 직접 진행하는 부서나 팀내에서의 정기적인 회의는 기업의 생산성과 통제의 효율성을 높이고 더불어 상황능력을 제고하고 노동기준과 안전기준을 준수하고 정보를 공유함으로써 신뢰를 더욱 구축할 수 있다. 도레이새한의 '부화합회의'는 팀장과 더불어 대의원이 적극적으로 참여함으로써 조합원들의 고충처리의 통로이자 동시에 제도화된 대의기구로서 역할도 하고 있다. 그리고 비공식적 채널은 공식적 채널 외에 여론형성의 장으로써 또는 여론주도의 장(場)으로써 역할을 하고 있다. 사실 사측은 의사결정을 하거나 소통을 하는 데 있어 기존의 노사협의회보다 노동조합이 통일성이 있다고 지적한다. 그러면서도 노동조합에 모든 것을 맡기는 것이 아니라 가장 현장에서 회사가 진행하고 있는 각종 활동을 충분히 공유할 수 있도록 공식적 비공식적 시스템을 가동하였다. 이것이 도레이새한의 모든 종업원들과 노사양측이 현장에서 일체감을 형성하는 데 기여하였다. 자칫 노사의 협력적 관계가 경영진과 노조집행부의 협력적 관계가 아니라 노사 모두 가장 기본단위에서 협력적 토대를 구축할 수 있었다.

결론적으로 도레이새한은 설립당시 가졌던 노사협력에 토대를 둔 신뢰경영과 현장중심의 소통이 가능하도록 열린 경영의 요소들을 잘 갖추고 있다. 그럼에도 불구하고 도레이새한의 협력적 노사관계 발전을 위하여 고려해보아야 할 몇 가지 이슈를 정리해보면 다음과 같다.

첫째, 도레이새한 내 상당한 비중을 차지하고 있는 사내 하청노동자이다. 물론 그동안의 노력을 통해 명확한 공정분리를 하고 별도의 관리체계를 가지고 있으나, 실제로 공정상 명확한 분리가 어려운 일부 부서의 경우 관리의 어려움을 제기하고 있는 것이 현실이다.

둘째, 복리후생 프로그램의 다양화가 필요하다. 지금까지 합의된 복리후생 프로그램이 지나치게 장기근속자 중심이라는 문제 제기가 있다. 장기근속자 중심으로부터 신규입사자까지 포괄하는 카페테리아식 프로그램의 개발도 조직의 통합을 위해 필요하다. 이러한 이슈들 역시 도레이새한의 노사양측이 기존에 형성된 화합과 신뢰의 토대위에서 발전된 관점을 가지고 대처해 간다면 더욱 공고한 노사관계를 형성할 수 있는 계기가 될 것이라 본다.

제6절 현대중공업: 원칙과 실리의 조화-갈등의 대명사에서 협력의 모범으로

1. 사례의 배경

(1) 경영현황

1) 마음먹으면 해낸다는 경영정신

현대중공업은 1970년 현대건설 산하 사업부문인 조선사업부로 출발했다.

1970년 3월 현대건설은 조선사업부를 발족하고 울산시의 전하만, 미포만, 일산만의 현 부지를 매입, 1971년 4월 차관계약 체결과 동시에 부지 조성에 착수했다. 1970년 6월 정부에 사업승인서를 제출할 당시에는 외국과 합작으로 15만 톤급 규모로 조선소를 건설할 계획이었으나 차관도입에 의한 독자적 건설로 방침을 세우면서 1971년 7월에는 초대형 조선소를 건설하기로 사업 계획을 완성하였다. 1972년 3월 23일 역사적인 조선소 건설 기공식을 가졌고 4월 10일에는 그리스의 리바노스사와 26만DWT급 원유운반선 1, 2호선의 건조계약을 체결, 이들을 건조하면서 동시에 조선소를 건설하였다. 당시에 현대가 조선소 부지로 점찍어 둔 울산 미포만의 모래사장 사진 1장과 영국의 스코트 리스고우 조선소에서 빌린 26만 톤급 초대형유조선 도면 1장을 가지고 세계를 돌아다니면서 우여곡절 끝에 25만 톤급 초대형유조선 2척의 수주에 성공함으로써 조선소 건설을 위한 차관도입 문제를 해결했던 것은 조선업계에서는 잘 알려진 이야기이다. 이러한 일화는 '무슨 일이든 할 수 있다고 생각하는 사람이 해낸다'는 현대정신의 대표적 사례로 거론되며 주요한 경영이념으로 발전한다.

2) 10년 만에 세계 제 1 의 조선소로 성장

1973년 12월 현대건설에서 분리되어 자본금 1억의 현대조선중공업주식회사로 공식출범한 현대중공업은 1978년부터 현재의 상호명을 사용하였으며 2002년 2월에는 현대그룹에서 계열분리, 현대중공업그룹을 출범하였다. 2008년 현재 자본금 3,800억 원, 25,000명의 종업원과 (주)현대미포조선, 현대삼호중공업(주)를 거느린 세계 제 1 의 기업으로 성장하였다. 1974년 공장 준공과 함께 1호선을 인도한 이후 1983년 선박수주와 건조량 세계 1위에 올라섰고, 1984년에는 231척 1천만 톤을 인도하는 기록으로 기네스북에 올랐으며, 다시 10년 만인 1994년에는 4천만 톤을 인도함으로써 최단기간 최고의 건조실적을 이룩했다. 그 외에도 현대중공업은 세계 최대의 LNG선 건조, 세계 최대 프로펠라 제작(106.3톤), 최단기간 선박엔진 6천만 마력 달성, 25년 연속 「세계 우수 선박」 건조, 세계 최대 화물선(36만 5천 톤급) 건조, 세계최대 선박엔진(10만 9천마력급) 생산, 단일중량 세계최대 4만 톤급 엑슨 자켓 생산, 선박건조량 세계1위 등을 기록하고 있다. 세계최대 100만 톤급 건조도크와 LNG선 전용도크를 포함 9개의 대형 건조도크와 6기의 초대형 골리아스 크레인을 중심으로 연간 건조능력이 650만 G/T에 이를 뿐만 아니라 선주들의 요구에 따른 모든 선박의 건조가 가능하다. 2005년 1월 세계 최초로 중국 선주사인 COSCO사로부터 '꿈의 컨테이너선'인 10,000TEU급 울트라 컨테이너선 4척을 수주하여 세계 컨테이너선 시장의 대형화, 고속화를 선도하고 있음을 입증한 현대중공업은 2007년 총 144척 1,248만 G/T, 158억 불에 상당하는 사상 최대 수주실적을 달성했다. 여기에 2009년 가동을 목표로 울산에 제10도크가 건설중인 가운데, 최근 군산조선소 건립까지 추진되면서 선박 건조량은 오는 2010년에 110척 이상으로 늘어나게 된다.

3) 다각화를 통한 경쟁력확보와 종합중공업체제의 확립

현대중공업이 이처럼 세계 제 1 의 조선소가 되기까지의 과정이 순탄한 것

〈표 3-43〉 현대중공업 연혁

구분	연월	내용
성장기	1970. 12	그리스로부터 26만 톤급 유조선건조 계약
	1972. 3	조선소 기공
	1973. 12	현대조선중공업(주) 설립
	1974. 6	조선소준공 및 1·2호선 명명식
	1976. 7	사우디주베일산업항(OSTT) 공사계약
	1978. 2	현대중공업(주)로 상호변경
도약기	1983. 12	선박수주·건조량 세계1위
	1986. 12	세계최대 36만 5천 톤급 광석운반선 인도
	1994. 6	국내 최초 LNG선 인도
	1997. 3	선박 5천만 톤(DWT) 인도
	2000. 9	선박용 디젤엔진 독자모델·현대힘센_엔진개발
	2001. 5	세계최대 엔진(9만 3천마력) 제작
	2001. 6	OHSAS 18001(국제안전보건경영체제) 인증획득
	2002. 2	계열분리, 중공업전문그룹 출범
	2002. 3	선박 1천 척 인도(7천 754만DWT)
	2002. 4	선박용 대형엔진, LNG선「세계일류상품」선정
	2002. 10	세계최대 부유식원유생산설비(FPU) 육상조립(1만 2천 M/T)
	2003. 4	아시아최고직장 선정
	2004. 10	세계최초 육상선박건조(105,000톤급)
	2005. 5	세계최초대형엔진 생산누계' 5천만마력 달성
	2005. 8	세계최단기간 선박용프로펠러 2천대생산 돌파
	2006. 8	국내 첫해외유전개발설비 출항(베트남 롱도이)
	2006. 9	대한민국 최고기업대상 '월드클래스' 수상(4년 연속)

만은 아니었다. 1973년 말 시작된 1차 오일쇼크가 1974년에 본격화되자 현대중공업도 위기에 빠지게 되었다. 1974년 후반에 선주들이 발주를 해약하는 사태가 빈발하였고 현대중공업도 VLCC 중 3척이 계약취소 또는 인수거부당하는 어려움을 겪게 되었다. 그러나 현대중공업은 건조작업을 계속 진행시켜 오늘날 현대상선의 전신인 아세아상선을 설립했다. 한편 오일쇼크로 인해 전 세계적으로 VLCC의 발주가 끊긴 1974년 중반부터 회사는 대형선 위주에서 다목적화물선, 벌크선, 목재운반선 등의 중소형선까지 병행하여 수주선형을 다변화시켜 시황에 대처하는 한편, 조선소 내에 철구사업부(현 플랜트사업본부)와 현대미포조선소 설립, 엔진사업을 위한 기술제휴와 그 결과물인 현대엔진공업 설립 등으로 이어졌다. 이러한 사업다각화는 회사설립 초기 조선업의 불황을 극복하고 성장하는 기반이 되었다.

이어 1980년대 초중반에는 비조선부문을 강화 확대하여 1980년대 중반 조선경기 불황을 극복하고 조선, 해양개발, 플랜트, 엔진기계, 전기전자시스템, 건설장비, 기술개발 등 다양한 사업부문을 거느린 종합중공업체제를 구축하게 되었다. 이는 최근 조선산업이 단순히 선박의 건조에만 머무르는 것이 아니라 새로운 선박의 개발과 성능의 향상을 위해 각종 선박 핵심 요소기술을 필요로 하고 있으며, 사업다각화를 위해 조선기술을 기반으로 각종 해양구조물, 해양장비 등으로 범위를 확대함에 따라 그에 상응하는 기술을 필요로 하고 있다는 점에서 조선업의 불황에 대비할 수 있는 역량을 갖추는 것이며, 실제로 현대중공업은 각 부문별 수주능력의 확대로 향후 조선 경기가 위축되더라도 가장 대응력있는 기업으로 꼽히게 되었다. 현대중공업은 이처럼 조선과 비조선 부문의 동반성장을 통해 세계적인 종합중공업회사로 성장하고 있으며 이러한 성과를 바탕으로 2007년에는 포춘지가 선정하는 글로벌 500대 기업에 포함되기도 했다.

(2) 경영전략

현대중공업의 경영전략은 1980년대 초반부터 연구소 설립을 통한 선박 생산기술의 혁신을 추구하고 고부가가치 선박의 수주를 지향하는 한편 해양개발, 플랜트, 엔진, 로봇, 중기계 등 비조선부문의 확대, 강화를 통해 종합 중공업회사로서의 체제를 갖추는 것이었다.

1) 기술개발을 통한 경쟁우위 확보

기술개발본부는 1982년 「현대중공업 종합연구소」를 과학기술처에 등록한 것을 시작으로 선박해양연구소, 산업기술연구소 및 기계전기연구소를 설립하였고, 1994년에는 기술개발본부를 발족하였으며 2000년 이후에는 테크노디자인연구소와 해외기술연구소를 설립하여 운영해 왔다. 기술개발본부 산하에 기술경영실을 운영하여 전략적인 기술경영 체제를 구축하는 한편 연구개발 기반시설을 확충하고 우수 연구인력을 지속적으로 육성하고 있다. 이들 4개 연구소에는 총 500여 명의 전문 연구인력이 각 사업본부에서 근무하는 1,000여 명의 기술개발 전담인력과 협력해 신기술, 신제품 개발에 집중하고 있다. 특히 조선 부문에서는 세계 최대인 1,400여 명의 설계인력을 확보하고 있어 선주사의 어떠한 까다로운 요구에도 유연하게 대응할 수 있는 체계를 갖추었다.

또한 별도의 해외 기술연구소를 운영함으로써 선진기술을 습득하기 위해 글로벌 네트워크를 구축해왔다. 미국 신기술연구소에서는 세계 최첨단기술 분야인 전기자동차용 전장품과 분산발전시스템을, 헝가리의 헝가리기술센터(HTC)에서는 회전기와 고압차단기, 배전반, 변압기 등을 연구하고 있다. 2007년 5월부터는 세계최고 권위의 연구기관인 미 해군연구소와 협약을 맺고 선박용 특수도료를 개발하고 있다.

현대중공업은 지난 2001년부터 ▲주력제품 일류화 ▲핵심기술 고도화 ▲생산기술 일류화 ▲신제품·신기술 개발 ▲신규사업 창출 등을 기술개발 5대 중점사업으로 설정하고 적극 추진해 오고 있다. 현대중공업은 2001년 유조선 등 선박을 시작으로 LNG운반선, FPSO, 대형엔진, 굴삭기 등 지금까지 총 12개 품목이 산업자원부로부터 '세계일류상품'으로 선정됐다. 그러나 현대중공업은 2010년까지 세계일류상품을 30개로 늘리는 것을 목표로 기술개발에 집중하고 있다. 이를 위해 기술개발본부 산하의 각 연구소들은 고부가가치 선박 및 해양설비, 생산자동화설비, 에너지·환경시스템, 전기·전자장비 시스템과 디자인 및 IT분야에서 주력제품 일류화 사업과 함께 핵심기술 고도화 및 미래 유망사업 진출을 위한 선행기술 확보에 주력하고 있다.

2) 균형 잡힌 종합중공업 체제의 강화

현대중공업은 초기부터 관련 다각화를 통해 선박 외에도 엔진기계와 육·해상 플랜트, 전기전자, 건설장비 등 다양한 사업 포트폴리오를 갖춘 종합중공업 회사로 성장하려는 전략을 구사해 왔다. 그리고 이러한 전략은 1980년대의 조선 경기 불황을 극복할 수 있는 동력이 되었고 현대중공업이 세계 제 1 의 종합중공업 회사로 성장하는 기반이 되었다.

이어 1999년에는 급변하는 경영환경에 대응하기 위해 '글로벌 리더-미래를 개척하는 현대중공업'을 미래비전으로 설정했다. 대대적인 사업구조 개편으로 2010년까지 매출 3백억 달러의 세계 최우량 종합중공업회사로 발전하기 위한 'VISION 2010' 장기발전전략이 그것이다. 현대중공업의 'VISION 2010'은 2010년까지의 장기 발전 전략으로 여객선, 심해광물채취선, 항공모함 등 특수선을 비롯 펌프, 로봇, 자동화설비, 전력전자제어, 고부가 해양설비, 환경·화공·담수설비, 중장비 등 비조선 부문을 집중 육성한다는 계획이 포함된다. 또한 심해광물채취선, 수중함, 지능화로봇, 대체에너지 발전, 연료전지, 바이오에너지, 해상레저설비, 초전도응용기기 등 미래지향적인 신규사업발굴과 기술용역, 자원개발, 벤처투자를 통해 2010년까지 현재 60억 불 수준인 매출규모를 5배인 3백억 불로 크게 늘인다는 계획도 포함되어 있다. 이와 함께 전체 매출의 50%를 차지하고 있는 조선부문에 대한 의존도를 기존의 절반 수준으로 낮추고 엔진, 플랜트 등 비조선 부문 매출비중을 고르게 유지하면서 사업분야별로 역량을 극대화할 계획을 가지고 있다.

이러한 성장전략의 지속적인 추진으로 2007년의 경우 매출 15조 5,330억 원, 영업이익 1조 7,507억 원으로 전년대비 각 24%, 100%의 증가율을 보일 정도로 창사 이래 최대실적을 기록했다. 여기에는 기 확보한 수주잔량을 바탕으로 수익성 높은 선박 수주에 집중하는 전략이 통한 것도 있지만 비조선 부문에서의 실적 개선이 큰 역할을 했다. 비조선 5개 부문에서 전체 매출의 절반이 넘는 7조 8,500억 원을 기록했던 것이다.

현대중공업은 이와 같은 전략을 기본으로, 기술개발의 강화는 물론 종업원 규모도 4만 명까지 늘리고, 동남아, 미주, 유럽으로의 생산거점 분산, 해외지사의 확대, 신흥시장인 중국, 동남아, 남미지역의 영업 네트워크 구축, 2010년까지 국내 5개, 해외 6개로 연구소 증설을 통한 범세계적인 정보 및 기술 네트워크를 구축하고, 향후 3년간 연구개발 인력을 2천 명 이상 충원하는 등 기술개발인력을 확대할 계획을 가지고 있다.

2. 노사관계

현대중공업의 노사관계는 크게 네 개의 시기로 구분할 수 있다. 회사설립 이후 1987년 노조 설립 이전까지 무노조 회사주도의 노무관리시기, 1987년 노조설립 후 1994년까지의 대립적 갈등시기, 1994년 이후 2002년 상반기까지 무쟁의 잠재적 갈등시기, 2003년 이후 실리주의 집행부의 정착과 노사협력적 시기가 그것이다. 아래에서는 각 시기별 노사관계 과정을 살펴보고, 각 시기의 특징과 변화양상을 요약하기로 한다.

〈표 3-44〉 시기별 노사관계의 특징

시 기	주요 특징
무노조 회사주도의 노무관리기 (1972~1987)	• 회사의 일방적/억압적 노무관리에 대한 노동자들의 비조직적 자발적 저항
노조설립과 대립적 노사갈등기 (1987~1994)	• 노조설립 후 노사간 강경대응 일변도의 대립적 구도 • 쟁의일수 288일 • 매출피해 1조 5,521억 원 • 총해고자 176명
무쟁의하 갈등기 (1995~2002)	• 강경노선의 집행부와 친회사 실리적 대의원의 대립구도 형성 • 집행부와 회사의 잠재적 갈등 상존
실리주의 집행부 정착과 협조기 (2002~현재)	• 미래를 대비한 노사공동선언

(1) 무노조 회사주도의 노무관리기(1972~1987)

이 시기는 회사의 일방적이고 억압적인 노무관리가 2차례의 대규모 노동쟁의를 발생시켰던 시기이다. 첫번째는 위임관리제의 도입에 따른 불만이 누적되어 1974년 9월에 발생한 대규모 쟁의이다. 1973년 직영 기능인력을 하청업체로 전환시켜 하청업체로 하여금 인력을 관리하도록 했던 위임관리제가 도입되었다.[76] 당시는 조선소 건립과 선박건조를 동시에 진행했기 때문에 대규모의 인원이 투입되었다. 그러나 회사 설립 초기에 급격하게 증가한 인력을 관리하고 유지할만한 역량과 자원이 없는 상태에서 경영위기에 봉착한 회사는 현대건설에서 활용되던 도급제를 도입했던 것이다. 이는 직영신분에서 하도급 신분으로 전환됨에 따라 사원으로서의 승급, 상여금, 퇴직금 등의 혜택이 사라지고 일용공으로서 불안한 고용상태로 전락함으로써 노동자들의 불만을 증대시켜왔다(이수원, 1994). 이러한 불만이 쌓여 있던 중 기능공 조장 1명의 교체사건이 확대되면서 9월 19일 작업을 거부하고 위임관리제 철폐, 사원과 기능공과의 차별 철폐, 상여금 지급, 시간당 임금 100% 인상, 재교육 반대, 견습기간 단축 등의 요구를 내걸고 시위에 돌입하였다. 당시 3,000여 명이 합류한 이 쟁의는 무장 경찰병력이 투입되어서야 진압이 될 정도로 그 규모와 폭발성이 강했다.

두 번째는 1977년 사우디 주베일항 건설현장에서 발생한 노동쟁의이다. 이 사건은 현장관리자가 노동자를 폭행한 것이 발단이 되었다. 작업규정을 무시하면서까지 무리한 작업지시를 행하는 것에 저항하여 규정속도로 운행하던 노동자를 현장관리자가 폭행한 것을 계기로 전체 노동자가 들고 일어섰던 것이다. 이 쟁의 또한 수천 명이 참가해 폭동 형태로 진행됨에 따라 사우디 군경이 출동하는 등 외교분쟁으로까지 확대되었다.

이러한 대규모의 폭발적인 노동쟁의가 발생한 것은 최고경영자의 가부장적 경영가치가 제도 및 규범에 의하지 않는 권위주의적 인적 통제를 선호하고 노동자 대표권의 부정과 내부 커뮤니케이션의 결핍을 가져왔기 때문이다(노병직, 2003). 이러한 가부장적·권위주의적 노무관리 관행은 이후 1987년 노동자대투쟁 시기에 다시 한번 노동조합의 저항을 불러 일으키는 원인이 되었다.

---

76) 조선산업은 경기가 호황과 불황을 순환적으로 교대하는 특성을 가지고 있다. 이 경기 부침의 폭이 매우 크고, 또 불황기에는 경쟁력의 차이에 따라 수주의 빈익빈 부익부 현상이 현저하게 나타나기 때문에 경쟁력이 떨어지는 조선사의 경우 호황기의 규모를 유지하지 못하고 도산하거나 매우 어려운 지경에 빠지는 경우가 많다. 따라서 종신고용 관행 때문에 경직된 고용구조를 가지고 있는 일본의 조선사들은 호황기에는 정규직 핵심(core) 노동자들 외에 다수의 비정규직 하청노동자를 활용하여 시장수요에 대처하고 불황기에는 하청노동자를 정리함으로써 고용구조의 유연성을 확보하고 있다(노병직, 2003).

(2) 노조설립과 대립적 노사갈등의 시기(1987~1994)

1987년 6.29선언 직후인 7월 21일 현대중공업에도 노동조합이 결성되었다. 그러나 과거 노사협의회 임원을 역임했던 관리자들이 주도한 노동조합은 어용노조라는 비판을 받으며 오히려 노조 민주화투쟁을 유발하였다. 당시 노동자들은 7월 24일 현대중공업노조민주화쟁취위원회를 결성하였고 파업에 돌입하였다. 위원회는 상여금 차등지급 철폐, 임금인상, 현중노조 개편방침 등을 합의한 후 7월 31일 정상조업에 들어갔다. 곧이어 8월 14일 집행부를 불신임하고 새 집행부를 선출하였다. 그러나 회사가 새집행부를 인정하지 않자 노조인정 등을 요구하면서 8월 17일 다시 파업에 들어갔다. 다음날 곧바로 노조인정에 대한 합의를 이루어 내고 임금교섭에 들어갔으나 합의에 이르지 못하고 다시 9월 2일 파업에 돌입하였다. 가두행진을 하던 중 시청 방화사건이 벌어지면서 경찰력이 투입되고 노조간부 22명이 구속되기도 했다. 이후 기숙사생들을 중심으로 파업이 전개되다 9월 19일 조업정상화방안을 합의하면서 2달간의 쟁의가 마무리되었다.

1988년의 쟁의는 6월달에 시작된 단체협약 교섭이 6개월간 지속되었으나 4개의 쟁점과 해고자복직 때문에 합의에 이르지 못하고 12월 12일 전면파업에 돌입하면서 본격적으로 시작되었다. 해고자복직문제는 애초 1987년 9월의 합의 때 해고자 석방 후 복직을 합의했으나 1988년 1월 회사가 이러한 합의사항을 일방적으로 파기하면서 취업규칙 위반으로 25명을 전격 해고한 것에서 비롯되었던 것이다. 이 과정에서 회사측의 테러 등 강경대응, 노조의 파업, 대규모 경찰투입을 통한 진압, 이에 맞선 전노협 준비위와 지역주민, 학생, 재야단체 등의 연대투쟁이 이어지면서 파업은 128일 동안 진행되었다.

1990년에는 1월 선출된 노조위원장이 당선 직후 출범식도 하기 전에 곧바로 구속되고 이에 노동조합이 반발하며 2주일간의 골리앗 크레인 농성투쟁을 전개하자, 경찰투입을 통해 파업을 진압했다. 당시 비대위 의장인 김영환은 방송에 출연해 '노동조합이 불법정치투쟁을 하고 있다'는 이유를 들며 사퇴한다.[77] 1991년은 전면파업이 아닌 태업형식으로 투쟁을 전개하며 임단협이 마무

77) 당시 노동조합은 이러한 사건을 정부와 사용자의 회유와 탄압 때문이라고 보고 있으나 노동조

리되었다. 한편 1992년 새롭게 선출된 이원건 집행부는 회사와의 임단협 교섭에서 직권조인 후 사퇴하였다. 이후 노동조합은 몇 번의 집행부 교체를 경험하면서 내분을 겪게 되었다. 1993년 5월에 출범한 7대 윤재건 집행부는 부분파업 전술을 통해 최대한 타협을 통한 협상을 진행했다. 그리고 1993년의 임단협이 마무리된 후 11월에 실시된 위원장 선거에서는 가장 강성이라는 이갑용 집행부가 당선되었다.

1994년의 임단협투쟁은 초기 최대한 합법적 기조 위에서 부분파업의 형식을 빌어 전개되었다. 그러나 회사는 직장폐쇄를 하는 등 강경대응을 했고 노조는 LNG선 및 골리앗 크레인을 점거하면서 투쟁의 수위를 높였다.[78] 이러한 갈등은 63일간 지속되다 결국 8월 중순 회사가 직장폐쇄를 풀고 임금수정안을 제시하면서 8월 말 합의에 이르게 되었다. 그러나 임단협이 마무리되자 곧바로 경찰은 노조 집행부 26명에게 구속영장을 발부하였고, 1994년 11월 또 다시 새로운 집행부 선거가 이루어지게 되었다. 이후 회사는 파업참가자들에게 무노동무임금원칙을 적용하였고, 더 나아가 연말까지 잔업, 특근을 시키지 않음으로써 철저하게 불이익을 주었다. 이에 따른 조합원들의 임금손실은 330여만 원에 이르렀다고 한다.

노조에서 이탈하는 조합원이 6,000명이 넘었고 이와 함께 1994년의 쟁의 이후 노동자들은 '회사가 정말 망할 수 있겠다'라는 인식을 갖게 되었다. 그 이전에는 장기파업을 하더라도 사후 주문물량 소화 등으로 부가가치에서의 손실을 만회할 수 있었으나 수주계약을 파기당하고 일관공정 성격의 사세보 공법을 정상화시키는 데 4년 이상 걸렸기 때문이다.

(3) 무쟁의하에서의 갈등시기(1995~2002)

1994년말 새로 출범한 9대 집행부는 기존과는 다른 모습으로 1995년을 시작하였다. 첫 중앙집회에 1,500명만이 참석했던 것이다. 뿐만 아니었다. 집행부와 대의원, 집행부 내에서의 의견충돌이 빚어지는 등 노동조합 내부의 갈등이

합 활동의 기조에서는 1990년과 1991년을 노동조합 내부에 존재하는 성향간의 갈등이 표면화되기 시작한 시기로 평가하고 있다(현대중공업노동조합, 2007: 139)

78) 당시 회사는 28일간의 직장폐쇄를 했고 노동조합의 LNG선상 농성은 회사의 이러한 공격적 직장폐쇄에 대응하는 측면이 있었다.

표면화되었다.[79] 결국 이러한 내부 갈등은 단체협상을 둘러싼 쟁의발생 결의 대의원대회에서도 그대로 표출되어 대의원의 절반만 참석하는 부진을 보이게 되었다. 23차례의 교섭 끝에 단체교섭이 타결됨에 따라 1995년은 노조 결성 후 첫 무쟁의타결의 원년이 되었다.[80]

이후 노동조합 내부의 권력 구성에는 큰 변화가 생겼다. 이념적 지향에 따라 활동했던 활동가들이 여전히 집행부에 당선되었으나 온건한 성향의 대의원들이 집행부를 견제하면서 사실상 노동조합활동에 제동이 걸리는 일이 많아졌기 때문이다. 그리고 이러한 갈등은 사실상 조합원의 의식변화를 반영한다는 점에서 일시적인 현상이 아니었다.[81]

1996년부터 집행부의 투쟁은 조합원의 저조한 참여와 대의원들과의 갈등 속에 부진하게 진행되었다. 다른 한편 1996년 말 노동법개정투쟁에 참가한 파업참가자들에게 연말성과급을 지급하지 않는 등 회사의 강경대응 또한 지속되었다. 1997년은 짧은 기간의 교섭을 통해 임단협이 마무리되었다. 1998년 IMF는 주객관적으로 회사 우위의 임단협 국면을 열어 놓았다. 당시 노동조합은 상급단체인 금속산업연맹에 교섭권을 위임하여 IMF의 수세국면을 돌파하려고 했으나 대의원대회에서 부결되었다. 회사는 노동조합에 양보교섭을 요구하는 한편, 노동조합의 협조를 요구하기도 하였다. 노동조합은 회사의 일방적인 요구에 반발하기도 하였으나, 1998년 4월 FPSO 시행청에서 노동조합의 협조가 필요하다고 요청하자 위원장이 직접 프랑스로 가기도 했으며, 플랜트 부문 부위

79) 이는 단순히 대의원과 집행부 사이의 노조내 갈등이 아니었다. 친회사 성향을 가진 대의원들이 대거 당선되면서 강경노선을 견지하던 당시 집행부와 마찰을 빚은 것이었기 때문이다.

80) '현중노조 20년'에는 '1996년에도 노동조합의 투쟁이 있었으나 이는 조합원이 아닌 간부 수준에서만 진행되었기 때문에 1995년을 무쟁의 원년으로 기록한다'고 되어 있다.

81) 현대중공업에서의 무쟁의기록은 회사의 탄압만이 아니라 조합원 의식변화, 현장의 중심이동과 개인주의의 확산 등에서 원인을 찾을 수 있다(한국노동이론정책연구소, 1995)는 지적이나 극렬한 투쟁 역사 속에 그해의 무쟁의는 회사의 탄압과 억압보다는 조합원들의 투쟁효과에 대한 불신, 그리고 활동가끼리의 의견대립이 불러낸 것이었다(현대중공업노동조합, 2007)는 지적은 이를 잘 보여준다. 조합원들이 자신들의 실리 극대화를 위한 투표행태를 보였다는 것인데, 고충처리에서 중요한 역할을 수행하는 대의원은 사측, 적어도 현장부서장과 대화가 통할 수 있는 인물로 선임하는 것이 조합원에게(고충처리에) 보다 더 유리하다고 판단했기 때문이라는 것이다. 그러나 2002년까지 집행부는 여전히 강성으로 분류되는 활동가들이 당선되었는데 이는 노조가 필요 없을 만큼 충분히 개인적 권리가 보장되는 민주화가 이루어진 것도 아니고 산재, 노동강도, 노무관리 등 노동과정상의 문제점들이 다 해소된 것도 아니기 때문이라는 평가 때문이다(노병직, 2003).

원장의 경우 수주부진 타개를 위해 인도에 가기도 했다.[82] 이러한 과정에서 노사는 조합원의 인위적 구조조정을 하지 않는다는 내용을 중심으로 임단협을 마무리하였다. 그러나 고용안정을 위해 회사에 협조적 태도를 보였던 집행부에 대해 현장조직들은 사퇴를 요구하며 크게 반발하였다. 이러한 상황에서 1999년 12월 출범한 집행부는 회사에 대해 강경한 기조를 선언하였다. 2000년 초부터 해양사업부 소속 조합원의 추락 사망사고를 계기로 회사가 받을 예정이던 안전경영대상을 포기하도록 요구했고 더 나아가 주주총회에서는 파행적인 노사관계와 정몽준 고문의 부도덕함을 고발하는 선전을 하는 등 노사간 갈등이 증폭되었다. 임단협 교섭에서는 회사가 성의를 보이지 않았고, 노동조합은 교섭위원 선임도 상당기간 못하거나 쟁의행위 투표조차도 관리자들의 압력으로 제대로 진행하지 못하는 등 무력한 상태에 빠져 있었다. 이러한 상태로 2000년과 2001년 임단협이 마무리되었다.

2001년 집행부 선거는 합리·실리주의를 표방하는 후보와 전통적 강경파 후보 진영의 대결로 진행되었으나 54.5%의 지지로 강경파 진영의 후보가 당선되었다.[83] 집행부는 2002년 지자체 선거에서 위원장 출신인 이갑용을 동구청장에 당선시키는 등 역할을 하였으나 창립기념품과 관련된 비리사건에 연루되면서 10개월 만에 총사퇴하고 만다.

1994년부터 2002년까지 노동조합 활동에 대한 조합원의 저조한 참여, 집행부와 대의원의 갈등, 노동조합에 대한 회사의 강경 대응과 쟁의행위 찬반투표 저지 등의 억압조치가 교차하면서 회사 우위의 갈등적 노사관계가 무쟁의의 수면 밑에서 유지되고 있었다. 그러나 곧이어 진행된 14대 집행부 선거에서는 실리주의 노선을 표방한 연합세력이 집행부에 당선됨으로써 기존의 노사관계가 다시 한번 변화하는 계기가 마련되었다.

---

82) 그러나 이러한 노동조합의 협력이 상호협력의 제도화로 나아가기까지는 시간이 걸렸다. 이에 대해 현대중공업 노사관계시스템을 분석한 노병직(2003)은 '노동조합의 의사결정기구를 거의 완벽하게 장악하고 있는 회사의 오만이 새로운 노사관계의 방향을 노조를 하위 시스템으로 종속시키는 신자유주의 모형을 선택했기 때문'으로 평가한다.

83) 당시의 투표결과는 여전히 조합원들이 강한 집행부에 대한 기대감이 표출된 것이라는 평가와 함께 현대중공업 노동조합이 합리·실리주의로 변화할 가능성이 제시된 것이라는 평가가 동시에 존재했다. 이러한 평가가 현실화되기까지 시간은 오래 걸리지 않았다.

(4) 실리주의 집행부의 정착과 노사협조 시기(2002~2008)

2002년 9월부터 임기를 시작한 14대 집행부는 노동조합의 개혁과 해고자 문제 완전해결 등 6가지 정책을 제시하였다. 14대 집행부는 노조운영의 투명성 확보, 조합비 인하 등의 조치를 취했고 특히 해고자문제는 재입사와 청산대상 등으로 구분해 완전히 정리하는 것으로 합의를 했다. 한편 임단협은 1차 잠정 합의안이 부결되었으나 2차에서 가결되어 무난하게 합의를 이루어 냈다. 2003년 4월에는 3월에 이어 조합원이 사망하는 사건이 벌어지게 되었다. 이에 집행부는 안전예방을 요구하며 텐트농성에 돌입하기도 하였다. 이에 '산재추방을 위한 노사 공동실천 합의서'가 작성되었고, 곧이어 2003년 임금 협상도 2개월의 교섭 끝에 합의에 이르렀다. 교섭이 끝난 후 현대중공업 노사관계에서 획기적인 행사가 개최되었다.

2003년 7월 25일 노동조합 창립 16주년을 기념하고 15년간 지속되었던 극단의 노사관계를 청산하고 동반자로서의 인식을 새롭게 다지는 뜻에서 노사가 한마음이 되고 조합원과 가족이 함께 할 수 있는 현중가족 한마당 큰 잔치가 열린 것이다.

이어 15대 집행부 또한 14대의 기조를 이어받은 활동노선을 표방했다. 그러나 2004년 2월 사내하청 기업의 박일수 씨가 하청기업 노동자에 대한 차별대우에 항의하며 분신했고, 60일간의 하청노조 파업이 있었다. 하청노조 조합원은 그 수가 적었으나 민주노총 지역본부 등의 지원으로 사태가 장기화되었다. 당시 현대중공업 노동조합과 민주노총 지역본부, 금속산업연맹 등 지역의 노동조합단체들 사이에는 이 사안의 처리방식을 놓고 이견을 보였고, 결국 금속산업연맹으로부터 제명처분을 받은 노동조합은 이러한 처분을 취소하고 사과하라는 요구를 던진 채 독자노선을 걷게 되었다.

1995년부터 시작된 무쟁의 노사관계는 2002년에 들어와 확연하게 활동노선과 기조가 변화, 정착되었다. 무쟁의 자체에 대한 주변의 높은 평가와 함께 1994년 이후 양호한 경영실적에 따른 임금, 근로조건의 향상이 노동조합 변화의 토대였던 것으로 평가된다. 때문에 과거 투쟁만큼의 성과를 얻지 못함으로써 좌절했던 것에서 벗어나 경제적 실리를 취할 수 있게 된 조합원들이 중도 실리·합리노선의 집행부를 계속 지지할 것이라는 전망도 있다.[84] 이러한 가운데 현대중공업은 2006년 6월 '노동조합 선언, 이념, 강령 선포식' 이후 2007년 3월 '노사공동선언'을 선포, 노사협력의 대표 모델로 자리매김 하게 되었다.

(5) 노사관계 변화의 요인

현대중공업의 노사관계는 1994년을 기점으로 점차 실리주의가 확산되면서 협조적인 것으로 변화해 왔다. 현대중공업 노사관계는 대립-갈등에서 협조와 실리로 전환된 것으로 전례를 찾기 힘든 사례에 속한다. 이처럼 노사관계가 변하게 된 원인을 다음과 같이 요약할 수 있다. 먼저 회사측 대응 방식에서의 원인을 살펴보면,

첫째, 원칙과 규정을 준수했다는 것이다. 현대중공업 노사관계에서 가장 두드러지는 점이 이것이다. 회사의 대노조 대응방식에서 문제가 전혀 없었던 것은 아니다. 때로는 노동조합에 대한 지나친 강경대응이라고 비판받았던 여러 가지 조치들이 회사 입장에서는 노사관계 관리에 있어서 마지노선이라고 할 수 있는 원칙의 설정이었다는 것이다. 특히 파업시 무노동무임금 적용과 불법 쟁의시 고소고발 등이 여기에 해당된다.

> "파업에 대해서는 임금공제, 주휴 및 연월차 공제로 불법행위에 대해서는 고소고발, 인사경영권에 대한 노조의 간섭배제 원칙을 철저히 지켜 왔다. 이것이 때로는 공격적이고 강경한 대응이라는 비판이 있기도 했지만 회사 입장에서는 원칙에 따른 집행이었다. 지금도 교섭에서는 합의를 하지만, 노사협의회에서는 합의를 하지 않는다. 협의사항은 협의로 끝낸다. 그럼에도 불구하고 노동조합이 제도적으로 믿을 수 있는 장치를 요구하지 않는 것은 회사도 그런 부분에 대해 합리적으로 대응할 것이라 믿기 때문이다"(회사 노사관계 담당자).

둘째, 최고경영자의 노사관계에 대한 관심과 전사적 노사관계 관리시스템을 구축할 수 있었기 때문이다. 최고경영자의 관심은 노사관계 관리시스템을 전사적으로 갖추는 토대가 되었다. 즉, 최고경영자에서 현장의 일선관리자까지

84) 회사 관계자는 이를 다음과 같이 언급한다. "현대중공업의 노사관계가 건강해지고 있다는 생각을 하고 있다. 노사관계가 단순히 안정되었다는 것은 휴화산과 같은 상태인데 이보다는 조금 더 나아갔다는 의미이다. 아주 특별한 사유가 있지 않는 한 폭발하지 않을 것이라는 확신이 있다."

노사관계 관리의 주체라는 인식이 생김으로써 전사적 관리시스템을 확립할 수 있었던 것이다.

> "노사협력실은 최고경영자와 직접적인 의사소통 라인을 구축하고 있다. 그만큼 노사관계가 전략적 위치를 가지고 있다는 의미이다. 한 예로 직접 교섭에 참여해 본 경험이 없으면 본부장이 되기 힘들다. 그리고 현장수준에서는 1,000명의 노사담당자가 있다. 즉, 모든 관리자들이 현장에서 노사담당자로서의 역할을 수행하며 직원들을 장악한다. 물론 현장관리자들이 부서원들을 장악하기까지는 시간이 많이 걸렸다. 최고경영자로부터 현장관리자로 이어지는 노사관계의 중요성 인식과 신뢰관계 형성이 그 토대가 되었다. 처음에는 조합원들이 관리자를 불신했다. 이것을 맨투맨으로 고충처리 상담하고, 어떤 형태로든 처리하면서 시간이 지나자 관리자들의 활동을 인정하기 시작했던 것이다.[85)]
>
> 우리는 관리자들이 제대로 하지 않으면 경영자가 아무리 노력하고, 돈을 많이 줘도 노사관계 좋아지지 않는다고 생각한다. 특히 관리자들의 마음가짐이 매우 중요하다고 생각하기 때문에 노사협력실장이 직접 관리자 교육을 한다. 노사관계 관련해서. 그리고 수시로 개정노동법, 경제상황, 고충처리 기법 등 노사관계 관련 정보를 알려준다"(회사 노사관계 담당자).

셋째, 노사관계 담당자의 일관성과 전문성이 매우 중요하다. 이는 결국 사람과 일에 있어서 한번 실시한 관행은 끝까지 가지고 간다는 것으로 표현된다. 노사관계 관리의 원칙과 규정 적용이 사람이나 상황이 변함에 따라 바뀌는 것이 아니라 일관성을 유지한다는 것으로 이는 노사관계 담당자들의 역할이 대노조 관계뿐만 아니라 회사의 방침에 모두 적용되는 것이다. 이 때문에 회사의 관리자들과 노동조합에 일관된 노사관계 전략의 시그널을 줄 수 있었던 것이다.

> "노사협력실의 임원과 실무자는 모두 20여 년 동안 노사업무만 했다. 때문에 최고경영진에게 전략적 결정에 대한 조언도 직접 할 수 있으며, 노동조합과의 관계도 과거의 많은 내용을 알고 있기 때문에 오히려 노동조합 집행부가 모르는 것에 대해 환기시키고 조언을 할 정도가 되었다"(회사 노사관계 담당자).

---

85) 회사 관계자의 이런 인식은 1990년대 중반, 회사가 관리자들을 동원해 대의원들을 포섭하고 현장을 장악함으로써 노동조합을 통제할 수 있었지 않는가는 비판에 대해 "당연하다. 회사를 운영하는 입장에서 보면 관리자들이 종업원들에게 열심히 일을 하도록 하고 회사 방침에 따를 것을 독려하는 것이 정상이지 않은가? 회사의 입장에서는 일 잘하고 말 잘듣는 사람을 대우하고 격려하는 것이 기본적인 방침이어야 한다고 본다"고 응답한다.

넷째, 고용안정과 복지영역에서 회사가 착취한다는 불신감을 해소하기 위해 노력했다. 임단협 교섭과정에서 전향적 태도와 입장을 보였다. 회사가 안주려고 한다는 식의 협상방식이 아니라 회사가 할 수 있는 범위 내에서는 최대한 주려고 한다는 인식을 심어 줄 수 있는 협상방식을 택했다.

> "1995년 교섭에서 회사의 카드를 일괄 제시하자는 제안을 했다. 기존의 방식은 이해관계가 다른 사람끼리 협상해서 더 많이 획득하려는 것이었는데, 이는 기본적으로 상대방을 불신하기 때문이라고 생각했다. 따라서 임금, 해고자, 현안문제까지 회사가 낼 수 있는 최대의 안을 한꺼번에 제시하자고 했다. 당시 회사 내에서도 반대가 있었다. 결국 반대를 무릅쓰고 노조에 일괄 제시했고, 노조는 총회에 회부했는데 75% 정도의 찬성으로 가결되었다. 이후 노사간 교섭은 이런 방식으로 진행한다. 물론 세밀한 부분을 조정은 한다"(회사 노사관계 담당자).

다섯째, 노동조합 측면에서 보면 그동안 투쟁을 통해서 별로 얻은 것이 없다는 평가가 있었다. 지속되는 파업에 따라 임금삭감, 잔업에서의 배제 등 회사의 강경한 대응으로 손해를 봤다는 인식이 조금씩 확산되기 시작했다. 그리고 이러한 과정에서 노동조합의 비리사건이 발생함에 따라 급속하게 조합원들이 이반되기 시작했다. 이러한 조건들로 실리적 성향의 대의원들이 다수를 차지하기 시작했던 것이다.[86]

여섯째, 그 외에 경영진에 대한 신뢰 등이 작용을 했다. IMF 당시 고용보장, 전문 경영인 체제 등으로 인해 경영진에 대한 신뢰감을 형성할 수 있었다.[87]

3. 열린 경영

현대중공업의 열린 경영은 다양한 대화창구의 개설, 노동자 대표의 직접 참여, 고충처리제도, 제안제도 등을 통해 실현되고 있다.

(1) 경영정보의 중층적 공개 및 공유

경영정보의 공유는 경영현황 설명회, 사내 전산 시스템 등을 통해 다양하

86) 노동조합 간부인터뷰에 기술함.

87) 회사 관계자의 평가임.

게 이루어진다. 먼저 직접적인 방식으로 이루어지는 경영현황 설명회는 크게 연 1회 전 임직원을 대상으로 하는 것과 분기 1회 간부사원을 대상으로 하는 것으로 나뉜다. 전 임직원을 대상으로 한 설명회에는 사내협력사 직원들도 참석하도록 하고 있다. 여기서는 국내외 경영환경, 사업계획, 실적 등이 공유된다. 한편 사업본부 단위의 경영현황 설명회도 분기별로 이루어지고 있다. 이는 각 사업본부장들이 직책자들에게 먼저 경영현황을 설명하면 이들이 일반 직원들에게 전달하는 방식으로 이루어진다. 그 외에 각 생산부서는 월 1회 정도 각 부서 운영현황을 설명하고 있다. 노조간부들만을 대상으로 한 경영설명회도 매년 초 이루어지고 있다.

이러한 방식 외에 다양하게 정보공유가 이루어지고 있다. 노사관계 홈페이지를 통해 경영실적과 공시사항을 조회할 수 있으며 사내정보 시스템(현중 office)과 e-열린방을 통해 공지사항과 사내 각종 정보에 접근할 수 있다.

또한 주주총회에 노조위원장과 간부들이 참여하고 있는데, 이는 생산주체가 경영의 동반자로서 주주들에게 인사함과 동시에 회사 경영에 대한 건전한 비판세력으로서의 위상을 갖도록 하기 위한 것이다.

(2) 현장밀착형 협의체제의 다양함과 활성화

현대중공업은 노사협의회를 중층적으로 운영한다. 중앙 차원의 전사노사협의회와 사업부 차원의 경영협의회가 그것이다. 노사 각 10명으로 구성되는 중앙 노사협의회는 분기별로 정기회의를 하도록 되어 있으나 임금, 단체교섭과 중복될 경우 실무협의를 통해 선조치한 후 차기 노사협의회에서 통합처리한다. 노사협의회 결과는 회의록을 비치하고 사내 소식지 등을 통해 전조합원에게 공지한다. 이와는 별도로 노사 각 10명으로 구성된 본부별 혹은 부문별 경영협의회가 분기별로 개최된다. 사업부 현장노동자들의 발언권 증대를 통해 불만 및 고충이나 현안문제를 신속하게 해결하고 동시에 생산성 향상 방안 등 노사협력을 증진하기 위한 통로로 기능한다. 경영협의회는 연 평균 30여 회가 개최되고 있어 현장 밀착형 협의기구의 성격을 띠고 있다. 특히 현안문제가 발생하면 노사협의회 상정 전에 현업부서, 사업부 운영지원부 및 고충처리위원들이 1차 논의하고, 특히 작업장 근무환경이나 근로자 고용에 관한 사항은 기간이나 횟수

〈표 3-45〉 사랑방 모임 운영 및 안건처리 현황

연 도	안건처리 현황					
	총 계	후생복지	시설투자	제도개선	작업개선	기 타
2004년	4,180	1,868	857	581	332	542
2005년	4,697	2,118	884	669	363	663
2006년	1,972	528	219	94	822	309

자료: 회사자료.

를 제한하지 않고 노사가 지속적으로 협의해 해결방안을 모색한다.

직무환경급, 선택적 복리후생제도 도입, 노동조합 휴양시설 건립 등 심층적인 논의와 연구가 필요한 사항에 대해서는 노사 공동의 테스크포스팀(TFT)을 구성해 해결방안을 모색하는 등 탄력적인 노사협의체를 활용한다.

일상적으로는 부서장, 직책과장, 팀·반장, 대의원, 조합원 등 10인 이내로 구성된 사랑방모임을 운영한다. 여기서는 업무상 애로나 개인적 고충을 해소하는 한편, 경영현황이나 부서 운영계획 등을 사전에 논의해 공지하고 있다. 이는 개인고충이나 불만이 노사문제화하는 것을 사전에 예방하고 또한 부서운영에 노동자들이 참가함으로써 참여기회와 책임의식을 높이는 데 일조하고 있다.

이러한 노사협의의 활성화로 노동조합은 기업경영에 대한 이해를 높이는 한편 경영참가의 기회를 넓힐 수 있는 계기를 마련하고, 회사는 원활한 의사소통으로 노사간 마찰 요인을 사전에 파악, 대처함으로써 생산성이 향상되는 효과를 낳는다고 평가한다. 이러한 노사협의의 활성화는 최고경영진에 의해서도 뒷받침되고 있다.

> "최고 경영진 자체가 노사관계에 대해 상당한 관심을 가지고 있다. 최고 경영진이 새로 취임하면 처음 찾는 곳이 노사협력실이고, 노사관계에 대한 첫걸음을 어떻게 시작할지에 대한 자문을 구한다. 특히 노사협력실은 최고경영진과 직접적인 의사소통 라인을 구축하고 있기 때문에 전략적이거나 실무적인 영역에서 노사간 협의의 다양한 내용에 대해 나름대로의 재량권을 갖는다. 이런 것이 노사간 협의를 활성화하는 기본 토대가 되고 있다"(회사 노사관계 담당자).

노조 역시 사용자와의 대화기회 확대로 노사 신뢰성 향상은 물론 실질적인 복리노조를 구현함으로써 모두 '윈-윈(Win-Win)'하는 효과를 거두었다고 평가하고 있다.

"기본적으로는 회사와 대화도 많이 하고 다양하게 협의할 수 있는 틀이 존재하니까 노조에 대한 회사의 입장이나 태도에 대해서는 신뢰하는 관계가 되는 거지요"(노조 간부).

(3) 일 단위로 이루어지는 고충처리 협의 시스템

고충처리제도는 노사공동의 고충처리위원회를 가동하고 있으며, 동시에 노사 각각 고충처리해소를 위한 장치를 운용하고 있다. 그리고 이 고충처리제도는 위에서 본 각종 정보공유체제와 동시에 운영되는 특징을 갖는다. 여기에는 각종 민원서비스 제공과 인사제도에 대한 안내와 응답, 인사관련 정보 등을 제공하는 열린방과 민원실, 또한 직원들이 CEO와 담당부서에 직접 각종 제안과 제언을 하고, 답변을 들을 수 있는 열린 경영 코너 등이 포함되어 있다. 그리고 노동조합으로 접수된 고충사항을 신속히 처리하기 위해 노사 실무부서간 상시 협의체제를 구축하고 있다.

"고충처리와 관련해서는 신속하게 처리한다는 기조가 있고, 노사 구별이 없다는 인식을 가지고 있다. 때문에 노동조합으로 들어오는 고충처리를 논의하기 위해 사실상 노사 고충처리 담당자들은 매일 만나서 협의를 한다"(회사 노사관계 담당자).

한편 생산현장에서의 노사협의를 활성화하고 원만한 운영을 위해 관리자들에 대한 교육도 강화해 왔다. 노사협의를 통해 직책자에 대한 특별교육을 적극

[그림 3-27] 노사고충처리 체계도

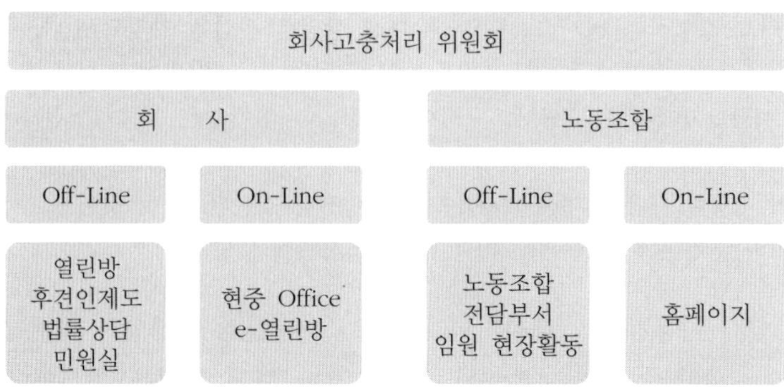

적으로 시행하고 있는데, 이는 임원, 부서장, 현장관리자들이 생산현장에서 발생하는 노사관계의 각종 갈등요인을 사전에 대처함으로써 협력적 노사관계를 구축한다는 취지에서 실시되고 있다. 지난 1991년부터 매년 실시된 이 프로그램을 통해 전 임원 및 부서장, 생산·생산지원부서 과장 등 총 9,750명이 교육을 이수했다. 또한 모든 관리자의 경우 고충처리위원으로 활동할 수 있도록 전 직책과장 및 부서장에 대해서는 고충처리기법에 대한 집중교육을 실시하고, 신규 보임자에 대해서도 매년 교육을 진행하고 있다.

회사 담당자는 고충처리를 위한 시스템도 중요하지만 이를 운용하는 원칙이 더 중요하다는 점을 강조한다. 즉, "고충처리를 제기한 당사자에게 유리한 것은 적극적으로 확대 해석하고, 불리한 것은 가능하면 소극적으로 좁게 해석해 적용한다"는 것이다.

(4) 작업장 혁신

현대중공업에서의 작업장혁신의 역사는 1975년부터 시작되었다. 생산기술직 사원들의 자발적 참여 속에 품질관리 위주의 현장 개선활동을 시작한 것이 1994년 21세기 종합중공업체제 구축을 위한 전사 혁신활동인 '힘찬 21'로 연계되었고 2003년 6월 6시그마 경영도입을 계기로 전사 작업조직 혁신활동으로

[그림 3-28] 작업장 혁신 시행과정

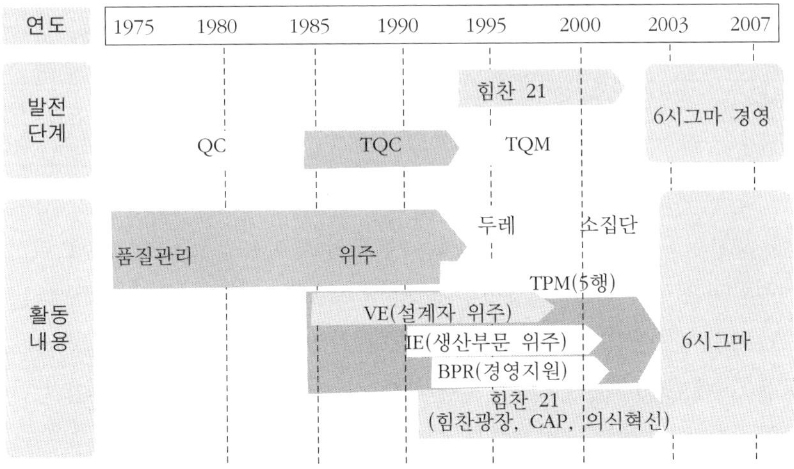

통합 운영되고 있다.

작업조직 혁신을 효과적으로 추진하고 참여문화를 확산하기 위해 최고경영층과 혁신조직 팀간의 정기적인 커뮤니케이션 채널을 구축하고 있으며, 또한 회사의 장기발전전략인 글로벌 리더 추진전략의 수립단계부터 전략과제의 실행-평가-보상에 대한 혁신을 추진하고 있다.

이러한 과정을 보다 촉진시키기 위해 교육투자를 병행하고 승진가점 부여, 해외연수 기회 등 인사제도와 연계된 인센티브를 통해 동기를 유발하고 있다.

〈표 3-46〉 작업장 혁신 교육실적 및 현황

구 분	1차년도			2차년도		3차년도		4차년도	계
	1차	2차	3차	4차	5차	6차	7차	8차	
교육실적(명)	2,357	270	876	809	1,042	97	135	137	5,723
비용(억)	17			11		0.52		0.44	28.96

자료: 회사자료.

2003년부터 본격적으로 시작된 작업조직 혁신은 재무적으로는 2000억여 원의 성과를 내기도 했다. 그러나 회사측은 재무적 성과보다도 회사의 경영전략과 방침에 대한 임직원들의 공감대 형성, 자발적 참여에 의한 창의적 기업문화 구축을 더 큰 성과로 평가하고 있다.

〈표 3-47〉 작업조직 혁신활동 추진성과 (단위: 건, 억 원)

구 분	1차년			2차년		3차년		4차년	계
	1차	2차	3차	4차	5차	6차	7차	8차	
수행과제	34	175	1,013	689	1,676	377	288	380	4,632
재무성과	53.7	129.5	773.6	260.2	465.4	125.4	141.2	18.3	1,967.3

자료: 회사자료.

또한 생산현장에서의 소집단 활동은 부서업무 목표달성에 실질적으로 기여하는 개선활동을 추진하고 일상업무에 의한 자율 개선활동을 정착시킨다는 방향하에 작업팀/반 단위 위주로 자율 운영되고 있다. 이와 함께 선행적 다기능화 교육을 통해 공정개선에 의한 순환배치에 적극적으로 대응하고 있다. 이들 활동을 활성화하기 위한 포상제도도 다양하게 실시한다.

〈표 3-48〉 소집단 활동 현황과 실적

구 분	2004년	2005년	2006년
활동팀수	1,450개	1,544개	1,508개
편 성 률	100%	100%	100%
주제 해결건수	11,006건	9,785건	8,708건
포상금액	6천 3백만 원	5천 1백만 원	4천 5백만 원
효과금액	81억 원	63억 원	60억 원

자료: :회사자료.

(5) 노사의 사회적 책무

현대중공업의 사회적 책무와 관련된 활동은 노사 각각의 활동과 노사공동의 활동으로 진행된다. 노사 공동의 사회봉사활동으로는 사랑의 장기기증 캠페인을 예로 들 수 있다. 이는 노사공동선언 실천사업의 하나로 진행된 것으로 총 6,217명이 장기기증 등록을 마쳤다. 그 외에 자매결연과 위문활동을 하고 있으며 종업원들이 자율적으로 봉사조직을 통해 다양한 활동을 하고 있다. 노동조합 또한 불우이웃이나 소년소녀가장에 대한 장학사업 등을 실시하고 있다.

그 외에 도서관, 공원 등 공공시설 건립을 지원하기도 하며, 지역주민을 대상으로 한 각종 교육문화 프로그램, 청소년 캠프 등을 지원하고 있다.

4. 동기부여

(1) 고용보장

회사가 노동자들에게 제공하는 고용안정과 복지수준은 업계 최고를 자랑한다. 특히 고용안정은 노동자들에게 회사에 대한 신뢰와 자부심을 높이고 동기를 부여하는 가장 중요한 기제가 되었다. 이러한 사실을 잘 알고 있는 회사는 고용안정을 최우선방침으로 정하고 실천하고 있다. IMF때도 회사는 고용보장을 선언하고 인위적 구조조정을 하지 않았다. 단체교섭을 통해 고용안정협약을 체결하고 있으며 2008년 교섭시에도 고용안정협약이 체결되었다.

또한 정년도 만 57세에서 만 58세로 연장했다. 노동자들은 IMF 당시 정리해고 및 도산하는 기업들을 보면서 높은 복지를 제공하며 안정된 회사에서 일하는 것에 대한 자부심을 갖기 시작했다고 한다.

이후에도 각 사업부별로 경영실적에 따라 유휴인력이 발생하기도 했으나 인원정리가 아닌 전환배치를 통해 고용보장 기조를 유지하고 있다. 플랜트 사업부의 경우 전체적으로 2,500여 명이 조선사업부로 전환배치되었고, 엔진사업부의 경우도 총 4차례에 걸쳐 전환배치되었다. 이러한 인사발령에 관한 사항은 가능하면 대상자의 의견을 최대한 반영하는 것이 인사정책의 기조라고 담당자는 밝히고 있다.

> "사업부를 옮기는 경우 직종변경이 있을 수 있어 쉬운 문제가 아니지만 노조와 사전에 협의하여 그 결과에 따라 3개월 후에 인력이동을 하는 것으로 정리하는 한편 최대한 해당자의 의사를 반영하도록 노력하기 때문에 노사간 쟁점이 되는 사례는 거의 없다."

지속적인 고용안정뿐만 아니라 더 나아가 일자리 창출을 위해 노사가 공동의 노력을 기울이고 있다. 1998년 노조위원장이 프랑스 발주처를 방문하여 고품질을 약속한 이후 노조위원장이 발주처에 감사편지를 보내는 등 노동조합의 간부들이 수주에 참여하고 있다.

(2) 직급 및 승진

현대중공업은 생산직과 사무직을 구분하지 않고 단일직군으로 직급체계를 운영하고 있다. 직급체계는 〈표 3-49〉와 같이 직군 구별 없이 직책을 보임하며 승진 소요년한도 동일하게 적용한다. 승진기준은 크게 3가지로 구분된다. 정규대상은 승진 소요년한 대상자에게 적용되며, 발탁대상은 승진 소요년한 1년 이내 미달자 중 특별유공자나 업무능력이 탁월할 때, 숙련대상은 동일 장기근속에 따른 기술이나 기량이 향상되었을 때 적용된다. 평가를 공정하게 하기 위해 인사평가 매뉴얼을 전사원에게 공유하여 인사기준을 알 수 있도록 하고 있으며, 평가자에 대해서도 연 2회 주기적으로 평가방법을 교육하고 있다. 1급부터는 승진연한이 2~3년 정도가 더 소요되며 현재 기정은 3명이고 부서장 직책보임자는 없지만, 내년에는 부서장 직책에 보임할 계획이라고 한다.

〈표 3-49〉 직급 및 승진연한

구 분	7급	6급	5급	4급	3급	2급	1급			임원
							병	을	갑	
사 무 직	7급	6급	5급	4급	대리	과장	차장	부장 대우	부장	상무
생 산 직	7기	6기	5기	4기	기원	기장	기감	기정 대우	기정	
승진연한	-	2년	2년	2년	4년	4년	5년	5년	2년	-

자료: 회사자료.

(3) 임금수준 및 성과배분제도

현대중공업의 임금수준은 동종업체에서는 두드러지게 높은 편은 아니다. 2006년 기준으로 현대중공업이 연 51,534천 원, 삼성중공업이 51,647천 원, 대우조선이 50,070천 원으로 조선 3사가 비슷한 수준이다. 2007년의 경우 삼성중공업이나 대우조선에 비해 임금인상액 자체는 낮았다고 한다. 이 때문에 2008년 교섭에서는 조합원들 사이에 임금인상액의 상향조정을 요구하는 목소리가 많았다고 한다. 이에 대해 회사 관계자는 "조합원들이 타사의 인상수준에 민감한 편이어서 임금조정은 신경이 많이 쓰이는 부분이다. 그러나 기본급보다는 성과급으로 더 줘야 한다"는 점을 밝히고 있다. 즉, "임금성 부분 이외의 각종 복리후생제도의 확대를 통해 보상해 주는 것이 바람직하다"는 것이다.[88]

한편 현대중공업의 성과배분제도는 우리사주제도, 성과급제도, 능률급(업적평가) 제도로 구분된다. 우리사주제도는 1992년에 도입되어 노동조합과의 협의 하에 1992년 총 2차례에 걸쳐 6,592,131주, 1999년에도 2차례에 걸쳐 5,674,603주가 배부되었다. 성과급 제도 또한 1992년 임금교섭시 처음 도입되었다. 산정기준은 노사협의를 통해 결정되었는데, 매출액 향상률(전년도 매출액 달성시 100% 기본지급), 공수능률 향상률, 제안활동(효과금액의 20%로 환산), 안전(종합재해지수 개선율) 등을 더해 통상임금으로 지급한다. 지급률은 매년 4/4분기에

88) 회사관계자는 "노사관계 측면에서 노조가 협력적인 수준을 넘어서 전략적 파트너가 되려면 바로 이러한 임금조정 부분에 대해 노동조합이 전략적으로 고민하는 것이 필요하다"고 지적한다. 예를 들면 강재값이 폭등해서 2조 원 이익을 예상했다가 1조 원으로 축소되었는데도 아직까지는 여전히 1조 원이라는 이익이 났으니 분배해달라는 요구가 우선된다는 것이다. 사실 회사의 미래와 개인의 전망을 전략적으로 생각한다면 노조가 먼저 임금조정이나 분배에 대해 1조원 이익축소라는 관점에서 고려하고 논의하는 단계가 되어야 하는 것 아니냐 한다는 것이다.

결정한다. 2004, 2005년은 200%, 2006년은 250%를 지급하였는데 이는 대상자 총임금액의 6.7%, 6.7%, 8.2%에 해당하는 것이다. 2007년부터는 2004년의 노사합의에 따라 새로운 성과급제도를 도입하였다. 이는 매출과 이익연동형 성과급제도로 인당매출, 인당 영업이익, 공수절감률(생산성 향상률), 안전(재해율)에 따라 가중치를 부여하여 성과급을 지급하는 것이다.

한편 2004년부터 도입된 능률급(업적평가) 제도는 조직단위로 매월 20~30만 원의 성과금을 지급하는 제도이다. 월별로 능률(40%), 업무개선(10%), 공정(20%), 품질(10%), 안전(20%)요소를 평가하여 업적이 우수한 조직에 적용한다.

(4) 복리후생

회사는 업계 최고의 복지를 제공하려고 노력하고 있으며 이러한 노력의 결과 한국최고의 직장, 대한민국 훌륭한 일터상, 대한민국 최고기업 대상 등에 선정되며 일하기 좋은 직장으로 높은 평가를 받고 있다. 현대중공업의 복리후생제도는 생활복지, 의료복지, 양육지원, 현장복지, 기타복지 등 5개 영역으로 나뉘어 실시된다.

1만 7,500여 세대의 아파트를 저렴한 가격에 분양해 기혼사원의 95%가 자가 주택을 보유하도록 했고 1만 5천여 명 이상의 직원 자녀에게 500억 원 이상의 장학금을 지급하고 있다.

산업도시 울산에 탄탄한 문화적 인프라를 구축해 임직원들이 저렴한 가격으로 다양한 문화생활을 할 수 있도록 노력하고 있다. 현대예술관 등 7개 문화예술회관에서는 해마다 수백 회의 수준 높은 공연과 전시회가 열리고 있으며, 500여개가 넘는 각종 문화교육과 교양강좌가 진행되고 있다. 이런 공로를 인정받아 한국메세나협의회로부터 3년 연속 '메세나 대상'에 선정되기도 했다.[89]

89) 이러한 전반적인 임금수준과 복리후생제도에 대한 노조나 조합원의 인식은 상대적인 것이었다. "임금이나 복리후생을 단순히 보면 사실 최고이고 만족할 만한 수준이라는 것은 인정한다. 그런데 파란 작업복에 생산직이라는 것과 세계 최고의 일류회사에 다닌다는 것을 생각하면, 과연 우리가 세계 최고의 회사를 만들어 왔다는 자부심을 가질 만한 대우를 받고 있는가 하는 생각이 들 때가 있다"는 것이다.

〈표 3-50〉 복지후생제도

	항 목	내 용
생활복지	생활용품/기념품	연 30만 원 상당의 생활용품 지원
	휴가비/귀향비	명절과 휴가비 각 50만 원
	생일티켓	3만 원 쿠폰과 케익 제공
의료복지	진료비	직계가족 입원 전액/외래 반액
	난치병/심장병	수술비 인당 100만 원 지원
	건강진단	매년 정한 기준에 따라 실시
양육지원	자녀장학금	취학전 분기 10만 원/중고생 전액/대학생 16학기
	직장보육시설	166명 정원, 교사 26명
현장복지	음료제공	휴게시 음료와 사탕 제공/연간 20여억 원 지원
	작업복세탁	팀반단위 격일제 수거/세탁 지원, 2006년 6억 원 지원
	쉘터 설치	옥외작업장 그늘막 설치/작업환경 개선
기 타	사내근로복지기금	총출연액 170억 원
	공조회	직원 공조회 기금과 동일액 지원/연 17억 원 지원
	단체상해보상금	업무 및 업무외 상해시 보상 지원/연간 11억 원 지원
	개인연금	재해대비 및 노후설계 지원/1인당 2만 원 지원
	사내동호회지원	86개 동호회 활동비 8천만 원/대회비 5천6백만 원 지원
	사내외체육행사	사외 체육행사 매년 1억 원 지원
복지시설	사원아파트	7개 지역 80개 동 8,549세대 분양/자가보유율 95%
	기숙사	2개 지역 985실
	하계휴양소	연 5만 5천 명 이용
	복지회관	6개의 사외 복지회관 건립
	건강증진센터	건강증진과 재활 목적, 28명 의료진, 연 20만 건 이용
	사외체육시설	체육공원 1개, 축구장 3개, 스포츠클럽 하우스 건립

자료: 회사자료.

5. 지식축적

현대중공업의 경쟁력은 세계 시장에서 통하는 '일등 제품'을 만드는 데 있다. 현대중공업은 지금까지 지식경제부가 선정하는 '세계일류상품'을 19개나 보유하고 있다. 이는 동종업계 중 최다로, 각종 선박과 부유식원유생산저장설비

(FPSO) 등 해양설비, 디젤엔진, 이동식 발전설비 등이 포함돼 있다. 특히 이동식 발전설비는 자체 개발한 중형엔진과 발전기를 탑재한 소규모 발전소로 전력 사정이 좋지 않은 남미와 중동, 동남아 등 지역에서 큰 인기를 얻고 있다. 이 제품은 쿠바 화폐 도안에도 등장해 화제가 되기도 했다.

이러한 기술경쟁력은 기술개발에 대한 적극적인 투자와 함께 인적자원 능력개발에 대한 장기적이고 지속적인 교육훈련과정에서 나온다. 현대중공업은 기술교육원과 기술대학을 통해 인적자원에 대한 지속적인 교육훈련을 실시하고 있다.

(1) 기술교육원

1972년 5월 준공된 기술교육원은 1977년 5월 공동훈련원을 거쳐 1999년 기술교육원으로 개칭한 후 현재에 이르고 있다. 기술교육원과는 별도로 1999년에는 4개학과로 현중기술대학을 개교했다. 기술교육원은 1972년 9월 1기 훈련생 입교 이후 현재까지의 교육인원은 모두 119,387명에 이른다. 교육 프로그램은 크게 직무기술교육, 양성교육, 수탁교육으로 나누어져 있다.

직무기술교육은 '끊임없는 자기개발과 지속적인 교육훈련이 기업의 미래를 보장한다'는 모토 아래 생산성, 품질, 안전 그리고 고객의 신뢰도 제고를 충족하기 위한 과정으로 자격취득과정과 직무향상 교육으로 구분 실시한다. 현대중공업의 기술력은 재직자의 직무교육에 있다고 할 만큼 그 중요성이 부각된다. 양성교육은 무기능자를 기술인으로 변하게 하는 기능인력 양성을 목표로 실시된다. 즉, 직업을 필요로 하는 예비직업인을 모집하여 현대중공업과 현대중공업 사내 협력 회사가 요구하는 맞춤형 기술교육을 체계적으로 실시하는 교육과정이다. 수탁교육은 외주협력회사 직원과 고객을 대상으로 생산 제품의 품질향상과 신생산 기술지원을 위한 최신 직무기술 및 기술자격 취득 교육과정으로 운영된다.

(2) 기술대학

현대중공업 기술대학은 새로운 산업환경 변화를 주도적으로 리더할 수 있는 경쟁력을 갖춘 실천적 기술자를 육성하며 종업원 개개인에게 성장의 기회부여와 전사적 자기계발 풍토를 조성한다는 목표를 가지고 개교하였다. 교과는 조선공학과, 기전공학과, 경영학과 각 30명씩 모집하며 전공 기술 이론을 바탕으로 현장실무와 연계할 수 있도록 운영되고 학점인정을 통해 평생교육제도에 부응하는 과정으로 운영된다. 모집대상은 고졸학력을 가지고 있는 대리나 과장급(기원-기장)이다. 교재비 및 교육비는 전액 회사가 지원하고 성적우수자는 승진시 가점이 부여된다.

(3) 기타 교육

그 외에 각 직책, 직무별 교육, 파견교육, 위탁교육 등을 통해 교양과 전문역량을 향상시키고 있으며, 노사합동 해외연수 등도 실시하고 있다. 더 나아가 회사와 사원가족이 공동체라는 인식을 갖도록 하기 위해 사원가족을 대상으로 다양한 프로그램을 실시하고 있다

이처럼 다양한 교육 프로그램을 실시하고 있음에 따라 현대중공업의 교육투자 지표도 갈수록 증가하는 추세에 있다.

〈표 3-51〉 연도별 교육투자 지표 (금액: 천 원)

구 분	2003년	2004년	2005년	2006년
상시근로자	26,350	25,763	24,508	24,967
교육인원	28,829	46,719	48,426	51,184
교육횟수(인당)	1.1	1.8	2.0	2.1
훈련시간(인당)	32.1	46.3	48.6	52.1
교육훈련비	9,623,687	8,292,148	8,123,129	13,440,952
임금총액	1,243,603,235	1,320,809,530	1,355,010,717	1,494,553,606

자료: 회사자료.

6. 성과 및 시사점

(1) 재무 및 유형의 성과

1) 재무성과

〈표 3-52〉 매출 및 수주현황 (단위: 억 원)

	2004	2005	2006	2007
매 출	98,440	103,544	125,547	155,330
수 주	134	159	190	269.6
수 출	60.89	74.9	80.5	100

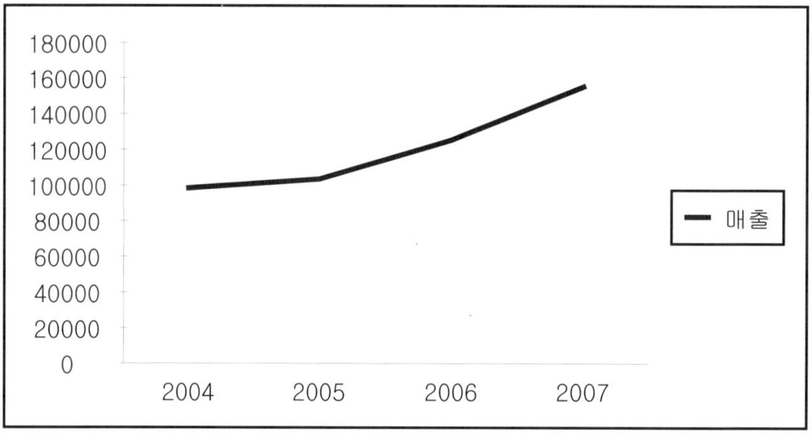

자료: 회사자료.

현대중공업은 지속적으로 매출과 수주, 수출이 증가하고 있다. 2004년 이후 매년 1조 이상의 매출증가를 보이고 있으며, 2007년의 경우는 15조 7천 507억 원의 매출을 기록했다. 과거에도 현대중공업은 1972년 회사 설립 이후 1976, 1979, 1988, 2001년을 제외한 나머지 해에는 모두 흑자를 낼 정도로 실적이 양호했다(노병직, 2003).

한편 재해율과 이직률도 점차 낮아지고 있다. 회사 관계자는 재해율 감소가 하루아침에 만들어지는 것이 아니라는 지적을 한다. 산재는 안전교육이나

[그림 3-29] 이직률과 산재율

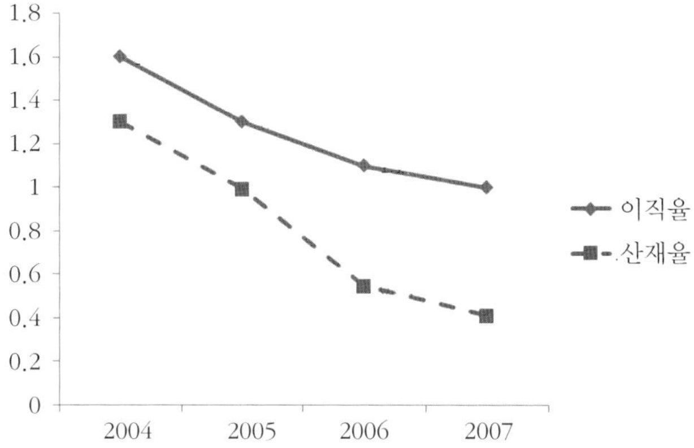

자료: 회사자료.

훈련이 습관이 되고 시스템화되어야 줄어든다는 것이다. 최근에는 엄격한 규칙 적용 때문에 안전관리자들이 불평의 대상이 될 정도이고, 때문에 안전요원 지시 불응시 불이익을 주기도 한다. 어쨌든 이러한 노력의 결과로 산재율은 지속적으로 감소하고 있는 추세이다. 이직률은 회사 차원에서의 인력조정이 없었고, 부문간 전환배치 등으로 고용안정을 보장하고 있기 때문에 정년으로 인한 퇴직이 대부분이라는 평가다.

(2) 노사관계 성과

현대중공업의 노사관계 안정이 가져온 성과는 여러 가지 재무적 성과를 내는 현장의 혁신이나 제안활동의 활성화와도 연결이 되지만, 무형의 성과가 더 크다고 한다. 회사관계자에 의하면 노사관계 안정의 성과는 대략 3가지로 요약할 수 있다.

첫째, 선박인도 기일 보증으로 선주의 신뢰를 확보한 것이 크다. 이러한 신뢰를 바탕으로 어떤 경우는 선박인도 기일 보증을 조건으로 유리한 액수를 제시하기도 한다. 또한 납기를 맞추기 위한 공정설계가 효율적으로 이루어지고 공정흐름이 매우 원활해졌다.

"노사관계가 불안정하면 선주가 옵션을 요구하는데 지금은 그런 요구가 없다. 원래 조선은 납기가 정해져 있는 산업이지만 노조의 파업으로 인해 선박인도가 늦어지는 것에 대해서는 클레임을 걸지 않는 것이 국제관례이다. 그럼에도 1987년 이후 극심한 노사갈등을 겪던 시기에는 오히려 옵션을 요구하는 것이 당연시되었다. 그런데 지금은 선주들에게 납기를 보장한다는 확신을 주고 있다"(회사 노사관계 담당자).

"조선업이 납기가 정해진 산업이어서 생산공정 설계가 매우 중요하다. 예전에는 공정설계를 할 때 관례적으로 최소 15일 정도는 일을 못할 것을 예정해 놓았다. 그런데 지금은 노사관계가 안정되어 있으니 공정흐름이 예측가능하고, 설계 자체가 효율적이고 효과적으로 짤 수 있다. 그리고 실제 공정흐름도 매우 원활하다" (회사 노사관계 담당자).

둘째는, 노동자들의 심리적·정서적 불안을 해소함으로써 전반적인 작업능률이 향상된 것을 들 수 있다. 과거 노사관계가 불안정했을 때는 조합원들이 노조와 회사 사이에서 눈치를 보거나 상반된 입장을 강요받는 경우가 많았는데, 지금은 이런 부분이 상당히 해소되었다는 것이다.

"종업원들에 대한 영향으로 보면, 노사간 갈등관계 자체가 종업원들의 심리적·정서적 불안요인이 되는 것 같다. 그리고 이런 불안감은 산재발생이나 저능률의 원인으로 파악되는데 이런 것들이 사라졌다. 특히 쟁의행위 찬반투표를 할 때에는 똑같은 조합원을 놓고 노조는 투표를 하라고 하고, 회사와 관리자는 근무시간 외에 하거나 아니면 하지 말라 하고. 그 사이에서 조합원들이 정신적 스트레스를 많이 받았다. 사실 회사 입장에서 쟁의행위 찬반투표를 막으려고 하는 것은 당연한 것 아닌가"(회사 노사관계 담당자).

그리고 마지막으로는 기업과 노조에 대한 대외 이미지가 개선된 것 등을 들 수 있다.

"주변으로부터 부정적인 이야기 안듣는다. 특히 자동차와 비교해 긍정적 이미지로 이야기되면 자부심 같은 것도 느끼게 된다는 것이다. 한 예로 예전에는 자동차 조합원이 작업복을 더 많이 입고 다녔는데, 지금은 중공업 조합원이 작업복을 입고 다니는 비율이 더 많아졌다. 이런 것들이 노사관계가 안정이 되면서 나타난 현상이다"(회사 노사관계 담당자).

(3) 시사점과 과제

현대중공업 사례에서의 초점은 무엇보다도 노사관계의 급격하고도 질적인 변화의 원인이 무엇인가를 찾는 것이다. 이는 앞에서 언급했던 것처럼 원칙과 규정에 따른 대응, 최고경영자의 노사관계에 대한 일관된 관심과 담당자들의 지속성, 중간관리자들에 대한 노사담당자로서의 역할부여와 교육훈련 실시, 고용안정과 높은 복지의 제공 등 여러 가지 요인들이 복합적으로 작용한 결과이다. 그러나 무엇보다도 이러한 요인들을 지속적으로 실행하는 일관성과 끈기가 필요하다는 점을 지적할 수 있다. 어느 것 하나도 소홀히 하지 않으면서 20여 년 동안 지속적인 노력을 기울인 결과가 현장관리자의 역할 증대에 따른 회사조직의 정상화와 노동조합 내부의 실리적 경향을 강화시켰다는 것이 회사관계자의 종합적인 평가이기 때문이다.

그러나 한편으로는 몇 가지 개선해야 할 점도 존재한다. 우선 장기간의 대립과 갈등적 관계에서 협조적 관계로 전환한 것이 불과 5년으로 아직까지는 실리적 조합주의의 틀에서 크게 벗어나지 못하고 있다. 노동조합이 전략적 파트너로서의 역할을 기대하기에는 아직은 변화의 과정에 있다고 볼 수 있다. 향후 노사가 전략적 파트너로서의 위상과 역할을 어떻게 정립하고 실행할 것인지가 현대중공업의 지속가능한 성장 동력이 될 것으로 보여진다.

다음은 정규직과 비정규직간 차별과 처우개선의 문제이다. 2004년에 발생한 사내하청 비정규직의 분신사건은 정규직보다 많은 수의 비정규직이 일하는 조선산업에서는 빙산의 일각일 수 있다. 회사관계자는 비정규직이 노사관계의 불안요인이라는 점을 인정하면서도 회사의 입장에서는 차별이 아닌 합리적 차등을 둔다는 기조로 풀어갈 수밖에 없다고 한다. 조선산업의 경기변동이 심하고 그에 따라 고용에서의 수량적 유연성을 확보할 수밖에 없는 조건을 인정한다 하더라도 그에 상응하는 임금 및 복지후생에서의 보상을 얼마나 합리적으로 수행하는가에 따라 현대중공업 노사관계에 미치는 영향도 달라지게 될 것이다.

제7절 삼성중공업: 강력한 노사협의를 통한 초일류기업으로의 도약

1. 사례의 배경[90)]

(1) 경영현황

삼성중공업(대표: 김징완)은 조선, 해양플랜트(선박용), 디지털제어시스템, 건설 사업을 영위하는 대표적인 중공업 기업으로 1974년 8월 5일 납입자본금 10억 원으로 설립되었다. 현재 삼성중공업의 주력사업인 조선사업은 1977년 우진조선(宇進造船)을 인수하여 설립한 삼성조선(주)이 1983년부터 삼성중공업에 흡수 합병된 것을 계기로 본격적인 발전을 보게 되었다. 1990년대에 삼성중공업은 상용차 사업 진출 등 사업다각화에 나섰으나, 경제위기의 도래로 1998년 7월에 중장비 부문을 스웨덴 볼보사에, 지게차 부문을 미국 클라크사에 매각하고 이후에는 다시 조선업을 중심으로 사업을 영위해 왔다.

삼성중공업 조선부문의 생산능력은 3차례의 도크 공사를 통해 계속 확장되어왔다. 먼저 1979년 8월에 길이 240미터, 폭 46미터, 깊이 11미터의 제1도크를 완공하여 연간 건조능력 15만 톤인 국내 굴지의 조선소로 등장할 수 있었다. 이어 1983년 2월에 제2도크가 완성되어 건조능력이 45만 톤으로 확장되었으며, 1994년 10월에는 길이 640미터, 폭 97.5미터, 깊이 12.7미터의 제3도크가 완공되어 건조능력 180만 톤급의 대형 조선업체가 되었다.

삼성중공업이 생산하는 주요 선종은 초대형유조선, 컨테이너운반선, 가스운반선(LNG선), 심해유전개발선박(드릴십), 대형여객선(크루즈선) 등으로, 2007년말 현재 유조선 284척, 컨테이너선 317척, 해저유전개발선박(드릴십) 53척, LNG선 72척, 여객선 8척, 기타 57척 등을 수주 받았다. 이 중 세계적으로 경쟁력이 가장 높은 분야는 해저유전개발선박(드릴십)과 컨테이너선박으로, 특히 해저유전개발선박은 전세계 수주 물량의 60% 가량을 차지하고 있다. 삼성중공업은

90) 이 글에서는 삼성중공업의 4개 사업부문 중 조선해양 부문을 중심으로 서술하도록 한다.

현재 대형유조선에 비해 3배 이상의 높은 가격을 지닌 초호화여객선(크루즈선) 부문에의 진출을 서두르고 있다.[91]

삼성중공업은 2003년경부터 대우조선해양을 제치고 선박 건조량에서 세계 2위 업체가 되었다. 거제조선소는 연간 10회전이라는 세계 최고 수준의 도크 회전율로 뛰어난 기술 수준과 생산효율을 보이고 있으며, 아울러 ISO 9001(품질경영), ISO14001(환경경영), OHSAS 18001(안전보건경영) 등 3대 국제표준을 공인받은 첫번째 조선소이기도 하다. 경영 실적을 보면, 2007년 말 현재 자산 10조 5,606억 원 자본금 1조 1,549억 원, 매출액 8조 5,191억 원, 순익 4,854억 원을 기록하여 외형과 수익 모두에서 현대중공업에 이은 2위의 지위를 굳히고 있다.

(2) 인력 추이

삼성중공업은 1978년 849명의 인력으로 조선사업을 시작하였다. 그 후 1979년 제1도크가 완공되면서 기능인력이 큰 폭으로 늘어나 1981년에는 인력규모가 3,402명으로 증가하였다. 인력 규모는 제 2 도크가 완성된 직후인 1984년에 다시 6,530명 규모로 대폭 증가하였다. 그러나 1980년대 후반 내내 지속된 조선업의 불황으로 인력규모는 다시 줄어들어, 1984년의 규모를 10년 후인 1994년에야 회복할 수 있었다. 1990년대초부터 세계 조선업이 다시 활황기조로 돌아서면서 인력규모가 다시 늘어났다. 1994년에는 제 3 도크의 완공과 함께 8,226명으로 인력이 증가하였고 이듬해에는 처음으로 직영인력 5천 명 전체인력 1만 명을 넘어서게 되었다. 그러나 1990년대 중반 이후 경제위기의 도래로 사업 구조조정이 단행되면서 인력 규모는 다시 1만 명 미만으로 감소하였다. 2000년대 들어와 고용규모는 다시 1만 명대를 회복하였으며, 이후 조선업 호황을 발판으로 2006년에는 처음으로 인력규모가 직영인력 1만 명, 전체인력 2만 명을 넘어서게 되었다.

인력 구성의 추이에 있어서는 먼저 최근 들어 직영직에서 기능직에 비해 사무기술직 비율이 늘고 있음을 확인할 수 있다. 삼성중공업에서 조선업을 시

91) 삼성중공업은 구조조정 직후인 2000년대 초부터 사업구조 고도화를 준비해 왔다.

작한 초기에는 사무기술직 비율이 점차 줄어들었으나 1990년대 초반기에 다시 늘어나다가 1990년대 말의 구조조정기까지는 대체로 다시 비율이 감소하였다. 그러나 2000년대 들어와 다시 비율이 상승하여 2006년에는 47.1%를 기록하였다. 2000년대 이후의 비율 상승은 사업구조 고도화와 기능인력의 급속한 외부화 추세를 반영한 것으로 보인다.

인력의 외부화 또한 뚜렷한 특징으로 지적할 수 있다. 조선업은 장기간에 걸쳐 숙성되는 숙련공을 유지할 필요성과 함께 주기적으로 닥치는 경기순환에 대처할 외부노동시장의 존재도 필요로 한다. 이 때문에 조선업에서는 초기부터 내부노동시장 형성과 더불어 외부인력 활용문제도 노사관계의 이슈가 되었다.[92] 삼성중공업에서는 1987년 노동자대투쟁의 영향이 아직 남아있던 1990년에도 직영기능직과 거의 비슷한 규모의 하도급 인력을 활용하였다.[93] 1990년도에 61.3%: 38.7%였던 직영 대(對) 하도급 인력의 규모별 비중은 2005년도에는 40.6%: 59.4%로 변하여 하도급 인력비중이 직영 인력의 그것을 상회하는 극적인 변화를 보였다.

(3) 경영이념과 리더십

1) 경영이념

삼성중공업은 기업 이념으로 '인재와 기술에 바탕한 최고의 제품과 서비스를 제공하여 인류사회에 공헌'할 것을 표명하고 있다. 핵심 가치로는 '인재제일', '최고지향', '변화선도', '정도경영', '상생추구' 등이 강조되고 있고, 장기목표를 의미하는 기업 비전은 '기술, 품질, 효율, 부가가치 면에서의 세계 1등'이다. 이러한 목표를 추진하기 위한 전략으로는 '사업구조 고도화'와 '최고경쟁

---

92) 1974년 현대조선소에서 발생한 노동자들의 쟁의는 직영직으로 취업한 노동자들의 신분을 '위임관리제'로 불리우는 사내하청업체 직원으로 한데서 비롯되었다. 이 쟁의의 효과로 조선업 전반에서 사내하청제도의 활용이 다소 완화되었다. 조선업에서 사내하청제도 활용이 다시 활성화된 결정적인 계기는 경제위기 국면에서 벌어진 기업구조조정에 있었다.

93) 1990년 주요 조선소별 하도급직 비율을 보면, 삼성중공업 35.5%, 현대중공업 9.7%, 대우조선 15.8%, 한진중공업 0.0%, 미포조선 10.8%, 코리아타코마 9.1%, 대동조선 38.0%, 대선중공업 42.7%, 신아조선 39.6%, 한라중공업 48.5% 등이었다(한국조선협회). 삼성중공업의 하도급비율은 대형 유노조 사업장보다는 중소(무노조) 사업장에 가깝다(한국조선협회싸이트(http://www.korshipa.or.kr).

력 확보', 그리고 이를 뒷받침할 수 있는 '신기업문화 창조'를 표명하고 있다.

한편, 최고경영자의 노사관 내지 방침으로는 i) 노사관계의 모든 책임이 최고경영자의 몫이라는 점, ii) 투명경영, 신뢰경영, 현장경영의 중시, iii) 기업경영에 대한 근로자대표의 적극 참여 등이 천명되어 있다.

〈표 3-53〉 삼성중공업의 경영이념과 추진전략

체 계	서 술
기업이념	인재와 기술을 바탕으로 최고의 제품과 서비스를 제공하여 인류사회에 공헌
사 명	안전하고 환경친화적이며 경제성과 편리성이 탁월한 선박 및 설비를 생산함으로써 고객만족과 삶의 질 향상에 기여
핵심가치	인재제일, 최고지향, 변화선도, 정도경영, 상생추구
경영원칙	• 법과 윤리 준수 • 깨끗한 조직문화 • 고객, 주주, 종업원 존중 • 환경, 안전, 건강 중시 • 글로벌 기업시민으로서 사회적 책임 • 세계 초일류 회사 지향
비 전	기술, 품질, 효율, 부가가치 측면에서 세계 1등의 경쟁력을 갖춘 기업
추진전략	• 사업구조 고도화: 핵심역량 집중/특화, 고수익사업구조 정착, 미래 전략사업 육성 • 최고경쟁력 확보: 일등경쟁력, 일등생산능력, 일등생산성, 견실한 재무구조 • 신기업문화 창조: 창의/도전/자율의 행동, 심플/스피드의 조직문화, 고객/주주/ 종업원의 상생
CEO 노사관	• 노사화합은 최고경영자의 최우선 과제 • 투명경영, 신뢰경영, 현장경영 중시 • 근로자대표의 기업경영 적극 참여

자료: 삼성중공업 사이트(www.shi.samsung.co.kr) 및 삼성중공업(주) 인사팀 자료.

2) 경영전략

구조조정기 이후 삼성중공업 경영전략의 기치는 '글로벌 경쟁력 확보'로 정리할 수 있다. 이에 따라 사업구조 고도화와 고부가가치화, 기술우위와 품질경영이 어느 때보다 강조되고 있다.

(가) 사업구조 고도화

삼성중공업 조선해양 부문은 1980년대부터 컨테이너선 분야에서 두각을 나타내기 시작하여 1990년대 들어와서는 초대형 컨테이너부터 다양한 선급을 아우르는 컨테이너 조선업계의 강자로 부각되기 시작하였다. 또한, 1989년에는 고부가가치선 개발을 위해 LNG선 개발 T/F를 발족하여 이 분야 사업에 착수하여 오랜 기술개발 과정 끝에 1998년 6월 최초의 LNG선 건조에 성공하였다. 한편 1992년에는 초고속여객선 개발 추진계획을 수립하여 1994년에는 최고 50노트(시속 93km)의 속력을 낼 수 있는 초고속 여객선을 건조하는 데 성공하였다. 고부가가치선 개발의 일환으로 이루어진 또다른 개발 노력의 결실은 심해유정개발용선박(drill ship)이다. 삼성중공업의 최초의 드릴십은 1998년 9월에 건조되었으며 이 과정에서 수주량이 폭발적으로 늘어 얼마 안가서는 드릴십 분야의 시장점유율이 50%를 상회하게 되었다.

삼성중공업의 조선사업구조 고부가가치화 프로젝트의 마지막 단계는 초대형 여객선(cruise ship) 개발이라고 할 수 있다. 삼성중공업은 1995년 11월에 관련 건조시설을 준공하고 수주 노력을 기울여 1998년 2만 8천 톤급 대형 여객선 4척을 수주받고 2001년 3월에는 최초의 대형여객선 건조에 성공하였다.

조선사업구조의 고도화 노력은 2000년대 들어와 새로운 과제를 부여받게 되었는데, 고부가가치 사업구조의 정착과 기술적 차별화를 통한 글로벌 경쟁력 확보가 그것이다. 이와 관련하여 삼성중공업은 유조선 분야에서는 극지운항용 유조선, LNG선 및 컨테이너선 분야에서는 초대형 선박, 플로터 분야에서는 해상 부유식 LNG기지, 여객선 분야에서는 크루즈선 건조 기술을 개발 중이다.

이러한 사업구조의 고도화와 고부가가치화는 이와 연동된 관리체계와 연구

〈표 3-54〉 삼성중공업의 연도별 연구개발투자 (단위: 억 원, %)

	삼성중공업		조선업 전체		삼성중공업/조선업전체(%)
	연구개발비	매출비중	연구개발비	매출비중	
2002	141.5	0.3	1133	0.89	12.5
2003	113.9	0.3	1563	1.15	7.3
2004	334.2	0.7	1057	0.68	31.6
2005	426.1	0.8	1212	0.66	35.2
2006	642.1	1.0	1652	0.75	38.9
2007	815.6	0.9	–	–	–

자료: 삼성중공업은 각년도 사업보고서, 조선업 전체는 한국조선공업협회 인터넷사이트.

개발체제의 고도화를 요구하게 된다. 2000년대 초까지만 해도 삼성중공업의 연구개발투자는 그 규모나 매출 중 비중이 크지 않아서 조선업 전체 평균에도 미치지 못할 정도였다. 그러나 2004년부터는 투자금액의 규모가 약 3배가량 증가하였고, 매출액 중 비중도 조선업 전체 평균을 상회하기 시작하였다. 이러한 추세는 계속 이어져 2006년에는 연구개발비가 2002년도의 4.5배 증가하였고 매출에서 차지하는 비중도 1.0%로 조선업전체의 매출 중 비중 평균인 0.75%를 상당히 상회하기에 이르렀다. 또한 삼성중공업의 연구개발비 규모는 조선업 전체의 38.9%를 차지할 정도로 커졌다.

(나) 6시그마

삼성중공업의 경영혁신활동은 1980년대 말의 TPI기법에 기반한 생산성 향상활동, 1993년 삼성그룹 신경영 출범 이후의 고객만족경영, 1998년 구조조정기의 원가절감운동 등을 거쳐 2003년부터는 6시그마 활동을 중심으로 전개되어 왔다.

본래 6시그마는 1996년 삼성SDI를 시초로 삼성그룹 내에서는 이미 확산되어 있던 혁신기법으로, 삼성중공업에서는 경쟁사와의 차별화를 이루고「2006년 세계 1등」및「2010년 세계초일류회사」실현의 비전을 달성하기 위한 전사적 차원의 경영혁신 툴(tool)로 채택되었다.

삼성중공업 6시그마 운동의 추진체계를 소개하면 다음과 같다. 첫째, 추진인프라로 사무국, 보상제도, 인력양성, 프로젝트 수행센터 등이 구축되었다. 사무국은 6시그마운동을 관리하는 센터 구실을 하는 조직으로 전사 사무국과 11개 부문 사무국 등으로 이루어져 있다. 한편, 6시그마 활동을 재무성과로 연결하기 위해 우수한 프로젝트 성과에 대해 시상과 승격 등 다양한 인센티브 제도를 두고 있다.[94] 또한 6시그마운동의 담당주체로 MBB, BB(Black Belt), GB(Green Belt), FEA 등의 등급을 두고, 이들로 하여금 일정한 자격과 성과에 따라 승급이 가능하도록 하여 6시그마운동에 대한 몰입을 높이도록 촉진하고 있다.[95] 마지막으로 6시그마 관련 프로젝트 추진의 효율성을 높이기 위해 6시그마 아카데미, 프로젝트 집중 수행센터 등의 프로젝트 수행공간을 별도로 두

94) 인센티브제도의 내용은 아래와 같다.

[그림 3-29] 삼성중공업의 6시그마 수행체계

도입기(2003년) ⟹	확산기(2004~2005년) ⟹	정착기(2006~2008년)
• 6시그마 도입을 위한 사전준비 • 全인원 대상 챔피언교육 실시 • 중공업 조선부분 6시그마 본격도입 추진 • 1차 챔피언 DAY 실시 (모든 챔피언데이는 사장 주관)	• 건설부문 6시그마 도입 추진 • 중공업 1기 MBB 양성 ('04. 11월) • 연구개발 부문 DFSS/t 도입(Design For Six Sigma/technical) • 영업 부문 SFSS 도입 (Sails For Six Sigma)	• 부문 사무국 체계 구축을 통한 현업주도의 6시그마 추진·총괄담당 산하 MBB 1명 전진배치 • PI과제 수행을 위한 DFSS/P(Design For Six Sigma/pi) • PI결과를 바탕으로 ERP 시스템개발('07 12월) ※ 현재시스템 운영중

자료: 삼성중공업(2008).

고 있다.

둘째, 추진 프로세스를 보면, 우선 우수인력을 선발하여 초기주체인 BB를 양성하고, 다음으로는 BB들 중에서 MBB를 선별하는 동시에 GB교육과 GB들이 참여하는 프로젝트들을 통해 GB를 양성하며, 이렇게 MBB, BB, GB 등이 양성된 바탕 위에서 본격적인 6시그마 활동인 챔피언 프로젝트를 전개한다. 이러한 챔피언 프로젝트를 통해 성과가 가시화된 기반 위에서 마지막 단계로 6시그마를 기업문화로 정착시키는 활동을 전개하게 되는데, 이 과정에는 전임직

시상제도	• 소 챔피언 과제: 분기별 완료 과제의 30% 시상(최우수 100만 원/우수 70만 원/장려 50만 원) • 개별 과제(PBB/GB): 개별과제 완료시 3만 원 상당의 격려 상품 지급
인센티브	• 재무성과 과제 – 챔피언 과제: 재무성과 20억 원 이상인 과제에 대해 성과의 1%, 최고 1억 원 지급 – 소챔피언 및 개별과제: 검증된 성과의 1%를 인센티브로 지급하되, 최고 2천만 원까지 지급 • 체질 개선과제 – 완료 과제 중 1~4 등급 과제에 대해 별도 평가하여 최고 1천만 원 시상 • 장기 성과과제: 성과의 0.5% 최고 1천만 원 시상
승격가점	• 벨트별 승격시 가점 부여(MBB: 3점 / BB: 2점 / GB: 1점 / FEA: 1점)

95) BB나 GB 등은 6시그마 전문가 교육을 통해 각 부문의 혁신활동을 주도하는 주체들이다. 가장 상위 등급인 MBB는 BB나 GB 등급의 활동주체들을 교육훈련시키는 역할을 담당한다. 삼성중공업에서는 2007년 말 현재 6시그마강사(MBB) 35명, 문제해결전문가(BB) 578명을 양성하는데 성공하였으며, 이 숫자는 전 간부의 41%에 달하는 숫자이다.

원은 물론이고 고객까지 참여하는 프로젝트가 진행된다.

셋째, 6시그마의 활동영역을 보면, 생산성 향상 및 프로세스혁신(PI), 안전/품질 등 비가격 경쟁력 확보, 1등 제품 개발 및 성능향상 등이 포함되어 있다.

3) 경영자 리더십

삼성중공업 최고경영자(CEO)인 김징완 대표이사는 '상생을 위한 부단한 노력'을 경영철학으로 지니고 있다. 그리고 이러한 상생의 기반을 다지기 위해 필요한 가치로 '변화와 열정'을 강조해 왔다. 스피드화, 단순화, 소프트화가 중요한 경쟁요소가 된 디지털 시대에는 기존의 사고방식, 일하는 방법, 시스템 등을 항상 최첨단으로 유지할 수 있는 지속적인 변화추구만이 최고의 경쟁력과 그에 기반한 상생을 지탱할 수 있다는 것이다. 최고경영자의 이러한 생각은 삼성중공업의 지속적인 변화와 혁신, 그 성과로서의 업계 2위로의 위상 제고를 추동해 온 원동력이 되었다고 평가된다(인사노무담당자 면접결과). 한편, 현 최고경영자의 행동적 특징으로는 강력한 추진력과 직원과의 약속 준수를 들기도 한다. 최고경영자는 대규모 투자를 약속받기 위해 그룹 경영진을 설득하는 데도 과감하고 직원들과 한 약속은 잘 지킨다는 것이다.

아울러 최고경영자는 '모든 문제와 해답은 현장에 있고 현장에서 완결해야 한다'는 현장 중심 경영을 강조하고 있다. 최고경영자의 이러한 특성은 특히 2003년 노사분쟁을 수습하는 과정에서도 돋보였는데, 당시 최고경영자는 노동자협의회대표에게 현장과의 긴밀한 의사소통 채널 구축을 약속하고 실제 간담회 등을 통해 생산현장의 신뢰를 얻고자 노력했다는 것이다.

> "저는 하루 8시간 중 6시간은 현장을 돌아다니라고 지시합니다. 보고받을 게 있으면 현장에서 받고, 결재도 현장에서 하라고 합니다 …… 임원들이 리더십에 대해 착각하는 경우가 많은데 말단 부하직원과 동고동락할 때 리더십이 발휘되는 것입니다"(삼성중공업 인터넷사이트).

또한 삼성중공업 최고경영자는 노사관에 있어서 '노사관계의 모든 책임은 최고경영자의 몫'이고 '기업경영에 대한 근로자대표의 적극적인 참여가 용인되어야 한다'는 의견을 지니고 있는 것으로 알려져 있다.

이러한 특징들로 인해 삼성중공업 내에서는 노사를 불문하고 최고경영자에 대한 신망이 두텁게 형성되어 있는 것으로 보인다(인사노무담당자 및 노동자협의회 간부 면접 결과). 삼성중공업이 구조조정기 이후 사업구조조정과 과감한 경영혁신을 추구해왔음에도 노사관계가 파행에 이르지 않고 비교적 원만히 추진된 데에는 최고경영자에 대한 직원들의 신뢰가 배경을 이루고 있다는 것이다.

2. 노사관계

(1) 노사관계의 역사

삼성중공업 노사관계는 대략 4개의 구별되는 시기를 거쳐 변천해 왔다고 볼 수 있다. i) 회사 설립 이후 1987년 노동자대투쟁 이전까지의 권위주의적 통제기(1974~1986), ii) 1987년 노동자대투쟁을 계기로 노조 결성 시도 등 노동자들의 독립적 대변기구에 대한 열망이 표출된 시기(1987~1997), iii) IMF 경제위기를 계기로 한 1998~99년 기업구조조정 과정에서의 고용-임금 타협과 복지에 대한 양보협약(concession agreement) 체결 및 그 회복을 둘러싼 노사관계의 불안정 노출기(1998~2004), iv) 양호한 경영성과의 지속에 따른 성과배분의 증진, 사업구조 고도화 및 6시그마운동 등 품질경영 본격화, 2003~04년 노사갈등 이후의 적극적인 노사관계 개선 노력에 따른 협력적 노사관계의 심화(2005년 이후) 등이 그것이다.

1) 권위주의적 통제기(1974~1986)

권위주의적 정부의 사용자 편향적 노동통제 정책과 경영 상태의 극심한 불안정성을 배경으로, 회사가 지원하는 사우회들에 기반하여 노사협의회를 통한 비노조 노사관계가 전개된 시기이다. 이 시기는 노사간의 세력관계에서 가장 사용자 주도성이 두드러졌던 시기이다.

2) 노사관계의 역동기(1987~1997)

삼성중공업 노사관계에서 가장 역동적인 시기로 세 차례에 걸친 노조 결성 시도가 좌절을 겪은 채 노동자협의회라는 준노조 대변체의 대표성이 점차 안정화되는 시기이다. 한편 사용자측은 이 시기에 노조결성 움직임을 억제하는 한편 적극적인 동기부여 및 기업문화정책을 통해 비노조주의를 유지하고자 하였

〈표 3-55〉 삼성중공업에서의 노조결성 시도와 전망

1978년 사우회인 창원중기공장 중우회, 거제조선소 성조회 결성
1987년 8월 창원 2공장(중장비 사업본부) 노조결성 시도(1차 노조설립 시도) 및 무산
1988년 4월 16-25일 거제조선소 쟁의 발생 및 노조설립 시도(2차 노조설립 시도) 및 무산
1988년 6월 거제조선소 사우회에서 사우협의회 분리, 이후 노동자협의회로 명칭 변경
1988년 11월 16일 민주노조설립추진위원회 위원(3차 노조설립 시도)
1989년 1월 삼성중공업 법외노조 설립(1,000여 명 가입)
1993년 4월 삼성중공업 법외노조 사무실 폐쇄

다. 이로 인해 삼성중공업에서도 점차 내부노동시장이 성숙되었다. 대체로 이 시기를 경유하면서 '노동자협의회를 통한 대변'으로 요약될 수 있는 삼성중공업 노사관계의 시스템적 특성들이 구축되었다.

3) 구조조정기(1998~2004)

'노동자협의회를 통한 협의적 협상' 체제가 시험에 들었던 시기로, 노사는 고용안정과 임금 및 복리후생 양보를 교환하는 양보협약 체결을 통해 구조조정기를 고용조정 없이 슬기롭게 넘겼다. 그러나 위기를 벗어난 후부터 노동자들의 '임금 및 근로조건 회복' 요구가 노사관계 민주화 요구와 결합하여 노사관계의 긴장 요인으로 등장하였다. 2003년도 임금교섭에서 임금협약안이 전사원 찬반투표에서 부결되었음에도 회사는 임금협약안이 유효한 것으로 주장하였는데 노동자들의 격렬한 반대로 무산된 사례가 그 대표적인 경우이다.

4) 안정적 협력기(2004년 이후)

2004년 이후부터 삼성중공업에서는 양호한 경영성과를 발판으로 사업구조 고도화와 품질경영 드라이브가 본격화되었으며, 이를 계기로 사용자측은 2003년의 노사갈등을 교훈으로 삼아 적극적인 노사관계 개선 정책을 전개하게 된다. 최고경영자의 카리스마적 리더십과 현장관리자의 주도성이 뚜렷했던 이 과정을 통해 노사관계는 과거보다 원만하고 협력적인 양상을 띠게 되었다.

(2) 삼성중공업 노사관계의 특징

삼성중공업에서는 삼성그룹 소속 기업들이 그러한 것처럼 사용자가 '노조 없는 경영'을 추구한다. 삼성중공업에서는 1987년 이후 세 차례에 걸친 노조

〈표 3-56〉 삼성중공업 노사관계의 변천 과정

단 계	주요 특징	비 고
권위주의적 통제기 (1974~1986)	• 권위주의 정부의 노동통제 • 생산능력 확장과 경영의 극심한 불안정성 • 사용자의 사우회 중심 노사관계 관리	• 회사가 지원하는 사우회(중우회와 성조회) 간부의 노사협의회 대표 장악을 통한 노사관계 관리
노사관계 역동기 (1987~1997)	• 노사관계의 점진적 민주화 • 생산능력 확장과 경영 불안정성의 완화 • 세 차례의 노조결성 시도와 좌절 • 내부노동시장 급성장과 현장질서 회복	• 세 차례에 걸친 노조결성 시도가 사용자의 억제와 설득, 추진 세력 내부의 이견 등으로 좌절되고, 대신 비노조대표기구인 노동자협의회가 대안으로 등장 • 관리측의 작업조직 주도권 회복
구조조정기 (1998~2003)	• 경영 불안정성의 완화 • 고용안정과 임금 및 조건 양보의 교환 • 임금 찬반투표 부결 및 재협상	• 1998~99년 고용안정과 임금 동결 및 복리후생 축소를 교환하는 협약 체결 • 2003년 임금협약안 부결을 둘러싼 단체행동 발생=재협상
안정적 협력기 (2004~)	• 성장성 및 수익성 개선과 성과배분 증진 • 사업구조 고도화 및 품질경영 본격화 • 노사협력의 증대, 갈등의 뚜렷한 감소	• 성과개선에 기반한 성과보상 확대 및 복리후생 회복 • 사용자의 적극적인 노사관계 개선 노력

결성 시도가 모두 사용자의 억제와 설득 등을 거치며 무위로 돌아갔다. 대신에 이 과정에서 대안으로 등장한 준노조 대변체인 노동자협의회가 점차 노동자들로부터 대표성을 얻게 됨에 따라 '노조 없는 집단적 노사관계'가 유지되었다.[96)]

삼성중공업의 비노조주의는 노사관계의 시스템 특성으로도 간직되어 있다. 노사가 비노조주의에 대한 가치를 얼마간 공유하고 있다는 점,[97)] 비노조주의를 유인하기 위해 '노조의 필요성을 느끼지 못할 정도로 유노조 기업보다 나은 근로조건을 제공'하고 있다는 점,[98)] 노동자협의회라는 비노조 대변조직을 통해

96) 실제로는 경기도 화성의 디지털사업부 소속 사업장에 40명의 조합원으로 구성된 노동조합이 존재하고 있다(삼성중공업 사업보고서 각년도).

97) 이에 대해서는 관측이 분분하다. 삼성중공업 노동자협의회가 비노조주의적 타협의 산물로서 향후에도 노조 설립을 추진하지 않을 것이라는 관측(삼성중공업 인사노무 담당자, 2008; 금속노조 조선분과 담당자, 2008; 최석철, 2005)이 있는가 하면, 일각에서는 사업장 복수노조체제 등이 비노조주의의 유지에 변수가 될 것이라고 보기도 한다(노병직, 2003).

98) 삼성경제연구소(1989)에 의하면 이 원칙은 1970년 삼성그룹 창업주인 이병철 회장이 직접 제

근로조건에 대한 사실상의 협상이 이루어지고 있는 점, 그리고 기업사회화 프로그램을 필두로 한 다양한 유인제도 및 관행을 통해 기업공동체주의에 입각한 조직몰입을 유도하고 있는 점 등이 삼성중공업의 독특한 노사관계 시스템 특성이라고 할 수 있다.[99)]

1) 비노조 대변

삼성중공업에서는 노동조합이 활동하지 않지만 이를 대신하는 노동자대변 조직으로 삼성중공업 노동자협의회(정식 명칭은 '삼성중공업(주) 거제조선소 노동자협의회', 이하 노동자협의회)가 활발하게 활동하고 있다.

노동자협의회는 1987년 노동자대투쟁의 영향 하에서 삼성중공업에서 발생한 일련의 노조 결성 시도 속에서 1988년에 노사간 타협물로 형성되었다. 노동자협의회는 준노조 조직의 위상을 가지고 삼성중공업 노동자들의 노조 수요를 흡수하는 역할을 해왔다.

현재 노동자협의회는 삼성중공업 내의 유일교섭단체의 지위를 지니고 있으며, 거제조선소의 기능직 사원 중 반장까지, 그리고 J2 이하의 사무기술직 사원들이 입사와 동시에 자동으로 가입하게끔 되어 있으며 현재 약 5,800여 명이 회원으로 가입되어 있다. 한편, 규정상의 협의회 상근자 수는 총 11명이다. 상근자들의 활동비는 전액 회사측이 부담하고 있으며 노동자들로부터는 일체 회비를 걷지 않는다.

노동자협의회의 대표자는 임원과 대의원으로 구성되는데 모두 임기를 2년으로 하며 회원들의 직접, 비밀, 무기명 투표로 선출된다. 노동자협의회 내에는 전직 집행부들을 중심으로 조직된 경쟁조직들이 존재하여 집행부 권력을 둘러싼 경쟁도 존재하고 있다.[100)] 대의원들은 과별로 1인씩 선출하는 것이 원칙이

시하였다. 이 원칙은 첫째, 최소 생계비 보장, 둘째 타사보다 높은 수준 유지, 셋째 좋은 작업환경, 후생복지, 인간적인 대우 등 3가지로 구성되어 있다고 한다.

99) 신입사원에 대한 그룹차원의 사회화 훈련, 직원 및 가족에 대한 다양한 교양강좌, 사우회(重友會)와 동호회를 통한 공동체성 배양 등을 들 수 있다.

100) 이러한 경쟁조직의 존재는 대규모 노조에서의 양상과 유사하다고 할 수 있다. 사용자측이 경쟁조직간의 갈등과 경쟁에 대해 부담을 느끼는 것도 유사하다. 다만, 조직들간의 경쟁은 그 양상이 유노조 사업장의 그것에 비해 심하지 않고 견해차이의 스펙트럼도 적은 편이다. 과도한 조직간 갈등이나 지나친 집행부 공격에 대해서는 회원들의 제지 압력도 상당한 것으로 알려져 있다.

며 회원 120명 초과시 1명을 추가 선출할 수 있고 회원이 35명 미만이면 부문별 선출을 원칙으로 하고 있다. 대의원들의 활동은 부서장이나 현장 관리자와의 협의를 거쳐 일과 중에 가능하도록 하고 있다.

집행부 및 대의원들의 활동 중 중요한 시기는 분기별 노사협의회이다. 분기별 노사협의회를 통해 단체협상, 노사협의, 경영정보 공유, 고충처리 등의 중요한 노사관계 과정이 전개되기 때문이다. 이 시기가 되면 대의원들은 현장의 회원들에게 안건을 수집하고 노동자협의회 집행부 의견에 대해 홍보하게 된다. 또한 집행부의 경우에는 임금협상(2/4분기 노사협의회) 시기에 별도의 임금특위팀을 구성하여 자료수집, 회원 설문조사 등을 벌이게 된다.

노동자협의회는 단체협상 기간에 파업을 동반한 쟁의행위를 할 수 있다. 쟁의행위를 하기 위해서는 대의원들이 재적 2/3 이상의 참석과 참석인원 과반수 이상 찬성을 거친 의결을 통해 위원장에 건의하고, 위원장이 쟁의행위 여부를 전회원을 대상으로 한 투표에 회부한 뒤, 전 회원이 직접, 비밀, 무기명 투표를 통해 과반수가 찬성으로 가결하는 것이 필요하다. 쟁의행위는 파업을 수반할 수 있지만 실제 파업은 거의 발생한 적이 없었던 것으로 알려져 있다.

〈표 3-57〉 노동자협의회 규정의 주요 내용

항 목	내 용
명 칭	삼성중공업(주) 거제조선소 노동자협의회
위 상	회사의 유일 교섭단체(부칙 제1조)
사 업	1. 근로조건 유지개선 2. 작업환경 개선 3. 공동 복지 후생사업 4. 기업운영 민주화와 성과배분 적정화 5. 기술 및 근로자 교육수준 향상 6. 조직 활성화 7. 기타 노동문제와 관련된 사항
회원 가입범위	• 가입대상: 지도직 및 J2 이하 사원 • 회원자격: 입사와 동시에(자동) 부여(수습사원은 현업배치와 동시에) • 제외: 직장/인사·영업·경영기획직/수습·일용·촉탁·실습생·파견직·직훈생/거제조선소에 근무하는 사원이 아닌 자/기타 노사 합의에 의한 자 • 회비는 없음(협의회 운영비는 회사측 제공).

전 임 자	• 위원장 등 11명 • 전임자 선출: 임원 3명은 회원 직접선거, 집행부 8명은 위원장이 지명 • 전임자 인준: 재적 대의원 2/3 출석, 참석 대의원 1/2 이상 찬성으로 인준
임원선거 방법	전 회원의 직접, 비밀, 무기명 투표
임원 임기	2년(당년 12월 1일~차익년 11월 30일)
대 의 원	• 선출: 과별 1인씩 선출 원칙 / 회원 120명 초과시 1명 추가 배치 / 회원 35명 이하시 부문별 선출 원칙 • 임기: 2년
대의원 회의	• 정기회의: 월 1회 • 임시회의: 필요시 회사측과 협의 거쳐 일과시간 이후 개최
전임자 보수	• 370시간 기준으로 전액 회사 지급
활동편의 제공	• 전용사무실 및 부수 시설, 비품 제공 • 월 600만 원 지원 + 추가 발생시 별도 정산
쟁의시 근로자 구속제한	• 쟁의기간중 현행범 이외에는 구속 불가
손해배상청구 제한	• 협의회 규정에 의한 적법 쟁의시 협의회나 노동자에게 손해배상 청구 불가
쟁의행위 결정	• 대의원 재적 2/3 이상 참석과 참석인원 과반수 이상 찬성으로 위원장에 건의 • 위원장이 쟁의행위 여부를 결정하여 전회원투표에 회부 • 전 회원의 직접, 비밀, 무기평 투표를 통해 전 회원 과반수 찬성으로 가결
쟁의행위 제한	• 폭력 및 파괴행위 불가 • 제3자의 쟁위행위 개입에 동조 불가 • 공장내 시설유지 직무 담당자는 쟁위행위 참여 불가
쟁의중 채용 제한	• 쟁의에 관계없는 자 채용, 대체 불가
쟁의신고 및 냉각 기간	• 신고: 사업장 최고 책임자에게 서면 통보 • 냉각기간: 통보후 7일
쟁의행위 기간 중 보수	• 노사 쌍방이 협의하여 결정하되 적극적이고 긍정적으로 검토

자료: 삼성중공업(주) 거제조선소 노동자협의회 규정.

2) 단체협상

노동자협의회와 회사측은 매년 분기별 노사협의회 기간을 이용하여 사실상의 임금협상(2/4분기 노사협의회)과 단체협약 협상(3/4분기 및 4/4분기 노사협의회)을 벌이고 있다.[101]

---

101) 이에 대해서는 별도의 명시적인 규정이 마련되어 있지 않다. 다만 노동자협의회 규정상 협의

임금협상의 양상은 유노조 사업장의 임금교섭과 크게 다르지 않다. 노동자협의회 측은 협상 전에 동종업체의 임금교섭안을 입수하고, 물가조사를 수행하며, 노동자들로부터 의견조사를 실시하여 임금협상안을 수립하여 협상에 임한다. 그러나 임금협상안은 대개 '유노조 사업장들의 임금협상안+알파' 방식으로 요구되며 사용자측도 이러한 요구방식에 수긍하고 있다.

반면, 단체협약 협상은 양상이 다르다. 3/4분기와 4/4분기에 이루어지는 단체협약 협상은 유노조 사업장의 단체협약 안건과 통상적인 노사협의회 안건이 혼재되어 다루어지고 있다. 2003년 이전에는 임금협상과 단체협약 협상의 구분이 모호하여 임금협상을 마친 다음 분기 노사협의회에서도 임금 안건이 올라오기도 하였다. 이러한 협상 양상은 결국 연 4회 벌어지는 노사협의회 기간 내내 사실상의 협상이 벌어지는 결과를 낳게 된다. 이에 대해 노동자들이나 노동자협의회측은 만족감이 존재하는 편이지만, 사용자측은 빈번한 협상 분위기가 조성된다는 점에 대해 문제를 느끼고 있다. 임금협상과는 달리 단체협약 협상 과정에서 실무협상이 빈빈히 활용되는 이유도 잦은 협상에 따른 노사간 갈등 상황을 지양하고 협상의 효율성을 제고하기 위함이다.

임금 및 근로조건을 다루는 단체협상 과정은 삼성중공업에서도 갈등을 내포하고 있다. 유노조 사업장에서와 같이 긴장이 유발되고 때로는 시위나 작업중단이 야기되기도 한다(노동자협의회 간부 및 인사노무담당자 면접). 2003년과 2004년의 임금협상 기간 중에 파업은 아니지만 노사 간의 분쟁이 발생한 것이 그 예라고 할 수 있다. 그러나 양자 간의 긴장과 갈등은 유노조 사업장에 비하면 정도의 차이가 뚜렷하여 '도를 넘지 않고, 신뢰를 깨지 않는' 선에서 전개된다. 타결에 이르기까지의 협상 횟수나 협상에 소요되는 기간도 유노조 사업장에 비해서는 현저하게 짧아서 전체적으로는 훨씬 효율적으로 전개된다고 할 수 있다.

회의 사업에 '근로조건의 유지 및 개선과 작업환경 개선' 등을 포함시키고 있고(제 3 조), 노동자협의회의 성격을 '회사의 유일교섭단체'로 정하고 있으며(부칙 제 1 조), '임금, 복리후생, 불합리한 사원 처우 문제에 대해서는 노사협의회에서 합의 후 시행'하도록 하였으며, 아울러 '사원의 권익보장을 위한 교섭행위를 인정'한다는 명문이 마련되어 있으며(제36조 활동보장), 쟁의를 인정하고 있기 때문에(제 9 장) 단체교섭이 사실상 명문화되어 있는 것으로 해석된다.

〈표 3-58〉 삼성중공업의 연도별 단체교섭 관련 지표의 현황

	1998	1999	2000	2001	2002	2003	2004	2005	2006	2007	2008
단체교섭 횟수(회)	12	13	13	13	11	22	15	9	8	8	6
단체교섭 소요기간(일)	88	59	52	36	56	50	46	29	29	30	18
노사분쟁발생건수(건)주)	-	-	-	-	-	1	1	-	-	-	-

주: 파업을 수반하지 않은 분쟁을 의미함.

〈표 3-59〉 주요 조선업체의 교섭기간 및 파업일수(2007년)

	삼성 중공업	현대 중공업	대우조선	한진 중공업	STX조선	SLS조선	삼호조선	미포조선
교섭개시일	6월10일	6월01일	5월10일	5월07일	4월17일	6월01일	6월07일	6월19일
소요교섭기간	30일	32일	77일	82일	92일	138일	104일	37일
소요교섭차수	8차	9차	26차	6차 (+실무13차)	11차	28차	15차	9차
파업일수	0일	0일	18	42시간	0일	34일+	0일	0일

자료: 전국금속노동조합(2008) 및 삼성중공업 인사노무담당자 면접 결과.

(3) 노사협력

단체협상과 더불어 삼성중공업에는 다양한 노사관계 제도와 프로그램들이 가동되어 양자 간의 신뢰와 협력을 유지하는데 기능하고 있다. 우선 제도와 기구로는 『근로자참여 및 협력에 관한 법률』(이하 근참법)상의 노사협의회가 양자 간 협력을 구축하는데 핵심적인 역할을 한다. 그리고 근참법상에 규정된 노사공동위원회 활동이 노사공동 T/F라는 명칭으로 다양한 의제들에 관하여 진행되고 있다. 마지막으로 노동자협의회에 대해 상근비 및 사업비 지원, 집기 제공, 활동시간 보장 등의 활동 지원을 통해 협력관계를 유지하고자 노력하고 있다.

한편, 매우 다양한 노사협력 프로그램들이 가동 중에 있다는 점도 주목된다. 2005~2006년간 노사는 노사관계 개선을 위한 컨설팅, 산업안전및환경 개선, 선진국 노사문화 견학 등과 관련된 노사공동프로그램을 운영한 바 있고, 직원과 지역주민을 위한 문화행사를 함께 기획하기도 한다. 또한 갈등적이기 쉬운 단체협상이 효율적이고 협력적으로 진행되도록 촉진하기 위해 회사임원, 노동자협의회 전임자, 노사 교섭위원, 선주 및 선급 등과 함께 간담회와 체육행사를 진행하기도 한다.

〈표 3-60〉 삼성중공업의 노사협력 기구 및 프로그램 현황(2004~2006년)

노사협력 기구 및 프로그램		활동 내용
기 구	노사협의회	• 근참법 상의 노사협의회 운영 활성화
	노동자협의회 활동 지원	• 협의회 상근자 상근비, 사업비, 집기 지원 • 협의회 활동 시수 인정 • 일과 중 사원대상 협의회 활동 홍보시간 1일 30분 이내 인정
	노사공동 T/F 활동	• 2005년 6건, 2006년 7건의 노사공동 T/F 활동 추진
프로그램	노사관계 관련 컨설팅 및 설문조사	• 인사제도 개선 컨설팅 • 안전성 평가 컨설팅
	노사공동 안전 및 환경 개선 활동	• 근골격계질환 예방치료를 위한 노사공동 프로그램 – 건강증진센터 건립 합의 – 근골격계 환자 치료 프로그램 운영 – 근골격계 예방 인간공학적 개선 프로그램 개발 – 작업환경개선 T/F 활동 • 노사합동 안전점검 실시 • 작업중지제도 운영 • 요양자 복직 프로그램 운영
	해외기업견학을 통한 상생의 노사문화 구축 프로그램	• 해외 인프라 견학(2004~06년간 1,400명) • 노동자협의회 전임자/대의원 중국 인프라 견학(2006년 94명) • 우수 현장관리자 일본 츠네이시 조선소 견학(73명) • 2010 세계수준 HSE 구축을 위한 안전견학(일본 및 국내 61명)
	각종 설문조사 실시	• 근로자 생활실태 조사(연 1회) • 사원식당 만족도 조사(2005년) • 근골격계 질환 예방을 위한 전사원 조사(2004년)
	교섭위원 간담회 및 체육행사	• 연 1회 • 회사임원, 노동자협의회 전임자, 노사 교섭위원, 선주 및 선급
	기타 프로그램	• 계층별 Walking 간담회(임원, 직장, 반장, 협력사대표) • 문화행사(음악회, 드림페스티벌, 월드컵단체응원행사)

자료: 삼성중공업 내부자료(2006).

(4) 평　　가

삼성중공업의 비노조 대변을 통한 노사관계 규율은 다음과 같은 편익을 노사에게 제공했다고 할 수 있다. 첫째, 무엇보다도 유노조 사업장보다 장기간의 산업평화를 제공함으로써 갈등비용을 크게 줄였다. 둘째, 유노조 사업장에서 나타나기 쉬운 '연대성'과 '정치성'의 논리가 노사관계를 지배하는 대신, 상호관계를 의식하는 상호작용이 전개되어 이해(understanding)와 신뢰(trust)를 쌓을 환경이 마련되었다. 셋째, 법과 제도의 규율에 의하지 않고도 상호간의 입장에 대한 존중과 합의의 충실한 이행을 통하여 자율적인 협력관계를 구축할 수 있었다. 넷째, 이러한 신뢰와 협력관계는 경영과정에서의 거래비용을 크게 줄임은 물론 노동자들의 조직몰입과 높은 생산성을 유발함으로써 후발주자인 삼성중공업의 빠른 성장과 위기의 원만한 극복에 발판이 되었다. 노사관계의 이러한 긍정성은 다음과 같은 인사노무담당자의 언급을 통해 확인할 수 있다.

> "노사관계가 좋다고 하여 당장 직접적인 경영성과로 나타나기는 어렵다고 봅니다. 그러나 역으로 노사관계가 어려워지면 조선업처럼 경쟁이 치열한 업종에서는 경영부진이 나타나기 쉽습니다. 후발주자인 당사가 IMF시기를 극복하고 대우조선을 앞질러 세계 2위 업체로 발전한 것은 노사안정이라는 발판 없이는 불가능했을 것으로 봅니다 … 삼성만의 독특한 노사관계 역량이라면, 기업 외부의 관행이나 법규에 얽매이지 않고, 노사가 자치적으로 상대방의 의견을 존중하고 합의사항을 성실하게 이행한다는 것입니다. 또 경영진과 관리자는 사원들의 신뢰를 잃지 않기 위해 고충처리는 물론 가족적인 분위기를 만들기 위해 많은 노력을 한다는 것입니다. 우리는 신뢰가 없는 근로계약 관계만으로는 위기와 변화에 대응하기 어렵다고 생각합니다."

협력적 노사관계의 능력은 긴장과 위기 상황에서 잘 발휘되었다. 2003년의 노사분쟁에 대해 회사측은 현장과의 의사소통 부족을 원인으로 지목하고 2004년 들어와 노동자협의회와의 긴밀한 협력관계를 회복하는 한편, 현장과의 밀도 높은 의사소통을 통해 신뢰의 위기를 극복하였다. 회복된 노사간 신뢰는 곧바로 2005년의 악화된 경영환경을 극복하는 데 일조하였다. 당시 환율인상 및 원자재가 급등으로 적자경영이 예상되었으나 노사는 노사간 협력과 단결을 통한 비상경영계획을 수립하여 전사적인 원가절감을 단행함으로써 오히려 누적흑자를 기록하게 되었으며 이는 다시 직원들의 노고에 대한 보답인 300%으로 성과급으로 연결되었다(삼성중공업 내부자료, 2006).

3. 열린 경영

(1) 다양한 열린 경영 프로그램

삼성중공업에서는 경영정보 공유, 경영 의사결정 참여, 경영자-직원간 의사소통, 작업장 참여 등이 비교적 활발히 이루어지고 있다.

경영정보 공유는 다양한 방식으로 이루어진다. 가장 공식적인 통로는 분기별 노사협의회로서 이를 통해 매출, 수주현황, 성과분석결과 등에 대해 보고가 이루어진다. 이외에도 노동자협의회가 별도로 정보제공을 요청할 경우에도 최대한 정보가 제공되고 있다(삼성중공업 내부자료, 2006). 다음으로 대표이사, 경영기획팀장, 생산팀장의 주관하에 손익현황 및 실적, 경쟁력강화방안, 생산계획 달성도 등이 설명되는 경영현황 설명회가 연 3회씩 사내방송(CA-TV)을 통해 이루어지고 있다. 사내전산망인 마이싱글(mySingle)이나 홈페이지, 사보 및 사내보 역시 경영정보를 제공하는 매체로 활용된다. 마지막으로 전사적 작업관리 및 경영정보시스템인 사내 통합메뉴 시스템을 통해서도 경영, 생산, 자재, 품질, 설계, 원가 등에 관한 정보가 제공된다.

경영 의사결정에 대한 참여는 노동자대표의 주주총회 참관, 경영전략회의 참석, 그리고 연간 근무일정 합의 등을 통해 이루어진다. 삼성중공업에 독특한 경영 의사결정 참여방식은 경영전략회의 참석인데, 이 회의는 반기당 1회씩 열리는데, 임원 전원, 부서장, 직책간부, 근로자대표 및 계층별 대표자(직장, 반장, 사원, 협력사) 등 약 350명 정도가 참석하여 사업활동에 대한 반성과 차기년도 및 중장기 계획달성을 위한 실천전략을 검토하고 질의 응답을 벌이는 활동이 전개된다. 그러나 삼성중공업에서의 경영 의사결정 참여가 높은 수준에서 이루어지는가에 대해서는 노사간에 견해 차이가 존재하고 있다(인사노무 담당자 및 노동자협의회 면접 및 설문조사 결과).

작업장 참여는 다양한 프로그램으로 이루어져 있다. 첫째, 2003년부터 선박 건조과정의 완벽한 자주검사를 통해 고객이 현장에 검사를 위임하는 무검사존(ZONE)이 운영되고 있다. 둘째, 핵심 공정인 용접과 도장, 공정진행 검사 등에 대해 실명제가 실시되고 있다. 이를 통해 작업자의 품질실적이 관리되고 불량원인이 피드백되어 작업장 개인의 품질에 대한 자주관리 능력이 제고된다. 자주검사와 품질실명제는 삼성중공업의 선체품질을 세계최고 수준으로 발돋움시키는 데 중요한 역할을 한 것으로 평가되고 있다(삼성중공업 내부자료, 2006).

세 번째로 직원들 중에서 의식개혁 및 현장개선 선도인력인 생산혁신 이글아이즈를 양성하여 운영하고 있는데 이는 작업장에서의 자율적인 운영관리 능력을 키우는데 의미 있는 역할을 하게 된다. 이밖에도 "My Machine, My Area" 운동과 같은 현장 정리정돈운동 등이 작업장 참여의 통로로 활용된다.

〈표 3-61〉 삼성중공업의 열린 경영 관행

영 역	내 용
경영정보 공유	• 분기별 노사협의회 • 사내 케이블TV를 통한 분기별 '눈높이 경영현황 설명회' • 기타 사내 전산망 게시물, 사보, 사내보 • 사내 통합메뉴시스템을 통한 경영정보 공유
경영 의사결정 참여	• 노동자 대표(노동자협의회 대표 및 대의원 4명)의 주주총회 참관 • 경영전략회의(워크숍)에 근로자대표(교섭위원 및 현장 계층별 대표자) 참석 • 연간 근무일정 결정시 노사합의 시행
작업장 참여	• 2003년부터 선박 건조과정의 완벽한 자주검사를 통해 고객 무검사 ZONE 운영 • 품질실명제 실시 • 의식개혁 및 현장개선 선도인력인 생산혁신 이글아이즈 양성 운영 • My Machine, My Area 운동 추진 • 1달 1인 1건 제안운동 실시 • 월 1회 이상 3.3 W/Shop을 통한 부서내 생산, 품질, 안전, 노사 관리방안 공유
고충처리	• 노동자협의회 사무실에 고충처리 전임자 상시 근무 • 노동자협의회 고문변호사 및 손해사정사의 월 1회 방문 상담 • 회사 고문변호사를 통한 법률상담 • 사내전산망내 온라인고충처리기구인 '소리샘' 운영 • 각 조직별 부분 협의회와 노사실무자 협의 통해 고충해소 • 인사팀 소속 '사고처리 담당자' 운영을 통해 개인불이익 최소화
대표이사와의 대화	• 2004년 4회, 2005년 8회, 2006년 4회 개최 • 2004년 총 4회. 직장, 부서장, 설계파트장, 임원 및 팀장. • 2005년 총 8회. 임원/팀장/직장/반장대표, 협력사대표, 인사/관리/총무간부, 직장, 반장, 협력사대표/소장, 직장/반장, 간부/HSE요원 대상 • 2006년. 임원/직장/반장대표, 대졸신입사원, 설계부문 과장/대리/사원, 협력사대표

자료: 삼성중공업 내부자료(2006).

최근에 활성화되고 있는 대표적인 작업장 참여 관행으로는 제안활동을 들 수 있다. 직원들은 2004년경부터 강력하게 추진된 6시그마 활동의 일환으로 1인당 월 1건 이상씩 제안을 제출하고 있다. 직원들은 제출건수별로 1천 원씩의 물질적 인센티브를 받고 있으며 또한 채택된 가치 있는 제안에 대해서는 별도의 시상이 주어진다.

의사소통과 관련해서는 2004년 이후에 특히 CEO 및 임원들과 직원과의 의사소통이 활성화되었다. 이는 2003년 및 2004년의 노사분쟁, 그리고 2005년의 경영환경 악화라는 사정과 무관치 않다. 우선 CEO는 분기별 1회 이상씩 현장관리자 및 협력사대표들과의 간담회를 진행해 왔다. 반면, 임원들의 경우에는 직원들의 경조사, 동호회, 간담회, 기타 행사에 참여하여 회사와 직원간의 신뢰를 구축하기 위한 활동을 벌이고 있다.

〈표 3-62〉 임원-근로자간의 신뢰구축을 위한 스킨십 활동

	경 조 사	동 호 회	간 담 회	행사참석	기 타	계
2004.12월 말	1,179	494	3,509	608	2,055	7,845
2005.10월 말	434	297	2,342	205	1,600	4,878
2006.08월 말	466	297	2,784	278	1,583	5,408
누 계	2,079	1,088	7,922	1,091	5,238	18,131

자료: 삼성중공업 내부자료(2006).

(2) 평 가

삼성중공업에서는 고성과 작업조직에서 논의되는 다양한 작업장 참여 관행과 의사소통 관행이 도입되어 활용되고 있으며, 의사결정 참여에 있어서도 근참법을 활용한 기본적인 참여가 이루어지고 있다. 이러한 다양한 관행과 프로그램들은 노사협상과 노동자협의회를 통한 대변이 갖는 갈등적이고 대변적인 상호작용의 한계를 보완하고, 개인 수준에서 회사에 대해 발언하고 소통할 수 있는 직접적인 연결통로 역할을 함으로써 조직에 대한 몰입을 심화할 수 있다.

다만 다양한 제도와 프로그램의 존재에도 불구하고 전략적 경영참여의 수준에 대해서는 노사간의 이견이 존재한다고 할 수 있다.

〈표 3-63〉 삼성중공업의 열린 경영 관행

작업장 참여 관행	실시 여부	의사소통 관행	실시 여부	노동자대표 참여 관행	실시 여부
제안제도	○	종업원 간담회	○	노사협의회	○
QC서클	○	경영진 정기현장순회	○	노사공동위원회	○
문제해결팀	○	정기적인 종업원 의견조사	○	복지제도 설계	○
직무순환	○	경영진 정기노사간담회	○	교육훈련제도 설계	△
직무통합	○	노동자대표에 대한 경영설명회	○	인사제도 참여	△
자율팀제	○	노사대표간 핫라인 운영	○	경영 의사결정 참여	△

자료: 노동자협의회 및 인사노무담당자에 대한 별도 설문조사 결과(2008).

4. 동기유발

(1) 고용안정

삼성중공업에서는 오래 전부터 정규직의 고용보장에 대한 확고한 정책이 존재해 온 것으로 볼 수 있다. 이 점은 두 가지 사례를 통해서 엿볼 수 있다. 첫째, 위기감이 고조되었던 1998년의 구조조정기에도 노사는 고용안정협약을 체결하였으며, 이 협약은 노동자들과 회사간의 '심리적 계약'에 적잖은 영향을 미친 것으로 보인다. 둘째, 삼성중공업 직원의 정년은 취업규칙상 만 55세이지만 정년 후 노후설계를 위한 기간 보장 및 임직원의 생계지원 차원에서 본인 희망시 임금 저하 없이 최대 3년간 고용을 연장하고 있다. 이러한 직영인력의 고용보장이 노사간 관계의 호혜성과 신뢰가 유지되는데 중요한 기초를 이루고 있다.

반면, 삼성중공업에서는 경쟁사들에 비해 사내협력사 노동자들을 훨씬 적극적으로 활용하고 있다. 삼성중공업의 사내협력사 직원들의 비중은 직영 기능직의 2배를 상회하여 조선 3사 중에서는 그 활용비중이 가장 높고 임금격차도 존재하고 있다. 이 때문에 사내협력사 노동자들의 높은 비중과 임금격차가 직영 노동자들의 고용 안전판이자 기업에 대한 헌신을 유도하는 기제로서도 기능하다는 비판이 있다(노병직, 2003).

그러나 최근에는 삼성중공업측에서도 비정규직의 고용안정과 처우 개선에 주의를 기울이고 있다. 사내협력사 노동자들은 삼성중공업의 사내기술연수원을 통해서 협력사로 취업할 수 있으며, 각 협력사들은 이들을 정규직으로 채용하고 있다. 따라서 이들은 취업 후 근속년수가 쌓임에 따라 임금의 발전을 기할 수 있다. 한편, 회사측은 사내하청 노동자 중 우수자들에 대한 직영직 취업 문호도 개방하고 있다고 알려져 있다(삼성중공업 인사담당자 면접조사 결과).

한편, 정규직의 3.4% 수준인 비정규직에 대해서는 꾸준히 정규직화가 추진되어왔다. 예를 들어 2006년 1월에서 7월 사이에는 29명이 정규직으로 전환되었다. 또한 2007년 11월에는 추가로 약 155명의 비정규직 여사원들이 정규직으로 전환되었다. 한편, 비정규직의 급여 수준은 정규직 대비 90%를 유지하고 있고, 복리후생에 있어서는 정규직과 동일한 기준으로 지원하여 업계 최고 수준의 처우를 보장하고 있다(삼성중공업 내부자료, 2006).

(2) 고임금과 성과보상

1) 임금수준

삼성중공업의 임금수준은 다른 조선업체에 비해 꾸준히 높은 수준을 유지해 왔다. 삼성중공업의 임금 수준은 노동자대투쟁 직후에도 현대중공업이나 대우조선에 비해 높은 수준을 유지해 왔으며, 이후에도 꾸준히 상대적 고수준을 유지하고 있다(노병직, 2003). 특기할 점은 2000년대 이전까지는 삼성중공업이 현대중공업이나 대우조선에 비해 경영사정이 더 어려웠음에도 불구하고 이러한 상대적 고임금이 꾸준하게 유지되어 왔다는 점이다.

〈표 3-64〉는 각사 사업보고서를 통해 나타난 조선 3사의 평균 근속년수 및 평균 인당 급여액(연간) 수준이다. 이에 따르면 삼성중공업은 노동자대투쟁 직후인 1989년에도 다른 조선사에 비해 현저하게 높은 임금 수준을 보이고 있다. 한편, 2000년대 들어와서는 2001년에서 2005년간에 걸쳐 가장 높은 임금 수준을 보이고 있다. 그러나 평균 근속년수를 고려할 경우 삼성중공업의 임금 수준은 여전히 조선업계에서 뚜렷하게 높다고 할 수 있다.[102)]

---

102) 민주노총 금속노조 조선분과의 비교자료(2008)에 의하면, 2007년 말 현재 삼성중공업 노동자 협의회 회원의 평균연령은 35세이고, 현대중공업과 대우조선해양 노조원의 평균연령은 44세

〈표 3-64〉 조선 3사의 연도별 평균 근속 및 임금 수준 비교(1998~2007)

(단위: 연, 백만 원)

	삼성중공업		현대중공업		대우조선해양	
	근속	급여액	근속	급여액	근속	급여액
1989년		9.1		6.1		5.6
1998년	9.3	29.7				
1999년	9.9	31.3	14.3	36.3		
2000년	9.7	35.7	15.2	38.3	13.0	35.0
2001년	10.9	45.9	15.7	41.4	13.3	40.0
2002년	11.1	52.1	16.1	44.2	14.8	44.0
2003년	11.0	48.2	16.7	48.3	14.8	45.4
2004년	12.2	56.4	17.4	50.9	15.4	50.3
2005년	12.2	60.1	18.3	53.6	16.0	57.0
2006년	11.2	55.2	18.4	57.3	16.3	54.9
2007년	10.8	65.3	18.5	66.6	16.3	66.1

자료: 금융감독원 전자공시스템(http://dart.fss.or.kr/), 각사 사업보고서 각년도.
1989년 자료는 노병직(2003)에서 재인용.

2) 임금체계

삼성중공업의 보상체계는 i) 근속호봉제 성격의 기본급 제도, ii) 월급제 형태의 보수지불, iii) 성과배분 등을 특징으로 한다. 이러한 특징은 다른 조선업체들에서도 공통적으로 발견된다. 다만, 삼성중공업은 월급제와 성과배분 제도를 다른 조선업체보다 먼저 채택했고, 보상 수준도 더 높다는 특징을 지닌다.

삼성중공업 기능직의 보상체계의 특징은 일차적으로 근속호봉제와 월급제에 의해 규정된다. 근속호봉제는 기본급 제도로서 직급별 호봉제로서 일반직-전문직-기선-기원-기장 등으로 이루어진 직급사다리에 따라 근속별 호봉 사다리가 설정되는 제도이다. 이 제도하에서는 직급의 승진(승격)과 호봉의 승진(승호)에 의해 기본급의 액수가 올라가게 되는데 승격과 승호를 결정짓는 가장 중요한 기준은 결국 근속년수이다. 이 제도는 조선업에서 숙련노동력을 안정적으

이다. 〈표 3-64〉에서의 근속년수 차이와 평균연령 차이를 감안하여 임금 수준을 비교할 경우 삼성중공업과 다른 두 조선업체의 임금수준 격차는 사실상 현저하게 높다고 할 수 있다.

로 확보하기 위한 수단으로 제도화되었다.[103)]

조선업에서 노사관계의 두드러진 쟁점으로 등장했던 임금제도는 생산직 월급제였다. 생산직 월급제는 시급제인 조선업의 생산직에게 8시간 기준으로 월 소정근로시간을 정하여, 실근로시간이 어떠하든 소정근로시간 분의 임금을 보장하는 임금제도를 의미한다. 이 제도는 조선업 노동자들에게는 임금의 변동성을 완화하여 생활안정을 기할 수 있는 임금제도로 환영을 받았으며, 구체적으로는 소정근로시간에 대한 급여보장과 직급승진제도 개선의 요구로 등장하였다. 반면, 사용자들은 내부노동시장의 경직성을 완화하기 위해 직급승진과 호봉승급 과정에서 고과에 따라 급여를 차별할 수 있도록 월급제를 제도화하길 원했다. 이는 삼성중공업에서도 양상이 다르지 않아서 1994년 합의된 생산직 월급제를 통해 노동자들은 직급승진과 급여의 안정성을 얻게 된 반면, 사용자 측은 임금 및 직급승진의 결정기준으로 인사고과의 역할을 인정받을 수 있었다.

삼성중공업의 성과급제도는 이윤분배(PS), 성과배분(PI), 인사고과에 의한 개별성과가급 등으로 구분할 수 있다. 이윤분배(PS) 제도는 경제적 부가가치(EVA) 목표를 초과하는 경우 초과분의 20% 한도 내에서 지급된다. 성과배분(PI)은 매년 생산목표 달성 정도에 따라 최대 300%까지 지급되며, 추가 지급분에 대해서는 임금협상을 통해 매년 그 지급 기준이 개정되고 있다. 한편, 고정상여금은 통상임금의 700%가 별도로 지급되고 있다. 이윤배분과 성과배분은 개인 혹은 작업팀이나 부서별 차등을 두지 않고 있다. 반면, 개인별 고과가급은 성과 상여금에 대해 적용된다. 적용되는 상여금은 총 700%이고 반기별로 평가가 이루어지는데 A급, B급, C+급, C급으로 나뉘어져 가급이 주어지며 최하 등급인 C등급에 대해서도 감급은 없다.

이밖에 삼성중공업에서는 무재해 인센티브, 제안 인센티브, 원가절감 인센티브 등 다양한 인센티브 보상제도를 도입하고 있다.

---

103) 조선업에서 호봉제가 언제부터 도입되었는지는 자료가 확실치 않다. 노병직(2005)에 따르면 1974년 현대조선소 노동쟁의관련 자료에 이미 호봉승급에 대한 기록이 나타나 있었으며, 1987년 대우조선 파업의 요구 중 하나가 '정기호봉승급제의 체계적인 실시'인 것으로 보아 조선산업에서 호봉제는 1987년 이전부터 비체계적인 형태로 존재했던 것으로 보인다.

〈표 3-65〉 삼성중공업 성과급 제도의 개요

	적용대상	적용기준
성과배분(PI)	전사원 대상 동일 기준 및 지급율 적용	상/하반기 경영목표 달성 여부 평가하여 반기별로 0~150% 지급
이윤분배(PS)	상동	회기말 기준 초과이익 발생분에 대해 성과급 지급
특별격려금	상동	비정기적. 회사 경영여건 및 노사협의를 통해 지급
고 과 급	사원 개별적으로 적용	호봉승호와 직급승진에 적용

자료: 삼성중공업 내부자료(2006).

(3) 두터운 복리후생

삼성중공업의 복리후생 역시 임금과 마찬가지로 조선 3사 중에서도 높은 수준을 유지하고 있다. 이는 임금과 함께 비노조 경영을 지키는 중요한 제도적 기반으로 알려져 있다(노병직, 2003). 노동자들 역시 자사의 복리후생 수준이 타 업체에 비해 높은 수준이라는 점에 대한 만족감을 지니고 있다(노동자협의회 면접).

삼성중공업의 복리후생은 경조비, 의료비, 학자금, 개인보험, 휴가비와 선물, 주택지원 등에서도 타 업체에 비해 제공 수준이 금액상 더 높다. 또한 복리후생 시설에서도 사원아파트뿐 아니라 장학교실, 유치원, 자녀기숙사, 문헌정보센터, 사내병원, 운동장, 세탁소, 사우나, 문화관 등 매우 다양하고 일부는 지역 주민들에게 개방하고 있다.

한편, 삼성중공업의 복리후생비 지원액은 2004년 총 518억 원으로 인건비 대비 12.7%를 차지하였으며 2005년에는 688억 원으로 인건비의 14.9%를 차지하고 있다. 항목별로는 개인연금과 학자금 지원액이 가장 규모가 크고 그 다음으로는 의료비와 경조비가 규모가 큰 것으로 나타나고 있다(삼성중공업 내부자료, 2006).

반면, 사용자측은 현행 복리후생에 대해서는 일부 문제의식도 지니고 있었다. 첫째, 평균연령은 35세인데 대부분의 제도들이 중고령자의 선호에 맞게 구성되어 있다는 것이다. 이를 시정하고 싶어도 현장이나 노동자협의회측 내부에서 중고령 노동자들의 목소리가 크기 때문에 합의를 통한 변경이 쉽사리 이루어지지 않는다는 것이다. 둘째, 현재의 복리후생이 그 수준에 있어서는 타사에 비해 과다하면서도 운영방식이 경직적이어서 비효율적일 뿐 아니라 직원들의 만족도를 극대화하는 데 있어서도 문제가 있다는 것이다.

〈표 3-66〉 삼성중공업의 복지제도

구 분	프로그램	내 용
복지제도	주택자금 융자	5천만 원 한도(3천만 원 무이자)
	학자금 지원	• 자녀수 제한 없이 중고교 및 대학 학자금 지원(대학 연 6백만 원) • 미취학 아동 학자금 지원(월 66,700원 이내)
	의료지원	배우자, 자녀의 의료비 지원 및 건강검진 지원
	근속포상	휴가 3~15일, 휴가비 50~300만 원
	경조사	친가/외가/배우자 가족 각종 경조사에 대한 경조금, 휴가, 물품 제공
	보험 지원	• 개인연금 지원(월보수액 3%) • 단체보험 가입 지원(재해사망시 1억 원, 질병사망시 6천만 원)
	기타	• 설/추석 선물 지급 • 콘도 이용시 지원(연 4박, 1박당 5만 원)
복지증진 제도	근로복지기금	총출연액 103억(2006년 6월 30일 현재),
	휴게실	반당 1개소씩 500여 개
	하계휴양소	7~8월 1개월간
	주말농장	2006년 현재 152명 이용
	동호회 지원	2005년 1억 22백만 원 지원
	출퇴근 차량 지원	대형버스 93대
	테마여행 지원	분기 1회
	문화행사	연 2회
후생시설	사원식당	12개 운영(7199석, 34,100명)
	사원아파트	509세대
	주택조합	3,378세대
	기숙사	3,609명
	문화관	16종의 스포츠/레크레이션 시설 운용
	직원자녀기숙사	99명
	사우매장	–
	기타 시설	장학교실, 유치원, 운동장, 세탁소, 사우나장, 이용원, 사내오토바이 임대센터, 사내부속의원, 건강증진센터

자료: 삼성중공업 내부자료(2006).

(4) 기능직에 대한 차별 없는 승진

삼성중공업의 직급체계는 사무기술직 7직급, 생산기능직 6직급체계를 운용하고 있다. 삼성중공업 직급승진제도의 중요한 특징은 사무직과 기능직 간의 직급체계를 통합한 승진제도를 채용하고 있다는 점이다. 즉, '일반-전문-기선-기원-기장-기성' 등으로 이어지는 기능직의 직급사다리는 사무기술직의 직급사다리에 대응하도록 되어 있다. 예를 들어 기원-대리, 기장-과장, 기성-차/부장급 등의 대응관계가 존재하며 기성 중에는 임원으로 승진이 가능하다. 기능직 출신의 임원 승진은 2008년에 처음 이루어져 아직도 상징성이 강한 편이지만, 과장 이상 중간관리자인 기능직 출신 관리자들의 규모가 상당 규모이며 고졸 출신이 전체의 43%일 정도로 직급체계의 통합이 실질적으로 진행되고 있다. 회사측은 기능직 출신의 과장급 중간관리자에게 요구되는 기안작업 능력 등을 위해 OA 교육을 별도로 제공하고 또한 승진과정에서도 문서 작업 등 사무관리 능력을 지닌 후보를 선별하고 있다.

〈표 3-67〉 삼성중공업 직급승진제도

	직 급	대응 직책	체류년수 및 기준 급호	승진결정 기준
임 원	상무, 전무, 부사장		−	
사무기술직	부장		차장 6년	별도 인사고과
	차장		과장 6년	
	과장		대리 5년	
	대리		J3급 4년	
	J3		J2급 3년(J2-7호 이상)	
	J2		J1급 3년(JI-8호 이상)	
	J1		−	
생산기능직	기성	차장/부장급		직급승진: 근속 60%, 고과 40% 직책승진: 고과 100%
	기장	과장급	5년(기원-6호 이상)	
	기원	직장	4년(기선-5호 이상)	
	기선	반장/직장	3년(전문-4호 이상)	
	전문	반장	3년(일반-15호 이상)	
	일반		−	

자료: 삼성중공업 내부자료(2006) 및 인사노무담당자 면접 결과(2008).

이러한 통합형 승진제도는 노사관계 관점에서의 조직통합 능력이 매우 뛰어나다는 것이 인사노무담당자와 노동자협의회측의 공통된 평가이다. 특히 2008년 처음으로 기성 출신의 임원 승진이 이루어졌는데 이에 대해 직반장 등 고졸 출신 현장관리자들이 크게 고무되었다고 한다. 아울러 기능직의 승진이 원활히 이루어지고 있다는 점에 대해서도 노사가 인식을 같이 하였다.

(5) 공정한 인사관리

삼성중공업은 인사관리의 전 과정에서 공정성이 유지되도록 하는 데 주의를 기울여 왔으며 이는 삼성그룹 계열사들의 전통적인 특징이기도 하다.

채용 과정에서는 블라인드 면접을 통해 학력, 연령, 지역, 가족 사항 등이 면접 결과에 영향을 미치지 않도록 하고 있으며, 고졸 사원 면접 시에 현장 일선관리자를 면접관으로 참여시키고 있다. 배치와 이동에 있어서는 당사자의 의사를 우선적으로 고려하는 관행이 정착되어 있고, 승진에서는 능력주의를 관철

〈표 3-68〉 삼성중공업의 공정한 인사관리를 위한 정책

부 문	내 용
채 용	• 서류심사, 적성검사(SSAT), 면접, 신체검사 순으로 진행 • Blind 면접을 통해 지원자의 학력, 연령, 지역, 가족사항 등이 면접결과에 영향을 미치지 않도록 함 • 고졸 사원 면접시 현장 일선관리자를 면접관으로 참석토록 함.
배 치	• 배치전 신입사원과 담당간부간 1:1 면담을 통해 가배치를 한 후, 가배치 기간 동안 지식습득 및 업무적합도를 판단하여 가배치 기간 종료 후 다시 면담을 통해 최종 확정
이 동	• 특별한 경우를 제외하고는 본인 의사에 따라 자유롭게 부서 이동 실시
승 진	• 능력주의 정책 • 현장직, 고졸 사원의 승진 누락 방지를 위해 승격시 자격제한 조건 폐지
성별, 학력별 차별 철폐	• 사무직 고졸 출신 승진시 외국어 및 전산 능력 자격기준을 완화하여 학력에 따른 승진 불이익을 받지 않도록 함 • 여사원에 대해 2004년부터 남사원과 동일 급여 테이블 운영.
능력평가시스템	• MBO식 업적 평가 실시 • 개인별 업무 목표 및 평가 결과를 인사부에서 검토하여 평가자의 독단이 발생하지 않도록 함.

자료: 삼성중공업 회사 내부자료(2006).

하고자 노력해 왔다. 특히 학력과 성별에 따른 차별을 없애는 데 주의를 기울여 2004년부터는 남녀의 급여체계를 통합 운영해 오고 있으며, 2005년부터는 고졸 출신이 승진 사정시 불이익을 받지 않도록 외국어와 전산 능력에 대한 승진 자격기준을 대폭 완화하였다(삼성중공업 내부자료, 2006). 마지막으로 공정한 인사평가를 위해 MBO식 업적평가를 도입하여 운용하고 있다.

5. 지식근로자 육성

삼성그룹의 핵심 가치 중 하나는 '인재제일주의'이며 이를 위해 내부인재 육성과 외부인재영입 전략을 모두 구사하며 매우 적극적인 인재 확보 투자를 벌여왔다. 삼성중공업의 교육훈련 체계는 그룹 차원의 교육훈련 체계를 충실히 따르고 있으나 산업 특성을 반영하는 독특한 교육훈련 제도나 관행도 운영하고 있다.

(1) 교육훈련 체계

삼성중공업의 교육훈련체계는 경영능력 향상교육, 직무교육, 특별교육, 외국어/정보화교육 등으로 이루어져 있다.

경영능력 향상 교육은 SVP 가치공유교육, 계층/리더십 교육, 핵심인력 교육 등으로 구성된다. SVP 가치공유 교육은 승격교육과 신입 및 경력 입문 교육으로 구성되는데, 여기서는 조직의 핵심가치에 대한 교육이 중요한 비중을 차지한다. 계층/리더십 교육은 계층별로 프로그램을 운영하지만 전사원용 프로그램도 두고 있다. 핵심인력 프로그램은 경영자후보, 해외 주재원 및 글로벌 전문가, 그리고 대리/사원급 중 핵심인력 등 조직의 핵심인력에 대해 제공되는 훈련프로그램이다. 경영능력 향상 프로그램은 대체로 일반 기업의 계층별 훈련 프로그램과 유사하지만, 삼성중공업의 경우에는 일종의 조직사회화 프로그램인 SVP가치공유 프로그램과 통상 일반적으로 행해지는 계층별 직무 및 리더십 훈련프로그램인 계층/리더십 프로그램이 분리되어 있고, 또 '글로벌 경쟁력 확보' 라는 기치를 반영하여 핵심인력 프로그램이 별도 운영된다는 특징을 지니고 있다.

다음으로 직무교육으로는 최근 강조되어 온 6시그마 관련 교육과정과 부문별 직무교육이 존재하는데, 대부분의 프로그램이 품질관련 교육이라는 특징을 지닌다. 6시그마 교육은 6시그마를 추진할 핵심 주체들을 형성하는 데 초점이 맞추어져 있고, 부문별 직무교육의 경우 초급도장감리원, TPM추진자직무향상, QA INSPECTOR대상 자격과정, ISO내부심사원양성, 품질사이버과정, GS CAD 교육, DNV아카데미 등으로 이루어져 있다.

특별교육 과정으로는 상설 교양강좌, 드림아카데미, 부산대 학사과정 등이 대표적이다. 이 중 상설 교양강좌는 사원 가족에게도 개방되며 생활경제, 재테크, 건강, 자녀교육 등 소양과 생활상의 주제에 관한 프로그램이라 할 수 있다. 반면, 드림아카데미와 부산대 학사과정은 고졸 기능직 사원의 지식노동자화를 위한 교육훈련투자라 할 수 있다(이에 대해서는 후술한다).

한편, 국제화 마인드를 육성하기 위한 프로그램으로 외국어교육이 진작되고 있다. 어학강좌는 12주를 기간으로 하고 있으며 삼성중공업의 주요 거래 상대국인 미국, 일본, 중국 등을 필두로 향후 전략적인 접근이 필요로 한 가래 상대국의 언어를 익히는 데 초점을 맞추고 있다. 교육방식으로는 외국어생활관 입소를 통한 합숙교육, 일반적인 집체적 강좌 교육, 사이버교육 등이 활용되고 있다.

삼성중공업의 교육훈련 프로그램상의 몇 가지 특징을 지적하면 첫째, 2003년 이후에 품질과 안전에 대한 교육이 확충되고 있다. 안전교육은 산업안전이 글로벌 경쟁력 확보를 위한 전략적 이슈로 등장함에 따라 꾸준히 강화되어 왔는데, 여기에는 조선업의 산업재해에 대한 사회적 비판도 하나의 계기로 작용하였다고 볼 수 있다.[104] 삼성중공업은 국제 선박업계에서 건강안전환경 기준(HSE)이 선박 건조 계약 체결에서 하나의 변수로 등장하자 2003년부터 조선업계에서는 최초로 현장에서 일어날 수 있는 각종 안전사고를 예방하기 위한 체험적 교육시설로 '안전체험관'을 건립하여 운영에 들어갔다. 이 안전체험관에서는 안전/환경/소방 교육과 인간공학에 관한 이론교육을 받을 수 있는 강의실,

104) 2008년 1월11일 공개된 노동부의 산재예방관리 불량 사업장 명단에 의하면 현대중공업과 삼성중공업 거제조선소는 2006년 산재 사망자수가 3명인 중대재해 사업장으로 분류되었다.

산업안전 전시실, 추락 및 협착사고, 감전사고, 화재 및 폭발사고 등 현장에서 일어날 수 있는 사례들을 위주로 교육하는 5개의 안전체험 실습장, 근골격계질환 예방을 위한 스트레칭 체조연습장 등을 구비하여 교육에 임해 왔다. 품질교육은 2003년 하반기 이후 6시그마운동이 본격화되면서 확대되었다. 2008년부터는 1달 과정의 필수 이수 코스로서 온라인 품질교육 및 안전교육 프로그램도 운영하고 있다. 이 프로그램들은 생산현장에서 즉시 업무에 활용할 수 있

〈표 3-69〉 삼성중공업의 교육훈련 체계

구 분	교육프로그램		교육대상
경영능력향상교육	SVP 가치공유	승격교육	각계층 신임관리자
		신입/경력 입문교육	신입사원
	계층/리더십	간부리더십 향상	간부
		관리자 특별교육	임원/직책간부
		일선관리자 기본교육	현장관리자
		사이버리더십/경영직무교육	전사원
		변화관리교육	전사원
		OJT	신입사원
	핵심인력	주재원 양성교육	주재원
		경영자후보양성	부장급
		지역전문가 교육	대리/사원
		삼성 MBA(조선 MBA)	대리/사원
직무교육	6시그마		J3이상/직반장
	부문별(설계/연구/생산·품질) 직무교육		일선관리, 전문인력
	일선관리자 기본교육		일선 관리자
	다기능교육		전직원
	자격교육		전직원
특별교육	상설교양강좌		전사원 및 가족
	드림아카데미		고졸 기능직 사원
	부산대 학사과정		삼성중공업 전문학사
외국어/정보화교육	그룹 외국어 생활관		전사원
	사내외 외국어/정보화 교육		전사원
기타 교육	협력업체 사원 연수		협력업체 임직원

자료: 삼성중공업 내부자료(2006).

는 교육내용을 갖추고 있으며, 해당업무 관련자들뿐만 아니라 인사, 구매, 설계부서 등 간접부서 직원들도 필수적으로 이수해야 한다는 점이 특징이다. 또한 교육을 받지 않은 직원은 품질 및 안전 마인드가 미흡한 것으로 간주되어 승격대상자에서 제외되도록 인사시스템과도 연계되어 있다. 둘째, 사이버 교육 프로그램이 널리 활용되고 있다. 인터넷 비즈니스, 글로벌 매니지먼트, 비즈니스 매너, 시사경제, 어학, 전산 등 40여 종의 교육 프로그램들이 개발되어 계열사 직원들의 자기계발을 촉진하기 위한 목적으로 활용되어 왔으며. 최근에는 품질 및 안전교육 프로그램이 온라인으로도 제공되고 있다.

또한 최근에는 전사원을 대상으로 1박2일로 진행되는 교양교육이 진행되고 있는 것이 특징이다. 이 교육은 직무능력에 관한 교육이 아니라 일종의 기업사회화 교육으로 볼 수 있다.

이러한 교육훈련 체계를 운영하는 데 드는 비용은 2005년도 기준으로 약 60억 원이며 이는 인건비의 1.3%에 해당된다. 그리고 이러한 교육훈련 체계를 통하여 삼성중공업 임직원들은 연평균 3.5회 이상의 교육과정을 이수하고 인당 평균 16일(130시간)의 교육훈련을 제공받고 있다(삼성중공업 내부자료, 2006).

〈표 3-70〉 교육관련 총투자규모

구 분		2004년	2005년
교육인원	집합교육	10,292명	8,286명
	합숙교육	8,543명	9,580명
	사이버교육	7,268명	11,656명
	소 계	26,103명	29,522명
총교육기관		1,013,731시간	964,805시간
인당 교육횟수		3.54회	3.79회
인당 교육시간		137.8시간	123.9시간
교육훈련비		55억 79백만 원	59억 80백만 원
인건비 대비 교육훈련비		1.4%	1.3%

주: 조선사업 부문 기준임.
자료: 삼성중공업 내부자료(2006).

(2) 현장인력의 지식근로자화 프로그램

삼성중공업 교육훈련체계의 중요한 특징 중 하나는 생산직 사원의 지식근로자화를 위해서 질 높은 교육훈련 투자를 한다는 점이다. 이 중 대표적인 프로그램으로는 현장 OJT와 드림아카데미 프로그램을 들 수 있다. 현장OJT는 생산직 신입사원들에게 적용되는 교육훈련 프로그램으로 입문교육(2주), 이론교육(3주), 기초기능교육(8주), 현업OJT(3개월) 등 4개의 세부 프로그램과 총 6개월의 스케줄로 구성되어 있다. 입문교육은 생산현장에 대한 이해와 올바른 직업관 형성에 중점을 둔 일종의 오리엔테이션이라고 할 수 있다. 이론교육에서는 조선공학, 도면해독, 용접이론 등에 대한 기초교육이 수행되고, 기초기능교육에서는 용접, 전기 등 생산현장에서 필요한 기능에 대한 이론과 실기 교육이 이루어진다. 마지막으로 현업OJT에서는 해당부서의 업무에 직접 투입되어 업무내용의 조기 숙지와 적응을 도모하고 있다. 현업OJT 기간 중에는 일종의 멘토라고 할 수 있는 부서 내의 '장형'이 신입사원들에게 자신들의 경험과 소속감을 전파하는 역할을 하게 된다. 또 3주당 1회씩의 지도점검과 특강 형태의 인성교육이 이루어지고 있다. 결국 현장 OJT는 양성훈련, OJT, 조직사회화 등의 교육내용을 종합한 프로그램이라고 할 수 있다.

현장에 배치된 후에는 비교적 자율적인 훈련 프로그램과 관행이 전개되고 있다. 1990년대 들어와 시작된 현장의 다능화 훈련은 용접, 취부, 사상 업무를 담당하는 노동자들이 자신의 업무에 무관한 기능을 익히는 것을 의미한다. 이러한 다능화는 작업팀에서의 기능적 유연성 확보에 기여한다. 한편 다능화는 다른 작업팀이나 타 부서로의 일시적 파견에 의해서도 발생할 수 있다.[105][106] 한편, 교육훈련은 현장관리자들과 부서장들의 이니셔티브에 의해 부서별로 자율적으로 이루어질 수 있다. 이는 인사부서가 주도하는 집체적 훈련프로그램과 성격을 달리 하는 것으로 부서장들은 인사부서를 통하지 않고 직접 사내기술연수원과 협의하여 부서에서의 새로운 훈련 수요에 대응할 수 있다.

---

105) 이 경우는 엄격하게 말하면 다능화라기보다 이질적인 작업환경 적응을 통한 숙련의 심화가 발생한다고 볼 수 있다.

106) 조선업에서도 자동차산업에서와 마찬가지로 부서나 선종에 따른 업무량 변동이 존재하는데, 자동차산업 작업장에 비해서는 업무량 변동에 따른 임시적 직무배치가 용이한 것으로 알려져 있다.

생산직 사원의 지식근로자화와 관련된 전형적인 교육훈련 프로그램은 드림아카데미 및 이와 연동된 현장 전문인력 양성트랙이라 할 수 있다. 드림아카데미은 2004년부터 부산대학교와 산합협력계약을 맺고 실시해 온 교육프로그램으로 기능적 완숙기에 도달한 고졸의 기능직 사원들에게 선박건조공학과 조선공학개론을 포함한 조선공학 관련 10개 내외의 교과목을 개설하여 2년에 걸쳐 이수토록 한 일종의 전문학사 프로그램이다. 따라서 이 프로그램은 암묵적인 성격의 기업특수숙련만 보유하기 쉬운 기능직 사원들에게 고급의 이론적 지식을 제공한다는 의의를 지니고 있다. 이 프로그램의 정원은 기별 40명이고 입학자격은 고졸 및 대리급 사원 중에서 부문 임원의 추천을 득한 후 회사 인사팀의 최종 승인을 얻은 직원에게 주어진다. 이 프로그램을 이수하여 졸업하게 되면 전문학사 자격을 얻게 되며, 상위 성적을 얻으면 승진고과에 반영되고 포상이나 특진의 기회도 얻을 수 있다. 이 프로그램은 2년 4학기(총 81학점)로 이루어져 있고 부산대 교수와 사내강사들이 현장중심의 이론과 실무를 교육하고 있다. 한편 드림아카데미를 이수한 학생 중 우수자는 부산대학교 공과대학 조선해양공학과에 편입학할 자격이 제공된다. 이렇게 전문학사와 4년제학사 과정을 모두 이수한 직원 중 우수자는 다시 부산대 조선해양공학과 석사과정 입학이 가능한데, 이 경우 회사가 우수자를 선발하여 학비의 70%를 제공하고 있다. 이밖에도 최근 회사측은 학사과정을 이수한 현장 전문인력의 고급인력화를 위해 부산대 및 조선공업협회와의 협력하에 조선MBA 과정의 설치를 검토하고

〈표 3-71〉 삼성중공업의 현장 전문인력 양성 트랙

트 랙	목 적	대 상	비 고
삼성MBA,e-MBA, 조선MBA	경영기법/시스템과 현장 전문지식의 접목	학사 이상	조선MBA는 부산대 주관, 조선공업협회 공동검토중
부산대 조선해양공학 석사과정	설계/생산중심 이론 심화학습	학사 이상	2006년 3월부터 5명 선발 학습 중 (70% 회사지원 금/토 주 2일 수업)
부산대 조선해양공학 학사과정	사례 위주의 액션러닝	전문학사 이상	사내전문대학 및 외부 전문대학 졸업자중 우수인력 선발
삼성중공업 공대 조선해양 공학 전문학사 과정	현장중심 실무과정 학습	고졸 이상	2004년 출범한 드림아카데미 과정을 교육부 인정 전문대학으로 개편

자료: 삼성중공업 내부자료(2006).

있다. 인사노무담당자에 의하면, 드림아카데미은 기능직 사원들로부터 높은 인기를 얻으며 경쟁률도 치열한 상태인 것으로 알려져 있다.

(3) 협력사 교육훈련

한편, 이전에는 사내 양성훈련에 주력하던 사내기술연수원의 기능을 확장하여 새로운 훈련 수요에 대응하고 있다. 특히, 2001년도에 노동부로부터 중소기업 직업훈련 컨소시엄 시범기관으로 지정되어 지금까지 1,629명의 양성인력과 3,449명의 향상인력을 양성해서 사내협력업체들에게 공급해 줌으로써 협력업체와의 훈련파트너십을 향상시켜 나가고 있다.

〈표 3-72〉 협력사 교육 지원 현황

연 도 별	교육기간	협력사 대상	인 원
2005년	4.22~4.23	대표	89명
	5.18~5.19	소장	105명
	5.25~6.14	직/반장	780명
	6.15~6.24	사원	500명
	11.10~11.11	노사담당자	82명
2006년	1.12~6.30	사원	1,869명
	3.30~4.01	대표	99명
	4.04~4.07	소/기장	187명
	4.11~5.17	직/반장	872명
	5.25~5.26	노무담당	86명
	8.28~9.05	대표	99명
	10.20 ~	소장	165명

자료: 삼성중공업 내부자료(2006).

(4) 평 가

삼성중공업의 교육훈련은 삼성그룹의 핵심 경영가치인 '인재제일주의'를 반영하여 매우 활성화되어 있다. 회사는 적극적으로 교육훈련에 투자해 왔으며, 조직분위기는 전반적으로 훈련에 허용적이고 노동자들도 교육훈련 프로그램에 대해 관심이 높은 편이며, 교육훈련을 공급하는 회사측도 다양한 프로그램과 방법을 적용하여 노동자들의 흥미를 유발하는 데 관심을 가지고 있다. 또한 계획된 프로그램들이 충실하게 이행되고 있다는 점 등이 중요한 강점으로 지적된다(노동자협의회 및 인사노무 담당자 면접 결과).

삼성중공업의 교육훈련은 2003~04년을 경유하면서 한층 강화되었다. 이 시기부터 사업구조 고도화와 품질경영 등 새로운 경영혁신 드라이브가 본격화되고, 2003년의 노사분쟁, 안전 문제에 대한 안팍의 비판 등을 경험하면서 적극적인 대처와 조직의 결속을 추스르기 위해 그 주요한 수단으로 교육훈련이 강조되고 있는 것으로 보인다.

이 과정에서 생산기능직 사원들의 지식근로자화도 촉진되고 있다. 생산기능직 사원들에게도 상당한 정도의 교육훈련 기회가 제공되며, 관리직으로의 승진 개방, 승진과 교육훈련의 연계[107] 등과 같은 조건들이 교육훈련에 적극적으로 임하도록 동기를 유발하고 있다고 할 수 있다. 인사노무 실무당사자들의 평가에 의하면 노동자들의 교육훈련에 대한 만족도도 높고 교육훈련의 생산성 향상 효과도 존재하는 것으로 평가되며, 회사측은 경쟁기업에 비해 노동자들의 업무수행 능력과 지식 수준이 더 높다는 평가를 하고 있다.

6. 성과와 시사점

삼성중공업의 성장은 2000년대 들어와 두드러졌다. 1990년대까지만 해도 노사불안을 포함한 경영불안이 잔존하였으나, 1990년대 말의 경제위기 상황에서 고용안정협약을 통한 노사안정과 사업구조조정을 통해 내실을 튼튼히 함으로써 2000년대의 도약을 기약할 수 있게 되었다. 삼성중공업이 이 시점부터 경영전반에서 '글로벌 경쟁력'을 강조한 것도 이러한 자신감을 표현하고 있다고 할 수 있다.

---

107) 계층별 훈련이나 직무 훈련, 어학교육, 그리고 각종 사이버 교육 등에 대해서는 그 이수 여부에 따라 직급승진 평정시에 총점 100점 중 약 2~4점 정도의 비중을 차지하는 형태로 반영되고 있다.

(1) 성 과

1) 노사관계 성과

2000년대 들어와 삼성중공업의 노사관계는 전반적으로 개선되고 있다. 첫째, 1998~2007년간 임금인상은 5~7%대에서 안정화되었다. 임금인상률은 구조조정 직후인 2000년 및 2001년, 그리고 노사분쟁이 발생한 2003년과 2004년에 7%대를 기록했고, 다른 해에는 5~6%를 기록하였다. 둘째, 산업평화가 유지되고 있다. 노동자협의회에 파업권이 제공되어 있지만 파업은 발생하지 않았다. 2003년과 2004년에 삼성중공업 노사는 이례적으로 강렬한 분쟁을 경험하였는데, 이 분쟁은 수 차례의 집회를 동반하는 등 삼성중공업에서는 이례적인 것이었다. 그러나 2004년 노사는 곧바로 신뢰를 회복하고 경영상의 곤란을 극복하는데 협력을 취하였다. 셋째, 고용성과를 보면, 구조조정기에는 고용추이가 들쭉날쭉하고 협력사 노동자들의 고용이 대폭 증가하였다. 그러나 2003년경부터는 직영직의 고용증가가 빠르게 이루어지고 협력사 고용증가율이 둔화되어 양호한 경영성과가 고용성과로도 이어지고 있음을 확인할 수 있다. 넷째, 결근율과 이직률은 보면, 결근율에서는 0.3~0.4%로 연도별 차이가 거의 나타나지 않는 반면, 이직률은 구조조정기에 7.95%까지 상승했다가 2003년부터는 1%대의

〈표 3-73〉 삼성중공업의 연도별 노사관계 성과

	1998	1999	2000	2001	2002	2003	2004	2005	2006	2007
임금인상률(%)	동결	2.4	7.4	7.2	5.1	7.4	7.2	6.4	6.5	6.5
파업건수(건)	0	0	0	0	0	0	0	0	0	0
노사분쟁발생건수(건)		–	–	–	–	1	1	–	–	–
직영고용증가율(%)	-7.4	–	5.2	-2.6	0.7	11.0	8.2	3.9	27.7	–
협력사고용증가율(%)	-11.6	-1.4	24.2	43.3	-10.2	45.0	-5.5	39.4	1.4	–
직영+협력사고용증가율(%)	-9.0	-1.6	12.4	16.7	-4.9	27.6	0.6	22.4	12.1	–
결근율(%)	0.3	0.4	0.3	0.4	0.4	0.3	0.3	0.4	0.4	0.3
이직률(%)	7.95	3.97	3.23	4.43	2.71	1.36	1.7	1.79	1.6	1.84
산재발생건수(건)	91	103	113	102	144	160	253	237	205	194
재해율(%)	0.83	0.89	0.89	0.76	0.99	0.94	1.43	1.15	0.93	0.82

자료: 삼성중공업 내부자료(2008).

낮은 이직률을 보이고 있다. 결근율과 이직률 모두 매우 낮은 수준에서 유지되고 있다. 다섯째, 산재발생건수 및 재해율을 보면, 1998년부터 2004년까지 발생건수와 재해율이 계속 상승하였다가 2005년부터야 하락하고 있다.

2) 운영성과

삼성중공업 조선해양부문의 운영성과도 2000년대 들어와 지속적으로 개선되었다. 우선, 인당부가가치를 통해 생산성 추이를 살펴보면, 2004~2007년간 79.1%가 상승하였다.

글로벌경쟁력 확보를 위해 삼성중공업이 강조해 온 품질경영의 성과들 크게 두드러진다. 고객체감불량률은 동기간 절반 미만인 56.1%가 감소했고, 공정상의 품질을 대표하는 용접불량 역시 같은 기간에 30.8%가 감소하였다. 고객이 생산현장의 품질관리 능력을 신뢰하여 품질검사를 생산현장에 위임하는 것을 의미하는 검사취소율 역시 같은 기간에 45.2%가 감소하였다. 마지막으로 선박당 고객의 지적항목 수도 같은 기간에 척당 165건에서 70건으로 절반 아래로 줄어들었다.

〈표 3-74〉 삼성중공업 조선해양부문의 운영성과

	2004	2005	2006	2007	04~07년간 증가율(%)
인당부가가치(백만 원)	92.5	100.8	112.4	165.7	79.1
고객체감불량률(%)	0.57	0.47	0.33	0.25	−56.1
용접불량률(%)	0.65	0.53	0.49	0.45	−30.8
검사취소율(%)	0.42	0.38	0.27	0.23	−45.2
NCR(고객지적항목)	165/척	135/척	88/척	70/척	−57.6

자료: 삼성중공업 회사 내부자료(2008).

삼성중공업의 생산성과 품질은 경쟁업체들과 비교해도 두드러진 바가 있다. 인당 선박건조량으로 계산한 삼성중공업 인력의 생산성은 경쟁업체인 H사와 D사에 비해 1.2배 내지 1.5배 가량 높은 수준이며, 고객체감불량률은 경쟁사들에 비해 약 4분의 1 수준이다. 또한 용접불량률도 경쟁업체에 비해 현저히 낮게 나타나고 있다.

〈표 3-75〉 조선 3사간 기능인력 인당선박건조량(2002-2005) (단위: GT)

	인당선박건조량(단위: GT)				고객체감불량율(%)	용접불량율(%)
	2002	2003	2004	2005	2007	2007
삼성중공업	330.3	318.2	351.6	344.2	0.33	0.49
H사	238.9	240.4	257.6	287.9	1.40	1.20
D사	260.2	276.2	255.3	233.5	1.18	0.58

자료: 인당 선박건조량은 비전노동센터(2007), 고객체감불량률 및 용접불량률은 회사자료.
주: 인당 선박건조량 = 연간선박건조량 /(정규기능인력+사내하청기능인력).

3) 재무성과

삼성중공업이 처음으로 흑자를 실현한 것은 1990년이었으며, 그 이전만 해도 엄청난 부채비율과 자본잠식 상태 등으로 경영 상태가 극히 비정상적이었다.[108] 경영불안은 1990년대 들어와 상당히 완화되었지만, 경기순환 외에도 제3도크 등 시설투자에 따른 막대한 규모의 부채로 인해 대규모의 영업이익을 시현했음에도 불구하고 1996년, 1997년, 2000년에는 적자를 보였다. 그러나 2000년대 들어와 삼성중공업의 경영실적에는 변화가 나타났다. 매출증대, 사업구조조정을 통한 부채감축, 사업구조 고도화와 품질향상 등으로 2001년~2007년간에 매출이 2배 이상 증대하였으며, 2004~5년에 영업 손실이 발생했음에도 불구하고 당기순익이 꾸준하게 흑자를 유지하고 있다. 특히 2004~5년의 당기순익은 의미가 있다. 1990년대에는 대규모의 영업이익을 시현했음에도 높은 부채비율 등에 따른 영업외손실로 당기순익이 적자가 나거나 소폭 흑자에 머무는 경우가 있었으나, 이 시기에는 영업환경의 악화에 따른 영업이익의 적자에도 불구하고 당기순익에서는 흑자기조를 유지했기 때문이다.

2007년 말 현재 삼성중공업의 경영 현황을 보면 자산 10조 5,606억 원, 자본금 1조 1,549억 원, 매출액 8조 5191억 원, 순익 4,854억 원을 기록하여 외형과 수익에서 현대중공업에 이어 국내 및 세계 제2위의 지위를 차지하고 있다.

108) 예를 들어 1980년도 부채비율이 무려 8,000%대였고, 1982년과 1986~1989년간에는 자본잠식 상황까지 발생했다.

〈표 3-76〉 삼성중공업 매출 및 이익현황(1996~2007) (단위: 억 원)

연도별	매출액	영업이익	당기순익
1996년	32,557	1,222	-2,946
1997년	39,532	5,440	-955
1998년	37,532	5,334	706
1999년	37,031	5,823	85
2000년	35,835	3,152	-2,252
2001년	41,106	2,205	1,065
2002년	42,638	2,205	1,065
2003년	41,512	1,445	1,506
2004년	46,559	-1,087	531
2005년	55,467	-43	743
2006년	63,517	2,112	1,572
2007년	85,191	4,572	4,854

자료: 삼성중공업 사업보고서 각년도.

(2) 시 사 점

삼성중공업은 2000년대 들어와 조선산업의 대표적인 고성과작업장으로 발전하고 있다. 이 같은 점은 매출성장, 생산성, 수익률 등의 양적 성과지표와 사업구조, 품질, 인재확보 등과 같은 질적 경쟁력 요인의 상태를 통해 확인할 수 있다. 노사관계의 시각에서는 무엇보다도 근로조건에서 노동자들에게 양호한 결과를 제공하고 있다는 점이 주목의 대상이다.

삼성중공업의 고성과에는 그간 추구해 온 비노조 노사관계가 정착되어 나름의 성과를 거두었다는 점이 영향을 미치고 있다. 첫째, 비노조 대변기구와의 파트너십과 다양한 열린 경영 프로그램들을 통한 노사관계 관리는 장기간에 걸쳐 노사간 신뢰와 산업평화의 유지, 노동유연성의 추구를 가능하게끔 함으로써 기업의 운영성과를 제고하는 데 기여하였다.

둘째, 고용보장, 높은 임금과 성과보상, 통합형 승진제도, 공정한 인사관리 등은 비노조주의 노사관계를 지속할 수 있도록 하는 동시에 개별 노동자들로 하여금 조직에 대한 신뢰와 몰입을 제고하고 높은 생산성을 발휘하도록 유인하는 역할을 담당함으로써 협력적 노사관계의 유지와 운영성과의 개선에 기여하

[그림 3-30] 삼성중공업 노사관계의 전개

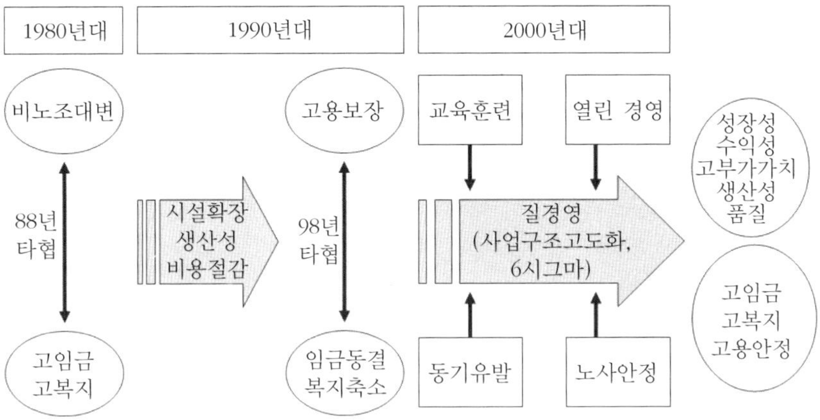

였다.

셋째, 드림아카데미를 비롯한 생산직 노동자의 지식노동자화 정책과 협력사 직원들에 대한 교육훈련의 제공, 그리고 전사적으로 이루어지는 계층별 직무별 교육훈련 프로그램들과 각종의 변화관리 및 조직사회화 교육훈련 프로그램들은 글로벌 경쟁력의 확보를 위해 사업구조의 고도화와 품질경영의 강도를 높이며 질적 변화와 혁신을 꾀하고 있는 삼성중공업의 경영전략 추구에 결정적인 기반으로 기능하고 있다.

삼성중공업의 노사관계에는 개선해야 할 측면도 있다. 첫째, 노동자협의회가 지닌 '경제주의적' 한계를 지적할 수 있다. 노동자협의회는 고충처리·임금·복리후생 등 분배개선에 집중된 반면, 생산과 경영에 관련된 역할은 상대적으로 부진하다고 보아진다. 이는 작업조직의 개선과 혁신, 경영에서의 생산적 역할을 제약하여 회사의 글로벌 경쟁력 확보를 위한 노사관계의 기여를 감소시킬 수 있다. 둘째, 삼성중공업의 사내협력사 인력은 직영 기능인력의 2배를 상회하는 주요 인력군으로 이들의 몰입과 생산성 수준이 고성과 유지에 결정적인 영향을 줄 수 있다. 따라서 협력사 인력의 고용안정, 경력개발, 산업안전 등에 대한 기여가 더욱 필요할 것이다. 셋째, 최근 빠르게 개선되고 있으나 조선업계 전반에 걸친 노사관계의 이슈인 산업안전 문제는 삼성중공업에서도 중요하다.

제8절 유한킴벌리: 학습과 혁신의 강소 조직

1. 사례의 배경

(1) 회사 소개

유한킴벌리는 1970년 3월 30일, 유한양행(1926년 설립)과 미국의 킴벌리클라크(1872년 설립)사가 합작하여 투자, 설립한 회사이다. 주요 사업은 개인위생용품, B2B, 디지털 날염(DTP+Nano Ink), 화장품 등으로 제품의 특징상 다품종 생산 방식을 지향하고 있어 제품의 종류가 매우 다양하다(〈표 3-77〉 참조).

〈표 3-77〉 유한킴벌리의 주요 사업 및 브랜드

유아위생용품: 기저귀, 물티슈 등
여성/성인위생용품: 생리대, 성인용 기저귀, 매트, 물티슈 등
가정위생용품: 화장지, 미용티슈, 키친타올, 냅킨 등
B2B 사업(산업위생용품, 병원위생용품, 부직포): 수술포, 가운, 마스크, 산업용 작업복, 유흡착제, 화장실용품 등
디지털 날염사업(DTP, Digital Textile Printing)
화장품(Bath & Baby 스킨케어): 유아용 스킨케어, 어린이용 스킨케어 등

제품의 종류가 다양한 만큼 각 제품의 경쟁자들도 다양한 특징을 가지고 있어 경쟁자수는 많다 할 수 있으나 가장 유력한 경쟁자로서 글로벌 기업 P&G, 일본의 유니참 등을 들 수 있다. 품목별로 주요 경쟁자라 할 수 있는 P&G, 유니참, 대한펄프 중 P&G는 다품종 생산방식을 채택할 수 밖에 없는 가장 다양한 상품 영역으로 사업을 진행하고 있어 유한킴벌리와 비교하여 볼 수 있는 강력한 경쟁자이다. 시기별로 보면 주요 제품 시장점유율에서 1994~1995년 시장점유율 1위는 P&G(약 67%)였고 유한킴벌리(당시 시장점유율 20%)는 99년까지 1위 자리를 P&G에게 내주고 있다가 2000년 이후 역전에 성공하여 2008년 현재까지 주요 제품 점유율 1위를 차지하고 있다.

유한킴벌리는 한국과 미국의 합작회사이지만, 한국에서 성공적인 경영성과를 거두면서 2003년부터 글로벌기업이자 투자사인 킴벌리클라크의 북아시아

리딩 컴퍼니(leading company, 사업총괄)가 될 수 있었다.

(2) 사업장 현황

현재 유한킴벌리 본사는 서울에 소재하고 있으며 제 1 공장이 군포에, 제 2 공장이 김천에, 제 3 공장이 대전에 위치하고 있다. 제 1 공장이 가장 최초로 설립된 공장이며 제 3 공장이 가장 나중에 설립된 공장이다.[109)]

본사: 서울 대치3동 942 해성빌딩
제 1 공장(군포): 경기도 군포 당정동 27-4
제 2 공장(김천): 경북 김천시 대광동 746-1
제 3 공장(대전): 대전시 대덕구 문평동 41-1

(3) 직원현황

2008년 5월 현재 전체 사원수는 1,709명이며 이 중 비정규직은 16명인데 비정규직은 대부분 출산휴가나 육아휴직 등으로 인한 임시 결원을 보충하기 위한 자리로 채워져 있다. 직종별로는 생산직 54.2%, 사무직 21.6%, 기술직 9.7%, 영업직 8.4%, 기타 6.1% 등으로 구성되어 있다(2007년 기준).

2008년 연평균 고용창출률[110)]은 0.8%로, 대부분의 제조업의 경우 아웃소싱이나 고용조정 등으로 정규직 인력의 규모가 줄어들고 있는 추세에 비하면 조금씩이나마 꾸준히 증가하고 있는 추세이다. 2007년 연 이직률은 0.2%로 2007년 국내 제조업 평균인 약 2.23% 보다 매우 낮다. 사원들의 평균근속년수는 2007년 12월 기준으로 13.3년(여성 9.9년, 남성 14.1년)이다.

제조업체 특성상 남녀비율의 경우 전체적으로는 남성이 84%, 여성이 16%를 차지하고 있으나 본사 사무직과 연구직에서는 여성이 각각 40.5%, 35.9%로 여성비율이 높은 특징을 가지고 있다. 단체협약이 적용되는 조합원수는 953명이며, 대상의 80%가 노동조합에 가입하고 있다. 2007년 기준 월평균 근로시간은 183시간 이었다.[111)]

---

109) 제 1 공장은 1970년에 제 2 공장은 1980년에, 제 3 공장은 1994년에 설립되었다.

110) 고용창출률=(당해년도 인원수-지난년도 인원수)/지난년도 인원수×100

111) 유한킴벌리는 근로시간을 산정시, 생산직의 경우 휴식과 식사시간을 연장근로시간에 포함하며, 사무직의 경우 고정특근시간을 근로시간에 포함한다고 한다.

〈표 3-78〉 직원 현황

분 류		2004	2005	2006	2007	2008
고용	전체사원수(명)	1,602	1,680	1,706	1,695	1,709
	장애인고용(명)	1.7	1.9	2.0	2.1	2.1
	계약직 고용(명)	19	19	24	19	16
	평균근속년수(년)	11.6	11.8	12.6	13.3	13.5
이직	연평균이직률(%)	0.3	0.2	0.2	0.2	-
여성 인력	여성인력비율(%)	15	15.5	15.7	15.7	15.9
	이사대우 이상(%)	3.5	3.5	3.4	15.7	16.6
	사무연구직분포(%)	31.5	33.1	33	31	34
	신규채용(%)	35.9	21	29.4	48	33.3
출산	출산휴가사용자(명)	34	18	21	25	11
	출산휴가 후 복직률(%)	100	100	100	100	–
	육아휴직사용자(명)	0	1	1	5	3
	육아휴직 후 복직률(%)	–	100	100	100	–
	배우자출산휴가 사용자(명)	96	63	103	108	22
	배우자출산휴가 사용률(%)	100	100	100	100	100

자료: 유한킴벌리 지속가능성보고서, 2008.

배우자 출산휴가란 배우자가 임신하여 아이를 출산할 때 당사자인 근로자가 휴가를 가질 수 있는 제도로 유급휴가의 성격을 가지고 있다. 반드시 근로자에게 주어지는 법정휴가는 아니나 권고 사항으로 되어 있는 제도로 2008년 8월부터 2일에서 3일로 휴가 기간이 확장되었다. 유한킴벌리는 출산휴가, 산전후 휴가, 육아휴직, 배우자출산휴가 등 다양한 가족친화제도를 시행하고 있으며 해당근로자가 실제적인 혜택을 누릴 수 있도록 지원을 하고 있다.

(4) 경영이념

유한킴벌리의 경영이념은 회사의 사명과 경영방침을 통해 확인할 수 있다. 이 중 다른 기업들에 비해 구분되는 특징은 인간존중과 사회공헌의 내용이 특히 강조되고 있다는 점이다. 혁신주도, 고객만족, 가치창조 등은 시장경쟁에 노출된 기업들의 생존을 위해 필수적인 것들이므로 다른 우량 기업들에서도 비슷한 내용이 발견된다. 그러나 유한킴벌리는 이러한 혁신 가치를 중요시하고 있을 뿐만 아니라 인간존중과 사회공헌 및 사회책임을 강조하고 있다. 특히, 인간존중의 경영은 회사의 윤리경영, 고용안정, 평생학습의 제도와 문화 등에 반영되고 있고, 사회공헌은 다양한 사회책임활동(Social Responsibility)에 반영되고 있다. 이외에도 UN글로벌콤팩트 가입에 따라 인권, 노동, 환경, 반부패에 관한 10대 원칙을 준수하고 있다.

〈표 3-79〉 경영이념

- 기본사명: 소비자가 선호하는 유익한 제품과 서비스를 공급하여 위생문화 발전을 선도하고 건강과 복지향상에 기여한다.
- 경영방침: 인간존중, 고객만족, 사회공헌, 가치 창조, 혁신주도
- 비전 2015: 아시아에서 가장 존경받는 회사가 된다.
- 주요 가치
  - 세계적인 경쟁력 확보
  - 수출중심기업으로 전환
  - 신규사업 창출
  - 사업책임 경영 선도
- 전　　략
  - 전사업부문에서 고성능화, 고부가가치화, 고급화
  - 시스템, 프로세스, 조직, 인력개발 계획 수행
  - 첨단 신기술 대규모 성장 프로젝트로 공장 합리화
  - B2B 프로페셔널, 병원용품, 부직포 사업통합으로 성장 시너지 극대화
  - 글로벌 경영 역량 강화로 해외시장 개척 가속화
  - 세계적인 규모의 신규사업을 여성용품, 건강용품, 환경사업분야에서 창조
  - 기술혁신을 통한 신규사업 및 시장 개발 가속화
  - 사회적 자본의 극대화

유한킴벌리의 턴 어라운드를 주도했던 문국현 전 대표이사 사장과 유한양행의 유일한 창업자의 철학에서도 유한킴벌리의 사명과 경영이념을 확인해 볼 수 있다.

> "기업은 이윤만을 추구하는 조직이 아니라 그 구성원의 공동운명체이다."
> "기업의 제 1 목표는 이윤의 추구이다. 그러나 그것은 성실한 기업활동의 대가로 얻어야 하는 것이다." – 유일한 박사

"기업활동은 누군가의 영혼을 빌리는 것이라 생각한다."

"기업은 언제든지 살 수 있지만 사람의 마음은 그렇지 않다"(문국현 전 대표이사).

위에서 볼 수 있듯이 창업자와 전 대표이사 사장 모두 인적 자산을 중시하는 경영철학을 가지고 있음을 알 수 있다. 이와 같은 경영철학은 효율성과 혁신을 중시하는 경영조직의 속성을 현실적으로 인정하고 추구하면서 동시에 구성원들의 교육과 만족, 아울러 기업의 사회적 관계를 중시하는 경영정책과 기업문화를 지향하게 된 기초가 되었다. 유한킴벌리의 경영정책이나 이념에서 타 기업과 구별되는 특징은 경영에서 기업시민정신(Corporate Citizenship)을 무척 강조한다는 것이다.

즉, 기업의 이익만 실현하기보다는 기업이 속해 있는 사회와 국가를 포함한 토털 코스트를 고려하고 중시한다. 사회책임 경영을 선도함으로써 사회적 자본을 극대화하여 존경받는 기업이 되겠다는 비전도 이러한 배경에서 산출된 것으로 볼 수 있다. 유한킴벌리의 기업시민정신은 내부적으로는 고용정책, 외부적으로는 사회책임 활동을 통해 잘 나타난다.

고용정책을 보면 무해고를 지향하고 있는데, 이는 기업이 직원을 해고하면 직원 개인의 삶의 질 저하뿐만 아니라 사회적 부담이 증가되기 때문에 기업에서 인력의 역량과 경쟁력을 강화하면서 성과 향상에 기여하도록 하는 것이 기업의 비용뿐만 아니라 사회적 조정비용도 절감할 수 있다는 입장이다.

기업에서 한번 채용한 사람을 끝까지 유지하려면 그 사람으로 하여금 시대의 새로운 지식을 선도하게 하는 경쟁력을 배양하여야 하며 이를 위해 필요한 것이 지속적인 교육 훈련이다. 해고나 감원은 사회적 국가적 비용을 초래하는 행위이므로 기업은 직원들을 지속적으로 교육하고 이에 적극 투자할 뿐 아니라 끝까지 책임져 주어야 한다는 것이며 인간을 인적 비용개념이 아니라 인적투자 개념으로 접근해야 한다는 것이다. 이와 같은 정책으로 인해 유한킴벌리는 직원을 해고한 적이 거의 없다. IMF 당시 어려웠던 시절에도 고용안정 방침을 유지하고, 평생학습을 통해 새로운 경쟁력을 추구해 왔다. 이와 함께 '우리강산 푸르게 푸르게' 캠페인을 포함하여 수많은 환경보전활동과 메세나 활동 등을 통해 주도적이고 참여적인 사회공헌활동을 전개해 왔다.

2. 노사관계

유한킴벌리의 현재 모습을 보면서 노사분규나 큰 어려움 없이 성장한 회사라고 오해할 수가 있다. 그러나 유한킴벌리는 한때 주력 제품에서 시장점유율이 18% 이하로 떨어지는 어려운 시기를 겪었고 노사분규도 심했던 적이 있었다. 유한킴벌리의 학습 및 혁신체제로의 성공적인 전환이 어떤 노사관계의 지형에서 이루어졌는지를 정확하게 이해할 필요가 있다. 경영혁신을 추구하는 많은 국내기업들이 노동조합과의 반대를 어려워하여 쉽게 혁신에 나서지 못하고 있는 상황을 감안하면 유한킴벌리의 노사관계 특징과 전개과정을 정리하는 작업은 매우 의미 있는 일이다.

본 글에서는 유한킴벌리의 노사관계를 노조실패의 시기(1987~1993), 노사대립의 시기(1994~1996), 노사협력으로의 전환기(1997~2002), 노사협력과 실리의 추구(2003~2007)까지의 4 시기로 나누어 정리했다(〈표 3-80〉 참조).

〈표 3-80〉 노사관계의 전환

시기	1987~1993	1994~1996	1997~2002	2003~2007
표제	노조 결성과 실패	노사대립의 시기	노사협력으로의 전환기	노사협력과 실리의 추구
내용	노조의 설립, 휴면 노조화	노조의 재창립, 경영혁신을 둘러싼 노사대립과 파업	IMF 경제위기, 경영혁신으로의 협력, 4조 2교대제의 도입	협력노선의 정착, 조합원복리의 추구

(1) 노동조합의 결성과 실패: 1987년~93년

유한킴벌리는 창업주의 온정주의적 노무철학에 입각하여 국내에서는 드물게 종업원들에게 임금과 근로조건 등에서 비교적 인간적인 대우를 실현해 왔던 것으로 알려져 있다. 임금측면에서 동종의 회사에 비해 매우 높았고 근로조건 등도 매우 양호했다고 한다. 그러나 1987년 전국적인 노동운동의 분출기에 유한킴벌리에도 노동조합이 결성되었다. 제1공장인 군포공장에서 노동조합이 최초로 결성되었는데 학생운동이나 재야세력 등의 연계는 없었다. 여러 다른 노동조합이 그렇듯이 당시 노동조합은 선파업 후교섭의 행태를 보였으며, 애초부터 대화가 불가능할 정도로 과격한 특징을 보였다고 당시의 노사관계자들은 증언하곤 했다.

3개월간의 활동을 벌였으나 초기 노동조합의 붕괴는 의외의 사적인 사건으로 나타났다. 이 당시 노동조합위원장인 L씨가 개인적인 폭행사건으로 인해 형사 고발당하고 이에 의해 해고된 것이다. 조합활동에 따른 구속과 해고가 아니었으므로 복직을 주장하기 어려운 상황이었고, 타 노조간부들 역시 노조조직을 유지하려는 의지를 보이지 않았다. 이 요인은 당시 위원장을 비롯한 노조 주도세력이 지나치게 과격하고 폭력적이었다는 것으로 주도세력의 도의적 결함이 오히려 조합원들의 단결과 동원을 저해했을 뿐 아니라 조합원들의 지지를 잠식한 결과로 나타난 것으로 해석된다(조성재, 2004). 예를 들면 노조회의석상이나 단체협상석상에서 도끼를 들고 책상을 내려치는 등 조폭이나 행사할 수 있을 정도의 공포분위기를 조성하기도 했고 실제적으로 대화할 분위기를 조성하지 않았다고 한다. 결국 노동조합은 활동이 없는 휴면노조상태로 진입하였고 1993년까지 아무도 집행부로 나서려는 사람이 나타나지 않았다.

(2) 노사대립: 1994년~1996년

사실상 무노조상태가 지속되던 1994년 5월 3일 갑작스럽게 새로운 노동조합 설립 신고서가 관련 관청에 접수되었다. 새롭게 등장한 노조설립세력은 당시 3교대 근무의 특성상 하룻밤이면 가입원서를 모두 받을 수 있다는 사실을 이용하여 5월 3일 노조설립신고서를 민원실에 접수하고 다음날 10시까지 대부분 종업원들의 가입원서를 받는 방식으로 진행했다. 전격적인 노조설립은 1대, 2대, 3대 노조위원장을 역임한 최남렬 씨가 주도하였는데 그는 1990년대 초반부터 비밀리에 노동조합 결성을 추진하였으며 노조결성을 위해 재야운동이나 운동권학생들과의 조직적인 연계를 가지진 않았다.

유한킴벌리가 뒤늦게 노조결성의 동력이 생겼던 원인은, 1980년대 후반부터 1990년 초반까지 노조활동이 왕성했던 타 회사의 경우 임금상승률이 높았으나, 노조활동이 유야무야했던 유한킴벌리의 경우 임금상승이 제대로 이루어지지 않았던 점을 들 수 있다. 특히 노조가 결성된 타 회사들이 두 자릿수 임금상승을 보인 반면, 당시 경영실적이 저조했던 유한킴벌리의 경우 정부의 한 자릿수 임금상승과 결합하여 상대적 임금 수준이 낮을 수밖에 없었다.

그러나 최 위원장은 1987년 초 노동조합의 실패 경험, 상대적 임금하락 등의 경험 등을 통해 유한킴벌리 노동조합의 이념적 지향성을 보다 실리적으로 결정하였다. 최 위원장은 1994년 5월 25일 노동조합 현판식에 모인 내외귀빈과 조합원 앞에서 "회사가 황금알을 낳는 거위가 될 수 있도록 협력하겠다. 그러나 이익분배에 있어서는 절대로 양보하지 않겠다"라고 하며 '생산에서의 협력, 분배에서의 투쟁'이라는 운동방향을 명확히 천명하였다. 즉 작업장 통제나 노동계급의 연대, 노동자의 정치세력화 등 보다는 기업 내에서 조합원들의 실리를 추구하는 노선을 명확히 한 것이다. 이에 따라 유한킴벌리 노동조합은 상급단체로 당시 민주노조운동세력의 결집체인 전노협에 가입하지 않고 이념적(정치적) 지향성이 상대적으로 약한 한국노총 화학연맹의 제지분과에 속할 것을 결정하였다.

1994년 10월에 최초의 단체협약이 체결되고 군포, 김천, 대전의 3개 공장과 성남의 물류센터 등에 지부가 잇달아 결성되어 노조는 조직력과 투쟁력을 어느 정도 갖추게 되었다. 이에 따라 사측과 매년 임금인상 교섭을 벌이기도 하고 2년마다 단체협약 개정 교섭에 나서기도 했다.

1994년은 문국현 씨가 수석 부사장에 취임했던 해이며 이 당시부터 노사의 대립적 구도가 첨예화되기 시작했다. 이에 앞서 문국현 씨는 1992년 대전공장을 설립할 때 4조 3교대제를 인정하는 신입사원들만을 채용하여 대전 공장을 만든 경력을 가지고 있었다. 이어 4조 3교대제를 군포 및 김천공장에도 도입할 의사를 가지고 있었다. 이런 의도를 무엇보다도 잘 알고 있었던 당시의 노조 집행부는 4조 3교대제를 군포와 김천 공장에 도입하는 것에 강력하게 반대했고 이 문제를 중심으로 경영진과 사사건건 대립했다. 1995년 2월 문국현 수석부사장이 사장으로 취임하면서 군포와 김천공장에도 4조 3교대제를 실시하기 위한 본격적인 시도에 착수했다. 먼저 군포공장에 4조 3교대제를 공식적으로 제안했으나 예상대로 노조의 반발은 거세었다. 문 사장의 제안이 발표된 직후 노조는 긴급간부회의를 열어 4조 3교대제는 강한 노조를 탄압하기 위한 구실이기 때문에 절대 받아들일 수 없으며 노조는 똘똘 뭉쳐서 반대 투쟁을 하기로 결의를 다졌다.

1996년 들어 노사대립과 노노갈등이 더욱 고조되었다. 노사대립은 주로 임금인상과 후생복지 증진에 대한 쟁점이었고 노노대립은 실리적 노선의 당시 집행부에 대해 보다 대립적이고 투쟁적인 노선을 주문하고 있는 집행부 반대파의 비판이 고조된 것이다. 조합 내부적으로는 집행부 반대파의 성장으로 현 집행부를 규제하고자 한 움직임이 생겨났고 급기야 노사교섭을 통해 도출된 안이 조합원 찬반투표를 거쳐 협약을 체결하도록 규약을 개정하였는데 사용자인 유한킴벌리는 이를 인정하지 않고 교섭대표가 체결권까지 가져야 한다고 주장하면서 교섭을 거부했다. 이런 회사측의 태도는 그동안 요구사항의 불충분한 수용에 불만을 가지고 있던 노조 간부들을 자극하여 본사 사장실을 점거하고 단식 농성에 돌입하는 사태가 발생했다. 점거농성기간 동안 머리띠를 두르고 노동가요를 부르는 등 다른 사업장과 유사한 분규 양상이 일어났다. 잠시 피해 있던 사장은 이틀 후 빵 봉투를 들고 사장실에 나타났으며 사무실 바닥에 함께 앉아 노조원들의 요구사항을 귀담아 들은 후, 교섭을 개시할 수 있도록 하였다.

다시 재개된 교섭에서 조합은 임금 인상건에서 회사와 이견이 발생해 8일간의 파업이 발생했으며 이 파업은 한국노총 화학연맹과 군포지방노동사무소의 중재에 의해 비로소 수습되었다.

(3) 노사협력으로의 전환: 1997년~2002년

1996년 초부터 한국의 경제상황은 급격하게 나빠지기 시작했다. 외환위기의 징조가 나타나기 시작한 것이다. 국제 경쟁력이 약화되면서 경기는 침체되었고 이로 인해 많은 기업들이 직원들의 감원을 단행했다. 실업자수는 100만 명에 육박했고 근로자들 사이에서는 언제 회사에서 해고될지 모른다는 위기감이 생겨났다.

유한킴벌리도 예외는 아니어서 국내의 소비가 급격히 줄어들면서 공장 기계의 가동률이 시간이 갈수록 줄어들고 있었다. 1996년 중반 이후에는 공장 가동률이 이전의 절반 수준으로 곤두박질 쳤다. 사정이 이러다 보니 여유인력이 생겨나기 시작했으며 그 비율은 갈수록 높아져 급기야 전체직원의 40%를 넘어서게 되었다. 근로자들은 대량 해고의 위협을 피부로 느끼고 있었으며 실리적인 온건 노선인 당시의 집행부가 근로자들을 해고의 위협으로부터 보호해 줄 수 있을 지에 대해 의구심을 갖기 시작했다. 즉 보다 강력한 노선의 노동조합을 기대하는 사람들이 많아지기 시작한 것으로 이는 당시 노동조합 내부의 정치적 동태성이 이전보다 증가했음을 의미한다.

1997년 3월에 실시된 2대 위원장 선거는 노동조합의 진로와 노사관계의 향방에 매우 중요한 분기점이었다. 간신히 재집권에 성공한 최 위원장은 당시 노조결성 당시의 회사에 대한 적개심이 많이 희석된 상태였고 위원장에 당선된 최 위원장에 대해 회사는 깍듯이 예우했으며 회사의 각종 경영정보를 충실히 제공했다. 실리적 온건노선의 최 위원장의 연임은 유한킴벌리 노조의 향후 방향을 결정한 주요한 분기점이 되었다.

회사의 투명한 회계처리 절차와 경영현황 및 경영진이 진심으로 조합을 경영의 파트너로 인정하고 있다는 사실을 잘 알고 있는 최 위원장은 아예 임금교섭을 회사에 위임해 회사의 지불능력에 따라 이를 임금인상에 부가하여 관철하는 극단적인 실리 전략을 폈다. 그리고 대의원대회에 이 안건을 부쳐 통과시켰다. 이 결과 1997년부터 98년, 99년까지의 3개년간 임금교섭을 회사에 위임했고 회사는 위원장과 조합원이 기대한 수준 이상의 임금인상률을 통보하며 이에 화답했다. 예를 들어 1999년 당시 한국노총 화학연맹의 임금인상률 제시안은 6.3~6.5%였고 유한킴벌리노조는 7.5% 인상을 조합원들에게 장담했는데, 당시 회사는 8.5% 임금인상을 통보했다. 이렇게 시작된 노사화합분위기는 경영진의 고용보장 선언, 교대제개편 논의 등 경영혁신조치들과 상승작용을 일으키며 심화되어 갔다.

1997년 경제상황은 갈수록 나빠졌다. 특히 유한킴벌리는 대내외적으로 강력한 도전을 받는 위기상황에 직면해 있었다. 미국과 일본, 유럽 등지에서 인정받는 최고의 기업들이 우리나라의 유아, 여성, 가정용품 산업에 몰려왔고, 우리나라의 재벌 기업들마저 이 분야에 진출하기 시작했다. 유한킴벌리의 이익률과 시장점유율은 갈수록 떨어져 기계가 멈추고 생산현장에서 유휴인력이 엄청나게 늘어났다. 생산현장에서 할 일이 없어진 직원들은 바닥 청소를 하거나 기계에 페인트칠을 하거나 잔디밭에서 풀을 뽑으며 하루하루를 보내야만 했다.

회사는 궁여지책으로 유휴인력을 따로 모아 교육을 시키거나 영업지원을 내보내기로 했다. 창고에는 내수부진으로 인한 재고가 엄청나게 쌓여 있었으며 기계를 다시 가동하기 위해서는 재고상품 등을 소진해야만 했다. 회사는 손을 놓고 있는 60여 명의 생산직 여직원들을 매장에 내보내 판촉활동을 하라고 지시했다. 그러나 영업지원을 지시 받은 직원들은 이를 정리해고의 수준으로 받아들이고 곧 바로 분신조와 삭발조를 편성해 공장 정문에 앉아서 무기한 농성에 들어갔다. 최 위원장은 이들을 한 나절 이상 설득하여 이들에게 노조에 대한 믿음을 심었고 할인매장으로 출근하여 창고에 쌓여 있는 제품을 판매하도록 했다. 결국 4~5개월 이후 재고가 줄게 되자 이들은 다시 공장으로 복귀할 수 있었다.

1997년 회사의 위기 현상을 피부로 절감한 노조 집행부는 회사를 찾아가 몇 년 전 반대했던 4조 교대제에 대한 시행과 더불어 더 좋은 제도를 만들기 위해 연구팀을 만들어 운영하자는 제안을 했다. 이는 회사가 언제까지 놀고 있는 유휴인력에게 임금을 지불하고 고용보장을 할 수 있을 지에 대한 실질적인 우려가 작용한 것이다. 아이러니컬하게도 수년 전부터 고용불안을 야기할 수 있다는 이유로 반대했던 4조 교대제를 해고를 막고 일자리를 보장할 수 있다는 대안으로 간주하여 노조가 먼저 회사 측에 그 시행을 제안한 것이다.

이와 같은 일련의 과정 속에서 노조내부에서는 집행부와 노조위원장에 대한 불만을 제기하는 노조원들이 많아지기 시작했다. 집행부가 임금교섭권을 회사에 위임하는 등 지나치게 양보를 많이 하며 친경영적인 행보를 한다는 것이다. 노조의 일방적인 양보와 노조의 자주성에 대해 문제제기를 하는 조합원들이 많아져서 노조 내부적으로 수없이 논쟁이 벌어졌다. 그러나 노조집행부는 조합원들을 설득하는 데 있어 논리에 밀리지 않았으며 이런 국면에서 문 사장은 직원들의 불신감을 해소하고자 평생고용을 보장하겠다고 공언했다. 결국 노조집행부의 설득작업과 경영진의 지원사격이 결실을 맺어 조합원들은 집행부의 노선을 믿고 따르게 되었고 군포공장에서의 4조 교대제 등 혁신의 도입도 점차로 동력을 얻게 된다.

1년 동안의 노사합동 제도개발팀의 연구작업에 의해 새롭게 고안된 4조 2교대제가 1998년 12월 1일부터 군포공장에 도입되었다.

회사측은 4조 2교대제가 산업사고를 유발하지 않을까 우려했지만 오히려 산업사고가 줄어들고 근로자들의 생산성이 현저하게 증가함을 발견했다. 4조 2교대제로 인해 근로자들은 집중적으로 일함에 따라 쉬는 시간이 많아졌고 이 시간을 이용해 새로운 교육훈련 등을 자발적으로 보강할 수 있게 되었다. 1999년 중반 이후부터 4조 교대제의 생산성 효과가 서서히 가시화되면서 회사가 비로소 턴어라운드하는 조짐이 나타나기 시작했다. 근로자들은 비로소 새로운 작업조직에 적응하여 심리적인 안정감을 가지게 되었고 남는 시간을 새로운 공부에 도전하거나 휴식을 취할 수 있었다.

그러나 2000년 3월에 실시한 3대 위원장 선거는 다시 뜨거운 분위기 속에서 진행되었으며, 집행부 반대파들은 여전히 위원장의 임금교섭위임과 친경영행보 등에 대해 문제 삼으며 격렬히 비판했으나, 최 위원장은 다시 당선되었다. 최 위원장은 재신임을 토대로 경영혁신에 대한 지지를 밀고 나갔으며, 경영혁신으로 인한 생산성 효과가 가시적으로 나타나기 시작하고 회사가 다시 턴어라운드 하면서 대립노선을 지향했던 반대세력의 목소리는 힘을 잃게 되었다. 당시의 집행부는 4조 2교대제의 고안과 집행에 적극적으로 참여하고 4조 2교대제 시행에 따른 근로자 교육훈련프로그램의 개발이나 사측이 주창한 학습 문화 정착에도 적극적으로 참여하였다.

(4) 노사 협력과 실리의 추구: 2003년~2007년

유한킴벌리의 집행부 임기는 3년이기 때문에 2003년에 다시 4대 위원장 선거가 실시되었다. 이번에도 최남렬 위원장이 입후보했지만 최 위원장이 정년이 가깝고 3대까지 위원장을 독점했다는 것 때문에 당선권에서 밀려났다. 결국 김천공장 지부장을 역임한 신성태 씨가 결선투표에서 90% 가까운 지지를 획득하여 4대 위원장에 당선되었다. 4대 집행부는 전대의 노조인 "분배 면에서는 투쟁하지만 생산에서는 협력한다"는 원칙을 세워가는 그 연장선에 있다고 볼 수 있다. 이런 성향에 대해 현장의 노조 간부는 다음과 같이 진술했다.

"4대 집행부가 전대에 비해 노조의 자율성을 보다 강조하긴 했지만 이 것이 위원장 개인의 성향이었다라기보다는 당시 대의원들의 총체적인 의견이었다라고 봐야 할 것입니다. 그러나 근본적으로 노사협력이나 혁신에 참여하는 이전 집행부의 노선은 그대로 계승되었습니다. 노사협력노선 자체가 조합원들에게 오히려 많은 이득을 주었고 종업원들의 만족을 충족했으므로 과거로부터 지금까지 광범한 지지를 받고 있습니다. 유한킴벌리 노조는 조합원이나 조합간부들이 회사 경영 정보의 대부분을 공유해 오고 있어 종업원들은 회사와 일종의 공동운명체란 의식이 형성되어 있습니다. 위생용품사업의 특징상 경쟁이 치열해서 회사가 실적이 미진하면 그만큼 종업원들도 긴장하게 되고 그 난국을 헤쳐 나가고자 함께 노력합니다. 조합원들이 경영마인드를 가지고 있을 뿐 아니라 회사도 조합원들에게 경영정보를 매월 투명하게 공개하고 있어 서로의 목표와 이해관계가 상호 일치하고 있다고 봐야겠지요"(노조간부 A씨).

단체협약은 2년에 1회 노사합의에 의해 이루어져 왔으며 최근 4년간 쟁의행위는 없었다. 2006년 단협을 통해 확정된 안을 보면 정년연장(55세~57세), 출산과 육아지원 확대, 사원가족 건강지원 확대, 특정질병진단 확대 등 조합원과 조합원가족의 실질적 복리 향상에 관련된 내용이 주종을 이루고 있다(유한킴벌리, 2007).

(5) 향후 노사관계 전망

전술했듯이 유한킴벌리는 노조와 근로자에게 충분한 수준의 경영정보를 적극적으로 공유하고 있으며 노조와 근로자는 사측의 경영혁신활동에 적극적으로 협력하며 참여하고 있다. 노동조합 내부엔 경영혁신에의 협조와 참여가 종업원들에게도 많은 이익을 주어 왔다는 공감대가 형성되어 있을 뿐 아니라 종업원 대부분이 경영자와 비슷한 경영의식과 책임의식을 가지고 있다. 종업원과 회사의 밀착정도는 대한민국의 어느 회사보다도 높으며 이것은 연 0.2% 정도의 이직률에 반영되어 나타나고 있다. 유한킴벌리의 온정적이고 투명한 인사노무정책이 향후 변할 가능성이 없다면 노조 내부적으로도 대립적 계급의식에 기초한 노선의 계파가 생겨날 것 같지는 않다. 이렇게 예상할 수 있는 가장 중요한 요인은 노사가 경영 정보의 공유뿐 아니라 권한의 공유, 책임의 공유, 분배의 공유 등에서 신뢰의 지점이 이미 형성되었고 이 것이 종업원 내부 문화로 발전하여 유지되고 있기 때문이다.

3. 열린 경영

유한킴벌리는 새로운 혁신이나 제도를 시행할 때 항상 현장의 토론과정과 의견수렴과정을 반드시 거치는 문화를 가지고 있다. 종업원들은 누구나 작업장 사안 뿐 아니라 기업의 경영현황에 대해서도 다양한 채널을 통해 정보를 접할 수 있고 동료와 더불어 활발히 토론하여 의견을 제시할 수 있다. 경영진은 다양한 의사소통채널을 통해 수시로 경영 상황과 계획 등을 숨기지 않고 공개하고 있으며 개선 방안이나 새로운 제도 도입에 항상 근로자들의 의견이 반영되도록 노력했다. 본 장은 이와 같은 유한킴벌리의 열린 경영을 뒷받침하는 요소들을 정리하고 있다.

(1) 노사간 경영정보 공유와 의사소통

유한킴벌리의 직원들은 누구나 전사적 자원관리 시스템을 통해 컴퓨터로 직접 경영상 지표 등을 확인할 수 있다. 이 경영지표에는 회사의 매출과 순이익뿐 아니라 과거의 판매흐름, 일별 실적 대비, 월별 트렌드, 현재의 판매현황 등 상세한 내역들을 확인할 수 있다. 모든 직원들이 경영정보를 공유함으로서 기업 이윤에 대해 경영자와 직원 모두가 공동으로 책임을 지고 이에 따른 권리 역시 공동으로 인식하는 문화를 완성했다.

상하 및 수평적 의사소통을 위한 다양한 채널이 활성화되어 공식/비공식 토론 및 활동 등이 활발한 것이 특징인데 예를 들면 정기적 또는 수시적으로 경영계획 및 실적보고가 비디오사보, 가족사보, 인터라넷 등 다양한 매체를 통해 공개되고 있고 이를 기초로 노동조합, 또는 팀별로 의견을 나누고 토의하는 문화가 매우 활성화되어 있다. 비디오사보는 격월간으로 정기적으로 발간되고 월별 경영성과, 월별 매출액, 제품별 성과, 소비자 불만, 원가절감 등에 대한 정보와 CEO 메시지가 제공되어 임직원들은 회사의 현황과 당면과제를 정기적으로 확인할 수 있다. 또한, 비디오사보 시청 후 주요 현안 등에 대해 토론함으로써 의견을 교류하고 토론 결과들을 공유하여 회사의 비전과 목표를 이해하는데 도움이 되고 있다. 특히 비디오사보나 노사협의회 등에서는 사장이 직접 참여하여 노조지도부와 사원들에게 회사 현황과 향후 계획 등을 설명하고 의사소통의 자리를 갖고 있다.

〈표 3-81〉 다양한 노사간 의사소통채널

채 널	보고횟수	대 상	보고자료/내용
비디오사보	6회/년	전 사원	사보 방영, 내용해설, 질의응답
회사운영설명회	12회/년	부서원/팀원	전월 매출실적, 주요 이슈, 방향제시
경영진과의 간담회	1회/년	노동조합임원	회사경영실적 및 계획, 질의 응답 등
공장운영계획/실적 설명회	1회/년 (매년초)	전사원	당해연도 공장운영계획-설비, 인력, 기계가동계획 및 안전, 생산성, 원가, 품질 등 목표제시
노사협의회	4회/년	노사협의회 위원	공장운영실적 및 안전, 생산성, 원가, 품질분석 및 대응방향, 인력운영계획
노사간담회	8회/년	노사간부	안전, 품질, 생산성 등의 공장운영 주요사안
경쟁력강화추진팀회의	12회/년	노사간부	시장현황 및 제품생산계획 등의 공장운영현황
시장현황설명회	6회/년	전사원	제품 판매 및 시장현황
사업부설명회	4회/년	전사원	사업부별로 제품전략, 투자계획 등 경영계획/실적 공유
사 보	12회/년	전사원	최고경영자의 경영방침 및 회사제반 경영현황과 각종 소식
홈페이지	1회/년 (매년초)	전사원	매출액, 순이익, 시장점유율의 경영실적을 조회할 수 있음
원스톱전화/이멜	수시	전사원	사업장에서 직원이 공장장과 직접 통화할 수 있는 대화 시스템

자료: 문국현·조동성(2007: 166).

전략수립과 실행은 최고 경영층의 책임사항이나 사원들의 의견을 수렴하는 다양한 채널이 존재하고 활성화 되어 있다. 전략 수립이나 실행에서 회사가 주력하는 것은 직원들과의 의사소통과 정보 공유라 할 수 있다. 따라서 매우 다양한 정보 채널과 경로가 회사에서 존재하고 상당히 활동적으로 이용되고 있어 전략 수립과 실행과정에 직원들의 의사가 반영될 수 있는 구조가 된다. 단 회사에서는 공식화된 제도로 의사결정에 노조가 개입하는 제도, 예를 들어 종업원이사제도 등을 제도화한다든지 하는 것을 선호하지 않으며 오히려 이보다는 다양한 의사소통 채널을 이용하여 정보를 공유하고 책임을 공유하는 것을 선호하고 이에 집중하고 있다.

(2) 고충처리제도의 활성화

먼저 노사 각 1명을 고충처리위원으로 임명하여 사원들의 고충처리를 돕고, 상담실을 통해 수시로 상담이 가능한 환경을 조성하고 상담한 후 10일 이내에 결과를 회신하는 것을 원칙으로 하고 있다. 특기 사안에 관해서는 각 사업장별로 매월 개최되는 노사간담회와 노사협의회 등의 논의를 통해 처리하고 있다. 이외에도 노동조합 홈페이지를 활용하거나 노조지부장들과의 대화의 시간을 통해 종업원들의 고충사항이 수렴되고 있으며 이런 노력의 결과로 지난 6년간 부당노동행위 사례는 한건도 없는 것으로 나타나고 있다.

〈표 3-82〉 임직원 고충처리제도의 예시(김천공장)

일 자	내 용	처리결과
3.8	신발살균기 추가 설치건	4대 추가 설치함
9.17	남자 화장실 비데 설치건	남자화장실 2곳에 비데 설치
9.17	흡연실 환기개선건	4/4분기 전까지 관련부서와 협의후 실시
12.6	작업복 동복 바지 개선 건	재고 소진 시점에서 새로운 동복 바지 지급 예정

자료: 유한킴벌리 내부 제공 자료.

(3) 종업원의 경영혁신, 작업장혁신 참가

경영혁신은 변화속도를 필요로 하고 무한경쟁에 노출된 기업에서 속도는 생명과 같다. 유한킴벌리는 이런 속도를 높이기 위해 조직구조를 수평화하고 비즈니스 과정을 가치창출 모델로 전환하면서 다양한 경쟁사들이 유한킴벌리의 제품개발 속도를 따라잡지 못하게 했다. 이 중에서 중요한 것은 유한킴벌리의 혁신의 핵심이 바로 사람이란 점이다. 현장의 종업원들의 혁신적 아이디어들이 작업장 공정개선이나 제품개발로 이어지는 체제를 구성했다는 점이 대단한 강점으로 작용하고 있다.

1) 총체적인 혁신활동의 구심점(씽크 탱크): NEWAY

NEWAY는 휴식과 평생학습의 기회를 제공하고 새로운 아이디어와 혁신주도적 사업을 수행할 목적으로 창안된 여유인력 조직(각 전문가 중심의 T/F 성격, 전체 인력의 약 20% 정도)이다. 초기 근로자들은 NEWAY가 여유인력의 모임이므로 인력 퇴출의 방도로 악용되지 않을까 우려하기도 했다. 그러나 이런 오해를 불식하고자 회사는 유능한 엘리트 사원들을 NEWAY에 넣어서 일부는 아예 안식년을 주고 해외로 보냈다. 또한 NEWAY팀에서 근무했던 사람들이나 해외연수를 내 보내었던 사람들을 반드시 승진 발령했다. 이런 과정을 통해 NEWAY팀은 여유인력의 모임이란 인식에서 벗어나 타부서로 옮기는 징검다리 역할이나 개인의 능력을 향상시키는 계기로 활용되었고, 회사의 혁신적인 일을 도모하는 팀으로 정착되었다. NEWAY팀은 관리 중심에서 점차 생산, 영업 방면으로 확대되어 시행되었고 현재도 일정 정도의 여유인력은 NEWAY를 형성하여 혁신전담 활동 등을 하고 있다.

[그림 3-31] NEWAY가 주도한 혁신활동

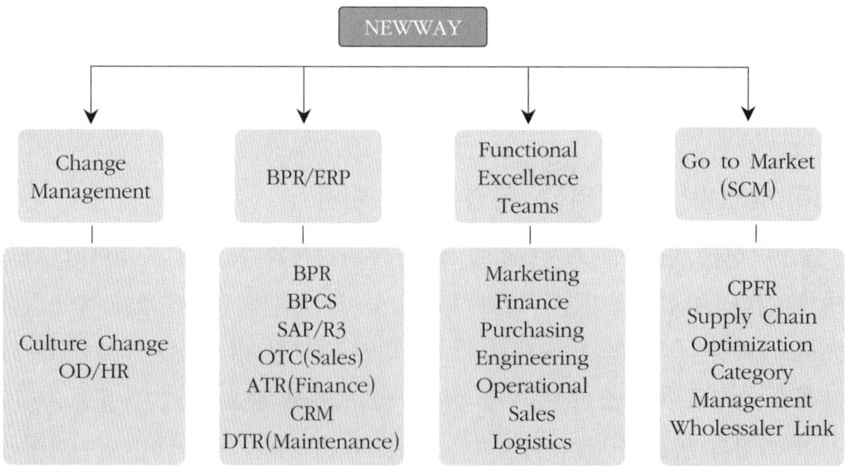

* BPR(Business Process Reengineering), BPCS(Business Process Control System, 업무기획관리시스템), OTC(Order to Cash), CRM(Customer Relationship Management), DTR(Design to Retire), ATR(Accounting to Report), CRM(Customer Relationship Management), SCM(Supply Chain Management), CPFR(Collaborative Planning, Forecasting & Repleshment)

자료: 문국현·조동성(2007).

이렇게 시작된 NEWAY는 유한킴벌리의 조직구조를 슬림화하고 변화시키는 역할을 했으며 이후 유한킴벌리의 대내외적인 혁신활동에 구심점이 되었다. NEWAY를 통해 조직문화, 조직구조, 조직 프로세스, 공급망 관리, 전산시스템 등의 합리적 구조조정이 진행되었다. NEWAY는 한마디로 유한킴벌리 혁신의 아이디어 근원이요 총제적인 변화를 주도한 동력으로 간주될 수 있다.

NEWAY가 주도한 경영혁신은 생산자의 입장에서 설계된 총체적인 프로세스를 고객에 맞게 조정하고 바꾸는 작업이었다. 이런 인식의 전환 위에서 기술과 원가경쟁력, 품질 및 서비스 등 유한킴벌리를 구성하고 있는 모든 요소를 최고수준으로 만들어 내고 혁신조직, 프로세스, 혁신 환경을 만들어 내는 도구로서의 역할을 하고 있다.

NEWAY의 혁신활동은 변화관리, 비즈니스과정 재구축(BPR), 전사적 자원관리체제 구축(ERP), 다기능 자율팀 구축(Functional Excellence Teams, FET), 생산지향적 경영패러다임에서 소비자(고객) 중심적 패러다임으로의 전환(Go to Market) 관련 활동 등으로 구성되었다.

변화관리에선 현장의 학습문화의 구축과 조직개발 등의 하부 활동 등을 전개했고 BPR/ERP는 생산공정, 공급과정, 판매과정 등 전 사업과정 등을 소비자 중심으로 합리적인 조정을 한 것이며 이에 관련되는 하부활동 등으로 구성된다. 다기능 자율팀(FET)은 각 부서별로 다양한 정보분석을 통해 변화관리 계획을 수립하고 조직변화를 도모하는 역할 등을 담당했다. 'GO-to Market'은 내부 프로세스의 표준화와 함께 공급사슬의 효율을 극대화할 수 있는 변화의 시도이다. 기업의 인바운드 과정과 아웃바운드 과정을 합리적으로 조정하고 최적화를 꽤했으며 리드타임 단축과 재고감축을 위한 지원 모델인 CPFR(Collaborative Planning, Forecasting & Repleshment)를 추진해 구현했다.

2) NEWAY의 성과

(가) 빠른 의사결정 시스템의 구축

유한킴벌리는 업무 프로세스를 혁신하고, 이를 지원하는 정보시스템을 구축함으로서 경영사이클을 연단위에서 분기단위로 단축하는 빠른 의사결정시스템을 구축하였다. 연단위로 고정하여 실시하던 실행운영 전략수립의 주기를 분기단위로 변경하고, 통합판매생산계획 수립기간을 단축하였고, 표준원가계산

주기도 연 1회에서 분기 1회로 변경하였다. 그럼으로써 경영환경변화를 빨리 감지하여 이를 피드백하여 계획과 실행과정에 신속히 반영하였다. 이를 위해 조직구조를 수평 구조화할 뿐 아니라 결제 체제도 간편하게 개편함으로써 하드웨어적 지원을 강화했다.

(나) 학습조직의 구축

공장의 학습문화 형성을 통해 새로운 기술과 아이디어가 현장에서 구축되는 체제를 구현했다. 가령 공장의 기계를 재배치하면 인원도 재배치하여 인원도 재배치하여 보다 효율적이고 안전한 공간을 만들고, 기계의 이동으로 생산라인 하나가 폐기되었을 때에는 직원들이 다른 기계라인에서 일을 하거나 공부를 더하여 일했던 부서를 옮길 수 있는 기회를 NEWAY를 통해 가질 수 있었다. 이와 같이 조직 전체가 끝없는 혁신의 장이요 배움의 장이 되도록 하는 것에 NEWAY가 절대적으로 기여했다.

(다) 고객만족 중심 경영 실현

유한킴벌리는 NEWAY활동으로 신제품개발계획에서부터 최종제품 공급 및 클레임처리에 이르기까지 모든 업무방법과 프로세스를 고객의 입장에서 재편하였다. 고객만족을 실현하기 위해 영업직원이 주문투입시점부터 제품인도까지 정밀 관리하여 고객사 제품 인도납기를 기존보다 단축하여 운영하였고 각 공장은 생산 중심에서 고객사 납기 중심의 조업관리로 방향을 전환했다.

(라) 전사적 정보관리체제 구축

유한킴벌리는 판매, 공정관리, 품질관리 등 각 부문에서 수 차례에 걸친 시스템 최적화와 통합화를 통해 항목과 코드체계의 전사적 표준화를 완성했다. 이 결과 표준화된 데이터 항목을 활용해 담당임원이 실시간으로 직접 정보를 조회할 수 있게 되었고, 보고서나 정보 분석에 소모되는 많은 시간을 단축하면서 오류 없이 정보를 전달할 수 있게 되었다.

(마) 공급사슬 관리의 혁신

유한킴벌리는 내부 프로세스의 단순, 표준화와 함께 공급사슬 전체의 효율을 극대화할 수 있는 기업 내외부 프로세스의 혁신이 이루어져 고객, 공급사, 회사가 정보를 실시간으로 공유하고 있다. 이로 인해 시장과 고객의 변화를 보다 빨리 읽을 수 있고 보다 정확하고 신뢰성 있는 납기 준수가 이루어지고 있다.

(사) 경영정보의 온라인 공개(Open & Fair)의 실현

유한킴벌리의 직원들은 전사적 자원관리 시스템을 통해 컴퓨터로 직접 경영지표를 확인할 수 있다. 이 경영지표에는 회사의 매출과 순이익뿐만 아니라 과거의 판매 흐름, 일별 실적 대비, 월별 트랜드, 현재의 판매현황 등 상세한 내역들이 포함되어 있다. 직원 누구에게나 회사가 어떻게 돌아가고 있는지, 현재 회사가 거두고 있는 실적이 얼마인지 경영실적에 대한 자세한 내용이 개방되어 있다. 이로써 모든 직원이 경영정보를 공유하고 그에 따른 주인 의식을 갖도록 하여 부문적 이익보다는 전사적 이익을 최우선적으로 고려하고 경영자와 직원이 인식을 함께 할 수 있도록 했다.

3) 공장수준에서의 혁신 참가

(가) 자율적 관리팀의 성공

생산라인에는 자율적 관리팀방식의 운영, 작업팀 내에서는 감독자가 없고 공식화된 위계가 없으며 팀의 리더는 구성원들에 의해 선출된다. 작업을 수행하는데 필요한 의사결정은 팀의 합의에 의해 이루어지며 작업일정관리, 신임팀원의 선발 및 훈련, 예산관리, 불량품 통제관리, 재고관리뿐 아니라 휴가결정, 결근관리, 구성원의 안전 및 건강관리 등에 이른 모든 의사결정을 자율적으로 팀 내에서 결정한다. 이런 과정은 내재적인 직무만족을 높이고 직원간의 커뮤니케이션을 원활하게 할 뿐 아니라 직무능력을 다기능화하거나 직무이동의 유연성을 강화하는 방향을 작용하였다. 권한과 책임을 과감하게 현장으로 이양한 수평적, 분권적인 조직 문화와 자율적 관리팀이 잘 조응하여 현재도 높은 직무 성과를 내고 있다.

자율적 팀에서 가지는 권한과 책임은 매우 높아서 의사결정의 초기에서부터 마무리까지 팀원들의 의견이 절대적으로 그 결과를 좌우한다. 예를 들면 신규 팀원의 채용시 신입사원대상자가 인턴사원으로 들어와 현장의 팀에서 같이 일을 하게 되는데, 이의 선발과정에부터 팀장이나 팀원이 면접에 참여하기도 하며 인턴수습과정에서 팀원들의 동의가 신입사원의 계속채용에서 매우 중요한 요소가 된다.

(나) 현장 종업원의 제안활동과 아이디어 창출이 매우 활발

종업원 제안활동의 양태는 공장별로 다소의 차이는 존재한다. 가령 군포와

김천 공장의 경우는 개인단위의 제안활동이 활성화되어 있는 편이지만 대전공장의 경우엔 팀 단위의 제안이 활발하고 많은 제안내용들이 팀 내에서 개선되고 해결되는 메커니즘을 가지고 있다. 총체적으로 보면 임직원이 아이디어를 제안하면 그 실현가능성과 투자 대비 효과 등을 따져서 효과성이 있다고 판단되면 이의 실행을 위한 연구 지원을 하게 되는 방식이다. 김천 공장의 경우 2007년도 전체 제안건수는 1,372건(1인당 제안건수는 5.5건)에 이르고 있다. 군포공장의 경우 2006년도 제안건수는 3,253건(1인당 제안건수 10.2건)에 이른다.[112]

〈표 3-83〉 김천공장의 제안건수

	2005년	2006년	2007년
제안건수	1,877	2,463	1,372
1인당 제안건수	7.7	9.7	5.5

〈표 3-84〉 군포공장의 제안건수

	2004년	2005년	2006년
제안건수	3,250	3,350	3,253
1인당 제안건수	10.0	10.5	10.2

자료: 유한킴벌리 내부제공자료(2008. 7. 28).

종업원들의 제안으로 만들어진 장치로서 여성용품 생산라인에 있는 비전센서(Vision Sensor) 등이 있다. 비전 센서란 생산되고 있는 제품에 이물질을 감지해 걸러내는 장치이다. 이밖에도 지게차와 사람이 다니는 길을 구분하여 작업환경을 개선한 것도 직원들의 아이디어에서 나온 것이다.

(다) Work Sharing의 성공적 정착

유한킴벌리의 성공은 기업을 바꾸지도, 사람을 바꾸지도 않으면서 단지 일자리 나누기를 통해 정리해고를 하지 않으면서도 생산성 향상을 이끈 독특한 사례라고 할 수 있다. 4조 교대제를 도입하여 이를 내부적 학습문화와 연결시

112) 제안제도의 채택률에 대해선 2005년 이후에 자료가 없어 제시하지 못했다. 그러나 문국현·조동성(2004: 170)에 의하면 1999년부터 2003년까지 제안제도의 채택률은 매년 90% 이상을 상회하고 있다. 이에 준해서 본다면 2005년부터 2007년까지의 연 채택률 역시 비슷하게 나타날 것으로 추론된다.

킨 유한킴벌리의 성공 사례 뒤에는 험난한 고난의 과정이 있었다.

가) 4조 교대제의 시행과 정착과정　　1993년 준공된 유한킴벌리의 제3공장(대전, 당시는 신설공장임)은 생산직 근로자들의 근무체제로 4조 3교대제를 채택했다. 4조 3교대제는 직원들을 4개조로 나눈 후 하루 24시간을 3개조가 8시간씩 나누어 일하고 나머지 1개조는 예비조로 편성되어 휴식을 취하거나 교육을 받는 시스템이다. 즉 각 조별로 7일 일하고 2일을 쉬는 근무제이다.

4조 교대제는 원래 문국현 전 사장의 아이디어에서 시작되었는데 일반적으로 3개조가 쉬지 않고 돌아가면서 근무하는 전통적 방식인 3조 3교대 시스템은 근로자들에게 쉼과 재충전의 기회를 주지 않을 뿐 아니라 안전사고에도 취약하다고 판단했다.

4조 교대제에 대해 기존 공장의 노동조합(김천, 군포)은 특근수당의 감소에 대한 우려 때문에 이를 반대했다. 생산직 근로자들의 임금의 약 40% 정도가 특근으로 인한 임금이었기에 4조 3교대제를 할 경우 예비조가 생겨 특근을 할 수 없게 되므로 3조 3교대제를 실시하는 기업에 비해 임금이 현저하게 떨어질 수밖에 없다는 논리였다. 이에 의해 기존 공장에 대한 교대제 시행은 기존 노동조합(김천, 군포)의 강력한 반대에 부딪치자 좌초되었고 당시의 사장도 노조가 반대하는 한 제도 시행을 하지 않겠다는 것을 천명했다. 이후 4조 교대제 시행은 신설공장인 대전공장에서 시험해야 하는 상황으로 바뀌었고 당시의 사장은 1992년부터 신입사원들을 뽑을 단계에서 지원자들이 4조 3교대제를 받아들일 조건으로 하여 지원자들을 모집했다. 대전공장에서의 4조 3교대제 시행이 진행되면서 기존 공장에서는 노조의 반대로 인해 여전히 3조 3교대제가 유지되었다.

1997년 IMF경제위기가 찾아 왔고 위기 의식을 느낀 노동조합이 오히려 4조 교대제 제안을 했고, 이를 기초로 연구한 결과 군포와 김천의 공장엔 대전공장과는 달리 4조 2교대제를 도입하게 된다. 이후 4조 3교대제를 시행해 왔던 대전공장 역시 2005년부터 4조 2교대제로 전환하여 4일 집중하여 일하고 4일 휴식을 취하는 방식으로 전환하게 되었다.

[그림 3-32] 유한킴벌리의 4조 교대제의 시행 과정

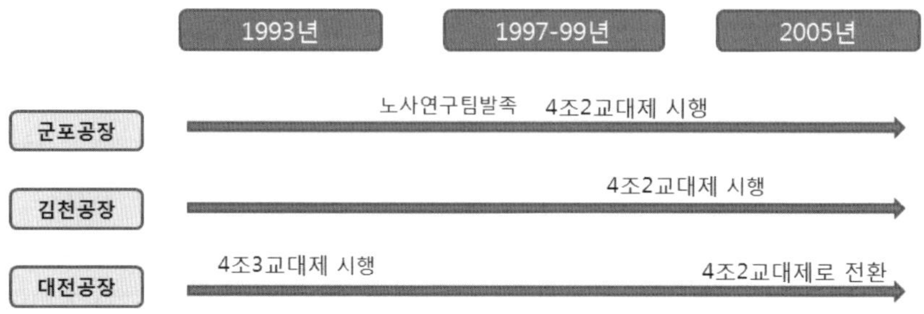

나) 4조 2교대제란　　4조 2교대제란 두 조가 12시간씩 근무하고 맞교대하는 동안 나머지 두 조는 휴식을 취하고, 그 다음에는 쉬고 있던 두조가 작업에 투입되고 이전에 근무한 조는 쉬는 체제이다. 즉 간단히 말하면 각 조별로 4일 하루 12시간씩 집중해서 일하고 4일 쉬는 근무체제이다.

회사는 노조에서 4조 2교대제 제안을 했을 때 가장 우려했던 점은 바로 노동자들의 안전문제였다. 주간에 12시간을 일하는 조는 별 문제가 없을 것이라고 봤지만 야간에 12시간을 일하는 조의 경우 피로도가 누적될 수 있어 산

[그림 3-33] 4조 2교대제의 순환

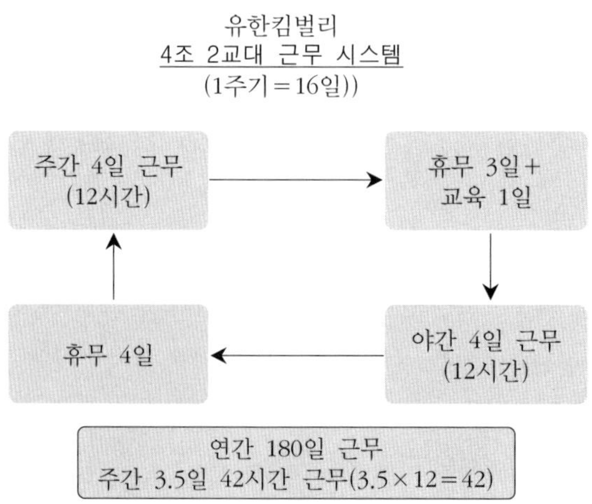

자료: 정혜원(2005).

업 사고나 불량률에 영향을 줄 수 있다는 우려를 한 것이다. 그러나 실제로 시행을 해본 결과 회사가 우려했던 현상은 나타나지 않았으며 군포와 김천공장의 경우 일의 집중도가 향상되어 재해는 격감했으며 종업원들의 만족도 역시 매우 상승했다는 것을 발견했다.[113]

다) 4조 2교대제의 효과 　　4조 2교대제를 시행함으로써 군포와 김천공장의 경우 IMF 당시 25% 가량의 감원을 예방할 수 있었으며 근로자들의 직무만족도와 몰입도가 현격하게 증가했다. 군포와 김천공장은 기존의 인력을 4조 2교대제로 재배치함으로써 25%의 인력이 감원되는 것을 방지하는 효과를 거두었고 대전공장은 4조 3교대제를 시행함으로써 3조 3교대보다 1조를 더 채용하게 되어 약 33%의 고용증가 효과가 발생하였다. 4조 2교대제와 4조 3교대제로 각각 25%의 인력감원방지효과와 33%의 고용증가효과를 거두었다는 것은 IMF를 전후하여 대다수의 기업들이 감원하고 있을 때 유한킴벌리는 직원들의 해고 없이 회사를 효율적으로 끌고 갈 수 있었음을 보여주는 결과이며 사회적으로도 더 많은 일자리를 창출할 수 있다는 희망을 보여주는 결과이다.

〈표 3-85〉 예비조 편성의 효과

공　장	예비조	3조 3교대제와의 비교 효과
군포 공장	4조 2교대	기존인력의 해고 예방, 25%의 감원의 예방
김천 공장	4조 2교대	기존 인력의 해고예방, 25%의 감원을 예방
대전 공장	4조 3교대	33%의 증원효과

자료: 정혜원(2005: 58).

4조 2교대제도 도입으로 공장가동일수가 현격하여 증가하였을 뿐 아니라 불량률이나 산재율도 현격하게 감소했다. 또한 제한건수도 이전보다 연 1,200건 정도 더 증가했다.

113) 1998년 이전에 산업사고건수는 연평균 10건 정도지만 1999년 이후론 연 5건 미만으로 줄었으며 2006년엔 2건 발생했다. 4조2교대제의 도입으로 산재가 감소하는 원인은 팀과 임직원간의 원활한 의사소통으로 인해 안전정보가 공유되고 개인의 업무능력 향상 등으로 숙련도가 향상된 것 등에 있다고 보고 있다.

〈표 3-86〉 연간 가동일수, 제안아이디어 변화(군포 공장)

	3조 3교대제	4조 2교대제	효　과
연간가동일수	260일	350일	90일 증가
제안아이디어	1500건	2700건	1200건 증가

자료: 정혜원(2005: 60)

4. 동기유발

(1) 고용 보장

유한킴벌리는 창립 이후 줄곧 무해고 정책을 추진해 왔고 위기가 있을 때마다 경영진이 이를 공언했을 뿐 아니라 구체적으로 이를 실천했다. IMF 경제위기 당시 인력구조조정의 소용돌이 속에서도 사람을 구조조정하지 않았으며 오히려 종업원의 고용을 보장하고 교대제 도입을 통해 해고 없이 턴어라운드를 완수한 경험을 가지고 있다. 이 같은 무해고 약속의 실천은 경영진에 대한 노동조합의 신뢰를 얻게 한 계기가 되었고 경영혁신에 노동조합이 협력하고 참여하게 된 기초가 되었다.

(2) 임금체계

임금체계의 특징은 임금이 학습노력과 깊게 연계된다는 점이 특징이라 하겠다. 생산직의 경우 다기능화와 직무향상교육, 자기개발교육 기회 제공으로 인해 직무 만족도와 직무몰입정도가 매우 높으며 종업원들의 교육 훈련에 대해 충분한 수당을 지급해 왔다. 생산직의 임금체계는 연공서열 호봉을 근간으로 한 직능급 체제이며 직능을 평가하기 위한 평가제도(시험제도, 직능자격제도)가 광범하게 시행되고 있다. 이 평가제도는 종업원을 탈락시키고 개별화 또는 서열화하려는 의도로 시행되는 것은 아니며 근로자들이 누구나 직무 및 기술에 대한 향상 욕구를 가지고 개발할 수 있도록 유인하고 자극하기 위한 의도로 진행되어 왔다. 이런 제도를 통해 교육과 임금을 효과적으로 연계함으로써 종업원들의 다기능화와 계속 학습을 유도하고 있다. 사무직의 경우 모두 누적적 직무 연봉제를 시행하고 있으며 개별계약형태를 취하고 있다. 개별 직무 가치 및 성과에 대해 평가해서 성과급을 차등하고 있으나 제도의 외관상 개인별 차등 폭이 타 우량기업에 비해 크지는 않아 보인다.[114)]

총체적으로 판단할 때 미국식의 우량기업들이 대체로 종업원간 내적 경쟁을 강조하고 개별화를 유발한 체제인 데 비해 유한킴벌리의 임금체계는 평생고용 보장과 더불어 온정적 성격이 비교적 높은 편이며 부분적 개별화와 차등화가 종업원 서열화를 위한 것이 아니라 기능직 직원들의 학습동기유발을 위한 것으로 맞추어져 운영되고 있는 양태이다.

이와 같은 임금체계의 특징은 새로운 제도를 도입할 때 구성원들의 민주주의적 참여과정을 중시하는 회사의 정책과 집단적 결속과 호혜를 중시하는 노조의 성향이 상호 결합하여 생산직의 임금체계에 영향을 미쳤으며 반대로 노조의 영향력이 취약한 생산직을 제외한 직종의 경우 개별화된 임금체계를 가지는 양면적 모습을 가지게 되었다고 추론된다. 그럼에도 불구하고 직능자격을 결정하기 위한 개별 평가 제도를 생산직의 노조가 수용했다는 것은 경영상의 대단한 진전이다.

(3) 직능자격수당

생산직의 경우 직능등급이 올라갈수록 절대액수나 기본급 대비 상대적 비율측면에서 자격수당이 모두 높아지는 구조를 가진다. 이런 직능수당은 상여금 지급항목에도 포함되어 연장근로수당, 야간근로수당, 휴가보상금 및 퇴직금 계산 시에도 반영되고 있다.

(4) 직능등급평가

직능등급평가의 항목은 안전, 업무능력 및 팀워크 등의 세 부문으로 구성되어 있다. 직능등급평가는 시험제도로서 누구나 교육훈련시간에 제대로만 교육을 받는다면 직능자격시험에 합격하게 되어 있다. 이 평가제도는 엘리트를

---

114) 예를 들면 유한킴벌리는 누적적 연봉제형태이기 때문에 전년도에 비해 임금이 동결되거나 오르는 형태이지만 비슷한 직무성과급을 시행하는 중견기업 S사의 경우 비누적적 연봉제라 반드시 전년수준의 연봉을 유지한다는 보장이 없다.

추려 내는 것이 아니라 공장의 보통 사람이 노력만 하면 누구나 합격할 수 있게 함으로써 시험에 매우 부담을 느꼈던 평범한 노조원 및 종업원들 대다수를 사내 교육체제 안으로 포섭하고 이들의 지속적인 학습 동기 및 의욕을 유도하는 의도로 운영되고 있다.

(5) 승진체계

생산직의 경우 직능자격제도에 의해 승진이 이루어지는데 위에서 언급한 직능등급 평가에 의해 사원(1년)-기원(3년)-기선(3년)-기사(4년)-지도기사(4년)…-기성까지 다양한 직능자격이 존재하고 직능등급평가에 의해 승진이 되는 체제이다. 반면 사무직의 경우 각 직무의 등급과 가치가 먼저 고려되고 직무성과 평가를 고려하여 승진이 이루어지고 있다. 즉 사무직의 경우 승진, 임금, 직책이 분리 운영되고 있는 직무급식 승진체제로 되어 있다고 한다.

(6) 가족 친화적 복리후생정책

유한킴벌리는 단순한 후생복지 차원을 넘어서 근로자의 전 생애적인 삶의 질 개선을 위한다는 차원에서 출산과 육아, 자녀교육 책임을 남성과 여성이 함께하는 것을 격려하며, 모성보호제도의 법정기준을 준수하고 있다. 육아휴직시 휴직급여를 추가적으로 지원하며, 여사원 건강검진(유방암, 자궁암 등 여성 질환), 분만시 의료비 지원, 배우자 출산 휴가 2일 등 다양한 제도를 실행하고 있다. 뿐만 아니라 2006년 유한킴벌리 노사는 단체협약을 통해 고령사회 대비를 위한 정년 연장(정년을 만 55세에서 만 57세로 연장)을 결정했으며, 정년퇴직예정자를 위한 프로그램을 운영해 사회로의 복귀를 돕고 있다.

그리고 2002년부터 사원과 가족들이 일터와 가정에서 겪는 어려움을 현명하게 풀어나갈 수 있도록 전문가 상담서비스를 제공해 오고 있으며 근로자들은 누구나 24시간 언제든지 도움을 요청할 수 있고 비밀보장을 원칙으로 보장받을 수 있다. 이 프로그램을 피톤치드라 하며 이것은 Employee Assistance Program (EAP)의 일종이다. 2006년에 전체 인원 중 4.9%가 이 제도를 이용했으며 총 39회의 가족특강을 개최해서 총 1,379명(총 교육 75시간)이 참여했다(유한킴벌리 2007).

〈표 3-87〉 유한킴벌리의 가족친화제도의 운영과 성과

제도	유 형		내 용	2006.1~2007. 3. 성과
탄력근무제도	전일근로	시차출퇴근제	관리직 대상, 오전 7시~10시 사이출근 선택가능	시행
		4조 2교대제	생산직 대상, 4일근무, 4일 휴식	
		현장출퇴근제	영업직 대상, 정기 출퇴근 없이 현장에서 업무수행	
	은퇴준비	정년퇴직예정자 프로그램	은퇴 직후 6개월간 종합컨설팅서비스 제공	정년 2년 연장(만 57세)
육아지원	교육서비스		유아교육비 지원	유아교육비지원(취학전 2년부터)
			대학졸업까지 자녀 학자금 지원	대학학자금자녀수 제한을 폐지
	출산, 아버지휴가제도 등		출산시 축하품 및 축하금 지원	출산축하금 확대(30만 원) 출산 및 남녀분만의료비 지원추가(20만 원 넘는 금액을 전액 보상)
			산전후와 유사산 휴가, 산전휴직	
			배우자 출산시 남성사원들 유급휴가(2일)	
			여사원 자궁암과 유방암 검진	
	보육/육아지원 등 기타 지원		육아휴직	육아데이를 가족데이로 변경 실시, 전사업장 모성보호공간 리모델링
			매월 6일 정시 퇴근 통해 가족과의 시간 지원	
			수유실 운영	
가족지원	의료비 지원서비스		가족까지 의료비 지원	배우자 건강검진 확대 (기존 35세~30세 이상)
			사원배우자 대상 2년 1회 건강검진 실시 지원	
	가족휴가 지원		경조휴가 및 경조금 지급 등	
	전문가상담심리프로그램		사원가족대상, 24시간 연결	재무컨설팅도 추가
			사원대상, 24시간 연결	
근로자 지원	의료비 지원		휴직제도(학습 및 간호), 사원건강검진제도	사원건강검진 확대 (기존 35세~30세)
	생활안전지원		퇴직금누진제, 퇴직보험, 주택대여 및 전세금 대여	단체정기보험 중 암진단 포함
가족친화문화조성	가족친화문화조성 프로그램		주말농장, 사원가족초청행사, 가족특강, 가족사보 등	가족관련 특강강화
	사원만족도 조사		정기적 실시 통한 의견 수용 및 개선	가족친화 설문조사 및 연구실시

자료: 유한킴벌리 2007 지속가능성보고서.

동기부여란 측면에서 유한킴벌리의 임금제도, 승진, 평가제도, 복리후생정책 등을 살펴보면 유한킴벌리는 물질적 보상의 개별화와 차등화를 통해 사원간의 경쟁과 개별화를 유도하는 방식을 따르고 있지 않다는 느낌을 가지게 된다. 가령 삼성이나 GE 등 우량 기업들의 경우 근로자들간의 임금, 승진 등의 개별화를 강화해 내부 경쟁적 문화를 만들어 낸 것과는 차이가 있으며 오히려 내부 경쟁보다는 근로자들의 삶의 질과 여유, 가족의 중요성, 일과 여가의 조화 등을 중시하는 체제를 통해 근로자들의 내재적 만족을 유도하고 있다. 따라서 근로자들을 대상으로 한 인사정책이나 복리후생 정책 등은 다분히 온정적인 성격을 가지고 있다. 그러나 이와 같은 삶의 여유를 재충전과 새로운 학습의 기회로 활용할 수 있도록 회사의 자원을 배분하고 이를 적극적으로 유인하는 체제를 운영하고 있다.

5. 지식축적

(1) 사람 대한 투자 및 평생학습문화 정착

유한킴벌리에서는 인적투자에 대한 회사의 확고한 가치와 방침, 그리고 탄

[그림 3-34] 직원 1인당 연간 교육시간 추이

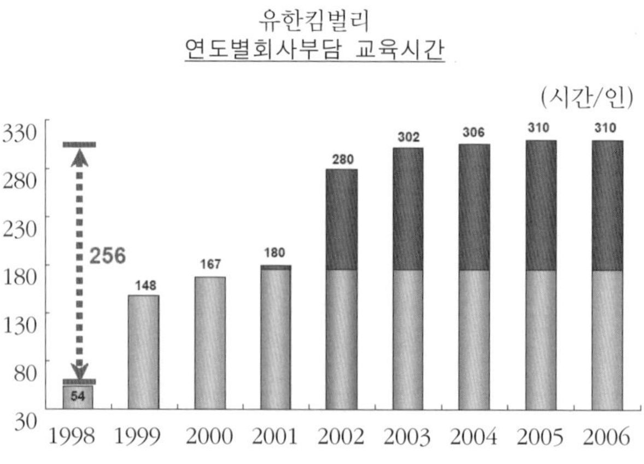

자료: 문국현(2007), 뉴패러다임센터 조찬모임 발표자료.

력근무제도 등의 제도적인 뒷받침이 유기적으로 결합되어 시너지 효과를 발휘하고 있다. 예를 들어, 탄력근무제도 중 생산직 직원들을 대상으로 하고 있는 4조 2교대의 경우, 직원들이 시간을 보다 유연하게 활용할 수 있도록 지원하는 동시에 임금이 지급되는 교육시간을 제공함으로써 평생학습을 장려하고 있다. 결과적으로 군포공장의 경우, 직원들이 연간 평균 310시간에 거쳐 교육을 받았으며, 이러한 교육은 직원 개인의 역량 강화와 회사의 생산력 향상을 가져 왔을 뿐만 아니라 직원, 가족, 사회, 회사의 경쟁력과 질이 향상되는 성과를 가져 왔다.

(2) 사내 교수제도의 운영

유한킴벌리에서는 직원들의 교육을 담당하는 전문가들을 '사내 교수'란 이름으로 육성해 왔다. 사내 교수들은 모두 생산현장 직원 출신들로 현장에서 성장한 전문가들이다. 이들은 현장 경험을 바탕으로 직원들이 역량을 개발하고 경쟁력을 강화할 수 있도록 교육 프로그램을 개발하는 데에 전념할 수 있게 되어 있다.

유한킴벌리의 평생학습 교육시스템은 1989년 군포공장에 '하기스 칼리지(Huggies College)'가 만들어지면서 시작되었다. 하기스 칼리지는 생산 현장에서 필요한 기술과 교육을 할 수 있는 체계를 만들기 위해 시험적으로 가동되었다가 이후 평생학습시스템을 도입하고 사내교수제도를 고안하면서 본격적인 교육활동이 전개되었다.

현장에서 잔뼈가 굵은 내부 인력을 전문적인 전임강사로 육성함으로써 현장에서의 개선활동과 혁신활동을 동시에 유도할 수 있었다. 세 개의 각 공장에 300~400명의 직원들과 사내 강사가 3~5명 상주하면서 평생학습을 지속하도록 프로그램을 개발하고 격려하는 활동은 유한킴벌리만의 독특한 특징이다.

(3) 지역대학으로의 연계를 통한 교육

평생학습시스템은 사내 교육에서만 그치는 것이 아니라 외부 기관과의 산학협력을 통해서도 이루어지고 있다. 대전공장의 경우 사내의 우수인력을 충남대학교 공과대학원의 대학원에 파견하여 교육시켜 왔고, 김천공장은 김천전문기술대학과의 연계를 통해 사내 인력을 대학의 시설에 파견하여 기술 교육을 시키고 있다.

(4) 지식교육프로그램의 내용

유한킴벌리의 교육 프로그램은 직무교육과 교양교육으로 구성이 된다. 평생학습시스템이 가동되기 시작한 초기에는 직무교육이 70~80%의 비중을 차지하였으나 프로그램이 다양해 지면서 현재는 직무교육 60%, 교양교육 40% 비중으로 되어 있다. 교육은 주로 토론방식으로 진행되고 있으며, 직무교육의 경우 브레인 스토밍과 아이디어 교류를 통해 문제해결능력을 배양하는 것에 초점을 맞추고 있다. 토론 중심의 주도적인 교육 방식을 채택함으로써 직원들이 교육의 대상으로서가 아니라 주체로서 삶과 일 모두에서 창의적 문제해결능력을 키우는 것이 유한킴벌리 평생학습시스템의 또 다른 특징 중 하나이다.

1) 직무교육

생산직을 대상으로 하는 직무교육은 작업공정, 보전, 품질, 안전, 기계, 문제해결 등 근로자들의 직무 통합을 위한 다기능화 교육이 주류를 이루었고 현장 작업과 유기적으로 결합되어 있다. 신입사원은 특히 집중적인 직무교육훈련

[그림 3-35] 유한킴벌리의 교육프로그램 구성도

유한킴벌리
<u>평생학습 및 재충전 내용</u>
-지식전문가 양성-

기사	안전 품질 RQP E&E	영업현황 VIDEO사보 팀미팅	T/S, CONTROLLER Maintenance 공작기계	7HABITS 영어회화 영화감상	팀빌딩 봉사활동 후생복지	K/T(문제해결) 행동형관리자 리더십혁신 사내감시과정	Computer 일반
기선	SPARE PM 전문강사 SAPR3 SMART	목표관리 T/S REVIEW 안전W/S 품질W/S	기계요소, G/C OJT, 현장안전 공구사용법 II,L/I 장비분해조립 II	음악감상 전시회 관람 시사저널 신문화	Communi -cation 팀 문제- 진단 금연	P/L (참여적 리더십) CANTERLINE	Internet E-mail Homepage 제작 Word
기원/ 신입	WCM CAP	WASTE/ DELAY MTC	PROCESS일반 공구사용법 I, G/C 기본, 장비분해조립 품질의식, SOP	창조W/S 독서W/S	경제일반	긍정적사고, 패러다임혁신	Excel PPT

자료: 문국현(2007), 뉴패러다임센터 조찬모임 발표자료.

을 받게 되며 인사부서의 오리엔테이션을 먼저 받고 2~3개월 동안 현장공정교육을 이수하게 했다. 반면 경력사원의 경우 주로 다기능화를 통한 직무능력향상에 초점을 두고 있다. 개인 숙련 수준을 고려한 단계별 분리 교육을 실시하고, 외부강사 등의 전문가를 통한 담당분야별 전문화 교육과 워크숍 중심의 문제해결형 교육을 실시하고 있다.

2) 교양교육

교양교육으로는 영어, 중국어, 일어 등 어학 교육을 포함하여 목표관리, 팀빌딩, 의사소통, 리더십 등 경영관리교육, 시사교양, 독서, 음악감상, 영화감상 등 일반교양까지 매우 다양한 프로그램으로 운영하고 있다.

유한킴벌리의 교육은 강의실뿐 아니라 생산현장에서도 수시로 이루어지고 있다. 생산직 근로자들은 이론 교육을 통해 자신이 일하는 기계의 전반적인 성능에 대한 교육을 받는 동시에 생산현장에서 직접 기계를 조립하고 분해해 보면서 자신의 기술을 높일 수 있는 교육을 체험한다. 이를 통해 현장에서 직접 자신이 기계를 정비하는 능력을 배양하고 스스로 문제를 해결하는 능력을 키운다.

회사는 노조와 직원들의 다양한 의사소통 채널을 통해 직원들의 욕구와 의견을 반영한 다양한 프로그램 등을 개발하여 실행하고 평생학습문화를 현장에 구축함으로써 현장의 근로자들이 자발적으로 아이디어를 내고 혁신을 주도하는 문화를 창출할 수 있었다.

6. 경영성과

본 연구를 위해 유한킴벌리의 경영진과 교류하면서 특이하게 느낀 점은 유한킴벌리의 경영진에게 기업의 성과를 물으면 무엇보다 먼저 사회적 성과를 언급한다는 것이다. 그렇다고 해서 유한킴벌리의 재무적 성과가 사회적 성과에 비해 결코 떨어지는 것은 아니며 매우 우수하다는 사실을 알면 이 특징은 더욱 부각 된다. 유한킴벌리의 경영진은 사회적 성과와 재무적 성과가 별개의 결과물이 아니라고 설명했다. 이에 따라 본 장에서는 유한킴벌리의 사회적 평판 등 사회적 성과를 제 1 순위로, 재무적 성과를 제 2 순위로 하여 정리하고자 한다. 이 모든 것은 가시적으로 나타난 자료를 중심으로 논의하도록 하겠다.

(1) 사회적 평판(사회적 성과)

i) 2003년 아시아 8개국 305개 기업이 참여하여 실시한 Asia Wall Street

[그림 3-36] 사회적 평판에 관한 각종 평가자료

유한킴벌리
한국에서가장 좋은 직장
－Hewitt Associates, Best EmployersinAsia Research, 2003－

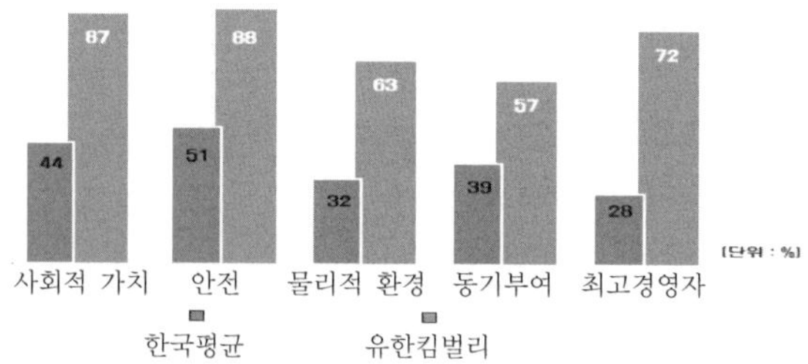

자료: 문국현(2007), 뉴패러다임센터 조찬모임 발표자료.

2008년, 한국에서 가장 존경받는 기업
－한국능률협회컨설팅

All Star

순위	1	2	3	4	5	6	7
기업명	삼성전자	포스코	유한킴벌리	유한양행	LG전자	현대중공업	현대자동차

직원가치		사회가치		이미지가치		고객가치		혁신능력		주주가치	
순위	기업명	순위	기업명	순위	기업명	순위	기업명	순위	기업명	순위	기업명
1	유한킴벌리	1	유한양행	1	유한양행	1	삼성전자	1	삼성전자	1	포스코
2	유한양행	2	유한킴벌리	2	포스코	2	유한양행	2	미래에셋증권	2	삼성전자
3	포스코	3	포스코	3	유한킴벌리	3	포스코	3	포스코	3	유한양행
4	삼성전자	4	삼성전자	4	삼성전자	4	LG전자	4	SK텔레콤	4	미래에셋증권
5	SK텔레콤	5	LG전자	5	삼성물산	5	유한킴벌리	5	LG전자	5	유한킴벌리
6	현대중공업	6	안철수연구소	6	현대중공업	6	홈플러스	6	NHN	6	SK텔레콤
7	신한은행	7	풀무원	7	안철수연구소	7	안철수연구소	7	현대중공업	7	현대중공업
8	LG전자	8	홈플러스	8	LG전자	8	현대중공업	8	유한킴벌리	8	KT&G

자료: 유한킴벌리 내부자료(2008. 7. 28).

〈표 3-88〉 주요 제품 시장점유율

기 저 귀	생 리 대	화 장 지	미용티슈	키친타올
70.4	58.1	33.1	36.1	45

자료: A.C.Nielsen(2007년 1년 평균, %).

Journal, Far East Economic Review, Hewitt Associates의 공동조사에서 유한킴벌리는 아시아 최고의 직장 6위로, 한국 최고의 직장 1위로 선정되었다. ii) 2008년 한국능률협회컨설팅조사에서 유한킴벌리는 삼성전자(1위), 포스코(2위)에 이어서 한국에서 가장 존경받는 기업 중 하나로 선정되었다. 이외에도 iii) 2007년 지속가능경영대상 2년 연속 수상(산업정책연구원), iv) 2007년 로하스 경영대상(환경재단), v) 2007년 사회적 책임을 다하는 기업(동아시아연구원) 등 사회적 평판에서 유한킴벌리는 괄목한 성과를 내고 있다. 특히, 유한킴벌리가 윤리경영, 환경경영, 노사화합, 사회공헌 등 기업의 전반적인 부분에서 모두 높은 평판을 확보하고 있다는 점이 주목할 만하다.

(2) 재무적 성과

유한킴벌리의 매출액과 순이익은 꾸준히 증가하고 있다. 2003년도에 7,036억 원이었던 매출액은 2007년 9,050억 원으로, 904억 원 이었던 순이익은

[그림 3-37] 매출액과 순이익 추세

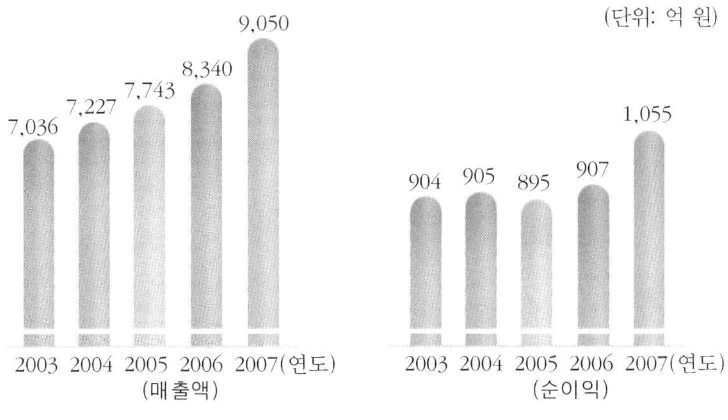

자료: 유한킴벌리 웹사이트(www.yuhan-kimberly.co.kr).

1,055억 원으로 증가하였다. 1990년대 후반 턴어라운드를 경험한 이후에는 주요 제품의 시장점유율도 계속 1위를 유지하고 있다.

주요 제품 시장점유율에서 1994~1995년 시장점유율 1위는 P&G(약 67%)였고 유한킴벌리(당시 시장점유율 20%)는 1999년까지 1위 자리를 P&G에게 내주고 있다가 2000년 이후 역전에 성공, 2008년 현재도 주요 제품 점유율 1위를 차지하고 있다.

(3) 산업재해 감소

유한킴벌리는 4조 2교대제도와 평생학습을 실시하면서 과로를 줄이고 학습을 계속한 결과, 지속적으로 산업재해가 감소하였으며 2001년 이후 최근 7년간은 사실상 무재해 상태가 지속되고 있다. 2007년도의 경우만 봐도 산업재해율이 제조업 평균 0.95%인데 비해 유한킴벌리는 0.05%로 나타나 제조업 평균의 약 1/15 수준으로 사실상 거의 무재해에 가깝다.

[그림 3-38] 유한킴벌리 산업재해율 추세

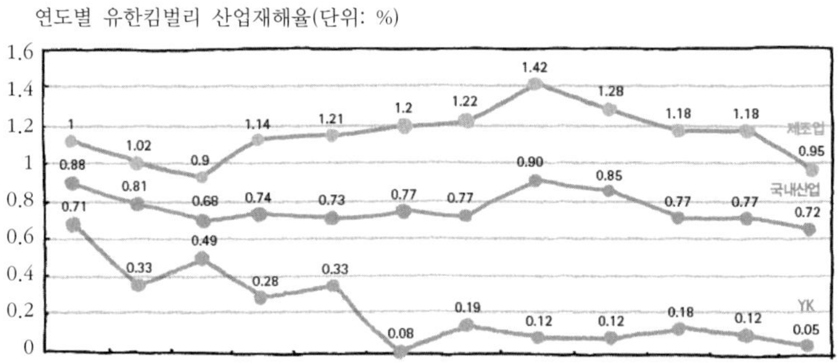

	1996	1997	1998	1999	2000	2001	2002	2003	2004	2005	2006	2007
YK	0.71	0.33	0.49	0.28	0.33	0	0.19	0.12	0.12	0.18	0.12	0.05
국내산업전체	0.88	0.81	0.68	0.74	0.73	0.77	0.77	0.9	0.85	0.77	0.77	0.72
제조업	1	1.02	0.9	1.14	1.21	1.2	1.22	1.42	1.28	1.18	1.18	0.95

자료: 유한킴벌리 2008 지속가능성보고서.

7. 시 사 점

(1) 유한킴벌리의 총체적 특징

총체적으로 유한 킴벌리의 성공요인을 노사관계, 열린 경영, 동기유발, 지식축적이란 네 가지 기준으로 판단할 때 다음과 같은 결론 등을 도출할 수 있을 것이다.

첫째, 노사관계는 1997년에서 2002년까지가 대립적 노사관계에서 협력적 노사관계로의 전환기였으며 이후 노동조합이 작업장 혁신에 적극적으로 협력하고 참여했다는 점이 특징이다. 이는 유한킴벌리 경영진의 온정적이고 민주적인 인사노무정책과 잘 결합하고 시너지 효과를 발휘하여 현장 중심의 경영혁신과 유한킴벌리의 턴어라운드를 성공할 수 있게 한 주요 동력이 되었다.

둘째, 열린 경영이란 측면에서 유한킴벌리는 세계의 어떤 회사보다도 적극적인 내용을 가지고 있었다. 노동조합과 노사협의회를 비롯해 직원들과의 다양한 의사소통 채널을 개발하고 적극적으로 활용함으로써 참여경영방식의 이점을 최대한 활용하고 있으며 기업시민정신을 누구보다 강조하고 이를 실천하는 다양한 운동을 적극적으로 벌이고 있다. 유한킴벌리가 자체적으로 제작하여 각종 단체에 공개하는 지속가능보고서는 국내 어떤 기업의 지속가능 보고서보다 그 내용이 충실하고 투명할 뿐 아니라 그 평가에서도 이미 인정받고 있다.

셋째, 동기유발이란 측면에서 유한킴벌리는 삼성이나 GE 등 타 우량기업들에 비해 비교적 온정적인 특징 등이 나타나고 있다. 생산직의 임금은 호봉에 근간을 둔 직능급 체계(Skill Based Pay)이며 사무직의 임금은 직무가치에 기초한 성과급체계로 운영되고 있다. 그러나 대체로 보상 및 평가체제, 복리정책 등이 근로자들을 서열화하고 개별화하면서 치열한 상호 경쟁을 유도하는 것에 초점을 두고 있는 것이 아니라 평범한 기능을 가진 생산직 근로자들을 대상으로 누구나 학습동기유발과 능력개발 등을 유인하고 대다수 종업원들의 근로생활과 삶의 질을 총체적으로 향상하는 것에 초점을 두고 있다. 특히 생산직의 직능급 체제는 한국에서 성공적으로 운영되고 있는 성공적 사례라 할 만하며 현장에서의 학습문화를 견인하는 데 일조를 하고 있다.

유한킴벌리의 인사제도나 복리후생정책 등은 잘하는 사람 더 주고, 못하는 사람은 도태시키는 방식의 무미건조하고 빡빡한 이미지를 주는 것이 아니라 대체로 따뜻하고 인간적인 이미지를 준다. 즉 조직운영에 있어서 종업원간의 개별경쟁보다는 팀이나 조직 공동체 의식의 함양에 보다 많은 강조점을 두고 있다. 이와 같은 특징은 노동조합이 혁신과 여러 제도 도입에 협력하고 참여하게 된 것과 창업자를 비롯한 경영진의 인본 중시의 경영철학 및 정책 등이 주요 요인으로 작용했다.

넷째, 지식 육성 및 축적이란 측면에서 유한킴벌리는 4조 2교대제와 결합한 교육훈련에 집중 투자함으로써 현장의 육체근로자들을 지식근로자로 변화시키고 현장에서 자발적으로 배우고 학습하는 문화를 형성하여 지속적인 혁신을 이루고 있다. 이는 타사에서는 보기 드문 회사특유의 학습문화를 형성한 것으로, 유한킴벌리의 연간 교육시간이 왠만한 대학의 정규 교육시간과 맞먹고 있으며 회사는 종업원을 비용이 아니라 투자란 관점으로 다양한 교육프로그램을 지속적으로 개발하고 지원하고 있다.

(2) 시사점과 과제

유한킴벌리의 성공적 사례는 뉴패러다임의 확산운동으로 전개되어 이를 벤치마킹하는 움직임으로 나타났다. 그러나 유한킴벌리 성공모델 역시 몇 가지 안고 있는 문제가 존재하며 이에 따라 장기적인 정책 등이 필요할 것으로 판단된다.

첫째, 업종의 문제로서 유한킴벌리가 주력해 왔던 생활용품시장은 진입장벽이 낮아 후발기업이 일정정도의 시간이 지나면 언제든지 따라잡을 수 있는 가능성이 열려 있다. 제품이나 공정혁신이란 것이 대단한 고기술의 차원에서 이루어지는 것이 아니므로 생산되는 제품들을 고기술, 고혁신의 산물로 보기보다는 약간의 기능 향상이나 결함 등을 보전한 하이터치 제품으로 봐야 한다. 이럴 경우 후발기업이 추격해 오는 것 자체가 어려운 것이 아니며 언제든지 대자본과 기술을 앞세운 위협적인 경쟁자가 예상치 못하게 나타날 가능성이 열려 있다.

둘째, 생활용품은 판매시 많은 이익이 남는 제품이 아니다. 회사입장에선

보다 고부가가치적인 제품 시장으로의 포지션 이동을 장기적 차원에서 고려해야 할 필요성이 있을 것이다. 포지션이동은 현 하이터치 제품군들에서부터 근본적인 혁신을 필요로 하며 이럴 경우 기존의 제품을 포기하고 내부조직상 배치전환과 같은 급격한 변화를 겪을 수도 있다. 현재 유한 킴벌리 노조와 종업원들은 이에 준하는 급격한 변화를 경험한 적은 없다. 과연 이런 변화속도를 현노조와 종업원들이 따라 잡을 수 있는지에 대해선 장담할 수 없는 것이며 유한 킴벌리 노사관계가 새로운 도약을 위해 반드시 극복해야 할 시련이 될 수 있을 것이다.

현재 1,700명 정도의 지식근로자들을 중심으로 계속적으로 혁신을 이루어 가는 과정이 순조롭다면 혁신적인 신제품이 창안되어 나올 수도 있다. 그러나 부가가치 지향적인 제품군으로의 포지션 이동 그 자체는 현재 유한킴벌리의 안정적인 기조와 혁신도입 방식 자체를 뒤흔들 수 있다. 이런 위협가능성을 극복하기 위해 유한킴벌리의 노사는 지금보다 훨씬 근원적인 혁신을 추구할 수있어야 한다. 이 혁신은 회사 단독의 힘으로 가능한 것이 아니라 노사의 보다 강화된 협력과 노력에 의해 가능한 것이며 향후 노사가 힘을 모아 함께 고민하고 집중하여 해결해야 할 쉽지않은 과제가 될 것이다.

셋째, 사회적 성과와 시장에서의 성과가 반드시 일치하지 않을 수도 있다는 점이다. 기업시민정신을 강조하는 유한킴벌리의 경영정책 자체가 사회적으로 좋은 이미지를 형성하고 있는 것은 사실이지만 시장의 현실은 이보다 훨씬 냉혹하며 약육강식의 광활한 황야일 뿐이다. 소비자들은 환경과 안정적인 고용에 투자한 기업의 다소 값비싼 제품을 사는 것보다는 비슷한 품질의 보다 값싼 제품을 더 원하며 이를 구매할 의사가 더 강하다(Vogel, 2005). 따라서 유한킴벌리는 냉혹한 시장과 따뜻한 경영방식을 어떻게 조화하며 서로 중화해 낼 수 있는 지를 끝없이 연구하고 실험해야 할 과제를 안고 있다.

유한킴벌리는 삼성, 포스코, LG 등 대기업의 부류에 들지 않고 이들 대기업에 비해 하이테크 첨단제품을 만들고 있는 회사가 아니지만 내부적 고용관행이나 대외적인 사회책임활동 등에서 모범적인 활동을 하고 있다. 또한 대외적으로 많이 알려져서 1,700명 규모의 이 회사를 벤치마킹하기 위해 포스코, 한국타이어 등의 대기업 들이 줄지어 방문했다.

일부 한국의 대기업 등이 대외적인 사회공헌활동에 상당한 노력을 투입하고 있음에도 불구하고 내부 고용관행 등에서 노동계 등의 비판을 받고 있는 현실을 감안해 보면 유한킴벌리는 내부적 고용관행이나 대외적 사회공헌활동 모두에서 균형적인 인정을 받고 있다는 점이 부각된다. 유한킴벌리가 향후 선행을 위한 시장(Market for Virtue)을 어떻게 개척하고 확대해 나갈지 지켜볼 일이다.

제 4 장

결론: 한국 우량기업의 노사관계 사례의 종합과 정책적 시사점

제 4 장

결론: 한국 우량기업의 노사관계 사례의 종합과 정책적 시사점

본 연구의 이론적 틀에서 우량기업들이 공유하고 있는 노사관계 성공의 DNA가 무엇인지를 파악하기 위한 이론적 틀로서 고성과 조직의 과정적 접근과 요소적 접근을 동시에 고려한 고성과조직의 통합모형([그림 4-1] 참조)을 제시하였다. 이 통합모형은 두 가지 핵심 질문에 대한 답을 제공하기 위한 것이었다. 첫째, 우량기업들이 고성과 작업조직을 도입하는 과정에서 어떤 경험들을 공유하고 있고, 고성과 작업조직을 도입한 후에 이를 유지·발전시키는 데에 어떠한 정책과 전략을 사용하였는가?(과정적 접근법). 둘째, 우량기업들의 고성과 작업조직은 원칙적으로 어떤 구성요소들을 공유하고 있으며, 공유하고 있는 구성요소들을 실행하는 차원에서는 각 기업간 어떤 차별성을 보이는가?(요소적 접근법)

지금까지 우리는 유노조 기업(LG전자, 현대중공업, 유한킴벌리, 도레이새한), 노사협의회중심기업(포스코, 삼성중공업), 무노조기업(CJ제일제당, 한국인포데이터(주))등 총 8개 사례기업들에 대한 사례연구를 통하여 이와 같은 질문들에 답하기 위한 상세한 정보들을 수집하고 정리하였다. 전술한 바와 같이 본 연구의 목적은 노조의 유무에 따른 차이점을 규명하는 것이 아니라 노조의 유무를 떠

나서 우량기업들이 공통적으로 협력적 노사관계를 유지, 강화하고 탁월한 기업성과를 창출하는 핵심 요인을 발견하는 것이다. 결론적으로 8개 사례연구의 결과는 초우량 노조기업, 노사협의회 중심기업, 그리고 무노조기업이 모두 본 연구에서 설정한 공통적인 이론틀로 설명된다는 점을 명확히 보여주었다. 이 점은 노사관계 우량기업을 결정하는 요인이 노조유무라는 제도적인 경계보다는 노사관계를 운영하는 경영철학등 소프트웨어와 더 강하게 결부된다는 본 연구의 가설이 입증되었음을 보여주는 것이다. 개별 사례연구들을 통해서 우리는 우량기업이 보유하고 있는 공통의 특성이 무엇인지에 대하여 나름대로 파악할 수 있는 기회를 가졌다. 이번 장에서는 이 기업들이 보유하고 있는 공통점과 차이점을 고성과 작업조직의 통합모형에 따라 다시 한 번 체계적으로 정리함으

[그림 4-1] 고성과 작업조직 통합모형

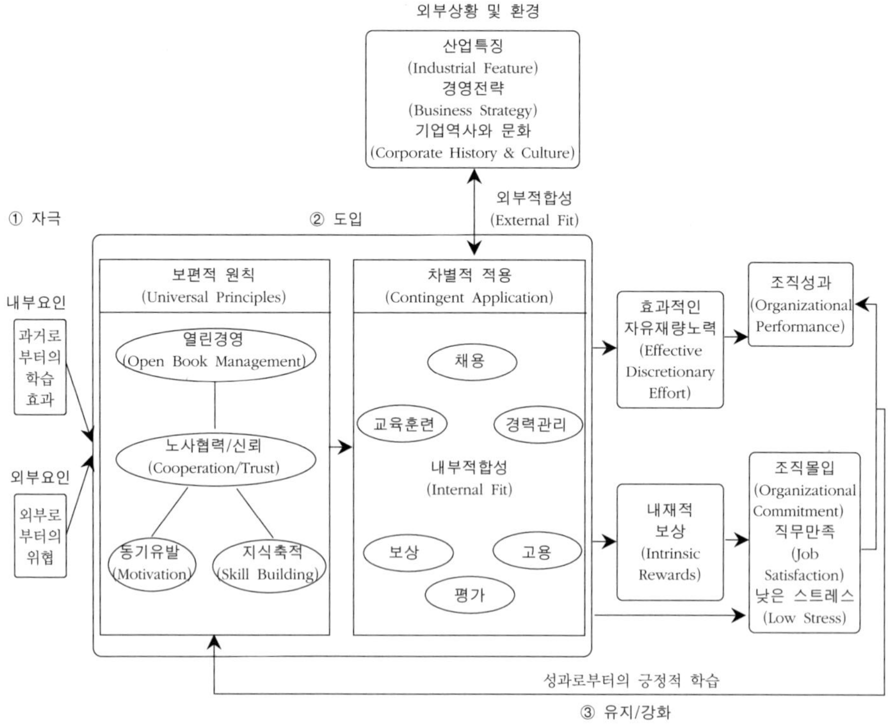

자료: 김동원 외(2000)를 참고하여 수정.

로써, 기업의 노사관계를 담당하는 노사관계자들에게 정책적인 시사점을 제공하고자한다.

1. 고성과 작업조직의 과정적 접근

서론에서는 기업이 고성과 작업조직을 도입하고 이를 유지하는 과정에 대한 이론적 설명을 제시하였다. 이를 다시 확인해 보면, 고성과 작업조직은 i) 내·외부로부터의 자극을 통해서 새로운 시스템 도입을 위한 사전적 토대를 가지게 되며, ii) 실질적인 변화의 노력으로 고성과 작업조직을 구성하는 실질적 관행들을 도입하는 과정을 거쳐, iii) 고성과 작업조직의 효과로 나타난 긍정적 성과로부터의 학습을 통한 유지단계에 들어서게 된다는 것이다. 그러면, 본 연구에서 분석된 8개 국내기업들은 어떤 과정을 거쳐 고성과 작업조직을 도입하고 실행해 왔는지에 대하여 자극-도입-유지의 단계를 차례로 살펴보자. 이 과정의 핵심적 내용들은 [그림 4-1]에서 확인할 수 있다.

(1) 자　　극

자극 단계에서는 '무엇이 노사협력과 고성과 작업조직의 도입을 촉발시켰는가?'에 대한 설명을 제공해 준다. 노사관계는 동전의 양면과 같이 협력과 대립의 두 가지 측면으로 구성된다. 일반적으로 생산과 재화창출과정에서는 노사가 협력관계에 있고, 부가가치의 분배과정에서는 노사가 대립관계에 있다는 것이 학계의 통설이다. 즉, 노사관계의 일반적인 현상이 협력과 대립의 공존이라면, 협력관계만을 지속적으로 유지하는 것은 특수한 상황이나 경험, 혹은 노와 사의 특별한 노력이 필요하다는 점을 의미한다. 본 사례연구의 결과는 노사가 협력관계를 시작하고 이를 지속하기 위하여 i) 과거의 노사갈등 경험에서 얻은 학습효과(내부 자극)이나, ii) 외부에서 촉발된 경영상의 위기(외부 자극)가 필요하다는 점을 보여준다. 경우에 따라서는 내부 자극과 외부 자극이 함께 존재할 때 노사협력을 위한 더욱 강력한 동기가 주어짐을 알 수 있다.

먼저 가장 많은 사례기업들이 경험한 내부자극은 단연 극단적 노사대립의 경험이다. LG전자, 포스코, 현대중공업, 삼성중공업과 같은 대기업들은 1980년대 말 노동자대투쟁 시기의 영향을 직접적으로 받아 노사관계의 위기를 경험하게 되고, 기업들은 과거 권위주의적 노무관리의 부작용을 경험하고 새로운 노사관계 형성의 필요성을 느끼게 된다. 또한, 유한킴벌리도 1994년부터 96년까지 노사대립과 노노갈등의 시기를 겪었으며, 무노조기업인 한국인포데이터(주)의 경우에는 2001년 분사 당시 40여 일간의 본사농성을 통해 회사의 태생부터 심각한 노사문제를 경험하였다. 이러한 점은 노사갈등이 단지 유노조 기업에게만 발생하는 것은 아니며 무노조기업에서도 발생할 수 있고 미래의 노사협력을 위한 자극의 역할을 함을 보여준다. 1987년 노동자 대투쟁시기부터 1990년대 중반까지의 나타난 노동운동의 물결과 IMF 외환위기가 가져다 준 급격한 구조조정의 태풍은 대부분의 한국 기업들에게 노사갈등의 쓴 경험과 협력의 중요성을 인식하게 되는 계기가 되었다.

둘째, 세계시장에서의 경쟁격화는 최상의 품질관리와 중단없는 서비스제공의 중요성을 부각시켰고 이는 노사협력의 필요성을 강하게 각인시켰다. 즉, 갈수록 까다로워지는(choosy) 소비자들은 노사대립으로 인한 품질저하나 조업중단을 용인하지 않으며 쉽게 경쟁사로 구매선을 바꾸는 것이 다반사가 되었다. 시장에서의 경쟁격화는 노사협력의 가치를 더 높이는 결과를 가져온 것이다. 사례기업들은 IMF 외환위기를 거치면서 치열한 경쟁 속에서 어떻게 살아 남아야 할 것인가를 지속적으로 고민하는 과정을 거쳐 왔으며, 이 과정에서 기업경쟁력의 확보를 위한 대안으로서 노사협력과 고성과 작업시스템의 도입이 지속적으로 추진되었다. 특히, 외국계 기업인 도레이새한과 모기업의 영향력에 놓여있는 한국인포데이터(주)와 같은 기업들은 투자기업으로부터의 지속적인 자원획득이 중단될지도 모른다는 위기의식이 생산성제고와 제품/서비스 혁신을 위한 노사의 공동노력을 촉진하는 하나의 요인이 되었다.

사례기업 중 유일하게 극심한 수준의 노사갈등을 경험하지 않은 기업은 CJ제일제당이다. CJ제일제당은 1980년대 후반까지 이어져 온 안정성장의 기조 속에서 보수적이고 가부장적인 경영스타일을 형성하였으나, 1990년대초 삼성그룹으로부터 독립하면서 거대 재벌의 보호막에서 벗어나게 되었다. 이후 생존을 위한 혁신추구와 지속적인 경각심을 일깨우기 위한 목적으로 경영혁신운동을 전개하였고, 이것이 추후 노사협력과 고성과 작업조직의 도입에 밑거름이 되었다. 즉, CJ제일제당의 경우에도 모기업으로부터의 독립과정에서 형성된 경영위기의 가능성이라는 외적자극과 함께 CJ제일제당의 경영진 스스로에 의해 만들어진 '조성된 위기(constructed crisis)'(김인수, 1999)가 내부자극으로서의 역할을 해 주었다.

이를 종합하면, 사례기업들은 내부압력과 외부압력으로부터 변화에 대한 강력한 자극을 받았음을 확인할 수 있다. 그런데 우리가 여기서 놓치지 말아야 할 것은 우량기업들은 극단적 노사대립의 경험을 새로운 노사관계 정립의 필요성을 깨닫는 학습의 기회로 삼았을 뿐 아니라, 극심한 경쟁 환경에서 부여되는 압력은 노사의 공동노력을 통해서만 해쳐 나아갈 수 있음을 서로가 인정하고 있다는 것이다.

(2) 도　입

도입은 앞서 살펴본 내부적·외부적 자극을 통해 학습된 변화의 필요성 인식을 바탕으로 실질적인 노사협력과 고성과 작업관행을 채택하고 실행하는 과정이다. 따라서 이 과정은 각 기업들이 경험한 과거의 자극내용이나 상황적 특성에 따라 그 양상이 다양하게 나타나고 있었다.

우선 고성과 작업조직의 도입 시기에는 노사협력이 시작되기 위하여 이러한 자극에 적극적으로 대응하는 최고경영자와 근로자대표의 확신과 결단이 중요하며, 노사간 신뢰형성을 위한 상징적인 조치를 취하는 것이 중요함을 알 수 있다. 즉, 최고경영자와 근로자대표간에는 기업의 생존과 성장을 위하여 노사협력이 절실함에 대한 강력한 공감대가 먼저 형성되어야 한다. 그 후 노사 간 신뢰와 협력에 상당한 진전이 이루어지고 있음을 나타내는 구체적인 조치를 취함으로써 조직구성원들의 행동변화를 이끌어 내고 고성과 작업조직의 실질적 도입을 촉발할 수있을 것이다. 이 과정에서 노사간에는 적극적인 대화노력이 이루어지고, 노동조합이 있는 기업에서는 노조의 작업장혁신에 적극적으로 참여하는 전략적 선택을 통해 고성과 작업관행의 도입에 실질적인 진전을 이루게 된다.

노사간의 신뢰형성을 위한 상징적인 조치로서는 다수의 기업에서 실시한 경영진의 고용보장 노력을 들 수있다. 한국인포데이터(주)는 분사 당시의 고용보장 약속이 이행되는 과정에서 근로자들의 회사에 대한 신뢰가 매우 강화되었으며, 이를 토대로 고성과 관행들의 적극적인 도입이 가능했다. 현대중공업도 1998년 외환위기 당시의 회사의 고용보장 선언이 조합원의 신뢰를 확보하는데 주효하였으며, 유한킴벌리에서 나타난 종업원들의 전폭적인 혁신참가도 무해고 정책의 실천에 의한 노사 신뢰의 기초가 있었기에 가능했다. 이와 같은 사실들은 노사간의 신뢰를 상징하는 사용자의 구체적인 조치와 결단이 노사협력의 토대가 되고 고성과 작업조직의 도입에 있어 구심점의 역할을 하고 있음을 보여주는 것이다.

둘째, 고성과 작업조직의 도입과정에서는 유노조 기업과 노사협의회 중심기업, 그리고 무노조 기업들 간에 유의미한 차이점이 발견된다. 사례 기업들의 고성과 작업조직 도입과정을 노동자대표조직의 유무를 기준으로 비교한 결과, 유노조 기업과 노사협의회 중심기업들은 노사간 오랜 시간의 논의를 거쳐 진통끝에 고성과 작업조직을 도입하지만, 일단 도입되면 사용자와 노조가 함께 진행을 하면서 매우 강력한 효력을 나타내는 것이 보통이었다. 포스코와 삼성중공업에서는 도입과정에서 노사협의회가 노조와 버금가는 역할을 한 것은 특히 주목할 만한 점이다.

반면, 무노조 기업들은 의사결정의 구조상 경영자의 결단으로 유노조 기업과 노사협의회 중심기업에 비해 단시일 내에 고성과 작업조직을 도입하지만, 그 진행과정에서 유노조 기업과 노사협의회 중심기업에서 보이는 노조의 적극적 협력으로 인한 시너지는 관찰되지 않았다. 즉, 유노조 기업, 노사협의회 중심기업과 무노조기업은 고성과 작업조직을 도입하는 데에 있어서 각각 장단점을 가지고 있는 것이다.

예를 들어, LG전자 사례의 경우 대립적 노사관계이후 노경관계의 발전단계는 노사관계의 전환기→협력적 노경관계→가치창조적 노경관계의 순으로 진행되었다.[1] 이와 같은 발전단계는 유노조 기업에서 나타나는 고성과 작업조직의 성공적 도입과정을 잘 나타내 준다. 우선, 이 기업에서는 상당기간의 노사관계

1) 〈표 3-4〉를 참고할 것.

전환기를 거치면서 노사간의 상호 신뢰와 존중의 분위기 형성되었고, 노경이 성과를 창출하는데 동반자적 역할을 수행하는 단계인 협력적 노경관계에서부터는 노사합동위원회, 노경자율경영팀의 운영 등을 통해 노동조합이 고성과 작업관행의 설계 단계부터 적극적으로 참여하여 노사가 함께 혁신을 이끌어가며 시너지를 극대화시켜왔다. 이와 같은 노력들은 노경관계를 기업의 핵심경쟁력으로 격상시켜 이른바 가치창조적 노경관계를 형성하는 데 주요한 역할을 한 것으로 평가된다.

반면, CJ제일제당과 같은 무노조 기업에서는 경영진의 도입의지에 따라 매우 신속하고 선제적인 고성과 작업관행의 도입이 이루어져 왔다. "회사가 미리 알아서 가려운 곳을 긁어준다"는 CJ 한 사원의 말처럼, 경영진은 매우 세밀하고 개별적 차원의 인적자원관리시스템의 실행을 통해 모기업으로부터 계승·발전되어온 기업고유의 문화적 속성들을 유지하였다. 이와 같은 인적자원관리 전략은 지속가능한 안정성장의 기조를 유지하는 데 중요한 역할을 하였다.

이와 같은 점을 종합하면, 노사간 신뢰를 형성하고 있는 무노조기업은 경영의사결정에서 나타날 수 있는 거래비용을 최소화할 수 있기 때문에, 변화에 방향에 발맞추어 고성과 작업관행을 신속하게 도입할 수 있는 장점을 가진다. 반면, 유노조 기업과 노사협의회 중심기업은 노사간의 협의를 통한 제도화 과정을 거쳐야 한다는 점에서 상대적으로 도입과정의 진통을 겪어야 하지만, 도입 후에는 함께 결정한 제도에 대한 책임을 노사가 공유하는 시너지효과를 통해 급격한 효력향상을 기대할 수 있다.

(3) 유지/강화

우리는 앞서 살펴본 자극과 도입단계를 통해, 고성과 작업조직의 도입이 기업의 지속적 경쟁우위 확보를 위한 노사의 전략적 선택이었음을 확인하였다. 그러나 고성과 작업조직의 도입에는 상당한 비용이 지속적으로 투입되어야 할 뿐만 아니라, 근로자의 입장에서도 새로운 변화가 가져다주는 이익이 뒷받침되지 않게 되면 이에 대한 몰입이 떨어지는 부작용이 나타날 수 있다. 따라서 고성과 작업조직의 도입과정에서 나타난 협력적 노사관계로의 변화가 지속적으로 유지되고 강화되기 위해서는 자극단계에서 경험한 i) 노사협력의 중요성에 대한 학습효과와 위기상황에 대한 인식의 유지와 함께, ii) 노사가 고성과 작업조직의 성공을 지속적인 상호이익의 선순환 구조로 연결시키는 공동노력이 뒷받침 되어야 한다. 본 연구의 사례기업들에서도 이와 같은 두 가지 요인이 고성과 작업조직의 성공적인 안착과 유지발전에 주요한 영향을 미치고 있었다.

첫째, 과거의 극단적 노사대립의 경험이나 미래에서의 경영위기 가능성은 노사가 힘을 합쳐서 공생의 터전을 마련해야 한다는 공감대를 형성하였고 이는 노사협력이 지속적으로 유지되는 중요한 상황요인이 되었다. 구체적으로 LG전자, 포스코, 현대중공업, 삼성중공업은 1980년대 말 노동자대투쟁 시기이후 노사관계의 위기를 경험하고 이를 극복하기 위하여 협력적 노사관계를 형성하게 된다. 유한킴벌리도 1994년부터 1996년까지 노사대립과 노노갈등의 시기를 겪었고 한국인포데이터(주)도 2001년 분사 당시 40여 일간의 본사농성등 심각한 노사문제를 경험하였다. 또한, 사례기업들은 IMF 외환위기 거치면서 치열한 경쟁 속에서 노사가 생존을 위하여 노사협력의 가치를 절감하고 살아남기 위하여 노사협력과 고성과 작업시스템을 지속적으로 유지하였다. 외국계 기업인 도레이새한과 모기업의 영향력에 놓여 있는 한국인포데이터(주)와 같은 기업들은 투자기업으로부터의 지속적인 자원획득이 중단될지도 모른다는 위기의식이, CJ제일제당의 경우에도 삼성그룹으로부터의 독립이라는 외적위기가 생산성제고와 제품/서비스 혁신을 위한 노사의 공동노력을 촉진하는 주요 인이 되었다.

둘째, 사례 기업들은 이른바 상호이익(mutual gains)의 선순환 구조가 형성 또는 형성 중에 있음을 확인할 수 있었다. 즉, 고성과 작업조직의 도입을 통해 나타난 생산성과 품질의 향상은 재무적 성과의 제고에 실질적인 영향을 미쳤다. 이것은 다시 근로자들의 고용안정과 임금 및 복리후생의 증대로 이어지는 선순환 구조를 형성시켜 줌으로써, 고성과 작업조직에 대한 노사의 지속적인 투자와 몰입이 유지되고 있다. 실례로, LG전자에서는 증대된 생산성을 바탕으로 근로자의 보상이 증대되고 TDR 같은 작업장 혁신활동을 통해 근로자들의 지식축적에 도움이 되면서, 근로자들과 노동조합의 적극적인 참가의 노력들이 지속될 수 있었다. CJ제일제당에서는 안정적인 재원확보가 기업의 핵심가치로 받아들여지는 우수인력확보와 성과에 따른 보상이 가능토록 해주었으며, 이것이 다시 고성과를 창출하고 지속적 경쟁우위를 확보하는 선순환 구조를 통해 기업특유의 성과주의 문화를 건강하게 발전시키고 있었다. 포스코와 도레이새한도 재무성과의 지속성장이 고용보장과 복지제도 및 성과급의 강화로 이어져 성과몰입도의 향상과 노사신뢰의 구축에 큰 영향을 미치고 있었다. 현대중공업과 삼성중공업은 안정적 노사관계의 구축으로 납기를 보장할 수 있었으며, 이것이 선주의 신뢰를 확보하는 등의 글로벌 경쟁력을 달성하는 데 중요한 밑거름이 되었으며, 이와 같은 성과향상이 다시 고용보장과 고임금을 유지하게 되는 상호이익 상호작용을 실현하고 있었다. 8개 사례 기업 중 가장 규모가 작은 한국인포데이터(주)의 경우에는 모기업으로부터 분사된 이후부터 현재까지 신규 채용와 함께 비정규직의 지속적인 정규직 전환이 이루어져 기업규모가 증가되었으며, 매출액과 이익도 동반 성장하게 되었다. 이와 같은 고성과의 달성은 고용안정에 대한 근로자들의 확신으로 이어져 노사안정화의 중요한 역할을 한 것으로 평가된다.

〈표 4-1〉 고성과 작업조직의 과정적 접근에 따른 국내 우량기업의 사례종합

	자 극	도 입	유 지
1. LG전자	• 1987년과 1989년의 극심한 노사분규를 통해서 경영진이 노사관계 인식의 대전환을 이루었고 이를 기초로 노사 간의 신뢰구축을 위해서 투명경영과 신뢰에 기반한 수평적 노경관계를 정착시키기 위해서 노력	• 노경관계의 진전에 발맞추어 1990년대 중반부터 현장자율경영팀제, TPS, 6시그마운동 및 TDR(Tear down and Redesign)을 중심으로 한 작업장혁신에 노동조합이 적극참여	• TDR과 같은 작업장혁신 활동을 통해서 성과에 대한 직접적 보상뿐만 아니라 지식축적에도 도움이 되므로 직원들이 참가를 위해 적극적으로 노력하고 있으며, 이러한 혁신활동 결과는 사업부 단위로 취합해서 전사적으로 공유
2. CJ	• 안정성장 과정에서 형성된 보수적이고 과거 지향적 체질에 대한 경각심 • 삼성그룹으로부터 독립경영에 따른 회사 정체성 변화	• 1995~1998년: 삼성그룹 문화 계승연장선상에서 자율적이고 창의적인 새로운 제도 도입	• 1999년 이후~현재: CJ고유 기업문화 구축과 실행기. 제일주의 추구, 총보상개념 도입, 국가대표급 인재, 생산직 연봉제 등 CJ특유 기업문화 형성과 강화
3. 포스	• 1988년 노조 설립 및 1990년대 초 강성노조 결성과 대립적 노사관계 경험	• 노조가 무기력화된 후 노사간의 공식적 의사소통라인이 필요하다는 노사간의 의견이	• 경영혁신, 평생교육 및 교육훈련 등을 체계적으로 설계하여 운영하고 있음

코	• 외국 철강산업과의 치열한 경쟁 속에서 어떻게 살아남을 것인가에 대한 일정 수준의 외부 위협요인 존재	공감 • 노사대립이 재현되는 상황을 방지하기 위하여 직원들을 대상으로 한 정신교육 강화 및 의사소통구조의 개선 등을 추진	• 기업복지제도를 강화하여 직원들의 불만을 사전에 제거한 결과 직원들의 온건적·보수적 의식구조 공고화
4. 한국인포데이터(주)	• 2001년 분사 시 40여 일간의 본사농성을 통해 태생부터 심각한 노사문제를 경험 • 노사갈등의 폐해를 몸소경험한 노사는 화합적인 노사관계를 희망 • KT태도변화에 따라 독점적 지위상실 및 재정위기 가능성에 대한 불안감	• 분사당시의 고용보장 약속이행을 통한 신뢰강화와 학습효과를 통해 기존 경쟁력을 최대화할 수 있는 고성과관행의 적극적 도입토대 마련	• 기업규모와 재무적 성과의 지속적 증가 및 고용안정에 대한 확신이 노사안정화 및 긍정적 근로자 태도를 향상시키는 선순환 확보
5. 도레이새한	• 도레이새한 설립 이전에 제일합섬-새한-도레이새한으로 경영변동을 통해 외국계회사가 됨 • 새한의 강성노조 대립갈등의 간접경험, 동종업계 강성노조 대립갈등에 대한 경험 • 일본 도레이사의 온건한 和의 노사관계	• 노동조합 설립과정에서 사측노조 인정, 노측 온건노조노선 채택: 노사협력구축 • 최고경영자의 솔선수범한 노사간 대화시도 • 성과급의 과감한 시행을 통한 동기유발	• 단체교섭을 통해 임금 복리후생의 현실적인 운영, 노사협력의 토대를 강화 • 반복적인 고용보장, 단체교섭의 위임 등을 통한 신뢰구축 • 부화합회의와 고참문화, 활발한 정보공유를 통한 외국계 기업의 철수에 대한 불안감 해소
6. 현대중공업	• 1994년 LNG 점거 농성 및 장기파업 이후 노사위기 인식 • 회사의 원칙적 대응(무노동무임금 등)으로 조합원의 손해 의식 증가	• 현장 조합원의 정서변화와 노사협력적 대의원의 다수 당선으로 노동조합의 활동 변화 • 1998년 외환위기시 회사의 고용보장 선언으로 조합원 신뢰 확보	• 2003년 노사협력 선언 • 안정적 노사관계로 납기보장-선주의 신뢰 확보-안정적 물량 확보-고용보장/복리후생 증가의 선순환 구조 형성
7. 삼성중공업	• 제1차: 1987~1993년간 노동자의 노조 조직화 시도에 따른 새로운 협력관계 필요성 인식 • 제2차: 2003~2004년의 노사분쟁과 경영악화 경험	• 제1차(1994~1997): (1) 그룹 신경영체제, (2) 경영대혁신: 경영자원 재배치 및 기술력 고도화 추진, (3) 소그룹체제/사업부제/팀제 등의 조직개편과 연봉제/직급체계 개편	• 2005년 이후: 협력의 재강화를 통한 경영위기 극복 후 글로벌 경쟁력 향상의 긍정적 경험

	을 통해 노사협력 강화 필요성 인식	• 제 2 차(2001~2004): 글로벌 경쟁력 확보: (1) 생산/기술/품질의 1등 경쟁력 확보, 핵심인재 확보 및 육성	
8. 유한킴벌리	• 1994~1996년의 노사대립과 노노갈등의 경험 • IMF 등 외부위협 요소가 노동조합의 노선을 협조적으로 변화한 주요 외부 환경요인임	• 무해고 정책 실천으로 노사 신뢰의 기초 • IMF 경영위기를 계기로 현장의 노동조합과 종업원들의 전폭적인 혁신 참가가 이루어졌다는 것이 HPWO이행 성공의 주요 요소 • 종업원들의 의견을 적극 듣고 이를 경영혁신에 반영하고자 한 경영진의 노력이 주효 (예) 4조 2교대제 시행과정	• 노사간 협력이 기업의 턴어라운드를 주도, 2000년 이후 P&G에게 내 주었던 시장점유율 1위를 다시 탈환 • 노동조합 내부적으로는 협조파가 네 번의 선거를 거치면서 입지를 강화 • 이후 노사 신뢰에 기초해 학습조직화로의 가속화가 이루어짐

2. 고성과 작업조직의 요소적 접근

서론에서 살펴본 바와 같은 고성과 작업조직은 크게 네 가지 요소(노사협력/신뢰, 열린 경영, 동기유발, 지식축적)로 구성되어 있으며, 이와 같은 보편적 원칙(Universal Principles)은 기업의 환경, 전략, 기술, 문화, 역사 및 산업적 특징과 같은 상황적 요인에 따라 차별적으로 적용(Contingent Applications)될 수 있음을 제시하였다. 이를 그림으로 다시 표현한 것이 [그림 4-2]이다. 여기에서는 사례기업들이 보유하고 있는 고성과 작업조직의 보편적 요소들과 차별적 적용의 사례들을 종합적으로 분석한다.

(1) 노사협력/신뢰

우리는 앞에서 고성과 작업조직의 첫번째 구성요소로서 노사협력과 신뢰를 제시하였다. 이때, 노사협력은 유노조 기업과 노사협의회 중심기업의 핵심요소로, 신뢰는 무노조 기업의 구성요소임을 설명하였다. 특히, 신뢰(Trust)는 장기간에 걸친 약속의 이행이라는 과정을 거쳐서 형성되지만 약속을 지키지 못

[그림 4-2] 고성과 작업조직의 보편적 원칙과 차별적 적용

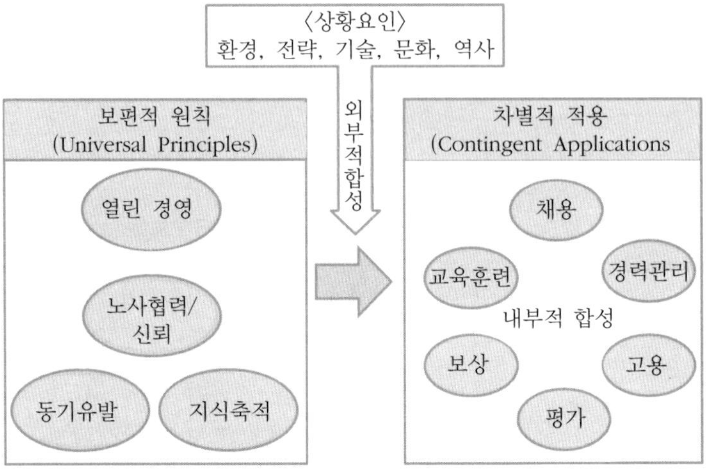

할 경우 일순간에 무너지고 다시 회복하기 위하여는 장기간에 걸친 인내와 노력이 요구되는 실천이 어려운 개념이다. 노사협력을 목표로 하는 경영자는 신뢰의 형성과 유지를 위하여 특별한 노력을 기울여야 한다. 여기서는 노사협력과 신뢰가 고성과 작업조직의 보편적 원칙들 중에서 차지하는 지위를 설명하고, 사례연구에서 나타난 분석의 결과들을 종합한다. 〈표 4-1〉에서는 사례기업들의 노사협력과 신뢰의 특징에 대하여 정리하고 있다.

먼저, 앞의 [그림 4-2]에서 보는 바와 같이 노사협력/신뢰의 요소는 고성과 작업조직의 나머지 보편적 요소들을 연결시켜 주는 핵심적 위치를 차지하고 있다. 앞서 살펴본 과정적 접근에서도 노사협력/신뢰의 요소는 고성과 작업조직의 결과물이자 강화요인임을 확인할 수 있었다. 즉, '고성과 작업조직의 실행→고성과 달성→조직과 근로자 상호이익의 달성→노사협력/신뢰의 강화→고성과 작업조직의 유지·강화'와 같은 선순환 연결고리의 핵심에는 노사협력/신뢰의 요소가 자리 잡고 있다는 것이다. 이와 같이 노사협력/신뢰는 고성과 작업조직 작동의 토양을 제공한다는 의미에서 다른 구성요소들과 조직성과간의 관계를 조절하는 조절변수로서의 지위를 가지는 것으로 파악되었다. 즉 [그림 4-3]에서 보는 바와 같이, 고성과 작업조직을 구성하는 열린 경영, 동기유발, 지

[그림 4-3] 노사협력/신뢰의 조절효과

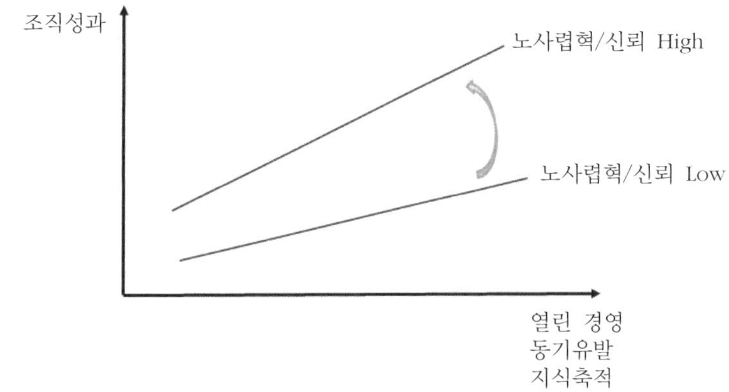

식축적의 요소들이 조직성과에 긍정적 영향을 미치게 되는데, 이때 해당 기업에 형성되어 있는 노사협력/신뢰의 수준이 높은 경우가 낮은 경우에 비해 더욱 더 강력한 효과를 나타낸다는 것이다.

고성과 작업조직에서 노사협력/신뢰가 차지하는 지위를 과정적 접근과 요소적 접근의 관점에서 종합해보면, 과정적 접근에서는 고성과 작업조직을 통한 지속적 조직성과의 향상을 연결해 주는 매개변수의 역할을 하는 동시에, 요소적 접근에서는 노사협력/신뢰를 제외한 나머지 요소들이 조직성과에 미치는 효과를 조절해주는 조절변수의 역할을 한다는 것이다. 그러면, 아래서는 사례기업들의 노사협력/신뢰의 특성들에 대해 살펴보도록 한다.

먼저, 8개 사례기업들은 높은 수준의 노사협력 및 신뢰의 수준을 보여주고 있었다. 그러나, 기업이 처한 상황적 특성에 따라 노사협력/신뢰의 적용방식에 있어서는 몇 가지 차이를 보인다. 이는 본 연구의 이론 틀에서 노사협력의 수준이나 형태가 다양할 수 있음을 예상한 것과 일치하는 현상이다. 여기서는 유노조 기업, 노조협의회 중심기업, 그리고 무노조기업의 노사협력 및 신뢰의 특성에 대하여 살펴보도록 한다. 〈표 4-2〉에서는 수준별로 집단과 개인, 협력의 형태별로 문제해결과 공동결정의 두 축으로 8개 사례기업을 분류한 결과를 보여주고 있다.

대체로 유노조 기업과 노사협의회 중심기업에서는 노동조합(혹은 노사협의회)과 경영진간이 집단적인 수준에서 협력적 노사관계를 구축하고 있음을 확인할 수 있었다. 사례기업들 중 유노조 기업과 노사협의회 중심기업으로 분류되는 LG전자는 노조가 기업의 의사결정에 깊숙이 참가하는 노사 공동결정의 형태를 띠고 있고, 현대중공업, 유한킴벌리, 도레이새한, 삼성중공업, 포스코는 집단수준의 창조적 문제해결의 성격을 가지는 것으로 나타났다.

〈표 4-2〉 노사협력과 신뢰가 구현되는 다양한 형태

	창조적 문제해결	노사 공동결정
집단수준	현대중공업 유한킴벌리 도레이새한 포스코 삼성중공업	LG전자
개인수준	CJ제일제당 한국인포데이터(주)	

먼저, LG전자에서는 노조의 적극적 경영참가의 대표적인 사례로서 노사가 서로를 파트너로 인정하고 공동의 문제해결을 위해 적극적으로 노력하는 모습을 찾아 볼 수 있었을 뿐만 아니라, 노동조합이 다양한 제도설정과 의사결정에 적극적으로 참여하는 경영참가의 특징을 보여준다. 특히, LG전자는 자신들의 노경관계를 '가치창조적 노경관계'로 규정하고 있는데, 이는 경영진이 매우 장기적인 관점에서 근로자를 가치창출의 원천으로 인정하고 노동조합의 적극적인 참여를 기대하는 지속적인 포용전략(fostering strategy)의 유지와, 노동조합 스스로 경영에 기여하여 회사의 가치를 제고시키는 활동을 해야 한다는 노동조합의 적극적 참여(participation) 의지를 통해 확인할 수 있다. 노사가 공동결정을 하는 경우에는 사용자에 대한 경영권 침해와 노동조합의 역할갈등의 우려에 대비하여야 할 것으로 지적되었다.

포스코, 삼성중공업, 도레이새한, 현대중공업, 유한킴벌리는 노사협력을 통하여 직원들의 숨은 창의성과 지식을 기업성과향상을 위하여 적극 활용하는 창조적 문제해결(problem solving)의 협력수준으로 분류되었다. 예를 들면, 현대중공업의 경우에는 1987년부터 1994년까지의 대립적 노사관계시기동안 쟁의일

수 288일, 1조 5,521억 원의 매출피해, 176명의 해고자를 양산하는 등 노사간 강경대응일변도의 대립적 구도를 형성했던 공개적 전쟁상태(open warfare)의 경험을 가지고 있다. 그러나 IMF 외환위기 당시 회사의 고용안정 노력과 전문경영인 체제 등의 확립 등으로 인해 경영진에 대한 근로자들의 신뢰가 형성되기 시작했으며, 2002년 9월에 실리주의 노선을 표방한 14대 노조집행부가 당선됨으로써, 노사협조시기로의 변화계기를 마련하게 되었다. 1995년부터 시작된 무쟁의 노사관계에 대한 주변의 높은 평가와 1994년 이후 양호한 경영실적이 근로자들의 임금과 근로조건의 향상으로 이어지면서, 최근에 와서는 노사협력의 대표모델로 자리 잡고 있다. 특히, 2007년 3월 '미래를 대비한 노사공동선언'을 선포하고 기업경영에서 예측 가능한 문제들을 노사가 머리를 맞대고 해결하는 단계에 접어들게 되었다.

유한킴벌리의 경우에도 1994년부터 1996년까지 경영혁신을 둘러싼 노사대립과 파업의 경험을 가지고 있었지만, 1997년 경제위기를 거치면서 회사의 평생고용 보장과 4조 2교대제의 성과를 바탕으로 노사협력을 구축할 수 있었다. 유한킴벌리 노조는 조합원이나 간부들이 회사 경영정보의 대부분을 공유하고 당면한 문제들을 노사가 함께 해결함으로써 종업원들이 회사와 일종의 공동운명체란 의식을 형성하고 있고, 이를 통해 함께 경쟁의 압력을 헤쳐나가고자 노력하고 있다.

도레이새한은 인사제도 개선 등의 노사간 이슈가 있을 때마다 사전에 충분한 협의와 토론을 거치고 있고 노사가 서로를 대화의 상대방으로 인정하고 있다는 측면에서 역시 협력을 통한 문제해결(problem solving)의 노사관계를 형성하고 있는 것으로 판단된다. 도레이새한은 1999년 설립되었고, 그 직후인 2000년에 노동조합이 설립되어, 그 노사관계의 연혁이 길지 않아 아직까지 생산적인 이슈보다는 분배적 이슈를 중심으로 교섭이 진행되어 온 것을 확인할 수 있다. 그러나, 회사는 노조가 설립될 당시부터 노조를 대화의 파트너로 인정하고 포용전략을 견지하고 있고, 노동조합도 설립 이후 한 차례의 파업도 하지 않는 등 상호간의 신뢰를 굳혀가고 있는 것으로 나타냈다.

포스코의 경우 무노조가 아닌 소수노조기업이지만 강력한 노경협의회를 중심으로 노사관계가 형성되어 있다. 포스코에서는 주로 무노조대의기구(Nonunion

Employee Representation; NER)를 통해 집단적인 수준에서 신뢰를 제도화시키고 있다. 포스코의 노경협의회는 전사노경협의회를 중심으로 제철소와 부문협의회로 구성되는데, 여기서는 직원들의 의견을 성실히 표현하는 의사소통기구로서 집단적인 문제해결과 임금교섭 기능까지 포괄하는 역할을 효과적으로 수행하고 있다. 포스코의 노경협의회는 『근로자참여 및 협력증진에 관한 법률』이 정하는 범위 내의 노사관계를 운영하고 있다는 것이 특징이다.

삼성중공업의 무노조대의기구인 노동자협의회는 노조와 흡사한 역할을 수행하고 있다. 이 협의회는 유일교섭단체의 지위를 확보하고 11명의 상근자가 활동하고 있으며 단체교섭을 통한 협약을 체결하고 있는 등 준노동조합의 형태를 가진다. 이와 더불어 협의회는 다양한 노사공동프로그램과 위원회를 운영함으로써 노사간 신뢰를 형성하는데 있어 가장 중추적인 역할을 하고 있다. 이와 같은 내용들을 종합해보면, 삼성중공업은 노동자협의회를 중심으로 집단적인 수준에서 신뢰를 제도화시키고 있는 대표적인 기업으로 분류할 수 있다. 이러한 점들은 노조와 노사협의회가 모두 노사협력과 신뢰를 형성함에 있어서 필수불가결한 역할을 함을 보여준다.

한편, CJ제일제당과 한국인포데이터(주)와 같은 무노조 사례기업들에서 개인 차원의 신뢰가 강하게 형성되어 있으며 이를 토대로 개인근로자의 지식과 창의성을 활용하는 다양한 제안제도를 활성화하여 기업의 경영성과향상을 꾀하고 있다. 개별 차원의 신뢰는 개별근로자와 회사와의 사회적 교환관계를 의미하며 상호가 묵시적 의무를 존중할 것이라고 믿는 정도로서, 일종의 심리적 계약(Psychological contract)의 상태를 의미한다. 한국인포데이터(주)와 CJ제일제당도 노사협의회를 운영하고 있지만, 복리후생의 개선을 주된 목적으로 하고 있다는 점에서, 무노조 대의기구로서의 역할이 상대적으로 약한 반면 개인차원의 신뢰는 강한 것으로 평가된다. 중공업에 속하는 삼성중공업과 포스코에서는 산업의 기술적 특성과 작업환경 특수성 등으로 인해 집단 차원의 신뢰가, 여성중심의 서비스업인 한국인포데이터(주)와 식품가공기업인 CJ제일제당에서는 회사의 세심한 배려에서 비롯되는 개인차원의 신뢰가 형성된 것은 외적적합성 측면에서 자연스러운 현상으로 이해할 수 있다.

이와 같은 차별성에도 불구하고 무노조 사례기업들이 공유하는 것은 매우

〈표 4-3〉 사례기업의 노사협력/신뢰의 특성

기업명	대표적 제도/관행	노사협력/신뢰의 특성
LG 전자	'가치창조적 노경관계' 노동조합의 협조와 적극적 참가	• 기업의 생존과 경쟁력의 관건인 협력적인 노사관계의 중요성을 절감하고 노사 간의 신뢰구축을 위해서 투명경영과 신뢰 기반의 수평적 노경관계에 기반한 노경파트너십을 정착시키려는 노력을 해 옴 • 노동조합은 다양한 제도설정과 의사결정에 적극적인 참가
CJ	직장협의회 조직문화 개선활동	• 임금 및 복리후생이 전반적으로 높고 매우 세심한 회사의 배려가 노조를 대체 • 의사소통 활성화를 위한 다양한 형태의 대화 통로 • 형식에 구애받지 않고 자유로운 분위기에서 일상적인 대화통로를 구축함
포스코	기업복지주의 내부승진제도 정착 노경협의회의 활성화	• '노조 없이 직원의 권익을 철저히 보장할 수 있는 회사 건설'하겠다는 초대 CEO의 경영철학 • 일관제철소로 성장을 위한 숙련인력의 대량 확보와 정착을 위해 내부인력 승진제도 정착 • 작업장 안전, 임금협상부터 회사의 경쟁력제고까지의 광범위한 이슈가 논의되는 노경협의회의 안정적 정착
한국인포데이터(주)	종업원지주회사 공정성에 기초한 신뢰문화	• 전체주식의 81%를 근로자(비정규직 포함)들이 소유하고 있어 기본적으로 직원을 존중하는 신뢰의 문화가 정착 • 분사과정의 노사갈등으로 인한 학습으로 노사 공히 화합적인 노사관계를 희망
도레이새한	통합적 교섭을 위한 노사의 공동 노력 고용보장과 생산성향상의 동시추구	• 노조설립시 강성노조 배척 온건노조 선택 • 단체교섭(임금 복리후생에 대한 교섭) 고용보장과 임금인상률 및 교섭위임 • 지속적인 무파업 교섭타결
현대 중공업	실리주의 집행부의 정착과 노사협조 구축 고충처리의 일상화	• 경제적 조합주의에 근거한 '노동조합 선언, 이념, 강령선포식'이후, '미래를 대비한 노사공동선언'의 선포로 노사협력의 대표적 모델로 자리매김 • 회사 관리자의 고충처리 기법 교육/상호 협의의 일상화
삼성 중공업	노동자협의회(비노조대변기구) 노사협의회 활성화 이해와 신뢰의 정착	• 비교적 자율적인 비노조대변기구가 임금, 근로조건에 대한 실질적 협상 수행하고 회사는 비노조대변기구를 재정적으로 지원 • 노사협의회 운영을 활성화 • 장기간의 산업평화를 통한 신뢰의 정착이 경영과정의 거래비용을 줄이고 노동자들의 조직몰입과 생산성을 유발
유한 킴벌리	회사의 무해고 정책 종업원 복리를 위한 단협, 노협을 통한 노사의사소통	• IMF위기와 경험을 통한 노사협력 정착 • 무해고 정책을 실현함으로써 노사신뢰 발전 • 생산에서의 적극적 협력, 그리고 이를 통한 노조원들의 이익확보에 대한 노동조합의 책임의식

강력한 조직문화의 형성과 유지발전을 위해 노력해 왔다는 것이다. 이와 같은 노력들은 공동체적 조직문화의 형성이 무노조기업의 노사안정에 주요한 요인임을 확인시켜 주었다. 이때, 강한 조직문화의 형성과 유지에는 각 기업이 처한 상황에 적합한 제도적 뒷받침이 존재하고 있다. CJ는 전통적인 무노조경영의 기조를 삼성으로부터 물려받아, 높은 수준의 임금 및 복리후생이 제공되는 동시에 회사의 매우 세심한 배려가 노조를 대체하는 효과를 거두고 있었다. 또한, 한국인포데이터(주)는 전체주식의 81%를 근로자들이 소유하는 종업원지주회사로서의 특성이 조직문화 내에 직원을 존중하는 신뢰의 기조가 형성되는 데 있어 중요한 역할을 하고 있다.

(2) 열린 경영

열린 경영은 정보공유와 근로자 참여활동을 포함하는 것으로, 특히 고성과 작업조직의 요소로써 제시되는 열린 경영은 협력적 노사관계의 구축과 경영혁신을 위한 노사의 자발적이고 적극적인 노력을 의미한다. 쉽게 말하면, 열린 경영은 근로자의 지식과 창의성을 발휘할 기회를 제공하는 것으로 볼 수 있다. 본 연구의 이론틀에서는 조직문화의 특성 및 제반 조건에 따라 열린 경영이 실현되는 형태가 매우 다양할 수 있음을 예상하였다. 8개의 사례기업들은 공식적/비공식적, 개인/집단, 전통적/전통파괴적 등 모든 차원의 통로를 동원하여 다양한 형태의 열린 경영을 실현하고 있다. 특히, 모든 기업에서 일선 직원들의 의견을 경영층이 수렴하는 하의상달 의사소통을 강화하기 위한 노력을 적극적으로 수행하고 있는 점은 특히 인상적이었다. 이들 기업에서는 노사관계의 가장 중요한 성공요인이 언로를 트는 것이고 이를 확보하는 가장 확실한 방법이 바텀-업(bottom-up) 목소리를 듣는 것임을 명확히 보여주었다. 특히, 일선 직원들의 의견을 최고경영자가 직접 듣는 하의상달(bottom-up) 의사소통관행은 열린 경영을 보여주는 상징적인 효과와 실질적으로 중요한 아이디어가 경영에 반영되는 실질적인 효과를 동시에 지닌다. 또한, 일선근로자들의 의견이 항상 작업과정에 반영되도록, 중간관리층의 역할이 상의하달을 감시하는 감독자에서 하의상달을 권유하는 코치로 바뀌어 열린 경영이 작업현장에서 일상화되는 것이 중요하다.

예를 들면, 삼성중공업에서는 다양한 매체를 통한 경영정보공유, 고충처리 및 제안제도 등을 시행하고 있을 뿐 아니라 노사공동위원회의 운영 등을 통한 경영참가도 존재한다. 또한, 경영전략회의를 통해 근로자대표의 전략적 의사결정 참여를 장려하고 있으며, 품질, 안전, 노사 문제에 관한 다양한 참여프로그램이 가동중이다. 대표이사와 각계층 대표자간 대화 및 임원-현장근로자 스킨십 활성화도 특징적이다. 포스코의 열린 경영은 경영공시제도, 노경협의회 등의 협의시스템, 현장멘토링과 대화방운영 등의 의사소통시스템이 운영되고 있다. 회사 운영에 대한 모든 내용을 공시함으로써 투명경영을 실천하고 있으며, 협력적, 안정적 노사문화에 일익을 담당하고 있는 노경협의회와 다양한 의사소통방법이 가동중이다. 특히, 윤리규범 선포 및 기업윤리실천사무국 운영은 노사가 공동으로 사회공헌활동을 추진하는 통로가 되고 있다.

LG전자는 노경협의회 등 전통적인 의사소통매체들을 통해 정보공유와 참여의 밀도를 증가시키기 위한 노력들을 지속하고 있고, 작업장 수준에서는 자율경영팀형태의 작업장 혁신프로그램들을 20여 년간 지속적으로 개선함으로써 열린 경영의 모범적 사례로 널리 알려져 있다. 유한킴벌리도 새로운 제도를 도입할 경우 노사공동의 제도개발팀을 결정하여 제도개발 단계부터 근로자들의 참여를 장려하고 제도개선 후에도 노사공동의 개선팀을 존속시키는 등 높은 수준의 참여가 이루어진다. 이와 같이 새로운 혁신을 하기 전에 토론과 의견수렴 과정을 거치는 것은 유한킴벌리의 문화로 자리 잡고 있으며, 이를 위해서 다양한 방식의 정보공유 제도를 보유하고 있다. 현대중공업도 경영정보의 중층적 공개와 현장밀착형 협의체제 활성화를 통하여 고위 경영진과 노동조합 및 근로자와의 정보공유와 협의의 틀을 구축하고 있다. 도레이새한의 경우 제안제도와 분임조활동을 통한 현장중심의 경영참여가 이루어지고 있고, 부화합회의, 노사협의회를 기반으로 하는 노사상생의 커뮤니케이션 채널을 활성화하기 위해 노력하고 있다.

CJ제일제당은 특히 창의적인 기업문화에 걸맞는 혁신적인 열린 경영을 시도하고 있다. 의사소통을 중심으로 한 다양한 경영혁신 기법을 실시하고 있으며 직원 참여를 유발하기 위한 적극적인 제안활동과 분임조활동(Total Operational Performance; TOP)과 CJ산책길, CJ런치테이블 등 경영진과의 비공식적이면서도

〈표 4-4〉 사례기업의 열린 경영의 특성

기업명	대표적 제도/관행	열린 경영의 특성
LG 전자	노경협의회 다층적 정보공유채널 6시그마운동, TDR	• 노경협의회나 상하간, 부처간, 계층간에 수시로 실시되는 각종 간담회, 워크숍 등으로 노경 간의 정보공유 및 직원들의 자발적인 참여를 유도 • 1996년부터 국내 최초로 도입된 '6시그마운동' 및 TDR(Tear down and Redesign)을 중심으로 한 작업장혁신과의 연계
CJ	COP,TOP 등의 제안제도 분임조활동 경영진과의 대화채널	• 대화와 소통을 중심으로 한 다양한 경영혁신기법 (Community of Practice; COP) • 직원 참여를 유발하기 위한 적극적인 제안활동과 분임조활동 (Total Operational Performance; TOP) • CJ산책길, CJ런치테이블 등 경영진과의 대화의 기회 제공
포스코	경영공시제도 노경협의회 등 활성화 윤리경영	• 회사 운영에 대한 모든 내용을 공시함으로써 투명경영 실천 • 협력적·안정적 노사문화에 일익을 담당하고 있는 노경협의회와 다양한 의사소통방법이 있음 • 윤리규범 선포 및 기업윤리실천사무국 운영
한국인포데이터(주)	e-좋은만남 KOID열린협의회 제안마스터	• 현장목소리를 중시하는 최고경영층의 강한 의지로 전국현장순회, CEO현장체험 프로그램 등 운영 • 열린협의회를 통한 근로조건 논의 및 'e-좋은만남'의 건의게시판, CEO대화방, 고충건의시스템 운영 • 업무과정 개선이나 제도 개선 등의 아이디어 제안 및 담당부서별 제안마스터 설정하여 심사, 평가, 포상
도레이새한	부화합회의와 고참문화 노사협의회 작업장혁신	• 현장의 노동자와 관리자의 부화합회의 및 고참문화를 통한 밀착 • 부화합회의외에 노사협의회, 대의원을 통한 노조와의 소통 • 제안제도와 분임조활동 • 환경친화적 경영활동, 안전제일주의
현대중공업	경영정보의 중층적 공개 현장밀착형 협의체제의 활성화	• 고위 경영진과 노동조합의 정보교환과 협의과정뿐만 아니라 일선 관리자와 대의원/조합원들로 이어지는 중층적 현장 밀착형 협의과정
삼성중공업	경영정보 공유 경영전략회의 다양한 작업장참여 대표이사와의 대화	• 다양한 매체를 통해 경영정보 공유 • 경영전략회의를 통해 근로자대표의 전략적 의사결정 참여 • 품질, 안전, 노사 문제에 관한 다양한 참여프로그램 • 대표이사와 각계층 대표자간 대화 및 임원-현장근로자 스킨십 활성화
유한킴벌리	노사간 경영정보공유와 의사소통을 위한 다양한 채널 종업원의 경영혁신 참가 4조 2교대제	• 비디오 사보, 회사운영설명회, 노사협의회, 공장운영계획과 실적 설명회, 노사간담회, 경쟁력강화 추진팀회의, 시장현황설명회, 원스톱 전화 등 다양한 의사소통 채널이 활성화됨 • 경영정보의 공유, 자율적 관리팀, 제안제 • 4조 2교대제를 통한 생산성 향상

파격적인 대화의 기회를 제공하는 데에 주안점을 두고 있다. 한국인포데이터(주)에서는 현장목소리를 중시하는 최고경영층의 강한 의지로 전국현장순회, CEO현장체험 프로그램 등을 운영하고 있고, 열린협의회를 통한 근로조건 논의 및 'e-좋은만남'의 건의게시판, CEO대화방, 고충건의시스템을 가동하고 있으며, 업무과정 개선이나 제도 개선 등의 아이디어 제안 및 담당부서별 제안마스터 설정하여 심사, 평가, 포상하고 있다. 결국, 유노조 기업에서는 노조가, 노사협의회중심기업에서는 노사협의회가 집단적 수준의 열린 경영을 구축함에 있어서 핵심적인 역할을 하였다는 점을 파악할 수 있었다.

반면, CJ제일제당과 한국인포데이터(주)는 주로 개인수준에서 열린 경영을 시도하였다. 두 기업 모두 원활한 의사소통을 통해 직원화합을 유도하는 것에서는 유사한 특징을 보여주고 있지만, CJ제일제당이 제안제도와 분임조활동 등을 통해 업무상 참여를 적극적으로 장려하고 있으며, 한국인포데이터(주)에서는 개개인의 제안제도를 적극 활용하는 참여활동이 형성되어 있다.

(3) 동기유발

사례기업의 동기유발을 위한 노력들은 크게 전반적인 고용안정 기조와 기업의 특성에 적합한 보상제도의 설정을 통해 나타났다.

1) 정규직에 대한 고용안정과 비정규직의 적극적 활용

우선 8개 사례기업 모두에서는 상당한 수준의 고용안정이 이루어지고 있다. 그러나 기업의 역사와 문화, 전략, 산업 및 노사관계의 특수성에 따라 고용안정의 정도와 방식에는 차이를 보여주고 있다.

대부분의 사례기업들이 정규직에 대해서는 높은 수준의 고용안정을 유지하고 있었으나, 기업들이 직접고용 또는 간접고용형태의 비정규직을 상당수 활용하고 있는 것이 발견되었다. 따라서 여기서는 정규직과 비정규직간 인력관리의 관계설정을 중심으로 세 가지 패턴의 고용관리 유형을 구분하여 소개하기로 한다.

첫번째 유형은 고용이 안정된 정규직 중심의 인력운영을 유지하는 그룹이다. CJ제일제당과 유한킴벌리가 이 유형에 속하는 것으로 나타났다. CJ제일제당은 오래 전부터 일시적인 업무증가에 따른 아르바이트의 활용을 제외하고는 비정규직 고용을 최소화하는 인력운영을 고수하고 있다. CJ제일제당이 이와 같이 정규직 중심의 인력운영을 지속하고 있는 것은 비정규직의 과도한 활용이 강력한 조직문화의 유지를 통해 조직에 형성되어 있는 공동체정신을 훼손할 것을 우려하기 때문이다. 유한킴벌리도 청소 및 소각과 같은 업무에 외주를 주고 있을 뿐 정규직 중심의 인력운영을 지속하고 있다. 유한킴벌리의 경영진은 기업의 재무적 성과와 사회적 성과를 별개의 결과물이 아니라는 믿음하에, 윤리경영, 환경경영, 노사화합, 사회공헌 등의 활동에서 모두 높은 평판을 유지하는 것을 강조하는데, 차별적 요소가 있는 비정규직의 활용을 극소화하는 고용전략을 사용하고 있다.

두 번째 유형은 직접고용 계약직을 상당부분 활용하지만, 비정규직과 정규직에 대한 인력관리를 통합적으로 운영하고자 노력하는 유형이다. 한국인포데이터(주)가 이 유형에 속한다. 한국인포데이터(주)는 정규직에 대해서는 고용보장약속을 지속적으로 이행하는 동시에 인력의 약 35%를 차지하고 있는 계약직 사원들에 대해서도 매년 평가를 통하여 일정 비율을 정규직으로 전환시키는 관행을 뿌리내리고 있다. 이 유형에서는 비정규직을 지속적으로 정규직으로 전환함으로써 정규직과 비정규직간의 차별과 갈등의 가능성을 줄이고 있다.

세 번째 유형은 도급과 사내하청과 같은 간접고용 비정규직을 다수 활용하는 유형이다. LG전자, 포스코, 도레이새한, 현대중공업 및 삼성중공업 등 주로 대규모 제조업이 이 유형에 포함되는 것으로 나타났다. 간접고용 비정규직에게는 고용형태의 특성상 정규직에게 부여되는 고성과 작업조직의 혜택이 공유될 가능성이 적고, 정규직과 분리된 인적자원관리에 의한 차별이 발생할 가능성이 높기 때문에 고성과 작업조직이 조직성과를 향상시키는 다양한 경로에서 긍정적인 역할을 줄이는 작용을 할 것으로 우려된다. 그러나, 기업의 경영유연성을 높이고 고용부담을 줄이기 위한 방편으로 간접고용 비정규직을 적극적으로 활용해온 제조업의 세계적인 추세와 맞물린 현상임을 고려한다면 제조업에서의 간접고용의 확대의 문제는 개별기업 차원이 아닌 국가나 산업 차원에서 해결책이 모색되어야 할 것으로 보인다. 이를 종합해보면, 국내 우량기업들은 정규직 근로자들에게는 전반적으로 높은 수준의 고용안정을 보장하고 있었지만, 일부 기업에서는 증가하는 경쟁압력과 급격한 경영환경의 변화에 대응하기 위한 고육지책으로 비정규직을 적극적으로 활용하는 양상을 나타내고 있었다. 특히, 국내 대규모 제조업의 경우는 매우 장기간 형성되어 온 하청구조가 뿌리깊이 자리 잡고 있다는 점을 고려하면, 국가 차원에서 노동시장의 전반적 구조개선을 위한 노력이 선행되어야 과도한 비정규직 활용으로 인한 문제점을 최소화할 수 있을 것으로 판단된다.

2) 다양한 보상방안과 근로조건의 차별적 적용을 통한 동기유발

동기유발의 두 번째 측면은 보상 및 근로조건의 차별적 특성이다. 사례연구를 통해 확인할 수 있는 점은 국내 우량기업들이 대체로 고임금과 높은 수준의 복리후생을 제공하고 있다는 점과 함께, 조직문화의 특성이나 기술적 특성에 따라 보상의 차등성에서는 큰 차이를 나타내고 있다는 점이다. 이를 나타낸 것이 [그림 4-4]이다.

먼저 그림을 보면, 8개 사례 기업 중 6개 기업이 높은 수준의 보상과 함께 평등적 성과보상을 적용하고 있다. 이와 같은 결과는 삼성중공업, 포스코, 현대중공업, LG전자, 유한킴벌리 등은 국내 굴지의 대기업들이 과거부터 이어져 오던 연공 중심의 보상방식을 상당부분 유지하고 있으며 동기유발을 촉진하기 위하여 평균적으로 높은 수준의 보상을 제공하고 있음을 확인해 주는 것이다. 도레이새한의 경우 모기업인 일본의 도레이그룹의 영향으로 가부장적인 풍족하고 평등한 보상체계를 유지하고 있다.

반면, CJ제일제당과 한국인포데이터(주)는 매우 차등적인 보상관행을 도입

[그림 4-4] 보상 및 근로조건의 차별적 적용

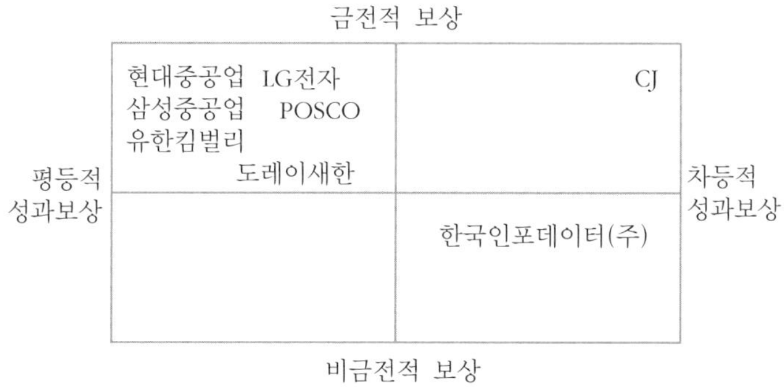

하고 있었다. CJ제일제당은 높은 수준의 보상과 함께 인재제일주의에 기반을 둔 철저한 성과주의 보상시스템을 구축하고 있다. 특히, 생산직을 포함한 전 직원에게 연봉제를 실시하고 있다. 업적 및 역량평가를 통한 연봉수준의 차별화와는 별도로, CJ제일제당에서는 회사성과, 본부성과, 사업부성과를 고려하여 인센티브를 지급하고 있다. 이와 같은 성과중심의 보상시스템과 함께 CJ제일제당은 공동체적 문화유지를 위하여 기본 연봉의 수준을 국내 최고수준에서 유지하고, 성과에 따른 차등이외에는 다른 차별적 요소를 모두 제거하기 위해 노력하고 있다. 즉, 임금, 복리후생 및 승진체계의 적용에 있어 생산직과 사무직간에 차별은 전연 존재하지 않으며, 남녀간 보상격차도 동종업계에 비하면 상대적으로 적은 편이다. 이와 같은 노력들이 조직문화의 긍정적 강화에 도움을 주고 있는 것으로 판단된다.

한국인포데이터(주)는 대다수 우량기업들과는 달리, 상대적으로 낮은 보상수준과 차등적 성과보상, 그리고 비금전적 성과보상의 특징을 보여주었다. 보상수준의 차이는 한국인포데이터(주)가 다른 사례기업에 비해 매우 소규모기업이라는 특성과 함께, 개인서비스 직종이 대부분을 차지하고 있는 특성이 작용한 것으로 볼 수 있다. 강한 차등보상의 성격을 가지는 것은 기술적 특성에 기인하는 바가 크다. 개별근로자에 의한 번호안내서비스의 특성상 업무가 표준화되어 있어 성과평가의 객관성확보가 용이하기 때문에, 회사에서는 연공서열적 보상을 최소화하고 평가에 따른 차등을 지속적으로 확대하기 위한 노력을 하고 있다. 한국인포데이터(주)는 다른 사례기업들에 비해, 상대적으로 낮은 보상수준을 보여주고 있지만, 인력의 대부분이 여성이라는 점을 고려한 매우 세심한 복리후생제도가 보상시스템의 경쟁력을 유지하는 데 큰 영향을 미치고 있다. 전문적인 보건관리사가 보건실에 상주하고, 휴게시설에서는 온돌침대를 마련하여 여성 직원들의 신체적인 조건과 편의를 최대한 고려하고 있는 여성 친화적 복리후생은 이른바 '언니 문화'로 대표되는 사회관계의 활성화로 이어져 근로자들의 높은 직무만족도를 달성하는 데에 기여하고 있다. 이러한 점은 금전적인 보상 못지않게 비금전적인 보상도 근로자들의 동기유발을 강력하게 불러일으킬 수 있는 기제가 됨을 보여준다.

〈표 4-5〉 사례기업의 동기유발의 특성

기업명	대표적 제도/관행	동기유발요소의 특성
LG 전자	전반적 고용안정과 사무직에 대한 상시명예퇴직제도 인센티브제도 및 포상제도	• 엄정한 성과평가를 바탕으로 한 상시명예퇴직제를 통해서 조직의 긴장감과 활력을 유지함과 동시에 우수한 성과를 달성한 직원들에 대한 보상 및 포상제도를 강화하여 자기개발과 성과창출을 향한 동기유발 • 복리후생 제도로서 직원 개개인의 라이프 사이클에 따라 체계적으로 구성된 '생애지원 복지제도'를 운영
CJ	고용안정 강력한 성과주의 보상 역량충족 중심 승진제도 생산직 연봉제	• 단순업무에 대한 간접고용 비정규직의 활용을 제외하면, 고용이 안정된 정규직 중심의 인력운영 노력 • 제일주의에 기반한 철저한 성과주의 보상시스템 • 보상 개념을 넓게 잡아 총보상 추구: 임금, 경제안정, 사회활동, 자기계발 요구충족과 육성기회 제공 • 보상수준과 방식에 대한 근로자들의 높은 만족도
포스코	고용보장 직급 및 승진제도 임금제도 및 연금지원 복리후생	• 지속적 인력 합리화 추진 및 고용보장을 위해 노력 • 현장직원도 관리자로 승진할 수 있는 제도 확립 • 공정하게 평가하고 투명하게 보상하는 임금제도 및 연금지원제도 • 직원을 가족처럼 보살피는 복리후생제도
한국인포데이터(주)	고용보장 및 정규직 전환 여성친화적 복리후생제도 객관적 평가	• 정규직에 대한 고용안정과 비정규직에 대한 지속적인 정규직 전환을 통한 안정적 고용관리 • 여성이 종업원의 93%를 차지하고 있는 상황에서, 보건관리실, 휴게시설운영 등 여성친화적 복리후생제도 • 수용도 높은 평가시스템과, 공정한 보상 및 승진 시스템을 통한 직원들 간 협력관계 형성 노력
도레이새한	고용보장 합의 높은 수준의 임금/성과급 높은 복리후생	• 1999설립 당시 고용보장 5년/이후 2년/다시 3년보장(2009년까지) • 성과급을 단체교섭을 통해 현실에 맞게 조정 • 복리후생종류를 단체교섭을 통해 합의, 지역 내 최고수준의 복리후생 제공
현대중공업	고용보장 복지후생	• 단 한번의 인위적 구조조정도 없었음. 전환배치 시에도 본인의 의사를 존중 • 95% 이상의 주택 자가보유율과 최고 수준의 복지제도 제공
삼성중공업	고임금과 복리후생 고용안정 통합적 승진제도	• 동종 타사에 비해 높은 임금과 복리후생 유지 • 노사타협을 통해 구조조정기에도 고용안정 유지 • 기능직의 이사급 승진이 가능
유한킴벌리	고용안정 기술급제도 정착 가족친화적 복리후생제도	• 직능을 평가하기 위한 다양한 평가제도의 시행 • 기능직 직원들의 학습동기유발 • 삶의 재충전과 생활의 안정 도모

(4) 지식축적

본 연구의 이론적 틀에서 우리는 고성과 작업조직이 기술과 시장의 변화에 민첩하게 대응할 수 있는 창의적이고 숙련된 근로자를 통해 성과창출을 이룬다는 점을 명시하였다. 실제로 사례기업들은 다양한 형태의 교육훈련프로그램을 운영하고, 일반적 지식과 능력(General skills) 훈련, 특정한 직무관련 능력(Specific skills)훈련, 조직문화에 대한 문화정서적인 교육(Organizational culture) 모두를 포괄하는 광범위한 훈련(extensive training)프로그램을 공통적으로 마련하고 있는 것으로 나타났다. 사례기업들의 지식축적 요소의 특성은 〈표 4-6〉에 정리하였다.

삼성중공업은 세계최고 수준의 지식근로자 양성을 위하여 투자를 아끼지 않는 최고경영층의 의지가 반영되어 드림아카데미를 운영하는 등 기능직 인력의 지식근로자화를 촉진하고 있다. 포스코는 다양한 계층의 인력에 대한 국내 최고수준의 체계적인 교육훈련제도 구축하고 있다. 일하는 방식과 문화를 혁신하는 프로그램을 지속적 · 체계적으로 추진하는 PSSM(POSCO Six Sigma Model)이라는 강력한 제도를 구축하였으며, 직원들의 요구에 적합한 학습프로그램을 편성 · 운영하고 이를 위한 시스템을 완벽하게 구비하고 있다. CJ제일제당은 '국가대표급 인재'라는 용어를 사용할 만큼 인재제일주의를 표방하고, 교육수요자 중심의 자기주도적 학습을 지향하는 다양한 교육프로그램을 마련하고 있다.

학습조직으로 알려진 유한킴벌리의 지식축적 체계는 인적투자에 대한 확고한 신념과, 관심, 교육 및 학습을 위한 충분한 시간과 여건을 제공해 주는 4조 교대제 등이 유기적으로 결합하여 시너지 효과를 발휘하고 있는 것으로 평가되었다. 또한, 생산현장 직원으로부터 성장하여 직원들의 교육에만 전념하고 있는 사내교수제도의 운영, 지역대학연계를 통한 교육프로그램 등이 운영된다. 평생학습체계의 내용에는 직무향상교육이 60%, 교양교육이 40%를 차지하고 있어, 창의적이고 유연한 문제해결능력의 배양에 초점을 맞추고 있다. LG전자의 경우에는 1989년부터 시작된 인재개발위원회의 운영을 통하여 핵심인력에 대한 육성계획 등 인사제도의 변경 및 입안 등 안건을 논의하고 있다. 이것은 장기적인 관점에서 근로자 개인의 창의와 자율을 촉진하는 인사원칙에 기반을 두고 있다. 현대중공업은 기술대학 및 기술교육원의 운영을 통하여 직무기술교육과 평생교육에 지속적인 투자를 하고 있다.

〈표 4-6〉 사례기업의 지식축적의 특성

기업명	대표적 제도/관행	지식축적 요소의 특성
LG 전자	e-Learning 시스템 48시간 필수이수제	• 직원 개개인의 역량 및 경력관리를 지원하기 위하여 직속 상사에 의한 경력관리와 함께 e-Learning 시스템을 구축 • 전 직원의 자발적인 학습활동을 장려하고 각자의 현업 수행에 직접적으로 도움이 되는 인재 육성활동을 가속화하기 위해 전 임직원 대상의 '48시간 필수이수제'를 실시
CJ	국가대표급 인재 육성 누구나 이용가능한 교육지원 체계	• 교육수요자의 수요(needs)에 맞춘 자기주도적 학습을 지향 • 다양한 맞춤형 교육프로그램으로 교육수혜자들의 높은 만족도 유지
포스코	미래 리더양성 등의 교육훈련 경영혁신(PSSM) 평생학습과 지식경영	• 다양한 계층의 인력에 대한 체계적인 교육훈련제도 구축 • 일하는 방식과 문화를 혁신하는 프로그램을 지속적·체계적으로 추진(POSCO Six Sigma Model; PSSM) • 직원들의 요구에 적합한 학습프로그램을 편성·운영하고 있으며 이를 위한 시스템을 구축하고 있음
한국인포데이터(주)	한마음 패밀리트레이닝 KOID PLUS 토닥이 프로그램	• 창립 초기 파업참여자와 미참여자, 정규직과 비정규직간의 불신의 벽을 허물고 공동체의식을 함양하기 위해, 직무교육보다는 조직활성화, 직원 화합에 초점을 맞춘 교육활동 강화. • 신입사원의 조직사회화를 위해 기존 사원과의 연결 프로그램인 토닥이 프로그램 운영
도레이새한	연구소 종업원교육훈련	• 연구개발비용 계속 증가추세 • 종업원교육, 신기술교육, 자격증취득교육, 신입사원입문교육, OJT 교육. 여사원능력개발 교육
현대중공업	작업장혁신 기술교육원과 기술대학	• 경영전략방침 결정과정에 대한 구성원의 공감대 형성과 참여 유도 • 선행적 다기능화 등 공정개선에 대한 순환배치 등 적극적 대응 • 자격취득, 직무향상, 관리능력을 갖춘 리더의 양성
삼성중공업	조직목표에 적합한 훈련체계 현장전문인력 양성트랙	• '글로벌 경쟁력 확보'라는 조직목표에 적합한 핵심인재 및 국제화 프로그램 운용 • 드림아카데미 등 기능직 사원들의 지식근로자화 촉진 • 프로그램 다양성뿐 아니라 인당 교육시간 등 실행에서도 우수
유한킴벌리	교육훈련투자 학습문화 정착	• 평생학습 지원, 다양한 사내교육제도(직무, 교양)의 시행 창의적 문제해결 능력 도모 • 4조 2교대제와 학습문화의 시너지적 결합

무노조나 소수노조 기업의 지식축적 양상에서 나타난 특징은 기업문화를 강조한 정서적 교육을 매우 중요시하고 있다는 것이다. 한국인포데이터(주)의 교육훈련시스템은 전반적으로 집합적 직무교육보다는 조직활성화나 직원화합에 초점을 맞춘 프로그램들이 주를 이루고 있다. 포스코와 삼성중공업도 가치공유 프로그램이나 기업사회화 교육을 학습 분야의 한 영역으로 위치시킴으로써 강력한 조직문화의 유지 및 발전을 통해 노사 신뢰의 증진을 추구하고 있다. 이러한 점은 무노조나 소수노조기업의 경우 노조를 대체하는 강력한 기업문화를 형성할 필요가 있고 이러한 필요가 조직문화를 강조하는 교육훈련으로 나타난 것이다.

(5) 맺음말: 보편적 원칙의 공유와 차별적 적용

우리는 앞에서 고성과 작업조직의 네 가지 구성요소를 보편적 원칙으로 하고, 이 보편적 원칙들이 실제 조직에서 실행될 때는 다양한 조직특성에 따라 차별적으로 적용될 것으로 예상하였다. 8개 기업에 대한 사례연구의 결과는 이와 같은 보편적 원칙(Universal Principles)과 차별적 적용(Contingent Applications)의 분석틀이 우량기업들의 성공요인을 이해하는 데 매우 유용하다는 것을 알려주고 있다. 특히, 고성과 작업조직의 각 요소별로 사례기업들의 특성을 종합적으로 비교한 결과는 기업들이 보편적 원칙을 공유하고 있는 동시에, 실행과정에서는 예상했던 것보다 훨씬 다양한 양상들이 관찰되었다. 그러면, 우량기업들의 성공요인을 어떻게 이해해야 할까?

첫째, 보편적 원칙의 확립이다. 이것은 우량기업들이 보유하고 있는 노사협력/신뢰, 열린 경영, 동기유발 및 지식축적의 4대 요소가 조직의 목적을 달성하는데 매우 긍정적인 영향력을 미치고 있음을 의미한다. 즉, 우량기업들은 노사가 서로를 존중하는 분위기에서 함께 문제를 해결하고 가치를 창출하며(노사협력/신뢰), 근로자들은 이 가치창출 과정에 유연하고 창의적으로 기여할 수 있는 충분한 지식을 보유하고 있고(지식축적), 기업경쟁력 강화와 근로자의 자기실현을 동시에 달성하고자 하는 열정을 나타내며(동기유발), 원활한 정보공유와 참여기회의 부여(열린 경영)를 통해 이와 같은 지식과 열정을 작업과정에서 충분히 적용하고 있다는 것이다. 결국 우량기업들은 자신들의 사명과 비전을 달성하기 위한 수단으로서 고성과 작업조직을 도입했고, 실제 조직의 목적을 달성해 나아가는 과정에서 고성과 작업조직 그 자체를 기업의 핵심역량으로 명확히 인식하고 있다는 것이다.

둘째, 외적 적합성과 내적 적합성을 고려한 차별적 적용이다. 고성과 작업조직의 각 요소들은 실행과정에서 엄청난 다양성이 관찰되었음에도 불구하고, 우량기업들은 어떻게 보편적 원칙을 확립할 수 있었을까? 이에 대한 대답은 우량기업들이 고성과 작업조직을 구축함에 있어 자신들이 처한 상황적 요인들을 충분히 고려(외적 적합성)하고 있을 뿐만 아니라, 실제 실행을 위한 세부적인 고용관행들(채용, 교육훈련, 경력관리, 보상, 평가 등)간의 시너지 효과(내적 적합성)를 최대화하고 있다는 것이다. 즉, 노사가 믿고 협력하여(노사협력과 신뢰), 능력을 기르고(지식축적), 목표달성을 위해 노력하도록 이끌고(동기유발), 능력을 발휘할 기회를 제공하는(열린 경영) 고성과 작업조직의 4개의 기본원칙은 변하지 않는 것이지만, 이러한 보편적 목표의 달성을 위한 수단은 기업의 전통과 역사, 처한 산업의 조건과 환경에 적합하게 다양한 도구를 선택한다는 점을 본 연구의 사례들은 분명히 보여주고 있다.

3. 경영자와 노사관계자를 위한 7가지 정책적 제언

본 연구에서는 먼저 노사협력과 고성과 작업조직에 대한 이론적인 틀을 제시한 후 모두 8개의 국내 우량기업들의 사례를 토대로 유노조, 소수노조, 무노조기업에서 노사협력과 고성과 작업조직이 형성되는 과정과 성과를 설명하였다. 이하에서는 정책수립과 실무적 적용을 위하여 경영자와 노사관계자들이 염두에 두어야 할 핵심 요소들을 7가지로 분류하여 간략히 정리하고자 한다.

1. 노사가 협력관계를 시작하기 위하여는 i) 과거의 노사갈등 경험과, ii) 외부에서 촉발된 경영상의 위기가능성을 강조하여 노사의 실질적인 행동변화를 이끌어 내어야 한다.
2. 노사협력과 고성과 작업조직의 도입을 위해서는 최고경영자와 근로자대

표간에는 기업의 생존과 성장을 위하여 노사협력이 절실함에 대한 강력한 공감대가 먼저 형성되어야 하며, 그 후 노사간의 신뢰형성을 위한 고용보장선언이나 노사화합선언 등 상징적이고 구체적인 조치를 취함으로써 구성원들의 행동변화를 이끌어 내어야 한다.

3. 고성과 작업조직의 도입과정에서 나타난 협력적 노사관계로의 변화가 지속적으로 유지되기 위해서는 자극단계에서 경험한 i) 노사협력의 중요성에 대한 학습효과와 위기상황에 대한 인식의 유지와 함께, ii) 노사가 고성과 작업조직의 성공을 지속적인 상호이익(성과배분, 고용안정 등)의 선순환 구조로 연결시키는 공동노력이 뒷받침되어야 한다.
4. 노사협력/신뢰는 고성과 작업조직의 나머지 보편적 요소들을 연결시켜 주는 핵심적 위치를 차지하고 있다. 노사협력을 목표로 하는 노사관계자는 신뢰의 형성과 유지를 위하여 장기간에 걸쳐 노사간의 묵시적 약속을 충실히 이행하여야 한다. 협력의 형태와 수준은 기업의 상황과 전략, 문화에 따라 개인 차원의 신뢰에서 집단 차원의 신뢰, 창조적 문제해결에서 공동의사결정에 이르기까지 다양한 형태를 취할 수있다.
5. 근로자의 지식과 창의성을 발휘할 기회를 제공하기 위하여 성과향상을 목표로 하는 정보공유와 경영참가를 활성화되어야 한다. 특히, 일선 직원들의 의견을 최고경영자가 직접 듣는 하의상달(bottom-up) 의사소통을 위한 노력과 일선근로자들의 의견이 항상 작업과정에 반영되도록 하는 중간관리층의 역할이 필수적이다. 열린 경영이 효과적으로 실현되기 위하여는 공식적·비공식적, 집단적·개인적, 전통적·전통파괴적인 모든 방법을 동원하는 것이 필요하다.
6. 근로자들이 고성과를 달성하도록 이끌기 위하여 핵심인력에 대한 고용안정과 다양한 보상제도의 적극적인 활용이 중요하다. 풍족한 금전적인 보상이 부담이 되는 경우 세심한 비금전적인 보상을 제공하기 위하여 노력할 필요가 있다.
7. 고성과조직이 기술과 시장의 변화에 민첩하게 대응할 수 있는 창의적이고 숙련된 근로자를 육성하는 것이 중요하다. 교육훈련프로그램은 일반적 지식과 능력(General skills) 훈련, 특정한 직무관련 능력(Specific skills)

훈련, 조직문화에 대한 문화정서적인 교육(Organizational culture)을 가능한 한 모두 망라하는 것이 효과적이다.

◆ 참고문헌

CJ주식회사, 2003, CJ 50 1953~2003.

CJ제일제당, 2007, CJ제일제당연차보고서 2007.

CJ제일제당, 2008, CJ제일제당 2008 1/4분기보고서.

LG전자, 2000, 신노경문화 창출사례.

LG전자, 2001, 세상을 바꾸는 힘-디지털 LG.

LG전자, 2005, 가치창조의 1등 지향 LG노경.

LG전자, 2006, 지속가능경영보고서.

LG전자, 2008, 노동조합 활동보고서. LG전자 노동조합.

LG전자, 연차 경영보고서(1998~2007년).

POSCO노경협의회, 2007,「회사가 있어야 직원이 있다: POSCO노경협의회 노사상생노력」.

POSCO, 2008(a),「Creating Another Success Story: 2007 지속가능성 보고서」.

POSCO, 2008(b),「2008년도 사업보고서」.

강수돌, 1995, "독일기업의 작업조직 혁신전략",「연세경영연구」, Vol. 32. No. 1.

강혜영 · 손정순 · 송민수, 2004,「철강산업의 도급구조와 고용관계」, 한국노동연구원.

경실련(사)경제정의연구소, 2006,「2006 바른외국기업상」, 경실련(사)경제정의연구소.

김기원, 1999, 삼성재벌의 노사관계: 1987년 이후의 변화를 중심으로,「경제와 사회」.

김동원, 1996,「종업원참여제도의 이론과 실제」, 한국노동연구원.

김동원 · 이병훈 · 김현기 · 조남훈, 2000, 신노사문화 우수기업 사례연구, 노동부.

김동원, 2003,「세계의 노사관계변화와 전망」, 한국국제노동재단.

김동원, 김현기, 조남훈, 2000a, "신노사문화 노사참여 활성화 방안 연구", 노동부 학술연구용역보고서

김성희 · 박현미, 1999,「전자산업 대기업의 노사관계와 작업장 체제」, 한국노총.

김영기, 2003,「LG전자의 노경협력사례」, LG경제연구소.

김윤호, 2001, "고성과작업시스템의 이론적 체계에 관한 문헌연구", 고려대학교 노동대학원 석사학위논문.

김인수, 1999, 거시조직이론, 무역경영사.

김재창, 2008, 기술력 '넘버원'…글로벌 기업 '우뚝': Top10-2위 포스코.「한경비즈니스」.

김종한 · 김애경, 1998, "대안적 생산체제로서 '신사회기술체계'의 비교검토",「지역사회연구」 제 6 집, 한국지역사회학회.

김훈 · 김동배, 2001, "참여적 작업시스템 도입에 관한 연구", 노동연구원 연구보고서.

김훈 · 박준식, 1994, 「철강산업의 인적자원관리와 노사관계」, 한국노동연구원.
노동부, 2003, 「2002 일등하는 기업, 일등하는 이유」, 노동부.
노병직, 2003, "기업별 노사관계 시스템의 형성에 관한 연구", 서울대학교 박사학위 논문.
노병직, 2005, 「한국 조선산업의 내부노동시장의 형성, 발전, 전망(임금 및 인사제도를 중심으로)」, 한국노동연구원.
노용진, 2000, "열린 경영의 확대방안", 「신노사문화 산업현장 초기정착방안연구」, 노동부.
노용진 · 김동배 · 김동우, 2002, 「기업내 인적자원개발 실태와 정책과제」, 서울: 한국노동연구원.
문국현 · 조동성, 2007, 「세계가 배우는 한국기업의 희망 유한킴벌리」, 서울: 한스미디어.
문국현, 2007, 「뉴파라다임센터 조찬모임 발표자료」, 서울: 한국노동연구원.
배규식 · 노용진 · 심상완, 2007, 무노조 기업의 고용관계, 한국노동연구원.
배규식, 2006, "LG전자 노사관계의 전환과 작업장 혁신", 한국인적자원개발학회 학술연구발표회 발표논문집, 35~68.
배종석 · 사정혜, 2003, "인적자원관리와 조직성과에 대한 실증연구", 「인사조직연구」 11(2): 133-169.
삼성중공업(주), 2006, 노사문화 우수기업 추진실적 증명자료.
삼성중공업(주) 2008, 6시그마 추진 현황.
삼성중공업(주) 거제조선소, 2004, 노동자협의회 규정.
삼성중공업(주), 2004, 삼성중공업 30년사.
신수식 · 김동원 · 이규용, 2008, 「현대고용관계론(개정판)」, 박영사.
신원철, 2001, "기업내부노동시장의 형성과 전개", 서울대학교대학원 박사학위논문.
오건호, 1996, "영국 신보수주의 노동정책, 그리고 노동조합운동의 변화와 과제", 「경제와 사회」, 31: 56-78.
우종원, 2007, "도요타 노사관계의 핵심 요소", 국제노동브리프 5(4), 한국노동연구원.
유한킴벌리 1차 제공자료, 2008. 7. 20.
유한킴벌리 2차 제공자료, 2008. 7. 28.
유한킴벌리, 2006, 지속가능보고서
유한킴벌리, 2007, 지속가능보고서
유한킴벌리, 2008, 지속가능보고서.
이수원, 1994, 「현대그룹 노동운동, 그 격동의 역사」, 대륙.
이영관, 2003, "M&A 기업의 조직문화 변화양상에 대한 연구", 고려대학교 경영대학원 국제경영전공 석사학위논문.
이지만 · 권인수, 2003, "노사분쟁의 새로운 해법: (주)도레이새한의 노사파트너십 사례", 「협상연구」, 9(2): 217~236.

이홍 · 김찬모, 2004, "양면조직(ambidextrous organization)의 작동 메커니즘-사례연구를 통한 탐색,「인사조직연구」(한국인사조직학회), 121: 167~197.

정혜원, 2005,「대한민국 희망보고서 유한킴벌리」, 서울: 도서출판 거름.

조돈문, 1998, "볼보자동차 우데발라 공장의 생산방식 혁신",「산업노동연구」, 4(2).

조성재, 2004, "유한킴벌리의 협력적 노사관계", 참여사회연구소 포럼 발표자료.

차유미, 1998, 포항제철 노조의 임원선거: '초미니' 노조의 '초법적 선거',「사회평론 길」, 1998년 9월호: 32~33.

최경석 · 이종설 · 윤원영, 2006, "Six Sigma의 현재와 향후 전망: LG 전자의 사례를 중심으로",「대한산업공학회지」(대한산업공학회), 32: 338~346.

포스코경영연구소, 2008, 내부자료.

포항종합제철주식회사, 1991,「포항제철 조직관리의 지침: 노사관계를 중심으로」, http://www.kbizweek.com, http://www.posco.co.kr

한국노동이론정책연구소, 1995,「현대중공업노동조합 정책수립을 위한 연구보고서」, 한국노동이론정책연구소.

한만진, 2002, "노경관계와 협상전략-LG전자 사례",「경영계」, 28~33.

현대중공업노동조합, 2003,「현중노조 20년」, 현대중공업노동조합.

Addison, J. T. and Hirsch, B. T., 1989. "Union Effects on Productivity, Profits and Growth: Has the Long Run Arrived?", *Journal of Labor Economics*, January: 72-105.

Allen, S. G., 1986, "Unionization and Productivity in Office Building and School Construction," *Industrial and Labor Relations Review*.

Appelbaum, E. and Batt, R., 1994, *The New American Workplace: Transforming Work Systems in the United States*, Ithaca, NY: ILR Press.

Appelbaum, E., Bailey, T., Berg, P. and Kalleberg, A. L., 2000, *Manufacturing Adventage: Why High-Performance Work Systems Pay Off*, Ithaca, New York: ILR Press.

Argyris, C., 1977, "Double Loop Learning in Organizations", *Harvard Business Review*, Sept-Oct: 59-72.

Arthur, J. B., 1994, "Effects of Human Resource Systems on Manufacturing Performance and Turnover", *Academy of Management Journal*, 37: 670-687.

Ashton, D. and Sung, J., 2002, *Supporting Workplace Learning for High Performance Working*, ILO.

Barnard, M. E. and Rogers, R. A., 2000, "How are internally oriented HRM policies related to high performance work practices? Evidence from Singapore", *International Journal of Human Resource Management*, 11(6): 1017-1046.

Barney, J., 1991, "Firm Resource and Sustained Competitive Advantage", *Journal of Management*, 17(1): 99-120.

Baron, J. N. and Kreps, D. M., 1999, Consistent Human Resource Practices. *California Management Review*, 41(3): 29-53.

Batt, R., 2002. "Managing customer services: Human resource practices, quit rates, and sales growth", *Academy of Management Journal*, 45: 587-597.

Becker B. and Gerhart B., 1996, "The Impact of Human Resource Management on Organizational Performance: Progress and Prospects", *Academy of Management Journal*, 39(4): 779-801

Beer, M. and Spector, B., 1985, *Corporate Transformations in Human Resource Management*, Harvard Business School Press.

Berger, L. A., 1994, "Change Management", in Berger, L. A. Sikora, M. J., & Berger, D. R. *The Change Management Handbook*(Irwin): 7-9.

Berggren, C., 1992, *Alternatives to lean Production: Work Organization in the Swedish Auto Industry*, Cornell University Press.

Bohlander, G. W. Snell, S. & Sherman, A. W. 2001., "Creating High-Performance Work Systems", *Managing Human Resources*, Ch. 17.

Brown, C. and Medoff, J. L., 1978, "Trade Unions in the Production Process", *Journal of Political Economy*, 86(3): 355-378.

Cable, J. and FitzRoy, F. R., 1980, *Productive Efficiency, Incentives and Employee Participation: Some Preliminary Results for West Germany*, Kyklos.

Cappelli, P. and Neumark, D., 1999, "Do 'High Performance' Work Practices Improve Establishment-Level Outcomes?", *NBER Working Paper*, Cambridge, M.A: National Bureau of Economic Research.

Cohen-Rosenthal, E. and Burton, C. E., 1993, *Mutual Gains: A Guide to Union-Management Cooperation*, Cornell University Press. New York.

Collins, C. J. and Smith, K. G., 2006, "Knowledge Exchange and Combination: The Role of Human Resource Practices in the Performance of High-Technology Firms", *Academy of Management Journal*, 49(3): 544-560.

Cooke, W. N., 1989, "Improving Productivity and Quality Through Collaboration" *Industrial Relations* 28(2): 299-319.

Cooke, W. N., 1992, "Product Quality Improvement through Employee Participation:

The Effects of Unionization and Joint Union-Management Administration", *Industrial and Labor Relations Review*, 46(1): 119-134.

Cotton, J. L., 1993, *Employee Involvement: Methods for Improving Performance and Work Attitudes*, London: Sage.

Cotton, J. L., Vollarth, D. A., Froggatt, K. L., Lengnick-Hall, M. L. and Jennings, K. R., 1988, "Employee Participation: Diverse Form and Different Outcomes", *Academy of Management Review*, 13(1): 8-22.

Cummings, S. I., 2003, "The Impact of High Performance Work Systems on Workplace Learning, Productivity and Social Dialogue", 숙련개발, 고성과 작업조직을 위한 사회적 대화, KLI-ILO 노사정워크숍 자료.

Dachler, H. P. and Wilpert, B., 1978, "Conceptual Dimensions and Boundaries of Participation in Organizations: A Critical Evaluation", *Administrative Science Quarterl*y, 23: 1-39.

Dankbaar, B, 1997, "Lean Construction: Denial, Confirmation or Extension of Sociotechnical Systems Design?", *Human Relations*, 50(5): 567-583.

Delery J. E. and Doty D. H., 1996, "Model of Theorizing in Strategic Human Resource Management: Tests of Universalistic, Contingency and Configurational Performance Predictions", *Academy of Management Journal*, 39(4): 802-835

Dore, R., 1997, ch1. "The Distinctiveness of Japan", In Crouch and Streeck, 1997, *Political Economy of Modern Capitalism*, eds., London: SAGE

Doty, D. H. & Delery, J. E., 1997, "The importance of holism, interdependence, and equifinality assumptions in high performance work systems: Toward theories of the high performance workforce", Paper presented at the annual meeting of the Academy of Management, Boston, MA.

Drago, R., 1996, "Workplace Transformation and the Disposable Workplace: Employee Involvement in Australia", Industrial Relations, 35(4): 526-543.

Duncan, R. & Weiss, A., 1979, "Organizatioinal Learning: Implications for Organizational Design", in Staw, B. M.(Ed.), *Research in Organizational Behavior* (N.Y: JAI Press), 1: 75-123.

Dundon, T. and Rollinson, D., 2004, *Employment Relations in Non-Union Firms*. London: Routledge.

Eaton, A. E. and Voos, P. B., 1992, "Unions and Contemporary Innovations in Work Organization, Compensation, and Employee Participation", In Lawrence Mishel and Paula B. Voos(Ed.), *Unions and Economic Competitiveness*, New

York: M. E. Sharpe, Inc.

Evans, W. R. and Davis, W. D., 2005, "High-Performance Work Systems and Organizational Performance: The Mediating Role of Internal Social Structure", *Journal of Management*, 31(5): 758-775.

Faith, R. L. and Reid, J. D., 1987, "An Agency Theory of Unionism," *Journal of Economic Behavior and Organization*, 8: 39-60.

Fiol, C. M. & Lyles, M. A., 1985, "Organizational learning", *Academy of Management Review*, 10(4): 803.

Foulkes, F., 1980, *Personnel Polices in Large Non-Union Companies*, Englewood Cliffs, NJ: Prentice Hall.

Freeman, R. and Medoff, J., 1984, *What Do Unions Do?*, New York: Basic Books.

Freeman, R. B. & Rogers, J., 1999, *What do Workers Want*, Ithaca, NY: Cornell/ILR University Press.

Gephart, M. A. & Van Buren, M. E., 1998, *Building synergy: The power of high performance work systems*, Alexandria, ASTD.

Gill, C. and Krieger, H., 1999, "Direct and Representative Participation in Europe: Recent Survey Evidence", *International Journal of Human Resource Management*, 10(4): 572-591.

Gittleman, M. Horrigan, M. and Joyce, M., 1998, "Flexible Workplace Practices: Evidence from an Nationally Representive Survey", *Industrial and Labor Relations Review*, 52(1): 99-115.

Godard, J., 2001, "High Performance and the Transformation of Work? The Implications of Alternative Work Practices for the Experience and Outcomes of Work", *Industrial and Labor Relations Review*, 54(4): 776-805.

Guest, D. E., 1995, "Human Resource Management, Trade Unions and Industrial Relations", In J. Stroey(Ed.), *Human Resource Management: A Critical Text*: 109-141, London and New York: Routledge.

Guest, D. E., 2000, "HR and the bottom line: Has the penny dropped?", *People Management*, 20 July: 26-31.

Guest, D. E. and Conway, N., 1999, Peering into the Black Hole: The Downside of the New Employment Relations in the UK, *British Journal of Industrial Relations*, 37: 367-389.

Hammer, T, H., 1986, "A Yo-Yo Model of Cooperation: Union Participation in Management at the Rath Packing Company" *Industrial and Labor Relations*

Review 39(3): 337-349.

Harbison, F. and Coleman, J. R., 1951, *Goals and Strategy in Collective Bargaining*, New York: Harper and Brothers.

Hedberg, B., 1981, How organizations learn and unlearn? In P. C. Nystrom & W. H. Starbuck(Eds.), *Handbook of organizational design*: 8-27, London: Oxford University Press.

Heller, F., Pusic, E., Strauss, G. and Wilpert, B., 1998, *Organizational Participation: Myth and Reality*, Oxford University Press: 1-143.

Huselid, M. A., 1995, "The Impact of Human Resource Management Practices on Turnover, Productivity, and Corporate Financial Performance", *Academy of Management Journal* 38(3): 635-672.

Ichniowski, C. and Shaw, K., 1995, "Old Dogs and New Tricks: Determinants of the Adoption of Productivity-Enhancing Work Practices", *Brookings Papers on Economic Activity: Microeconomics*, 1-65.

Ichniowski, C. and Shaw, K., 1999, "The Effects of Human Resource Management Systems on Productivity: An International Comparison of U.S. and Japanese Plants", *Management Science*, 45: 704-721.

Katz, H. C., 2000, "Convergences and Divergences in Employment Systems", *Industrial Relations in the 21st Century: Manufacturing Commitment to Workplace Innovation*, 국제학술회의자료, 노동부 · 한국노동연구원.

Katz, H. C. and Darbishire, O., 2000, *Converging Divergencies*. Ithaca, NY: Cornell University Press. Ch.7, "Summary: Increased Variations within Countries but Similarities across Countries", 263-283.

Kaufman, B. E. and Taras, D. G., 2001, *Non-union Employee Rerepresentation: History, Contemporary Practice and Policy*, New York: M.E. Sharpe.

Kelley, M. R. and Harrison, B., 1992, "Unions, Technology and Labor-Management Cooperation", in *Unions and Economic Competitiveness*, ed. by Lawerence Mishel and Paula Voos(New York: M. E. Sharpe, Inc.).

Kerr, C, Dunlop, J. T, Harbison, F. and Myers, C. A., 1973, *Industrialism and Industial Man: The Problems of Labour and the Management of Economic Growth Cambridge Mass*, Harvard University Press.

Kim, D-O. & Bae, J., 2005, Workplace Innovation, Employment Relations, and HRM: Two Electronics Companies in South Korea, *International Journal of Human Resource Management*, 16: 1277-1302.

Kim, Dong-One and Voos, P. B., 1997, "Unionization, Union Involvement, and the Performance of Gainsharing Programs", *Industrial Relations*, 52(2): 304-332.

Kochan, T. A. and Dyer, L., 1976, "A Model of Organizational Change in the Context of Union-Management Relations", *The Journal of Applied Behavioral Science*, 12(1): 59-78.

Kochan, T. A., 2000, "On the Paradigm Guiding Industrial Relations Theory and Research: Comment on John Godard and John T. Delaney, 'Reflections on the High Performance Paradigm's Implications for Industrial Relations as a Field", *Industrial and Labor Relations Review*, 53(4): 704-711.

Kochan, T. A., Katz, H. C. and Mckersie, R. B., 1986, *The Transformation of Industrial Relations*, (Basic Books; New york)

Kochan, T. A., Katz, H. C. & Mower, N., 1984, *Worker Participation and American Unions: Threat or Opportunity?* Kalamazoo, MI: The W. E. Upjohn Institute for Employment Research.

Kochanski, J. T. and Ruse, D. H., 1996, "Designing a Competency-based Human Resources Organization," Human Resource Management, 35(1): 19-33.

Kuhlman, M. and Schumann, M., 1997, "Patterns of Work Organization in the German Automobile Industry," In Shimokawa, K., Jurgens U. and Fujimoto, T. (Ed.), *Transforming Automobile Assembly*, Berlin: Springer.

Lee, Joo-Hee, 1998, Micro-corporatism in South Korea: A Comparative Analysis of Enterprise-level Industrial Relations, *Economic and Industrial Democracy*, 19:3.

Levine, D. I., 1991, "Cohesiveness, productivity, and wage dispersion", *Journal of Economic Behavior & Organization*, 15(2): 237-255.

Levine, D. I. and Tyson, L. D., 1990, "Participation, Productivity, and the Firm's Environment", In Alan S, Blinder(Eds.), *Paying for Productivity: A Look at the Evidence*, Washington, D.C. Brookings: 183-243.

Lundberg, C. C., 1989, "On Organizational Learning", *Research in Change and Development*, 3: 66.

MacDuffie, J. P. & Kochan, T. A., 1995, "Do U.S. Firms invest less in human resources? training in the world auto industry", *Industrial Relations*, 34.

MacDuffie, J. P., 1995, "Human resoruce bundles and manufacturing performance: Organizational logic and flexible production systems in the world auto industry", *Industrial and Labor Relations Review*, 48: 197-221.

March, J. G., 1981, "Footnotes to Organizational Change", *Administrative Science*

Quarterly, 26: 563-577.

Marchington, M., 2007, "Employee Voice Systems," In P. Boxall, J. Purcell & P. Wright(Eds.), *The Oxford Handbook of Human Resource Management*, 231-250. Oxford: New York: Oxford University Press.

Mathews, J., 1994, *Catching the Wave: Workplace Reform in Australia*, Allen and Unwin, Sydney.

Meyer, J. W. & Rowan, B., 1977, "Institutional organizations: formal structure as myth and ceremony", *American Journal of Sociology*, 83: 340-63

Miller, K. I. and Monge, P. R., 1986, "Participation, Satisfaction, and Productivity: A Meta-Analytic Review", *Academy of Management Journal*, 29(4): 727-753.

Nadler D. A. and Gerstein M. S., 1992, "Designing High-Performance Work Systems: Organizing People, Work, Technology, and Information", *Organizational Architecture*, San Francisco: Jossey-Bass.

OECD, 1999, *Technology, productivity and job creation: Best policy practices*, Paris.

Osterman, P., 1995, "Skill, Training, and Work Organization in American Establishments", *Industrial Relations*, 34(2): 125-146.

Osterman, P., 2000, "Work Reorganization in an Era of Restructuring : Trends in Diffusion and Effects on Employee Welfare", *Industrial and Labor Relations Review*, 53(2): 179-196.

Parker, M & Slaughter, J., 1988, "Management-by-stress: Management's ideal team concept", in Parker, M., Slaughter, J.(Eds), *Choosing Sides: Unions and the Team Concept*, Labor Notes, Boston, MA.

Pfeffer, J., 1994, *Competitive Advantage through People: Unleashing the Power of the Work Force*, Boston, MA: Harvard Business School Press.

Pil, F. & MacDuffie, J., 1996, The Adoption of High-Involvement Work Practices. *Industrial Relations*, 35(3): 423-455.

Pil, F. K. and MacDuffie, J. P., 2000, "The Adoption of High-Involvement Work Practices", *The American Work Place*, Ch. 6: 137-171.

Porter, L. W. and Lawler, E. E. Ⅲ., 1968, *Managerial attitudes and performance*, Homewood, IL: Dorsey Press.

Prahalad, C. K. & Hamel, G., 1990, "The core competence of the corporation", *Harvard Business Review*, 79-91.

Ramsay, H., Scholarios, D. and Harley, B., 2000, "Employee and High-performance Work Systems: Testing inside the Black Box", *British Jorunal of Industrial*

Relations, 38(4): 501-531.

Rosenberg, R. D. & Rosenstein, E., 1980, Paricipation and Productivity: An Empirical Study. *Industrial and Labor Relations Review*, 33: 355-367.

Schuler, R. S. and Jackson, S. E., 1987, "Linking Comparative Strategies with Human Resource Management Practices", *Academy of Management Executive*, 1: 207-219.

Sewell, G., 1998, "The Discipline of Teams: The Control of Team-based Industrial Work through Electronic and Peer Surveillance", *Administrative Science Quarterly*, 43: 397-428.

Sorensen, K. H., 1985, "Technology and Industrial Democracy: An inguiry into some theoretical and their social basis", *Organization Studies*, EGOS: 143.

Susan, P., 1995, "Improving workplace performance: historical and theoretical contexts", *Monthly Labor Review*, May.

Taras, D. G. and Kaufman, B. E., 2006, "Non-union Employee Representaion in North America: Diversity, Controversy and Uncertain Future", *Industrial Relations Journal*, 37(5): 513-542.

Troy, L., 2001, "Twilight for organized labor", *Journal of Labor Research*, 22(2).

U.S. Department of Labor, 1994, *Road to High-Performance Workplaces: A Guide to Better Jobs and Beffer Business Results,* Washington.

Van Buren, M. and King, S. B., 2000, *The 2000 ASTD International Comparisons Report*, Alexandria, ASTD.

Verma A. and McKersie, R. B., 1987, "Employee Involvement: The Implications of Noninvolvement by Unions", *Industrial and Labor Relations Review*, 40(4): 556-567.

Verma, A., 1989, "Joint Participation Programs: Self-help or Suicide for Labor?", *Industrial Relations*, 28(3): 401-410.

Vogel, D., 2005, *Market for Virtue*, Washington, D. C.: Brookings Institution Press

Voos, P. B. & Kim, H. J., 2000, "High Performance Work Systems: The U. S. Industrial Relations Consensus and Its Critic", *Presented at the Korea Industrial Relations Research Association*, Seoul, Korea.

Vroom, V. H., 1964, *Work and Motivation*, N.Y: John Wiely and Son.

Wall, T. D. and Jackson, P. S., 1995, "New manufactoring initiatives and shopfloor job design", In A. Howard(Ed.), *The changing nature of work*, San Francisco: Jossey-Bass.

Walton, R. E., 1985, "Toward a strategy of eliciting employee commitment based on policies of mutuality", In Walton, R. E. & Lawrence, P. R.(Eds.), *HRM Trends and Challenges*, Boston: Harvard Business School Press.

Walton, R. E. and McKersie, R. B., 1965, *A Behavioral Theory of Labor Negotiations*, New York: McGraw-Hill.

Walton, R. E., Cutcher-Gershenfeld, J. E. and McKersie, R. B., 1994, *Strategic Negotiations: A Theory of Change in Labor-Management Relations*, Harvard Business School Press.

Wernerfelt, B., 1984, "A Resource-Based View of the Firm", *Strategic Management Journal*, 5: 171-180.

Wheeler, H. and McClendon, J., 1998, "Employment Relations in the United States", In Bamber, G and Lansbury, R (Ed.), *International and Comparative Industrial Relations: A Study of Industrialized Market Economies*, Sydney: Allen & Unwin Pty Ltd.

Whitfield, K., 2000, "High-Performance Workplaces, Training, and the Distribution of Skills", *Industrial relations*, 39(1): 1-25.

Wood, S., 1999, "Human resource management and performance", *International Journal of Management Review*, 1(4): 367-413.

Woodworth, W. P. and Meek, C. B., 1995, *Creating Labor Management Partnerships*, Addison-Wesley Publishing Company, Inc.

Wright, P. and Snell, S., 1998, "Toward a unifying framework for exploring fit and flexibility in strategic human resource management", *Academy of Management Review*, 23(4): 756-772.

CJ 인터넷 홈페이지 http://www.cj.co.kr

도레이새한홈페이지 http://www.toraysaehan.co.kr

삼성중공업(주) 홈페이지, www.shi.samsung.co.kr.(2008년 8월 5일 접속).

유한킴벌리노조연혁, http://www.yknojo.org/bbs2/zboard.php?id=notice(2008. 8. 14. 접속)

한국조선공업협회 홈페이지 http://www.koshipa.or.kr, (2008년 8월 6일 접속).

한국신용평가원 데이터

찾아보기

[ㄱ]
가치창조적 노경관계 ······ 94
감정 노동 ······ 193, 200
강압전략 ······ 35
경영성과배분제도 ······ 153
경영정보 공유 ······ 327
경영참여 ······ 53
고몰입 인적자원관리시스템 ······ 42
고성과 작업조직 ······ 15, 16
고용관계 ······ 33
공공노조 ······ 13
공동미래창출 ······ 51
관료주의적 통제모형 ······ 67, 68
교섭 ······ 51
구 노조주의 ······ 10
권한의 공유 ······ 326
근속승진 ······ 159, 161
기업복지주의 ······ 170
기업의 사회적 책임 ······ 237

[ㄴ]
내부공모제도 ······ 40
내부적합성 ······ 22
노경관계 ······ 83
노경협의회 ······ 154
노경협의회체제 ······ 148
노동자협의회 ······ 209, 210, 284, 313
노동조합의 독점적 기능 ······ 22
노사공동변화 프로그램 ······ 60
노사관계 ······ 33
노사운영위원회 ······ 57
노사자율주의 ······ 12
노사협력 ······ 50
노사협의회 ······ 180, 253
노사협의회 중심기업 ······ 6
노조수단성 ······ 12
노조조직률 하락 ······ 9
노조집중화 ······ 10
누적적 직무 연봉제 ······ 339
NEWAY ······ 330

[ㄷ]
다변화품질생산 ······ 25
다품종 생산방식 ······ 314

단계 ··· 51
단일호봉제 ··· 160
대리인 · 거래비용모형 ··· 67
도레이 ··· 201
도레이새한 ··· 201
도요타자동차 ··· 63, 64
동형화이론 ··· 21
드림아카데미 프로그램 ··· 305

[ㄹ]
린생산양식 ··· 25, 29

[ㅁ]
먼로카운티 합동 기획위원회 ··· 57
모토롤라 ··· 60, 61
목표공유위원회 ··· 57
목표대비 성과급제도 ··· 223
몰입적 인적자원시스템 ··· 21
무노조 근로자 대의기구 ··· 43
무노조 기업 ··· 6
무노조 프리미엄 ··· 40
미시적 조합주의 ··· 14

[ㅂ]
반응적 문제해결 ··· 51
반자율적 작업집 ··· 24
벤츠 ··· 52
보편적 원칙 ··· 48
복리후생 프로그램 ··· 240
복리후생정책 ··· 340
복리후생제도 ··· 186, 199, 227
복수노조 ··· 172
부화합회의 ··· 219, 239
분권화 ··· 10, 27
분배의 공유 ··· 326
불개입 ··· 35
비공식 대화통로 ··· 121
비노조 경영 ··· 133
비노조 기업 ··· 29
비노조 대변 ··· 283
비노조 대변기구 ··· 312
비노조 대변조직 ··· 282
비노조 주의 ··· 214, 282

[ㅅ]
사이버 교육 ··· 304
4조 2교대제 ··· 325, 335, 350
사회기술체계 ··· 24
사회분야 지표 ··· 169
사회적 교환이론 ··· 73
사회적 평판 ··· 345
선파업 후교섭 ··· 320
성찰적 생산방식 ··· 25
셀방식 생산기술 ··· 60
소극적 개입 ··· 35
손라이팅 ··· 60
수렴이론 ··· 21
수평적 노경관계 ··· 88
신고전경제학적 관점 ··· 22
신노조주의 ··· 10
신조합주의적 ··· 14
CJ제일제당 ··· 108

[ㅇ]
아이비엠 ··· 63
알프스전기 ··· 56
알프스전기社 ··· 58
양보교섭 ··· 12, 15

LG전자 ········ 77
열린 경영 ········ 55, 56, 327
열린협의회 ········ 119, 185
예측적 문제해결 ········ 51
온정주의적 노사관 ········ 144
외부적합성 ········ 22
외주파트너사 ········ 172
요요모델 ········ 22
웃음 가점제 ········ 188
유연생산방식 ········ 27
유연성 ········ 22
유연전문화생산 ········ 25
유한킴벌리 ········ 314
6시그마운동 ········ 303
윤리경영 ········ 153, 347
이성적 · 감성적 참여모형 ········ 67, 68
인재제일주의 ········ 307
인적자원관리 수준 ········ 55
임금피크제 ········ 157, 199

[ㅈ]
자격승진 ········ 160, 161
자원준거관점 ········ 21
자유재량적 노력 ········ 69
자율작업집단 실험 ········ 24
자조노력 금액 ········ 222
작업장 수준 ········ 55
적극적 참여 ········ 36
적합성 ········ 47
전략적 수준 ········ 55
절대반대 ········ 35
제도화이론 ········ 20
제록스 ········ 56
조직학습 ········ 45
종업원 지주제 ········ 174
종업원의 제안활동 ········ 333
종업원지주제 ········ 200
종업원지주회사 ········ 177
지속가능성 지수 ········ 169
직급체계개선추진반 ········ 159
직능급 체계 ········ 349
직능급 체제 ········ 338
직능급제도 ········ 160
직능자격수당 ········ 339
직장협의회 ········ 123, 148
직접적 의견개진 ········ 43
집단압력모형 ········ 67, 68
집중화 ········ 13

[ㅊ]
참여경영 ········ 153
참여적 시스템 ········ 27
참여중심의 대안적 작업조직 ········ 18
책임의 공유 ········ 326
철학적 무노조경영 ········ 42

[ㅋ]
코닝 ········ 56, 57
QC집단 ········ 25

[ㅌ]
타협 ········ 51
테일러리즘 ········ 20
테일러주의적 작업조직 ········ 18
통제적 인적자원시스템 ········ 21
투명경영 ········ 153
팀생산양식 ········ 25
팀 작업 ········ 23

[ㅍ]
평생학습 ………… 343
평생학습문화 ………… 342
포디즘 ………… 20
포용전략 ………… 35, 215

[ㅎ]
한국인포데이터 ………… 174
현대중공업 ………… 240
현장직 대리모임 ………… 219
환경경영 ………… 347
환경친화적 경영 ………… 220
회피전략 ………… 35
훈련파트너십 ………… 307
휴렛팩커드 ………… 52, 53

공저자 약력

김동원
- 미국 위스콘신대학교(매디슨) 노사관계학 박사
- 고려대 경영대학 교수 및 노동대학원 주임교수
- 중앙노동위원회 공익위원, 한국노사관계학회지 편집위원장

이규용
- 고려대 경영학과 박사
- 서남대 경영학과 교수

권순식
- 고려대 경영학과 박사
- 창원대 경영학과 교수

손동희
- 고려대 경영학과 박사
- 한국노동교육원 교수

진숙경
- 고려대 경영학과 박사
- 미국 'Rutgers, the State University of New Jersey' Visiting Scholar

김윤호
- 고려대 경영학과 박사
- 고려대 노동대학원 강사

유병홍
- 고려대 경영학과 박사
- 전 민주노총 정책실장

김동주
- 고려대 경영학과 박사
- 단국대 경영대학 강사

김영두
- 고려대 경영학과 박사수료
- 국민대 경영대학 강사

김승호
- 고려대 경영학과 박사수료
- 세종대 경영대학 강사

김주희
- 고려대 경영학과 박사수료
- 고려대 기업경영연구원 연구원

이원희
- 고려대 경영학과 박사수료
- 한밭대 강사

한국 우량기업의 노사관계 DNA

2008년 12월 30일 초판발행
2010년 11월 10일 중판발행

공저자 김동원 외 11인
발행인 안 종 만
발행처 (株) 博 英 社
서울특별시 종로구 평동 13-31번지
전화 (733) 6771 FAX (736) 4818
등록 1959. 3. 11. 제300-1959-1호(倫)

공저자와 협의하여 인지를 생략함

www.pakyoungsa.co.kr e-mail: pys@pakyoungsa.co.kr

파본은 바꿔 드립니다. 본서의 무단복제행위를 금합니다.

정 가 23,000원 ISBN 978-89-7189-888-8